SPORTWAGEN

FASZINATION UND ABENTEUER

VF V8

SPORTWAGEN

FASZINATION UND ABENTEUER

Jonathan Wood

p

Entwurf und Realisation: Stonecastle Graphics Ltd.

Parragon Books Ltd
Queen Street House
4 Queen Street
Bath BA1 1HE, UK

Übersetzung aus dem Englischen: ConText Übersetzungsbüro, Johannes Molthan, Bodenheim; Scriptorium, Köln
Lektorat: Sabine Gerber, Köln; Oliver Hessmann, Köln
Satz: Oliver Hessmann, Köln
Koordination: trans texas GmbH, Köln

ISBN 10: 1-40547-904-3
ISBN 13: 978-1-40547-904-2

Printed in China

Bildnachweise:

The GP Library: Seiten 18, 19 (oben), 19 (unten).
Andrew Morland: Seiten 36, 37 (3 St.), 43 (Mitte), 164–165 (4 St.).

Weitere Bilder: © Neill Bruce's Automobile Photolibrary von:

Ian Dawson: Seiten 168 (unten), 169 (unten).

Geoffrey Goddard: Seiten 12 (unten), 40 (2 St.), 62 (oben), 188–189 (5 St.), 136–137 (4 St.), 152 (2 St.), 160 (Mitte).

Christian Gonzenbach: Seiten 268–269 (4 St.), 280–281 (3 St.).

Christian Hatton: Seite 141 (Mitte).

Stefan Lüscher: Seiten 94 (rechts unten), 95 (oben), 170 (unten), 182 (2 St.), 196–197 (4 St.), 209 (rechts oben und Mitte), 210–211 (5 St.), 258 (unten), 259 (2 St.), 276–277 (3 St.)

Richard Meinert: Seiten 134 (2 St.), 253 (3 St.), 253 (Mitte rechts und unten), 254, 255 (Mitte und unten).

F. Naef: Seiten 230–231 (4 St.).

Sonstige Bilder der Seiten 1–285:
© Neill Bruce's Automobile Photolibrary, außer: Seiten 1, 3, 6, 7 (2 St.), 19 (Mitte), 115 (oben), 155 (Mitte), 161 (Mitte rechts), 175 (oben), 177 (unten), 178–179 (4 St.), 191 (Mitte), 193 (2 St.), 195 (oben und Mitte links), 205, 207 (2 St.), 209 (oben links), 223 (2 St.), 227 (oben), 232–233 (4 St.), 234–235 (3 St.), 237 (2 St.), 238–239 (3 St.), 240–241 (5 St.), 242 (Mitte rechts), 244–245 (3 St.), 246–247 (3 St.), 248–249 (4 St.), 250–251 (5 St.), 253 (oben), 256 (2 St.), 257 (oben), 262–263 (4 St.), 264–265 (4 St.), 266–267 (4 St.), 270–271 (4 St.), 274–275, 278–279 (4 St.), 282, 284–285 (4 St.), 316–317 (3 St.). Diese Fotos stammen aus Herstellerveröffentlichungen aus *The Peter Roberts Collection c/o Neill Bruce.*

Die Bildrecherche erfolgte durch Neill Bruce, der sich besonders bei Bonhams Auctioneers Ltd., Nigel Dawes Ltd. und Duncan Hamilton Ltd. für die Bereitstellung der vielen außergewöhnlichen Fotomotive bedankt.

Alle Bilder der Seiten 286–315:
© LAT Photographic Digital Archive, außer: Seiten 260, 261 (3 St.), 273 (3 St.), 286 (oben), 287 (unten rechts), 298, 299 (3 St.). Diese Fotos stammen aus Herstellerveröffentlichungen.
Die Bildrecherche erfolgte durch Andrew Noakes.

Hinweis: Sofern nicht anders angegeben, beziehen sich die hier aufgeführten Leistungsdaten auf die Leistungen, wie sie bei der Einführung des Modells gemessen wurden.

Inhalt

Einleitung

Geschwindigkeit! Schon das Wort wirkt wie ein Rauschmittel, wenn es im Zusammenhang mit Autos fällt, die auf Leistung getrimmt wurden, um den Fahrer in Verzückung zu versetzen. Im Laufe der Zeit haben sich aus den Anfängen der Sportwagen vor 1914 über die aerodynamisch verbesserten Grand Tourer der Nachkriegsjahre wahre Superfahrzeuge entwickelt.

Alle Modelle sind schnelle Schlitten, oder waren es zumindest zu ihrer Zeit. Was heißt „schnell" denn nun eigentlich? Eine Hand voll Modelle erreichen heute bereits 320 km/h. Die Ingenieure des Bugatti Veyron versprechen sogar eine Geschwindigkeit von über 400 km/h. In Pionierzeiten des Automobils um 1880 müssen jedoch bereits 100 km/h utopisch angemutet haben. Die Automobilbranche wuchs und mit ihr die technischen Fortschritte, sodass 1902 diese Geschwindigkeitsmarke erreicht war.

1901 brachte Daimler einen Straßenrennwagen der Superlative auf den Markt: einen 35 PS starken Mercedes, woraufhin die Automarke „Mercedes" geboren war. Ein Sondermodell mit 60 PS schaffte die 100 km/h mühelos. Es sollte jedoch weitere 46 Jahre dauern, bis ein Seriensportwagen die Geschwindigkeit verdoppeln konnte. Als der Jaguar XK120 1948 eingeführt wurde, war die allgemeine Motorwelt noch skeptisch, ob diese Geschwindigkeit überhaupt möglich wäre. Der XK120 erreichte exakt 193 km/h – das entspricht 120 Meilen/h – und erhielt daraufhin seine Bezeichnung. Zwar überraschte der offene Zweisitzer mit dem rennerprobten Konzept der zwei oben liegenden Nockenwellen, denn dieses Konzept galt als nicht besonders zuverlässig.

1948 kam ebenfalls der erste in Serie gefertigte Ferrari auf den Markt. Das Coupé Berlinetta hatte anfangs den gleichen V12-Motor wie die Grand-Prix-Rennwagen von Ferrari. Die Produktion der von Italiens stilsichersten Karosserieherstellern entworfenen Edelkarossen war auf eine geringe Stückzahl beschränkt. Die blutroten Superflitzer aus

Unten: *Der McLaren F1 war lange Zeit der schnellste Straßenwagen. 1994 maß* Autocar *372 km/h. Andy Wallace erreichte 1998 den inoffiziellen Rekord von 386 km/h auf der VW-Teststrecke Ehra-Lessien. Heute wird der F1 vom Bugatti Veyron, der 405 km/h fahren soll, herausgefordert.*

Modena waren in den Fünfzigern des letzten Jahrhunderts die schnellsten Autos und erreichten über 255 km/h.

Jaguar E-Type

Einen weiteren Meilenstein setzte Jaguar 1961 mit dem herausragenden E-Type. Zwar lag er bei der Geschwindigkeit hinter einigen Ferrari-Modellen, doch dafür wurde er in Serie produziert; auch wenn die Serienfahrzeuge die bei von der Automobilpresse organisierten Testfahrten erreichten 240 km/h nicht schafften.

Danach kam das Superauto – der 1966er Miura der Automarke Lamborghini ist nur ein Beispiel. Es sah nicht nur umwerfend aus, sondern erreichte auch eine Geschwindigkeit von über 270 km/h.

Nach der weltweiten Rezession der 1970er ging es in den 1980ern wieder bergauf – das war das Jahrzehnt des Ferrari F40 und seinen 323 km/h. Unbestritten ist die Geschwindigkeitsmessung von 386 km/h beim McLaren F1 von 1994 eine Höchstleistung. Bisher wurde diese Geschwindigkeit von keinem Serienfahrzeug überschritten. Wie lange wird der McLaren F1 diesen Rekord noch halten können?

Oben: *Der Bugatti Veyron könnte gut zum schnellsten Auto der Welt avancieren. Volkswagen, Hüter der Edelmarke seit 1998, proklamiert für den Supersportwagen eine Beschleunigung von 0 auf 100 km/h in nur 3 Sekunden, doch mit den 1001 PS des 8-Liter-W16-Mittelmotors unter der Haube ist alles möglich!*

Links: *So wie Jaguar die Leistungsentwicklung in den 60ern mit seinem E-Type vorantrieb, dominiert das Unternehmen heute mit seinen XK8-Sportwagen und mit diesem S-Type R den Markt. Mit satten 395 PS aus 4,2 Litern Hubraum stellt er die bis dato leistungsstärkste Limousine von Jaguar dar.*

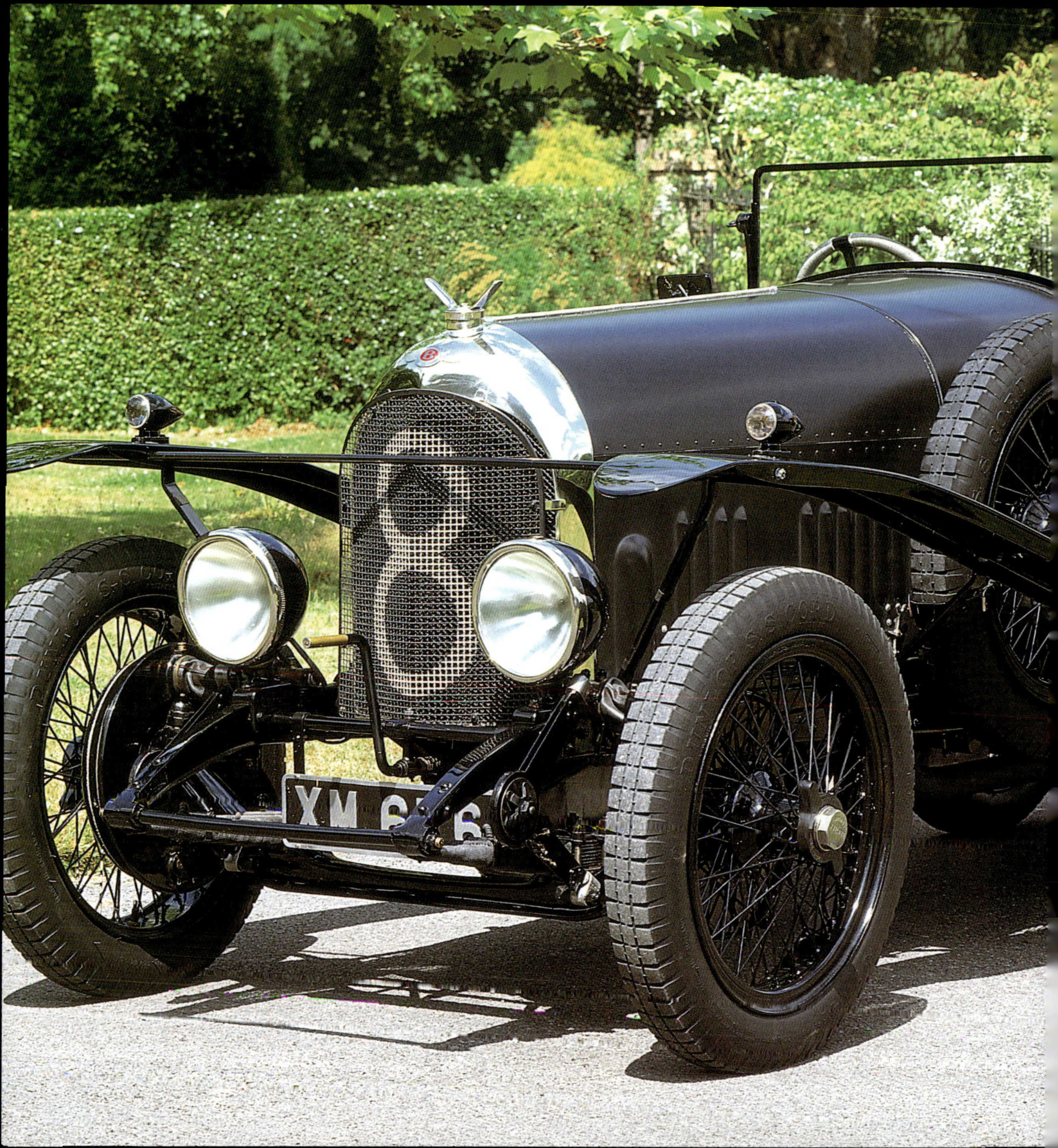

1886–1940
Die Stunde der Sportwagen

Leistungsmotorsport ist seit über 100 Jahren unser Wegbegleiter. Der Auftritt des selbstbewussten, innovativen Mercedes im Jahre 1901 – ein ganz auf Geschwindigkeit ausgerichteter Wagen – markierte die Geburtsstunde der Sportwagen.

Ursprünglich waren solche Modelle teuer und daher exklusiv. Bester Beweis dafür sind die in den Jahren zwischen den Weltkriegen angebotenen Modelle von Bentley, Bugatti und Alfa Romeo. Doch mit dem billigeren, optisch ansprechenden MG der 30er-Jahre wurden Sportwagen für ein breiteres Publikum attraktiv und erschwinglich. Ein lebhafter Markt entstand, der bis heute floriert.

Die Stunde der Sportwagen

Vor Ausbruch des Zweiten Weltkrieges waren schnelle Autos sicherlich noch eine Domäne, die wohlhabenden, jungen Enthusiasten vorbehalten war. Sie kauften sich Sportwagen, um den Rausch der Geschwindigkeit, das prickelnde Gefühl von Beschleunigung zu genießen und um das tolle Krächzen der gerade verzahnten Zahnräder oder das Aufheulen des Kompressors zu hören.

Dies war im Wesentlichen eine typisch europäische Leidenschaft. Die schnellsten Straßenwagen der Welt kamen schließlich hauptsächlich aus Deutschland, Italien, Frankreich und einige auch aus Großbritannien.

Als Karl Benz und Gottlieb Daimler unabhängig voneinander in Deutschland 1886 die ersten Fahrzeuge entwickelten, waren diese PS-schwachen Kisten gerade mal 16 km/h schnell. Beide besaßen einen Heckmotor mit einem Zylinder. Erst durch den französischen Ingenieur Emile Levassor kam eine bahnbrechende Konstruktion mit unendlichem Entwicklungspotential an den Start. 1891 verlagerte Levassor den Antrieb vom Heck nach vorne, von wo über eine Kupplung und ein Inlinegetriebe die Hinterräder angetrieben wurden.

Schon 15 Jahre nach den ersten Versuchen der beiden deutschen Ingenieure entstand ein Fahrzeug, das unangefochten die Poleposition der Startaufstellung der damaligen Flitzer beanspruchte. Der 1901 von Daimler auf den Markt gebrachte Mercedes mit 35 PS wurde nach dem Tod seines Erfinders Daimler von seinem talentierten Assistenten Wilhelm Maybach fertig gestellt. Der Wagen wurde nach der 10-jährigen Tochter, Mercedes Jellinek, eines wichtigen Daimler-

Unten: *Ein wahrer Sportwagen: der Mercedes mit 60 PS von 1903. In jenem Jahr gewann er zwei wichtige Rennen. Das Fehlen von Windschutzscheibe und Türen konnte die unverdrossenen Fahrer von damals nicht abschrecken.*

Kunden benannt, um der damaligen Deutschfeindlichkeit auf dem wichtigen französischen Markt entgegenzuwirken.

Mit tief aufgehängter Ganzstahlkarosserie und Gebläsekühler mit Wabenstruktur verfügte der Mercedes bereits über eine Drosselklappe im modernen Sinn; statt der durch Unterdruck gesteuerten Einlassventile wurden im Mercedes bereits die heute üblichen mechanischen eingebaut. Das leistungsstarke Fahrzeug erreichte in der bekanntesten Ausführung mit 60 PS 100 km/h. Das Design war Abbild höchster technischer Kompetenz und legte die Grundlagen für ein Markenimage, das bis heute für höchste Leistung steht. Zum Zusammenschluss mit Benz und der daraus resultierenden Marke Mercedes-Benz kam es 1926.

Mercedes war ein Vorreiter im Motorsport, obwohl es den Grand Prix als solchen erst ab 1906 gab, der zum ersten Mal in Frankreich ausgetragen wurde. Ab diesem Zeitpunkt stellten die Rennwagen die Vorhut der technischen Innovationen dar, die dann auch für die Technik ihrer straßentauglichen Vertreter Pate standen.

1912 führte die französische Firma Peugeot das äußerst effiziente Konzept der zwei oben liegenden Nockenwellen bei Motoren ein. Diese aus dem Rennsport stammende Technik wurde bald in Sportwagen eingesetzt und findet bis heute Anwendung. Vor Peugeots Vorstoß waren die meisten Sportmodelle mit eher primitiven Seitenventilmotoren ausgestattet. Dies traf auch 1911 auf den renntauglichen Hispano-Suiza Alfonso von Marc Birkigt zu, dessen 3,6-l-Vierzylinder noch mit T-förmigem Brennraum konstruiert war. Er fuhr die 120 km/h sicher und zuverlässig.

Ein paar Monate später kam Laurence Pomeroy mit seinem grandiosen Prince Henry Vauxhall, der von einem hochtourigen 3-l-Seitenventilmotor angetrieben wurde. Der Prince Henry Vauxhall wird oftmals als der erste wahre Sportwagen bezeichnet. Daraus entwickelte sich 1913 der ebenfalls beeindruckende 30/98 Vauxhall mit 4,5-l-Motor; hieraus sollten sich die britischen Sportwagenmodelle der 1920er entwickeln. Auf der Straße brachte er es auf 129 km/h, und die für Rennstrecken präparierten Modelle fuhren mit phänomenalen 160 km/h davon.

Oben: *Das Meisterwerk von Laurence Pomeroy – der Prince Henry Vauxhall – erhielt seinen Namen, als 1910 zwei Modelle erfolgreich am Prinz-Heinrich-Rennen teilnahmen und ohne Probleme 115 km/h erreichten – was bei der 3-l-Maschine keine schlechte Leistung war. Die straßentauglichen Varianten garantierten immerhin eine Geschwindigkeit von 105 km/h. Das Unternehmen sprach von leichten Personenwagen, die sich für Reise und schnelles Fahren eignen.*

Oben: *Ein 3-l-Bentley kam 1924 in Le Mans mit 86,55 km/h auf den zweiten Platz.*

Unten: *Ein Sportcoupé vom Festland: Der Alfa Romeo 8C2900B, Touringausführung, Bj. 1938, der 1938 in Le Mans an den Start ging.*

Der neue 3-l-Bentley war in den 1920er-Jahren Vauxhalls größter Konkurrent. Die Konstruktion zuverlässiger Motoren war W. O. Bentleys Philosophie – die großen grünen Fahrzeuge aus Cricklewood in London dominierten die 24 Stunden von Le Mans, die 1923 zum ersten Mal ausgetragen wurden. In den Jahren zwischen 1924 und 1930 fuhren Bentleys dort nur zweimal nicht auf Platz 1.

Britische Hersteller waren starke Gegner bei Sportwagenrennen, nicht aber bei Grand-Prix-Veranstaltungen. Diese wurden in den Zwischenkriegsjahren von Herstellern vom europäischen Festland dominiert. Fiat und Alfa Romeo aus Italien, Bugatti aus Frankreich und später Mercedes-Benz und Auto Union aus Deutschland durchbrachen bestehende Grenzen automobiler Renntechnologie und steckten neue ab. Die Aerodynamik hielt Einzug: Neue Rennwagenkarosserien mit geringerem Luftwiderstand verbesserten die Fahrleistungen, ab den 1930ern auch bei Straßenfahrzeugen.

Design und Innovationen

Während britische Konstrukteure weiter am offenen Zweisitzer festhielten, setzte das restliche Europa auf geschlossene Karosserien, die neben aerodynamischen Vorteilen auch mehr Komfort boten. Dieses Konzept war die Grundlage für den Grand Tourer, auch als GT bekannt. Zusätzlichen Schub bekam dieser Trend durch den Bau gerader Straßen, die extra für den Autoverkehr gebaut wurden. Die erste italienische Autostrada stammt aus dem Jahr 1924, in Deutschland wurde 1933 die erste Autobahn eröffnet.

Die deutlichste mechanische Innovation war der Kompressor – eine durch den Motor angetriebene Pumpe, durch die Luft in die Zylinder gepresst wird, um die Leistung des Antriebs zu verbessern. Nachdem er 1923 im Fiat 805 zum ersten Mal eingesetzt wurde, gehörte der Kompressor bis Anfang der 1950er zur Grundausstattung für Grand-Prix-Rennwagen. Die meisten Hersteller, die an Grand-Prix-Rennen teilnahmen, produzierten auch Straßenwagen mit Kompressor. Der beeindruckende, von Vittorio Jano entworfene Alfa Romeo 8C von 1931 erreichte 185 km/h.

Aber eine Revolution bahnte sich an. Der BMW 328 ließ 1936 praktisch alle anderen Sportwagen plötzlich alt aussehen. Er hatte einen ausgeklügelten, leichten Rohrrahmen und trug eine aerodynamische, offene Karosserie mit integrierten Scheinwerfern und nach hinten geschwungenem Grill. Darunter verbargen sich Zahnstangenlenkung, hydraulische Bremsen und vordere Einzelradaufhängung – zu einer Zeit, als starre Vorderachsen noch allgegenwärtig waren.

Während BMW die besser verdienenden Kreise versorgte, produzierte MG Sportwagen für das gemeinere Volk. Der schnittige MG Midget mit Bootsheck von 1928 auf Basis des Morris Minor erreichte mit seinem zierlichen 847-ccm-Motor zwar nur 105 km/h, kostete aber auch nur 175 Pfund. Mit über 3000 hergestellten Fahrzeugen in vier Jahren avancierte er zum beliebtesten Sportwagen der Welt.

Das Rezept von MG – man nehme Motoren und Chassis aus dem Großserienregal, überarbeite sie ein wenig und kleide das Ganze dann in schnieke Sportwagenkarosserien – sollte in den mageren Nachkriegsjahren von Herstellern auf der ganzen Welt übernommen werden. Wenn die 1940er-Jahre auch für die Autoindustrie insgesamt eine schwere Zeit waren, so brachten sie doch einige der außergewöhnlichsten schnellen Wagen aller Zeiten hervor.

Unten: Bugatti wie auch Alfa Romeo produzierten teure und exklusive Sportwagen mit Kompressor, die nah an die Grand-Prix-Fahrzeuge angelehnt waren. Dieser Bugatti Typ 55 von 1932 wird von einem 2,3-l-Achtzylinderreihenmotor mit zwei oben liegenden Nockenwellen angetrieben – das Konzept stammt vom Rennwagen Typ 51.

LNC 152

1945–1950
Ferrari und Porsche

Nach Kriegsende 1945 entrümpelten die meisten Automobilhersteller ihre Modelle von 1939, die ihnen von einer autohungrigen Öffentlichkeit aus der Hand gerissen wurden. Während man in Großbritannien dem offenen Zweisitzer treu blieb, der im Zuge von staatlichen Exporterleichterungen auch auf dem amerikanischen Markt Anhänger fand, stiegen auf dem Festland zwei Automarken am Zenit auf, die einmal zu den besten und leistungsorientierten Autos zählen sollten und für gewöhnlich als Coupés über die Straßen flitzten.

1948 begann Enzo Ferrari mit der Produktion des 166, während Porsche den 356 als ersten einer legendären Reihe entwickelte. Es brach eine Ära an, in der Zeit eine andere Bedeutung erhalten sollte.

MG TC

Spitze 120 km/h

Rechts: *Die Instrumententafel eines liebevoll restaurierten TC von 1947. Das Lenkrad ließ sich in der Höhe verstellen, und auch die Rückenlehne war verstellbar.*

Unten: *Die unverkennbare Linienführung des TC begeistert noch heute seine Fans, auch wenn sie im Wesentlichen von dem Vorkriegsmodell TB stammt. Die außen liegende Hupe und der dritte Scheinwerfer waren Standard.*

Wie beim HRG stammte das Design des TC aus den 30ern. Damit sind die Gemeinsamkeiten aber ausgeschöpft, denn der MG wurde zum beliebtesten Sportwagen der Welt in den ersten Jahren nach dem Krieg. Die britische Regierung ermutigte die nationalen Automobilhersteller zum Export ihrer Autos. So wurden die schicken, praktischen Zweisitzer, die es auf 120 km/h brachten, in Australien und dann sogar in Amerika bekannt.

MG (Morris Garages) lebte von seinem Hauptgeschäftsführer, Cecil Kimber, der ein herausragendes Talent für Form und Design besaß. Die Ursprünge des TC finden sich äußerlich im J2 Midget von 1932. Der offene Zweisitzer mit Drahtspeichenrädern, den nach hinten abfallenden, lukenförmigen Türen, dem ummantelten Treibstofftank und den 1933 eingeführten geschwungenen Kotflügeln stand Pate für eine Linienführung, die bis 1955 überleben sollte.

1934 wurde der J2 durch den Midget P-Type abgelöst, aber bei der Mechanik stand die größere Wolseley-Maschine mit 1,3 Litern des TA von 1936 Pate. Der Motor wurde durch die 1,2-l-Maschine des TB von 1939 ersetzt, die vorher von Morris überarbeitet wurde. Während des Krieges wurde die Produktion eingestellt. Als MG in Abingdon, Berkshire, 1945 die Motorenfertigung wieder aufnahm, wurde der TB leicht modernisiert und unter dem Namen TC auf den Markt gebracht. Zunächst war er nur in Schwarz erhältlich.

Obwohl sein altmodisches Design keine Einzelradaufhängung vorne besaß und die Karosserie in Bezug

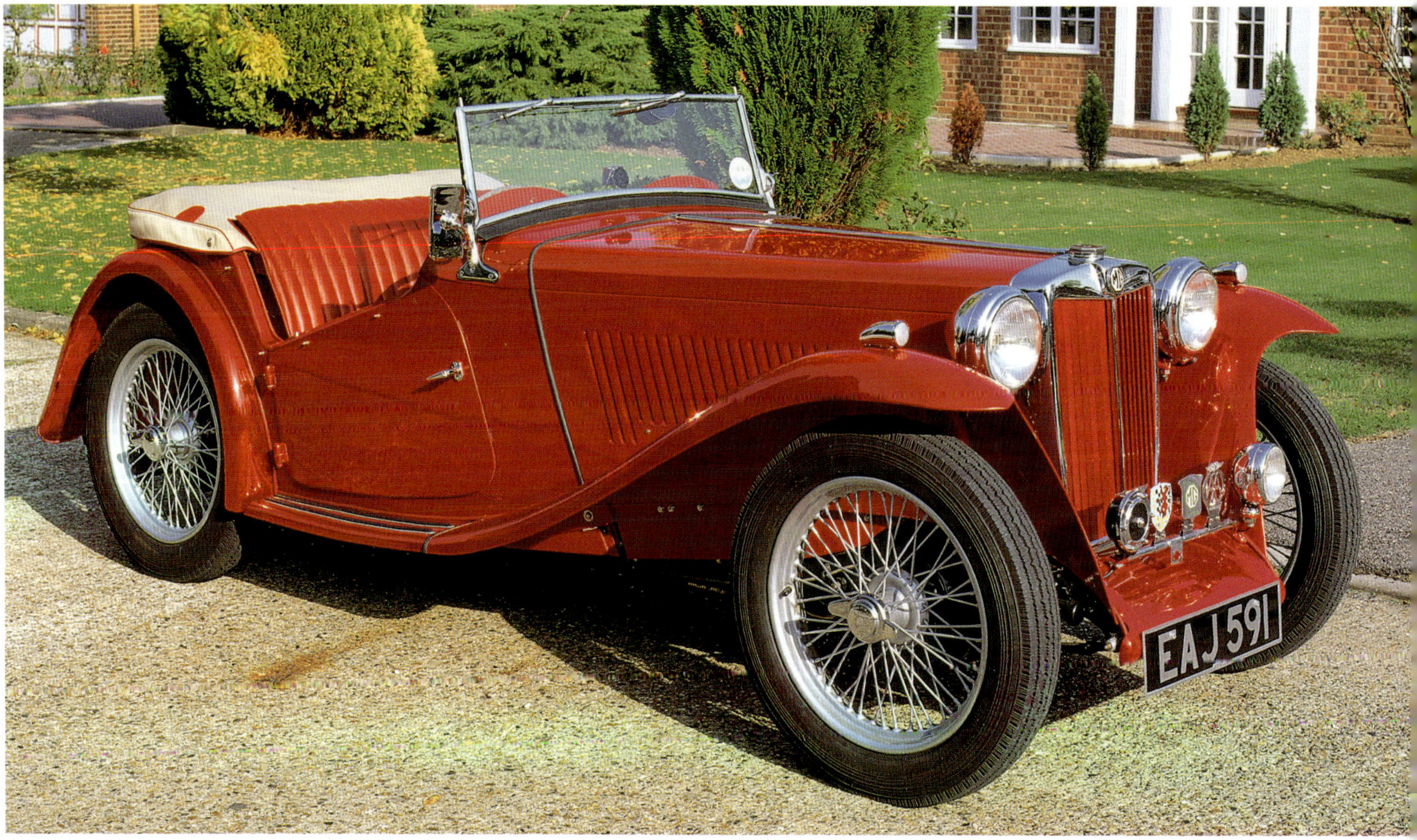

auf Aerodynamik schwächelte, wurde er von den Käufern angenommen. Eine Öffentlichkeit, die nach offenen Zweisitzern lechzte, und ein Preis von knapp über 500 Pfund kamen ihm dabei zugute.

Wind im Haar

Wenn man die Windschutzscheibe beim TC herunterklappte und der Fahrtwind dem Fahrer entgegenwehte, hatte er das Gefühl, dass dieses hart gefederte, kleine Auto statt der 120 km/h Höchstgeschwindigkeit durchaus mit 145 km/h daherfuhr.

Die Produktion wurde 1950 eingestellt, nachdem 10 000 Fahrzeuge – eine noch nie erreichte Stückzahl – das MG-Werk verlassen hatten. 65 Prozent gingen nach Übersee. Er hatte dem MG-Werbeslogan „Der Sportwagen, den die Amerikaner als erstes ins Herz geschlossen haben" alle Ehre gemacht. Der TC ebnete den Weg für den TD, der ihm äußerlich noch sehr ähnlich sah. Der TD verfügte über Einzelradaufhängung vorne. MG produzierte insgesamt 30 000 Stück dieses Sportwagens, wovon etwa 80 Prozent an amerikanische Käufer gingen. Der TD wurde 1953 wiederum durch den TF abgelöst – der TF war der letzte der Serie und wurde bis 1955 produziert.

Der Erfolg der Marke MG in Amerika blieb nicht ohne Wirkung bei der Konkurrenz im In- und Ausland. Der Wettkampf um den amerikanischen Sportwagenmarkt war eröffnet.

Technische Daten	**MG** TC
Motor	vorne längs
Bauart	4 Zylinder in Reihe
Bohrung x Hub	66,5 x 90 mm
Hubraum	1250 ccm
Ventilsteuerung	Stößel
Leistung	54 PS (40 kW) bei 5200 U/min
Getriebe	Vierganggetriebe
Antrieb	Hinterachse
Chassis	Kastenrahmen
Radaufhängung vorne	Halbelliptikfedern
Radaufhängung hinten	Halbelliptikfedern
Bremsen	hydraulische Trommelbremsen
Höchstgeschwindigkeit	120 km/h
Beschleunigung	0–100 km/h: 23 sek

Links: *Der TC hatte ein EXPAG-Aggregat von Morris, das man sich betriebsintern mit Wolseley teilte. Die doppelten SU-Vergaser waren eine Nachbesserung aus Abingdon.*

Unten: *Mit den kurzen Türen und den elegant geschwungenen Kotflügeln vermittelte der TC von 1947 ein Gefühl von Geschwindigkeit.*

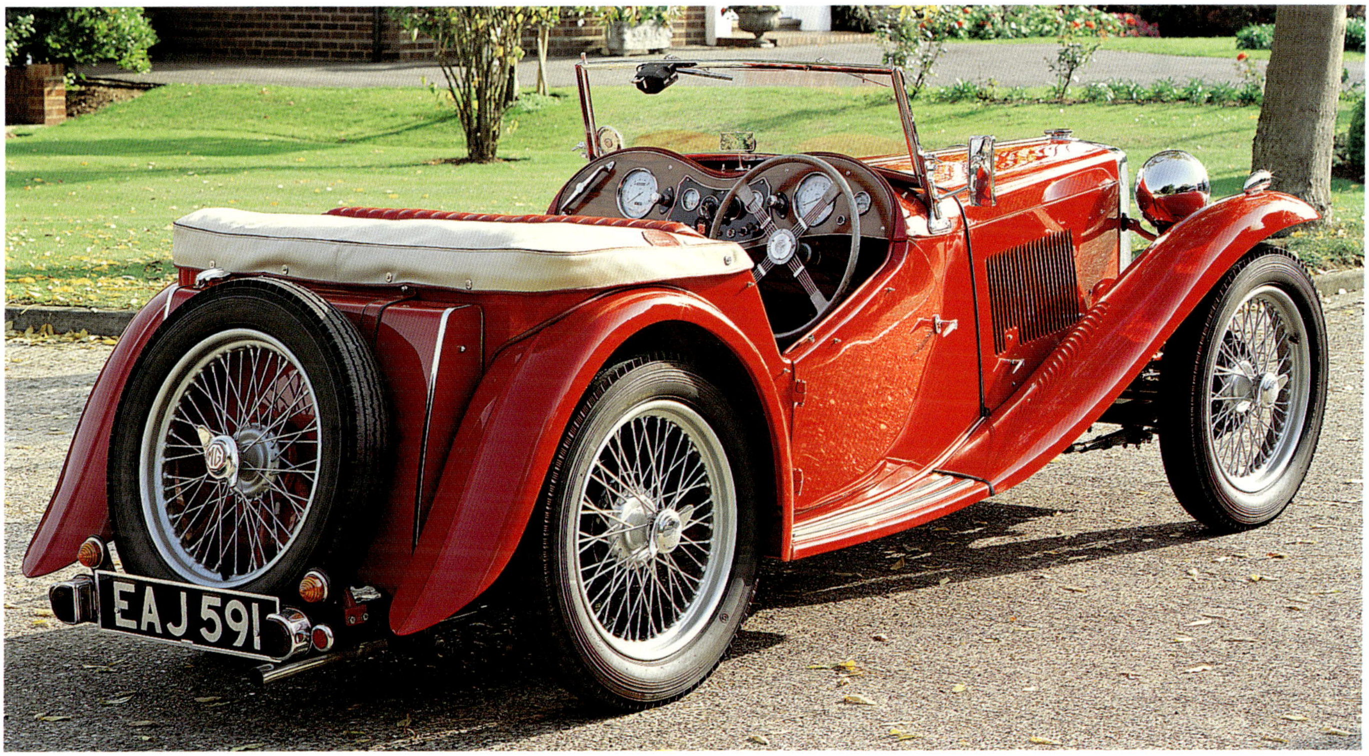

Cisitalia 202 Gran Sport

Spitze 160 km/h

Unten: *Der Cisitalia wurde vorwiegend als Coupé gebaut – von der offenen Version wurden 1947/48 jedoch ca. 20 Stück gebaut. Die Karosserie stammte von Garella und Stabilimenti Farina. Der Spyder Sport Special, wie er zu Anfang genannt wurde, wurde in Spyder Nuvolari umbenannt, als der große Tazio Nuvolari 1947 bei der Mille Miglia in einem dieser Fahrzeuge den zweiten Platz holte.*

Obwohl der kleine Cisitalia von 1947 gegenüber dem HRG und MG eine wesentlich hubraumschwächere Maschine von nur 1100 ccm besaß, erreichte er 160 km/h.

Kein anderes Modell verkörperte das Potential italienischer Motorenhersteller in der Nachkriegszeit besser als der in Turin durch den Industriellen Piero Dusio neu kreierte Cisitalia. Er kann auf einen beeindruckenden Stammbaum blicken: konstruiert durch den angesehenen Fiat-Ingenieur Dante Giacosa, auf dessen Konto bereits der Fiat 500 Topolino von 1936 ging – der bedeutendste europäische Kleinwagen zwischen den Kriegen.

Giacosa konstruierte den Cisitalia auf eigene Kappe. Zuerst entwarf er 1946 einen Renn-Einsitzer mit Gitterrohrrahmen und Einzelradaufhängung vorne mit Querblatt, der von einem Fiat-Motor mit 1100 ccm angetrieben wurde. Dieser sollte zum Auftakt von Grand-Prix-Veranstaltungen fahren. Dusio beauftragte bei Giacosa auch eine straßentaugliche Version.

Schon bald beanspruchte Fiat seine ganze Zeit, sodass sein Kollege, Giovanni Savonuzzi, damit beauftragt wurde und dem Unternehmen von Dusio beitrat. Wie Giacosa arbeitete auch er an einem Coupé und übernahm nicht das traditionelle britische Konzept der offenen Autos, da eine geschlossene Karosserie bessere Werte bei der Aerodynamik aufweist und somit potentiell schneller ist.

Das erste im Windkanal überarbeitete Design war mit zwei großen Stabilisatorrippen ausgestattet und erreichte 196 km/h, ging jedoch nie in Produktion. Auf Dusios Drängen lieferte Savonuzzi einen neuen Entwurf von einem perfekt proportionierten Coupé ohne überflüssige Schnörkel. Die Konstruktion wurde Pinin Farina übertragen.

Hervorragende Aerodynamik

Der Cisitalia 202 Gran Sport mit 55-PS-Motor wurde erstmals 1947 beim Pariser Automobilsalon vorgestellt. Die Produktion lief im darauf folgenden Jahr an. Er kam als Wolf im Schafspelz daher: Wegen

seiner guten Aerodynamik und seines geringen Gewichts von nur 777 kg war er viel schneller als Fahrzeuge mit größeren Motoren. Die 60-PS-Variante schoss mit fast 170 km/h daher.

Internationale Anerkennung erlangte sein Design 1951, als er neben sieben anderen Modellen vom New Yorker Museum of Modern Art ausgezeichnet wurde. Dies stärkte Pinin Farinas Ruf als Karosseriehersteller, obwohl die Karosserie des Cisitalia damals bereits von Stabilimenti Farina und Vignale hergestellt wurde.

Leider ließ das Interesse von Piero Dusio an einem straßentauglichen Modell aufgrund eines kostspieligen und komplizierten Projekts mit einem Grand-Prix-Fahrzeug mit Vierradantrieb nach, sodass die Produktion 1952 eingestellt wurde. Bis dahin waren ungefähr 170 Fahrzeuge dieser kreativen Inspiration entsprungen.

***Oben:** Ein Cisitalia mit 1200 ccm, wie ihn Taruffi 1948 bei der Mille Miglia vor dem Kolbenschaden fuhr.*

***Links:** Das fertige Cisitalia-Coupé von 1948 mit der Karosserie von Pinin Farina, die ihm internationales Ansehen als Designer einbrachte.*

***Unten links:** 1947 – seiner Zeit weit voraus, trotz Rechtslenkung, wie auch viele andere angesehene italienische Marken der Zeit.*

Technische Daten	**Cisitalia** 202 Gran Sport
Motor	vorne längs
Bauart	4 Zylinder in Reihe
Bohrung x Hub	68 x 75 mm
Hubraum	1089 ccm
Ventilsteuerung	Stößel
Leistung	55 PS (41 kW) bei 5500 U/min
Getriebe	Vierganggetriebe
Antrieb	Hinterachse
Chassis	selbsttragende Karosserie
Radaufhängung vorne	Querblattfedern und Dreieckslenker
Radaufhängung hinten	Halbelliptikfedern
Bremsen	Trommelbremsen
Höchstgeschwindigkeit	160 km/h
Beschleunigung	keine Angaben

Jaguar XK120

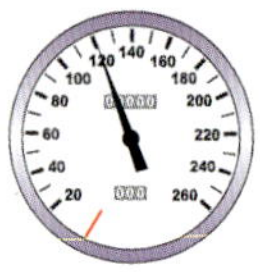

Spitze 194 km/h

__Unten:__ Einer der wenigen XK120 von 1949 mit Aluminiumkarosserie. Die meisten lassen sich an dem gebogenen Windschutzscheibenholm und Gummitüllen erkennen, ansonsten sind die Aluminiummodelle von denen mit Stahlkarosserie äußerlich nicht zu unterscheiden. Hier abgebildet ist eine Ausführung mit Rechtslenkung. Die Mehrzahl der gefertigten 120er war jedoch für den amerikanischen Markt als Linkslenker ausgelegt.

Der Jaguar 120 erhielt seine Bezeichnung – er war der erste der berühmten Sportwagenreihe XK – weil er als erstes Serienfahrzeug 120 mph (195 km/h) erreichte. Die XK-Reihe wurde 1948 zum ersten Mal bei der London Motor Show vorgestellt und lief 1961 mit seinem letzten Vertreter, dem XK150 aus, um dem E-Type Platz zu machen.

Seine hohe Leistung bezog der 120 von einer 3,4-l-Maschine mit zwei oben liegenden Nockenwellen und sechs Zylindern – dem legendären XK-Aggregat, das während des Krieges für den neuen 100 PS starken Jaguar Mark VII Saloon entwickelt wurde. Der Saloon kam paradoxerweise 1950 erst nach den offenen Zweisitzern auf den Markt.

Für den Export bestimmt

William Lyons, der Vorsitzende von Jaguar und zuständig für das Styling der Produkte, passte das Design den Leistungserwartungen an. Der XK120 entstand zu einer Zeit, als die britische Regierung die nationalen Kraftfahrzeughersteller anhielt, ihre Produkte in Übersee zu vermarkten, und so wurde die Mehrzahl der in Coventry gebauten Reihe als Linkslenker für den amerikanischen Markt produziert.

Basierend auf dem Fahrgestell des Mark V Saloon, der gleichzeitig herauskam, überraschte der neue Jaguar mit seiner viel beworbenen Höchstgeschwindigkeit. Lyons verblüffte die Kritiker mit einem Testfahrzeug mit leicht geglätteter Karosserie, das 1949 auf der Jabbeke-Autobahn in Belgien 212 km/h erreichte.

Die Nachfrage nach dem 120 schoss in die Höhe. Nachdem 240 Fahrzeuge mit Aluminiumkarosserie gefertigt worden waren, wurden Stahlbleche statt Aluminium eingesetzt, wodurch sich das Gewicht leicht erhöhte.

Der neue XK-Motor war eine gute Wahl. Während dem Konzept der zwei oben liegenden Nockenwellen noch aus den Vorkriegsjahren der Ruf der Unzuverlässigkeit anhing, galt das neue Jaguar-Aggregat als unverwüstlich und zuverlässig und blieb in Produktion bis 1992.

Links: Der legendäre XK-Motor mit zwei oben liegenden Nockenwellen des 120. Hier eines der ersten Fahrzeuge – erkennbar an den fehlenden Bolzen an den Ventildeckeln.

Links unten: Die meisten 120 wurden mit schwarzem Lenkrad geliefert, kurzfristig war während der Produktion des XK150 ein weißes Lenkrad erhältlich. Das Dach ließ sich hinter den Sitzen verstauen.

Unten: Ein XK120 Coupé im Rallyetrim mit Speichenrädern statt herkömmlicher Scheibenräder und Motorhaubengurten. Diese Ausführung hat eine mit Walnussholz verkleidete Instrumententafel und Türoberkantenverkleidung, die aus dem Saloon stammte.

Das Cabriolet kommt ins Spiel

1951 wurde der XK120 Roadster um eine Cabriolet-Ausführung ergänzt. Sie war nicht nur stilistisch ein Erfolg, sondern kam auch mit Verbesserungen im Innenraum daher: Die mit Leder überzogene Instrumententafel der offenen Modelle wurde durch Walnussfurnier ersetzt.

Ab 1952 wurde für beide Modelle Sonderausstattung angeboten: Nockenwellen, die mehr Ventilhub ermöglichten, ein leichteres Schwungrad, Doppelrohrauspuff und Speichen- statt Scheibenräder. Durch diese Ausstattung kam das 1948 entwickelte XK-Aggregat auf 180 statt der herkömmlichen 160 PS.

Als letzte Modellvariante des XK120 kam 1953 das Cabriolet. Hierin vereinten sich der Komfort eines Coupés mit dem Frischlufterlebnis im offenen Roadster. Mechanisch unterschieden sich die drei Modelle kaum voneinander – in den späteren Versionen kam eine ruhigere Salisbury-Hinterachse zum Einsatz.

Die Produktion des XK120 wurde im Herbst 1954 eingestellt. Zu der Zeit war Jaguar bereits weltweit als führender Sportwagenhersteller anerkannt.

Technische Daten	**Jaguar** XK120
Motor	vorne längs
Bauart	6 Zylinder in Reihe
Bohrung x Hub	83 x 106 mm
Hubraum	3442 ccm
Ventilsteuerung	zwei oben liegende Nockenwellen
Leistung	160 PS (118 kW) bei 5000 U/min
Getriebe	Vierganggetriebe
Antrieb	Hinterachse
Chassis	Kastenrahmen
Radaufhängung vorne	Dreieckslenker und Schraubenfedern
Radaufhängung hinten	Halbelliptikfedern
Bremsen	Trommelbremsen
Höchstgeschwindigkeit	194 km/h
Beschleunigung	0–100 km/h: 12 sek

Ferrari 166 Inter

Spitze 160 km/h

Der 166 kann sich rühmen, das erstes Straßenfahrzeug von Enzo Ferrari zu sein – er war jedoch nicht sein erstes Modell. Diese Auszeichnung trägt der für den Wettbewerb perfektionierte Typ 125 von 1947. Für die damalige Zeit ungewöhnlich, setzte Ferrari auf eine 2-l-V12-Maschine mit 60 Grad und nur einer oben liegenden Nockenwelle pro Zylinderreihe. Dieser Motor wurde eigens für Ferrari von Gioacchino Colombo, dem Vater des Alfa Romeo Alfetta von 1938, entworfen. Der Motor des 166 wurde auf einem Ovalrohrrahmen montiert, der durch eine Querblattfederung vorne verstärkt wurde, obwohl der Achsantrieb mit halbelliptischer Federung hinten ausgestattet war. Der 166 hatte ein Fünfganggetriebe mit Synchronisierung des dritten und der oberen Gänge.

Enzo Ferrari

In den 30ern leitete Enzo Ferrari das Rennteam von Alfa Romeo, sodass es nicht überraschte, dass er, als er seine eigene Marke aufgebaut hatte, eine ähnliche Strategie verfolgte. Alle zwischen 1947 und 1948 in Maranello hergestellten Fahrzeuge waren entweder durch das Werk oder deren wohlhabende Eigentümer finanziert.

1947 wurde eine rennerprobte Sportausführung eingeführt: Der 166 Inter war ein Touring-Fahrzeug. 1948 wurde er im Turiner Automobilsalon vorgestellt. Die ersten beiden Fahrzeuge wurden als Coupés mit einer Superleggera-Karosserie der Carrozzeria Touring und mit einem Fahrschemel aus Rohren mit schmalem Durchmesser gefertigt.

Das geschlossene Fahrzeug erinnerte an die Alfa-Romeo-Karosserie von Touring. Die gut proportionierte, offene Version mit der charakteristischen Front trug den Namen Barchetta, was so viel heißt wie kleines Boot, und erschien in stark limitierter Auflage.

Oben: *Bei den Coupés, die Touring auf das Fahrgestell des 166 setzte, gleicht keines dem anderen. Obwohl sie in Italien hergestellt wurden, haben die Ferrari Rechtslenkung.*

Rechts: *Beim 166 in der Spyder-Corsa-Wettbewerbsausführung handelt es sich um einen offenen Zweisitzer, bei dem man auf eine wetterfeste Ausrüstung verzichten muss. Auffallend ist die lange Motorhaube, unter der sich die bis heute charakteristische V12-Maschine verbirgt.*

Technische Daten	**Ferrari** 166 Inter
Motor	vorne längs
Bauart	V12
Bohrung x Hub	60 x 58 mm
Hubraum	1995 ccm
Ventilsteuerung	eine oben liegende Nockenwelle pro Zylinderreihe
Leistung	110/115 PS (81/85 kW) bei 6000 U/min
Getriebe	Fünfganggetriebe
Antrieb	Hinterachse
Chassis	Ovalrohrrahmen
Radaufhängung vorne	Dreieckslenker und Querblattfedern
Radaufhängung hinten	Halbelliptikfedern
Bremsen	Trommelbremsen
Höchstgeschwindigkeit	160 km/h
Beschleunigung	keine Angaben

Oben links: *Obwohl Ferrari behauptete, sein V12-Motor wäre an den Einsatz durch Packard 1915 angelehnt, ist die Konstruktion an die durch Mercedes-Benz und Alfa Romeo unmittelbar vor dem Krieg verwendeten Rennwagenmotoren angelehnt.*

Links: *Der puristische Barchetta-Zweisitzer, der von Touring für das Fahrgestell des 166 MM hergestellt wurde. Das Markenemblem für die Leichtbauweise „Superleggera" findet sich vorne rechts auf der Haube bei der Lufteinlassöffnung für die Vergaser.*

Links: *Das Cockpit des Barchetta mit der charakteristischen Ledereinfassung sowie das sich aufbäumende Pferd für Ferrari als Lenkradverzierung. Für damalige Verhältnisse ungewöhnlich: die Fünfgangschaltung.*

Damals verkaufte Ferrari seine Fahrzeuge nur als Fahrgestelle, die dann nach Wunsch des Kunden oder Händlers mit den entsprechenden Karosserien ausgestattet wurden. Deswegen gleicht kein 166 dem anderen. Touring stellte insgesamt etwa für fünf Fahrzeuge die Karosserien her; für die übrigen sind talentierte italienische Karosseriebetriebe verantwortlich: Stabilimenti Farina, Vignale, Bertone, Allemano und Ghia.

Drei Siege bei Straßenrennen

Mit seiner Höchstgeschwindigkeit von 160 km/h, die er zuverlässig und nachhaltig halten konnte, gewann der Ferrari 166 1949 die drei hoch angesehenen Straßenrennen: Mille Miglia, Targa Florio und Le Mans. Das 24-Stunden-Rennen wurde 1949 zum ersten Mal wieder nach dem Zweiten Weltkrieg gefahren, und Chinetti und Selsdon fuhren einen Durchschnitt von 132,4 km/h. Ferrari passierte in Le Mans die karierte Flagge neunmal als erster.

Innerhalb von zwei Jahren wurde der 166 39-mal gebaut, dreimal in der Sport- und 36-mal in der Inter-Ausführung. Der 166 tauchte auch 1953 in den Listen auf, war aber 1952 durch den 212 mit 2,5-l-Motor ersetzt worden. Ferrari war auf dem Weg zum Erfolg.

Frazer Nash Le Mans Replica

Spitze 209 km/h

Unten: *Ein Le Mans Replica von 1950 mit schillernder Geschichte. 1950 wurde das Fahrgestell beim Turiner Automobilsalon vorgestellt und vom italienischen Rennfahrer und Sammler Graf „Johnny" Lurani erworben, der ihm eine Coupé-Karosserie von Motto aufsetzte. Als der Wagen später wieder nach Großbritannien kam, wurde die Karosserie durch eine von Dick Crossthwaite angefertigte Kopie der Karosserie des Le Mans Replica ersetzt.*

Der Le Mans Replica von Frazer Nash erreichte eine Höchstgeschwindigkeit von 209 km/h und war in Ableitung des legendären BMW 328 von 1936 ein gut konstruierter, teurer Sportrennwagen im kontinentaleuropäischen Stil. Seine Ursprünge sind jedoch verstrickt. Von 1935 bis zum Ausbruch des Zweiten Weltkrieges 1939 hatte Frazer Nash die deutsche Marke BMW unter dem Namen Frazer Nash-BMW in Großbritannien vermarktet. Nach Kriegsende 1945 schloss sich H. J. Aldington von Nash mit der Bristol Aeroplane Company zusammen, die sich im Segment Automobilhersteller etablieren wollte. Die beiden Unternehmen vereinbarten, neben der Produktion des in Filton gebauten Bristol eine neue Generation von Frazer Nash-Fahrzeugen auf den Markt zu bringen, die weiterhin in Isleworth in Middlesex gefertigt würde.

Design und Personal von BMW wurde deshalb aus Deutschland „befreit", und der Bristol 400 – eine ausgewogene Mischung erprobter BMW-Konzepte – kam 1947 in die Produktion. Die Verbindung der beiden Unternehmen wurde 1947 gelöst, und Frazer Nash begann 1948 mit der Fahrzeugproduktion, die auf BMW-Konzepten basierte. Es gab zwei Modelle: einen Fast Tourer mit Zweisitzerkarosserie und einen leistungsstärkeren und zielbewussten High Speed.

Beide erhielten von dem ehemaligen BMW-Ingenieur Fritz Fiedler einen Doppelrohrrahmen, ähnlich dem BMW 328. Auch der 2-l-Sechszylindermotor – ein leistungsstarker Stoßstangenmotor – war aus dem 328 abgeleitet und wurde bereits im Bristol verwendet.

Stromlinienförmige Zweisitzer

Die High-Speed-Ausführung hatte mit 120 PS über 40 PS mehr als der Fast Tourer, die in einer funktionalen, stromlinienförmigen offenen Zweisitzer-Karosserie untergebracht waren, die Fiedler mit Schutzblech-Kotflügeln ausgestattet hatte. Für den höheren Preis von 3073 Pfund konnte man sich sechs MG TC kaufen.

Das Fahrzeug war eindeutig für am Wettkampf interessierte Kunden konzipiert. Einer davon war Norman Culpan, der mit seinem Fahrzeug 1947 am ersten

Le-Mans-Rennen nach dem Zweiten Weltkrieg teilnahm. Zusammen mit seinem Beifahrer Aldington fuhren die beiden einen Schnitt von 126,38 km/h beim 24-Stunden-Rennen und erzielten damit einen respektablen dritten Platz. Daraufhin wurde der High Speed 1950 in Le Mans Replica umbenannt. Bis 1953 wurde das Fahrzeug gebaut, wobei 1952 ein überarbeiteter, einfacherer Rahmen eingesetzt wurde. Insgesamt wurden 34 Fahrzeuge produziert.

Das Touringfahrzeug gab es in der Fast-Tourer-, Roadster- und Mille-Miglia-Ausführung. 1952 kam eine neue Targa-Florio-Ausführung hinzu. Das Coupé wurde 1953 für das Le-Mans-Rennen entwickelt und gewann die 2-l-Klasse. Der Sebring Roadster von 1954 war bereits der letzte der Reihe, von denen nur drei Exemplare gebaut wurden. Die letzten Fahrzeuge wurden 1956 gebaut, und damit war nach 32 Jahren das Ende von Frazer Nash besiegelt.

Links: *Beeindruckende Instrumente – auffällig der 12,5 cm große Tachometer für bis zu 200 km/h und der Drehzahlmesser für bis zu 6000 U/min. Weitere Armaturen sind Wasser- und Öltemperaturanzeige. Mit dem Fuß konnte der Fahrer eine Pumpe für die Fahrwerkschmierung bedienen.*

Links: *Das geteilte Heck war ein Charakteristikum späterer Fahrzeuge. Der Aluminiumtank fasste 91 Liter. Charakteristisch auch die außen gelegene Auspuffanlage mit dem kleinen Auspufftopf.*

Unten links: *Der Motor des Frazer Nash Bristol aus dem BMW-Repertoire. Statt seitwärts sitzen die dreifachen Solex-Vergaser auf den Aluminiumzylinderköpfen – eine Anordnung, die die geniale Stoßstangenmotorauslegung erforderlich machte.*

Technische Daten	**Frazer Nash** Le Mans Replica
Motor	vorne längs
Bauart	6 Zylinder in Reihe
Bohrung x Hub	66 x 96 mm
Hubraum	1971 ccm
Ventilsteuerung	Stößel
Leistung	120 PS (89 kW) bei 5200 U/min
Getriebe	Vierganggetriebe
Antrieb	Hinterachse
Chassis	Doppelrohrrahmen
Radaufhängung vorne	Querblattfedern und Dreieckslenker
Radaufhängung hinten	Torsionsstäbe
Bremsen	Trommelbremsen
Höchstgeschwindigkeit	209 km/h
Beschleunigung	0–100 km/h: 7,6 sek

Allard J2

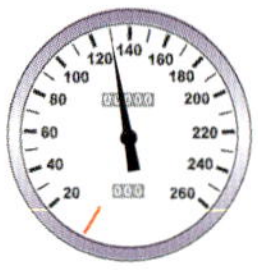

Spitze 210 km/h

Unten: *Für die Leistung abgespeckt – ein J2X für den amerikanischen Markt, der mit zwei einzelnen Flugzeugscheiben anstatt einer durchgängigen Windschutzscheibe ausgestattet war. Die längere Schnauze verdeckt die beim J2 sichtbaren Schraubenfedern.*

Sydney Allard war vor dem Krieg als Händler für Sondermodelle mit Ford-V8-Motor tätig. 1938 begann er mit der Produktion dieser Fahrzeuge in seiner Werkstatt im Londoner Stadtteil Clapham. Während des Zweiten Weltkrieges unterbrach er die Produktion bis 1946. Dann brachte er den stämmigen und schnörkellosen offenen Zweisitzer K1 auf den Markt. Charakteristisch war der wasserfallförmige Kühlergrill.

Die Betonung lag auf Schlichtheit und einem guten Verhältnis von Leistung und Gewicht. Allard verwendete einen einfachen Rahmen und eine effiziente Einzelradaufhängung vorne, hielt aber an der Querblattfederung aus dem Ford T fest. Auch die Dreigangschaltung stammte aus diesem Modell.

Rallye Monte Carlo

Der robuste seitengesteuerte 3,6-l-V8-Motor war zuverlässig und zeigte Beschleunigungspotential. Der K1 bekam Gesellschaft durch die Viersitzerversionen L und M1. Sydney Allard selbst gewann in einer P1-Limousine 1952 die Rallye Monte Carlo.

Beim Rennsportwagen J2 von 1949 besann man sich wieder auf die Ursprünge. Der offene Zweisitzer verfügte über eine abnehmbare Karosserie ohne Türen, mit vier Schutzblechen statt Kotflügeln und war starrer konstruiert als seine Vorgänger. Das Fahrzeug war für rennbegeisterte Kunden konzipiert. Die Bauweise des J2 unterschied sich von früheren Modellen durch die De-Dion-Achse hinten und Schraubenfedern rundum.

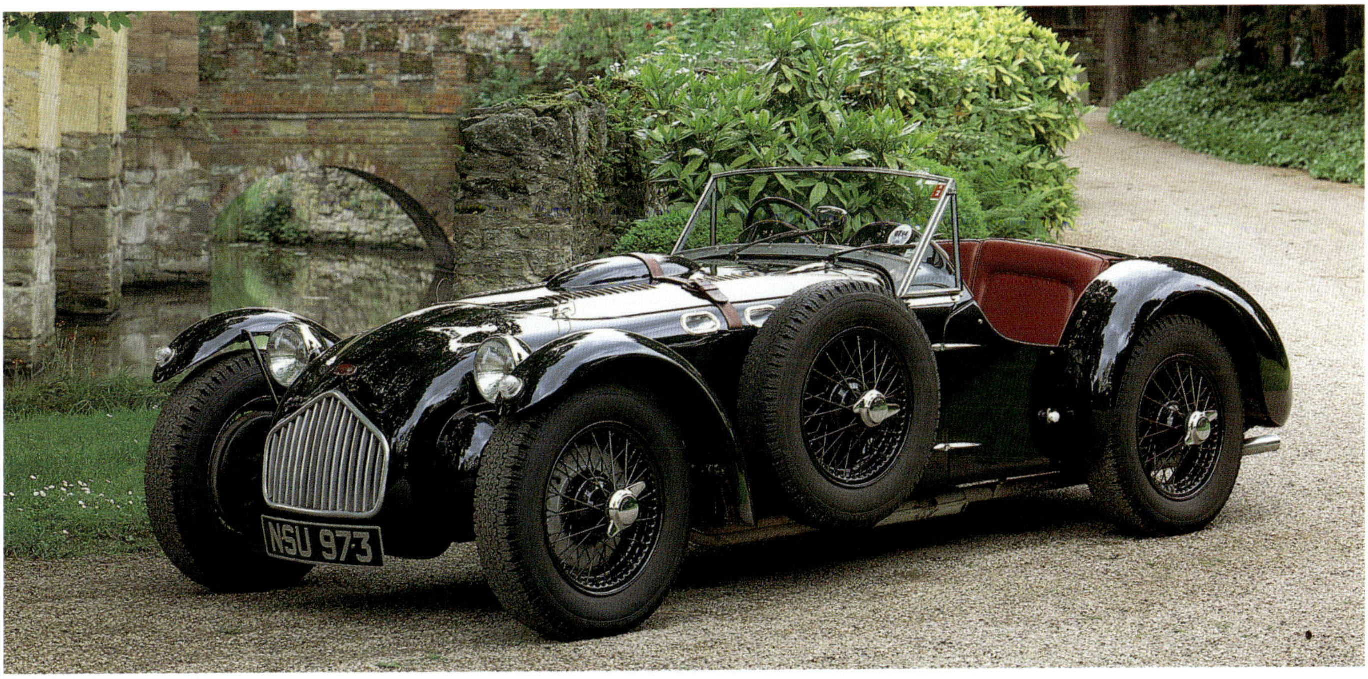

Sogar mit dem Ford-V8-Motor in der 4,4-l-OHV-Version von Mercury schaffte der J2 eine Höchstgeschwindigkeit von 160 km/h, mit der neuen V8-Motorengeneration aus Amerika war der Allard ein wahres Geschoss. Diese Motoren wurden aber für gewöhnlich nur in den Modellen für den US-Markt eingebaut, da Importbeschränkungen den Kauf neuer Aggregate aus den USA für Allard erschwerten.

Für experimentelle Zwecke konnte Allard allerdings einige Motoren erwerben. Der Prototyp J2 mit einem 5,4-l-Cadillac-Motor verfügte über 160 PS, die ihn auf 210 km/h katapultierten, und das bei 160 km/h im zweiten und 130 km/h im ersten Gang. Mit einer derartigen Beschleunigung ließ er einen Jaguar XK120 locker hinter sich. Amerikanische Fans bauten auch gerne V8-Motoren von Oldsmobile oder Chrysler ein. Der Chrysler-Motor mit ebenfalls 5,4 l kam in dem überarbeiteten J2X von 1952 zum Einsatz. Rein äußerlich erinnerte er an seine Vorgänger, obwohl die Haube wegen des um 18 cm nach vorne versetzten Motors länger war, um mehr Innenraum in der Fahrgastzelle zu schaffen.

Technische Daten	**Allard** J2 (Cadillac-Motor)
Motor	vorne längs
Bauart	V8
Bohrung x Hub	97 x 92 mm
Hubraum	5424 ccm
Ventilsteuerung	Stößel
Leistung	160 PS (118 kW) bei 4000 U/min
Getriebe	Dreiganggetriebe
Antrieb	Hinterachse
Chassis	Kastenrahmen
Radaufhängung vorne	geteilte Achse und Schraubenfedern
Radaufhängung hinten	De-Dion-Achse und Schraubenfedern
Bremsen	Trommelbremsen
Höchstgeschwindigkeit	210 km/h
Beschleunigung	0–100 km/h: 7 sek

Der J2X wurde bis 1952 gebaut und dann 1953 durch den J2JR mit Cadillac-Motor abgelöst. Der JR war der letzte dieser Reihe.

Die stromlinienförmige Karosserie stand im Gegensatz zu dem funktionalen Charme seiner Vorgänger. Die J-Serie wurde insgesamt 187-mal gebaut, davon waren 99 J2, 83 J2X und nur 5 JR. 1960 verabschiedete sich die Marke Allard.

Oben: *Ein J2 mit Original-Windschutzscheibe und charakteristischen, dreieckigen Seitenteilen. Das Ersatzrad konnte seitlich angebracht werden.*

Links: *Ein J2 mit in Großbritannien gefertigtem Ford-V8-Motor. Hierbei handelt es sich um einen Seitenventilmotor mit Zylinderköpfen aus Aluminium, der statt der üblichen 85 PS ein Potential von 90 PS liefert.*

Healey Silverstone

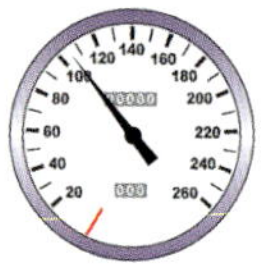

Spitze 160 km/h

Gegenüberliegende Seite, oben: *Das Cockpit eines Silverstone. Dieses E-Modell von 1950 hat eine Frontsitzbank anstelle der ursprünglichen Schalensitze. Das Modell ist etwas breiter als die Originalversion und verfügt über eine Teleskoplenksäule als Extra.*

Gegenüberliegende Seite, unten: *Der Silverstone Typ E ist an der Lufthutze auf der Motorhaube erkennbar. Die Kotflügel ließen sich für Renneinsätze leicht abmontieren. Ebenfalls charakteristisch sind die zur Verbesserung der Aerodynamik hinter dem Kühlergrill verborgenen Scheinwerfer. Ein kostspieliges Extra: der von der Aufhängung unabhängige Aluminiumlängslenker.*

Rechts: *Im Heck des Silverstone war ein 77-l-Treibstofftank untergebracht. Das vorstehende Segment des Ersatzrads diente gleichzeitig als hinterer Stoßfänger, von denen aus Kostengründen nur einer eingebaut war. Dieser mit einem Träger befestigte Bereich war über ein schmales Blech oberhalb des Nummernschildes zugänglich.*

1946 startete der Rallyefahrer Donald Healey mit der Autoproduktion unter seinem eigenen Namen. Innerhalb der nächsten acht Jahre entstanden acht Modelle – größtenteils mit Riley-Motor – in einer kleinen Werkstatt in Warwick. Der wohl bekannteste davon ist der Silverstone von 1949/50 mit einer Höchstgeschwindigkeit von 160 km/h.

Die ersten Healey-Fahrzeuge – der Westland Roadster und die Elliott Limousine – zählten zu den schnellsten Autos seinerzeit; ein späteres Modell erreichte auf einer Autobahn in Italien 168,5 km/h. Ausschlaggebend hierfür waren die leistungsstarken und effizienten Riley-2,5-l-Motoren mit 104 PS. Seine Fahrzeuge gehörten preislich zur Oberklasse. Die Limousine kostete 1598 Pfund. Als noch nicht lang etablierter Kleinunternehmer reagierte Donald Healey auf die 1948 durch die britische Regierung für alle Autos über 1000 Pfund veranlasste Erhöhung der Verbrauchssteuer von 33⅓ auf 66⅔ Prozent.

Das Resultat war ein kostengünstiger Zweisitzer: Der Silverstone von 1949, der nach der neu eröffneten Rennstrecke in Großbritannien benannt wurde. Er war für die Rennsportclubs in Großbritannien und Amerika ausgelegt. Bei einem Verkaufspreis von 975 Pfund fiel nur der Steuersatz von 33⅓ Prozent an. Grundlage war der Rahmen des Healey 100, bei dem Motor und Getriebe um 20 cm nach hinten versetzt wurden und das Heck so modifiziert wurde, dass ein 73-l-Treibstofftank Platz hatte.

Windschnittige Scheinwerfer

Da Schlichtheit und ein günstiger Preis im Vordergrund standen, war die Karosserie einfach gehalten. Das von Len Hedges vom Panelcraft-Konzern in Birmingham stammende Design integrierte zur Verbesserung der Aerodynamik die Scheinwerfer in die Einfassung des Kühlergrills, wie es bei den stromlinienförmigen Peugeot vor dem Krieg üblich war.

Die Windschutzscheibe wurde neu konzipiert und konnte für Renneinsätze in die Karosserie eingelassen werden. Aus Kostenersparnis verzichtete man auf die Stoßstange hinten. Diese Funktion übernahm das horizontal montierte Ersatzrad, das in einer Art Briefkastenschlitz eingeschoben war. Der Silverstone hatte gegenüber den früheren Healey etwa 203 kg weniger auf dem Buckel, sodass er 128 km/h im dritten Gang und eine Höchstgeschwindigkeit von 160 km/h erreichte.

1949 gewann der Silverstone den „Manufacturers Team Prize" bei dem vom British Racing Drivers' Club veranstalteten Production Car Race in Silverstone. Unter den acht Teilnehmern des folgenden Jahres gewann Duncan Hamilton in seiner Klasse mit 127 km/h.

Als die Produktion im September 1950 auslief, hatten bereits 105 Silverstone das Werk verlassen. Healey wurde bewusst, dass seine Autos zu groß, zu schwer und zu teuer waren. Deshalb entwickelte er den Healey 100, der 1952 auf den Markt kam.

Technische Daten	Healey Silverstone
Motor	vorne längs
Bauart	4 Zylinder in Reihe
Bohrung x Hub	80 x 120 mm
Hubraum	2443 ccm
Ventilsteuerung	Stößel
Leistung	104 PS (77 kW) bei 4500 U/min
Getriebe	Vierganggetriebe
Antrieb	Hinterachse
Chassis	Kastenrahmen
Radaufhängung vorne	Längslenker und Schraubenfedern
Radaufhängung hinten	Schubrohr und Schraubenfedern
Bremsen	Trommelbremsen
Höchstgeschwindigkeit	160 km/h
Beschleunigung	0–100 km/h: 11 sek

Porsche 356

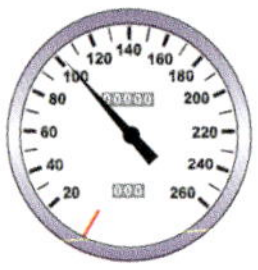

Spitze 160 km/h

Unten: Das Unternehmen Porsche bestand gerade erst drei Jahre, als das 356 Coupé 1951 auf den Markt kam. Dieses Modell war lange Zeit in Besitz von Betty Haig. Die glatten Konturen der Karosserie sind das Ergebnis minutiöser Nachbesserungen der Aerodynamik. Die getrennte Windschutzscheibe wurde 1952 durch eine durchgängige, gebogene Scheibe ersetzt.

Porsche zählt zu den großen deutschen Sportwagenherstellern der Nachkriegszeit. Die erste Modellreihe – der 356 – kam jedoch in Österreich zur Welt. Im Herbst 1944 hatte das Ingenieurbüro von Dr. Ferdinand Porsche mit Hauptsitz in Stuttgart ein weiteres Quartier in einem Sägewerk, das sich in Gmünd, Österreich, in Familienbesitz befand, bezogen. In den Bergen lag es außerhalb der Bombardierungsziele der Alliierten.

1948 beschloss sein Sohn Ferry, inspiriert durch den mit Fiat-Motor angetriebenen Cisitalia, einen Sportwagen zu fertigen, der mit der Mechanik des vom Vater von 1933 bis 1938 mitentwickelten Käfers bestückt werden sollte. In Juni 1948 war das erste Testfahrzeug des 356 fertig. Trotz der VW-Bauteile wartete das Coupé mit einer eigenen, charakteristischen Karosserie auf, die in Bezug auf den Luftwiderstand stark überarbeitet worden war. Doch unter der Motorhaube befand sich der luftgekühlte und im Heck montierte Vierzylinderboxermotor aus dem Käfer mit 1131 ccm. Die Leistung war mit zwei Doppelvergasern von 25 PS auf 40 PS gesteigert worden. Im Gegensatz dazu kamen die meisten Serienfahrzeuge mit 1086 ccm auf den Markt, um den Anforderungen der 1100-ccm-Sportwagenklasse zu entsprechen. Mit einer Höchstgeschwindigkeit von 137 km/h wurde dieser unkonventionelle Sportwagen nur als Cabriolet gebaut. Bis 1951 wurde der 356 in Österreich gebaut, aber bereits 1952 wurde die Montage nach Stuttgart verlegt, wo der 356 dann weiterentwickelt wurde.

1951 wurde eine zusätzliche Motorvariante mit 1286 ccm eingeführt, danach folgte 1952 eine 1,5-l-Version mit 55 PS oder in der Super-Version auf 70 PS getunt. 70 PS sollten dem 356 dann erhalten bleiben. Für den überarbeiteten 356A von 1956 wurde den existierenden 1,3-Liter- und 1,5-Liter-Motoren ein Aggregat mit 1582 ccm zur Seite gestellt. Dieses 1600er-Modell, das bis zum Ende der Produktion des 356 lief, schaffte in der Variante „Super" 160 km/h. Aber schon stand ein schnellerer 356 vor der Tür.

Er hieß Carrera, nach der Carrera Panamericana, bei der Porsche 1952 und 1954 Erfolge gefeiert hatte. Diese Erfolge waren durch den Rennwagen 550 Spyder möglich geworden, der nun seinen 100 PS starken 1,5-Liter-Motor mit zwei oben liegenden Nockenwellen pro Zylinderreihe und rollengelagerter Kurbel-

welle dem neuen Carrera spendete. Der raubeinige und schnelle Carrera eroberte schnell die Herzen von Enthusiasten in aller Welt.

Der 356B für ein breiteres Publikum erschien 1960. Der Standard-1600 entwickelte jetzt 60 PS und der Super mit 90 PS lief 177 km/h. 1962 kam der Carrera 2 mit einem 130 PS starken 2-Liter-Motor und deutlich besserer Beschleunigung auf den Markt.

Der letzte seiner Art, der 356C, wurde zum Modelljahr 1963 vorgestellt. Die Grundversion lieferte jetzt 75, der Super 95 PS. Der 356C hielt sich bis 1965, als er vom 911 ersetzt wurde, der eine neue Ära in der Geschichte Porsches einleitete.

__Oben:__ Der schnörkellose Speedster wurde mit einem Verdeck geliefert, das nicht nur unansehnlich, sondern auch wasserdurchlässig war.

__Links:__ Es besteht kein Zweifel: Der Heckmotor des 356A offenbart sich unter dem Lufteinlassgrill.

__Unten links:__ Ein 356A mit 1582 ccm: erkennbar der Vierzylinderboxermotor aus dem VW Käfer und die zwei Doppelvergaser.

Technische Daten	**Porsche** 356A
Motor	hinten längs
Bauart	4 Zylinder Boxer
Bohrung x Hub	82 x 74 mm
Hubraum	1582 ccm
Ventilsteuerung	zentrale Nockenwelle
Leistung	60 PS (44 kW) bei 4500 U/min
Getriebe	Vierganggetriebe
Antrieb	Hinterachse
Chassis	Plattformrahmen
Radaufhängung vorne	Längslenker und Torsionsstäbe
Radaufhängung hinten	Pendelachse und Torsionsstäbe
Bremsen	Trommelbremsen
Höchstgeschwindigkeit	160 km/h
Beschleunigung	0–100 km/h: 16 sek

Aston Martin DB2

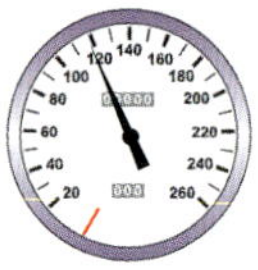

Spitze 190 km/h

Rechts: *Ungewöhnlich: Der gesamte Vorderbau des DB2 lässt sich nach vorne klappen, um den von Bentley entwickelten Motor mit zwei oben liegenden Nockenwellen und die Einzelradaufhängung vorne freizugeben.*

Unten: *Ein DB2 mit ursprünglicher Linienführung, die durch die italienischen Cabriolets der damaligen Zeit inspiriert wurde – zu der Zeit nur als Zweisitzer erhältlich.*

Mit der Einführung des DB2 im April 1950 stieg Aston Martin wieder wie ein Phönix aus der Asche. Seinen Namen erhielt der DB2 nach David Brown, Firmenbesitzer seit 1947.

Aus der Verbindung von Aston Martin mit der Marke Lagonda, die Brown 1947 gekauft hatte, entstand dieses Modell. Das Rohrrahmengestell stammte aus dem Aston Martin Atom von 1939, während die 2,6-l-Sechszylindermaschine mit 100 PS und zwei oben liegenden Nockenwellen keinen geringeren Erfinder als W. O. Bentley hatte. Der Motor war für die Lagonda-Limousinen der Nachkriegsjahre konstruiert worden, die Brown ebenfalls weiter vertrieb.

Der erste Aston Martin war der Super Sports mit 2-l-Motor von 1948, der rückwirkend als DB1 bezeichnet wurde. Der DB1 war wie die Modelle vor dem Krieg ein offenes Fahrzeug und erhielt das Fahrgestell und den kopfgesteuerten Motor des Atom. Aufgrund seines hohen Preises wurden nur 15 Fahrzeuge verkauft und die Produktion 1950 eingestellt.

Im gleichen Jahr kam der DB2 heraus, dessen geschlossene Karosserie die zeitgenössischen Modelle der sportlichen Gran Turismo aus Italien rühmte. Lagonda-Designer Frank Feely hatte einen schnittigen Wagen hervorgebracht, dessen Leistung seiner äußeren Erscheinung in nichts nachstand. Die Höchstgeschwindigkeit lag bei 177 km/h; später kam eine stärkere Variante mit 116 PS auf den Markt: der Vantage. Auch eine Cabrio-Version war erhältlich.

Der neue DB2/4

Das Modellbaujahr 1954 brachte den DB2/4 hervor, bei dem das Coupé-Konzept zu einem Viersitzer umgewandelt wurde; ebenfalls innovativ war die Heckklappe. Die geteilte Windschutzscheibe wurde durch eine gebogene ersetzt. Aufgrund des zusätzlichen Gewichts erhielt der DB2/4 standardmäßig den Motor des Vantage; aber ab April 1954 wurde dieser durch eine größere, rennerprobte 3-l-Maschine ersetzt. So schaffte er eine Höchstgeschwindigkeit von 190 km/h.

1956 kam eine Mark-II-Version hinzu, die sich äußerlich durch die eckigeren Kotflügel hinten unterschied. Die Cabriolet-Ausführung war weiterhin erhältlich; zusätzlich wurde eine Stufenheckversion ohne die Heckklappe angeboten.

Die letzte Version, der DB Mark III, wurde 1957 beim Genfer Automobilsalon vorgestellt. Das Modell bestach durch einen neuen Vorderbau mit gewundenem Kühlergrill und tieferem Motorhaubenabschluss. Darunter verbarg sich eine überarbeitete 162-PS-Maschine. Die Rennsporterfahrung des Unternehmens manifestierte sich in optionalen Girling-Scheibenbremsen. Da das Fahrzeug ursprünglich für den Export bestimmt war, wurde der amerikanischen Vorliebe für Automatikschaltungen 1959 Rechnung getragen. Die Produktion des Mark III wurde 1959 eingestellt, da sein Nachfolger, der DB4, schon am Start wartete. Insgesamt wurden seit 1950 von der DB2-Reihe 1724 Fahrzeuge hergestellt.

Oben: *Ein DB2/4 mit einteiliger Windschutzscheibe und zwei Notsitzen hinten.*

Links: *Der Innenraum des DB2 – das Gummikissen vor den Pedalen am Fahrersitz gehört zur Originalausstattung, wie auch der Haltegriff für den Beifahrer.*

Technische Daten	**Aston Martin** DB Mark III
Motor	vorne längs
Bauart	4 Zylinder in Reihe
Bohrung x Hub	83 x 90 mm
Hubraum	2992 ccm
Ventilsteuerung	zwei oben liegende Nockenwellen
Leistung	162 PS (120 kW) bei 5500 U/min
Getriebe	Vierganggetriebe
Antrieb	Hinterachse
Chassis	Fachwerkrahmen
Radaufhängung vorne	Längslenker und Schraubenfedern
Radaufhängung hinten	Radiuslenker und Schraubenfedern
Bremsen	vorne Scheibenbremsen, hinten Trommelbremsen
Höchstgeschwindigkeit	190 km/h
Beschleunigung	0–100 km/h: 9,5 sek

DDD 5

1951–1960 Sportwagen-Boom

Als die Wirtschaft in Amerika in den 50ern boomte, wurde Großbritannien zum größten Anbieter von schnellen Autos wie Jaguar, MG Roadster, den neu entwickelten Austin-Healey und den überarbeiteten Triumph.

Das Gran-Tourismo-Konzept wurde in Europa durch den Mercedes-Benz 300 SL, das phänomenale Flügeltürencoupé, aufgegriffen – ein Vorbote dafür, dass Deutschland wieder ein starker Konkurrent war. In Frankreich wartete man mit dem Facel-Vega auf, der eine leistungsstarke, kostengünstige amerikanische Maschine verwendete, während der allgegenwärtige V8-Motor unter den Motorhauben der Chevrolet Corvette agierte. Nach Jahren der Massenproduktion von Familienkutschen hatten die Amerikaner jetzt ihren eigenen Sportwagen.

Triumph TR2

Spitze 170 km/h

Die berühmte TR-Sportwagenreihe von Triumph hatte 1953 mit dem TR2 ihren großen Auftritt. Die Reihe sollte bis zum TR7 fortgesetzt werden und 1981 auslaufen.

1944 wurde das schwächelnde Unternehmen Triumph von Standard von Sir John Black aufgekauft, der den Statuswert des Jaguar weiter ausbauen wollte. Auf Geheiß der Regierung wurde der XK120 – ein Auto der Superlative – für den amerikanischen Markt gebaut, der bereits durch den TC Midget von MG erschlossen war. Die TR-Reihe – für Triumph Roadster – sollte nun die Marktsegmente zwischen diesen beiden Modellen bedienen.

Ein erstes Design hierfür stellte Triumph 1952 bei der London Motor Show vor. Der erst später als TR1 bezeichnete Wagen hatte ein Standard-Flying-9-Fahrgestell, dass mit einer stämmigen Karosserie für einen offenen Zweisitzer aufgewertet wurde. Der Karosserieentwurf stammte von Walter Belgrove von Standard. Der 1991-ccm-Motor stammte aus der neuen Vanguard Limousine.

Die Komponenten schienen jedoch wild zusammengewürfelt, sodass Harry Webster von Standard und der ehemalige BRM-Fahrer Ken Richardson mit dieser Aufgabe betraut wurden. Sie meisterten ihre Aufgabe glänzend, und ein wichtiges Resultat war der für höhere Beanspruchung ausgelegte Rahmen. Die Umsetzung ihrer Aufgabe manifestierte sich im TR2, der im August 1953 in Produktion ging.

Rallye-Erfolge

Die Leistung des Motors wurde von 75 PS auf 90 PS angehoben, sodass er die 160-km/h-Hürde nehmen konnte. Der neue Sportwagen von Triumph begann seine glänzende Karriere 1954 mit dem Sieg der RAC-Rallye. Diesem Sieg sollten noch viele Erfolge folgen. Leider überzeugte der TR2 bei den Verkaufszahlen weniger, sodass die Produktion 1955 eingestellt wurde – nach insgesamt 8628 Fahrzeugen. Davon gingen 70 Prozent nach Amerika.

Sein Nachfolger – der TR3 – kam 1956 auf den Markt und unterschied sich durch seinen Kühlergrill,

Unten: *Obwohl der TR2 für den Export nach Amerika produziert wurde, wurde ein relativ großer Prozentsatz – ca. 30 Prozent – in Großbritannien selbst verkauft. Im Gegensatz zur Konkurrenz Jaguar und MG findet man den Triumph Roadster durchaus auch als Rechtslenker. Die funktionale Linienführung steht für einen kostenbewussten Produktentwurf. Dieses Fahrzeug ist mit optionalen Speichenrädern ausgestattet.*

dessen ovale Form an Ferrari erinnerte. Das Baujahr 1957 erhielt Scheibenbremsen, was für britische Autos ein Novum war. Mitte 1957 wurde bereits sein Nachfolger – der TR3A – angekündigt. Die Karosserie blieb erhalten, nur der Kühlergrill kam in breiterer Ausführung daher, und unter der Haube schlummerten nun 100 PS. Die A-Serie wurde ursprünglich nur in Amerika verkauft.

Der Vierzylindermotor der TR-Reihe hatte mit diesem Modell schon einige Jahre hinter sich; zwischen Herbst 1957 und Oktober 1962 wurden 61 000 Fahrzeuge produziert, von denen nicht weniger als 98 Prozent hauptsächlich in die USA exportiert wurden.

Die Leistung des TR blieb konstant, man legte jedoch Wert auf ständige Überarbeitung. Diese ersten Modelle der Reihe waren für ihre mechanische Einfachheit und ihre damit verbundene Zuverlässigkeit bekannt. Auf dieser soliden Grundlage plante das Unternehmen in den 60ern auch die nächste Generation der TR-Sportwagen.

Oben: Bis zum TR3 hatte die TR2-Serie einen tiefer liegenden Kühlergrill.

Links: Hier ein Auto von 1954. Ab 1955 wurden die Türdicke verringert und Türschweller eingebaut.

Unten links: Der TR2 teilte sich den Motor mit dem vom gleichen Unternehmen hergestellten Vanguard und Ferguson-Traktor.

Technische Daten	Triumph TR2
Motor	vorne längs
Bauart	4 Zylinder in Reihe
Bohrung x Hub	83 x 92 mm
Hubraum	1991 ccm
Ventilsteuerung	Stößel
Leistung	90 PS (66 kW) bei 4800 U/min
Getriebe	Vierganggetriebe
Antrieb	Hinterachse
Chassis	Kastenrahmen
Radaufhängung vorne	Dreieckslenker und Schraubenfedern
Radaufhängung hinten	Halbelliptikfedern
Bremsen	Trommelbremsen
Höchstgeschwindigkeit	170 km/h
Beschleunigung	0–100 km/h: 12 sek

Bentley Continental

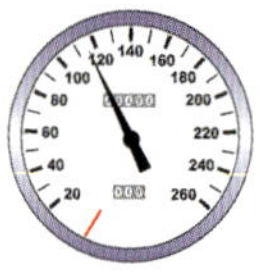

Spitze 185 km/h

Der Bentley Continental kam mit attraktiver und charakteristischer Fließheckkarosserie von H. J. Mulliner 1952 auf den Markt und war mit 185 km/h der schnellste in Serienproduktion hergestellte Viersitzer der Welt.

Der Continental sollte sieben Jahre lang produziert werden und war vom Geist her der Nachfolger des Bentley Corniche, einer 1939 experimentell in Bezug auf Aerodynamik entwickelten Limousine, die jedoch aufgrund des Ausbruchs des Zweiten Weltkrieges nie produziert wurde. Daher führte das Modell die Tradition der gut ausgestatteten interkontinentalen Gran Tourer weiter, die in den 30ern beliebt waren.

1946 stellte Rolls-Royce seinen Silver Wraith vor, wodurch sich die Bentley-Mark-VI-Serie verzögerte. Während der Silver Wraith nur in der bereits erwähnten Karosserieausführung erhältlich war, erhielten 80 Prozent der Bentley eine Standard-Limousinen-Karosserie mit vier Türen, die von Pressed Steel gefertigt wurde.

Corniche II

Basierend auf dem Fahrgestell des R-Typs, der 1952 den Rahmen des Mark VI ersetzen sollte, hatte man bei Bentley 1950 mit dem intern als „Corniche II“ bezeichneten Projekt begonnen. Hauptaugenmerk lag dabei auf der Verbesserung der Aerodynamik und Gewichtseinsparungen. Die Karosserie entwarf Ivan Evernden von Rolls-Royce. Beim Motor der 4,6-l-Limousine mit oben liegenden Einlassventilen und seitlichen Auslassventilen wurde die Verdichtung von 6,4 auf 7,3:1 erhöht und ein neues Auspuffsystem eingebaut.

Der im August 1951 fertig gestellte Prototyp startete auf dem neuen Rennkurs von Montlhéry bei

Rechts: *Die glänzende Walnuss-Instrumententafel des Continental ist proppevoll mit Instrumenten. Gut zu erkennen: der rechts statt mittig gelegene Schalthebel.*

Unten: *Hier der Prototyp des Continental von 1951, der aufgrund des charakteristischen Nummernschilds liebevoll „Olga“ genannt wurde. Sein Dach ist 2,5 cm höher als bei den Serienfahrzeugen.*

Paris, wo er eine Durchschnittsgeschwindigkeit von 191,1 km/h über fünf Runden erreichte.

Der für Februar 1952 angekündigte Continental stand mit 6929 Pfund auf den Preislisten und war somit eines der teuersten Fahrzeuge auf dem Markt. Am Anfang wurde der Continental nur exportiert, aber im Modelljahr 1953 erschien auch ein Rechtslenker.

Der Continental 208 R wurde mit 108 Fahrzeugen überwiegend in Großbritannien verkauft. Danach kam Frankreich mit 33, Amerika mit 28 und die Schweiz mit 24 verkauften Exemplaren. Nach Belgien, Kanada und Portugal wurden jeweils zwei der Modelle exportiert.

Hubraumvergrößerung

Nach zweijähriger Produktion wurde im Juli 1954 der Motor des Continental auf 4,9 Liter vergrößert, und optional war eine Vierstufenautomatik erhältlich.

1955 wurde die S-Limousine eingeführt, das Bentley-Pendant des Rolls-Royce Silver Cloud, das wie sein Vetter eine Karosserie von Pressed Steel bekam. Trotz der gewachsenen Maße aufgrund des neuen verlängerten Fahrgestells war diese Option des Continental sehr beliebt. Das Modell wurde bis 1959 produziert. Hiermit war zunächst das Ende der speziell entworfenen Bentley-Karosserien eingeleitet. Dieses Konzept wurde jedoch später mit dem Continental R von 1991 wieder aufgenommen.

Technische Daten	**Bentley** Continental (R-Type)
Motor	vorne längs
Bauart	6 Zylinder in Reihe
Bohrung x Hub	92 x 114 mm
Hubraum	4566 ccm
Ventilsteuerung	wechselgesteuert
Leistung	keine Angaben
Getriebe	Vierganggetriebe
Antrieb	Hinterachse
Chassis	Kastenrahmen
Radaufhängung vorne	Dreieckslenker und Schraubenfedern
Radaufhängung hinten	Halbelliptikfedern
Bremsen	Trommelbremsen, mechanischer Bremskraftverstärker
Höchstgeschwindigkeit	185 km/h
Beschleunigung	0–100 km/h: 13,5 sek

__Oben:__ So sieht es aus, wenn ein Bentley Continental vorbeirauscht. Um Gewicht einzusparen, waren die Stoßstangen aus Leichtmetall. Der Kofferraum war geräumig, Werkzeug und Ersatzrad waren separat untergebracht.

__Links:__ Ursprünglich war für die Hinterräder zur Verbesserung der Aerodynamik eine Radverkleidung vorgesehen. Die Bremslichter und Blinker waren an den beiden hinteren Kotflügeln angebracht, als Winker noch die Regel waren. Neben dem Nummerschild waren ebenfalls zwei Rückfahrscheinwerfer montiert.

Pegaso Z102

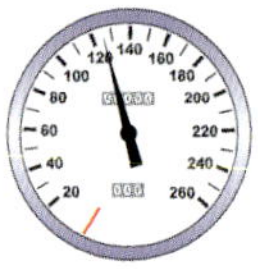

Spitze 200 km/h

Rechts: *Die durchgängige Rückenlehne aus mit Lederpolsterung bespanntem Aluminium ist ungewöhnlich.*

Unten: *Eines der 19 für den Pegaso 1954 hergestellten Tourenwagen-Coupés. Die in Mailand auf dem Z102B-Fahrgestell nach den Prinzipien der „Superleggera"-Leichtbauweise gefertigten Coupés verfügten über einen stabilen, dünnrohrigen Rahmen.*

Zwischen den Kriegen war es nicht ungewöhnlich, Autos ohne Blick auf die Kosten zu fertigen. Die harten Zeiten nach dem Krieg ließen dies nicht mehr zu. Der Pegaso aus Spanien war jedoch noch äußerst verschwenderisch. Das 200 km/h schnelle und 1951 beim Pariser Salon vorgestellte Fahrzeug sollte als Werbung für die LKW- und Autobus-Reihen des Unternehmens dienen.

Die 1946 in Barcelona gegründete ENASA (Empresa Nacional de Autocamiones SA) nannte ihre Produkte „Pegaso" nach dem geflügelten Pferd Pegasus aus der griechischen Mythologie.

Für das Design verantwortlich war der spanische Ingenieur Wilfredo Ricart, der in den 20ern bereits den Ricart Espania entwickelt hatte und anschließend technischer Direktor bei Alfa Romeo wurde. Der Pegaso Z102 wurde von Hand in Barcelona gefertigt, wo vorher bereits der teure und repräsentative Hispano-Suiza gebaut worden war. Alle mechanischen Bauteile wurden mit Ausnahme der Bosch-Elektronik im Werk Calle de Segrera produziert. Für die Karosserien waren zwei der weltweit besten Karosseriehersteller engagiert worden: Touring aus Mailand und die Pariser Niederlassung von Saoutchik.

Abschied vom Kettenantrieb

Unter der Haube beeindruckte ein röhrender V8-Leichtmetallmotor mit 2,5 Litern und zwei oben

***Links:** Das Z102B-Chassis mit ungewöhnlichem Aufbau – die Pariser Firma Saoutchik stellte diese Karosserie für den El Dominicano 1954 her.*

***Unten:** Der Zweisitzer von hinten. Die Linienführung der Heckklappe imitiert das Design der Haube. Herkömmliche Stoßstangen wurden weggelassen, um die Klarheit der Karosseriekonturen nicht zu unterbrechen. Auch bei den anliegenden Türgriffen wurden aerodynamische Aspekte berücksichtigt.*

liegenden Nockenwellen pro Zylinderreihe. Die ursprüngliche Steuerkette wurde bald durch effizientere, aber teurere und lautere Stirnräder ersetzt. In den Spezifikationen ist ein Weber-Doppelvergaser aufgelistet; eine leistungsstärkere Version verfügte über vier dieser Vergaser. Das Fünfganggetriebe war mit einer De-Dion-Hinterachse gekoppelt.

Das Lenkgetriebe war ein technisches Meisterwerk, das statt durch den Boden durch das Cockpit verlief. Die damit verbundene neue Anordnung war das komplexeste System, das jemals in einem Serienfahrzeug eingebaut worden war. Ebenfalls ein Novum war die Anordnung der Instrumente in Form von Klaviertasten.

Diese ehrgeizigen technischen Errungenschaften hatten ihren Preis – den von drei bis vier Cadillacs. Anfangs war eine zusätzliche 2,8-l-Version, dann eine 2,5-l-Version mit Kompressor erhältlich. Fahreigenschaften, Bremsen und Lenkung waren nicht überraschend auf dem Niveau von Alfa Romeo – im vierten Gang erreichte der Pegaso 160 km/h.

1954 wurde eine weitere Version mit 3,2-l-V8-Motor mit zwei Roots-Kompressoren und Magnetzündung angeboten. Die Spezifikationen sprachen übertrieben geschätzt von 298 km/h Höchstgeschwindigkeit. Schließlich kam 1956 der Z103 mit einem neuen V8-Stoßstangenmotor heraus. Auch dieser war in zwei unterschiedlichen Ausführungen erhältlich: 4 oder 4,7 Liter. Der Z103 wurde nur viermal gefertigt und reihte sich zu den insgesamt 84 Autos, die den Namen Pegaso trugen. 1958 stellte ENASA die Pkw-Produktion ein und konzentrierte sich auf Nutzfahrzeuge, die sie bis heute – seit 1991 als Iveco-Filiale – herstellt.

Technische Daten	**Pegaso** Z102 (2,5 Liter)
Motor	vorne längs
Bauart	V8
Bohrung x Hub	75 x 70 mm
Hubraum	2474 ccm
Ventilsteuerung	zwei oben liegende Nockenwellen
Leistung	165 PS (122 kW) bei 6500 U/min
Getriebe	Fünfganggetriebe
Antrieb	Hinterachse
Chassis	selbsttragende Karosserie
Radaufhängung vorne	Dreieckslenker und Schraubenfedern
Radaufhängung hinten	De-Dion-Achse und Torsionsstäbe
Bremsen	Trommelbremsen
Höchstgeschwindigkeit	200 km/h
Beschleunigung	0–100 km/h: 10,5 sek

Fiat 8V

Spitze
193 km/h

Unten: *Die Karosserien der meisten 8V wurden von Fiat selbst hergestellt, doch einige stammen aus italienischen Karosseriebetrieben wie Ghia, Bertone, Zagato und Vignale. Dieses unbestreitbar attraktivere Modell stammt von Bertone. Die Geschäftsbeziehungen zwischen Fiat und Bertone gehen auf die Anfangsjahre zurück, als Giovanni Bertone das Unternehmen 1912 in Turin gründete.*

Fiat ist bekannt dafür, kleine unverwechselbare Straßenfahrzeuge für den italienischen Normalbürger herzustellen. Mit dem 8V führte Fiat 1952 ein handgefertigtes Coupé für eine Minderheit ein, den man als Ferrari für Arme bezeichnen könnte. Mit einer Höchstgeschwindigkeit von 193 km/h behauptete er sich erfolgreich bei Rennen der GT-Klasse.

Seit dem Ballila von 1934 war dies Fiats erster Sportwagen. 1952 wurde der 8V, der in Italien Otto Vu hieß, da Ford den Namen V8 hatte schützen lassen, beim Genfer Automobilsalon vorgestellt. Die Arbeiten zu dem Fahrzeug hatten 1950 unter Leitung des Chefingenieurs Dante Giacosa begonnen. Der kompakte 2-l-V8-Aluminiummotor war ursprünglich für die noch in der Entwicklung befindliche 1900 Limousine von Fiat gedacht. Diese vornehme und von Pinin Farina entworfene Version kam jedoch nie auf den Markt.

Den Motor gab es in drei Versionen. Das Standardmodell verfügte über 105 PS, optional waren 115 und 127 PS erhältlich, bei denen das Verdichtungsverhältnis und die Nockenwellen modifiziert wurden.

Die von Rapi entwickelte Karosserie wurde bei Fiat in den Werkstätten für Testfahrzeuge hergestellt. Die Fahrzeuge wurden jedoch von Siata montiert. Das Turiner Tuning-Unternehmen hatte sich auf Fiat spezialisiert und entwickelte ein Fünfganggetriebe für den 8V. Das Modell zeichnete sich als erster Fiat mit Einzelradaufhängung aus.

Die mit Metallic-Nitrolack beschichteten Karosseriebleche umschlossen den Rohrrahmen. Spätere Ausführungen verwendeten zwei übereinander liegende Scheinwerfer. Dieses Designmerkmal wurde in den 60ern von den Amerikanern wieder aufgegriffen. Eine schöne Zugabe waren die Stoßstangen und Karosseriepressteile aus rostfreiem Stahl.

Rennerfolge

Als reiner Zweisitzer – hinter den Sitzen war nur noch das Reserverad verstaut – erreichte der 8V geräuschvoll im zweiten Gang 143 km/h und 193 km/h im obersten Gang. Er konnte einige Rennerfolge verzeichnen, darunter 1954 GT-Meisterschaften in der 2-l-Klasse in Italien. Die Le-Mans-Teilnahme 1955 verlief weniger erfolgreich, da das teilnehmende

Oben links: *Die Karosserie auf diesem 8V-Chassis stammt von Alfredo Vignale, der 1948 sein eigenes Karosserieunternehmen in Turin gründete und als Vorarbeiter bei Stabilimenti Farina kündigte.*

Oben: *Ein 8V von Zagato aus Mailand. Elio Zagato, Sohn des Firmengründers und stolzer Besitzer eines 8V, erlebte zahlreiche sportliche Erfolge mit diesem Wagen.*

Links: *Kein Serienfahrzeug, sondern ein experimenteller 8V mit Gasturbinenantrieb von 1954, daher auch die Vielzahl der Instrumente.*

Fahrzeug mit experimentellem Fünfganggetriebe von Siata im vierten Gang schneller war als im fünften.

Zusätzlich zu den von Fiat hergestellten Karosserien finden sich Ausführungen von Ghia und Zagato. 1954 stellte Fiat beim Genfer Salon auch eine Ausführung mit smaragdgrüner Karosserie aus glasfaserverstärktem Kunststoff vor. Die Idee wurde dann jedoch nicht weiter verfolgt, und die im gleichen Jahr erschienene Ausführung mit Gasturbine erlitt das gleiche Schicksal.

Die sinkende Nachfrage führte zur Einstellung der Produktion im Jahre 1954. Insgesamt wurden nur 114 dieser wohl zu exklusiven Fiats gefertigt, die jedoch nicht in Vergessenheit gerieten und immer noch ihre Anhängerschaft haben.

Technische Daten	**Fiat** 8V
Motor	vorne längs
Bauart	V8
Bohrung x Hub	72 x 61 mm
Hubraum	1996 ccm
Ventilsteuerung	Stößel
Leistung	105 PS (77 kW) bei 6000 U/min
Getriebe	Vierganggetriebe
Antrieb	Hinterachse
Chassis	selbsttragende Karosserie
Radaufhängung vorne	Dreieckslenker und Schraubenfedern
Radaufhängung hinten	Dreieckslenker und Schraubenfedern
Bremsen	Trommelbremsen
Höchstgeschwindigkeit	193 km/h
Beschleunigung	0–100 km/h: 12,5 sek

Chevrolet Corvette

Spitze
170 km/h

Die Corvette – das erste Modell dieser legendären Reihe – wurde bei der General Motors Corporation als amerikanische Antwort auf die britischen Zweisitzer entworfen, die sich zunehmender Beliebtheit erfreuten.

Heraus kam ein unverkennbar transatlantischer, für europäischen Geschmack protziger Zweisitzer. Die Karosserie entwarf GMs bester Designer – Harley Earl. Aufgrund der geringen, geplanten Stückzahlen wurde die Karosserie aus Glasfaser hergestellt. Das Fahrgestell war maßgeschneidert, und unter der Haube schlummerte ein 3,8-l-Sechszylindermotor. Die Zweistufenautomatik wurde über einen Schalthebel am Boden betätigt.

Eigentlich war die erste Corvette von 1953 eher ein Alptraum, aber seinerzeit war der letzte wahre amerikanische Sportwagen ja auch der Mercer Raceabout von 1911. Im ersten Jahr war die Corvette lediglich in Weiß mit rotem Interieur erhältlich. Das erste auf Leistung ausgelegte Modell von GM fiel durch sehr unempfindliche Lenkeigenschaften auf, was bei einer Höchstgeschwindigkeit von 170 km/h bedenklich war.

Angesichts der niedrigen Verkaufszahlen dachte man bei GM bereits über die Verschrottung der „Vette“ nach, tauschte dann aber nach einer weisen Eingebung 1955 den Sechszylinder gegen einen V8 mit 4,3 Litern aus. Das Modelljahr 1956 bot ein Dreiganggetriebe. Auch an der Leistung wurde gefeilt: die Höchstgeschwindigkeit lag jetzt bei 193 km/h.

Völlig neue Konstruktion

1959 wurde die Karosserie so weit überarbeitet, dass eine völlig neue Konstruktion entstand: Die reizlose Silhouette wurde mit geformten Seitenteilen aufgepeppt, die bei einigen Fahrzeugen in einer anderen Farbe lackiert wurden. Ein abnehmbares Hardtop war optional erhältlich, und ab 1958 folgten Doppelscheinwerfer.

Rechts: *Die Instrumententafel einer Corvette von 1955 mit Drehzahlmesser in der Mitte. Dies ist eines der wenigen Modelle dieses Baujahrs, das mit Handschaltung geliefert wurde.*

Rechts: *Das gleiche Fahrzeug von außen. Die Anfangsschwierigkeiten bei der Produktion in den zwei Jahren zuvor wurden ausgebügelt.*

Gegenüberliegende Seite, unten: *Eine der wenigen 1955er Corvettes mit Sechszylindermotor. Die meisten hatten einen V8-Motor. Diese Anordnung sollte für alle Autos mit dem auf „Vette“ endenden Namen zutreffen.*

Millionärs-Flitzer

Zum Modelljahr 1957 erschien eine größere Maschine. Der 4,6-l-Motor war optional auch mit Kraftstoffeinspritzung erhältlich, die jedoch zu Anfang eine eher unzuverlässige Wahl war. Bedeutender war 1960 die Anmeldung von drei Corvettes beim Le-Mans-Rennen durch den amerikanischen Millionär Briggs Cunningham. Obwohl er in der dritten Runde wegen eines Unfalls ausschied, erreichte eine Corvette den respektablen achten Platz, und auch die dritte kam ins Ziel.

1961 wurde die Karosserie nachgebessert und erhielt ein nett geformtes Heck, das von William Mitchell entworfen war, der 1958 Earl abgelöst hatte. Die Leistungssteigerung stand nun ganz oben auf der Tagesordnung, sodass 1962 ein größerer 5,3-l-Motor eingeführt wurde.

Die Corvette schaffte nun 240 km/h, und Mitchell entschied, sie einer Generalüberholung zu unterziehen. Dabei entstand 1963 der Sting Ray, die wohl einprägsamste Corvette überhaupt.

Unten: *Eine Corvette von 1955: In diesem Jahr wurde erstmals der V8-Motor eingesetzt. Mit dem 4,3-l-Motor wurde auch der Schriftzug „CheVrolet" am vorderen Kotflügel verschönert.*

Technische Daten	**Chevrolet** Corvette (1953)
Motor	vorne längs
Bauart	6 Zylinder in Reihe
Bohrung x Hub	90 x 100 mm
Hubraum	3859 ccm
Ventilsteuerung	Stößel
Leistung	150 PS (111 kW) bei 4200 U/min
Getriebe	Zweigangautomatik
Antrieb	Hinterachse
Chassis	Kastenrahmen
Radaufhängung vorne	Dreieckslenker und Schraubenfedern
Radaufhängung hinten	Halbelliptikfedern
Bremsen	Trommelbremsen
Höchstgeschwindigkeit	170 km/h
Beschleunigung	0–100 km/h: 11,5 sek

AC Ace

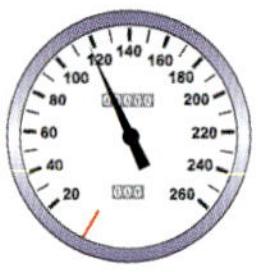

Spitze 190 km/h

Rechts: *Der 2-l-Motor von Bristol, wie er im Ace von 1956 eingebaut war. Er war mit 1340 Pfund stolze 240 Pfund teurer als die Ausführung mit AC-Motor.*

Unten: *Ace, Baujahr 1955, mit AC-Motor. Einige Jahre war er im Besitz des Fotografen Neill Bruce, dessen Fotos in vielen Motorsportbüchern und auch hier abgedruckt werden.*

Der attraktive offene Zweisitzer mit guter Straßenlage kann in der leistungsstärksten Ausführung mit einer Höchstgeschwindigkeit von 190 km/h prahlen und wurde zehn Jahre lang gefertigt. Aber den meisten bleibt er in Erinnerung, weil er die Basis des legendären Cobra formte.

Der Ace erblickte jedoch nicht im AC-Werk in Thames Ditton in Surrey das Licht der Welt, sondern auf dem Grundstück des Konstrukteurs John Tojiero in Hertfordshire, der für Rennsportclubs einen Rohrrahmen mit Querblattfederung und Einzelradaufhängung entworfen hatte. Der rennsportbegeisterte Cliff Davis kaufte 1952 einen Tojiero-Rahmen und baute einen Bristol-Motor ein. Das Ganze wurde dann mit einer offenen Zweisitzerkarosserie umschlossen, die vom Ferrari 166 Barchetta inspiriert war, der 1949 die Mille Miglia gewonnen hatte.

Nach einer erfolgreichen Rennsaison 1953 erfuhr Charles Hurlock von AC zufällig von diesem Auto und beschloss, dieses zu erwerben. Der Wagen wurde schnell überarbeitet und dann als Ace 1953 auf der London Motor Show vorgestellt. Der einzige wichtige Unterschied war der Austausch des Bristol-Motors gegen einen lang gedienten 2-l-Sechszylinder-Aluminiummotor von AC mit oben liegender Nockenwelle. Zwar war dieser Motor bei seiner Einführung im Jahre 1919 sehr fortschrittlich, nach 34 Jahren jedoch waren seine glanzvollen Tage vorbei.

Wahl des Motors

Mit 85 PS und Dreifachvergaser war dieser AC-Motor jedoch bis zum letzten Produktionstag des Ace erhältlich und beschleunigte den lebhaften offenen Zweisitzer problemlos auf über 160 km/h. Anfang 1956 wurde der Ace auch mit 105 bzw. 120 PS starken Bristol-Motoren angeboten, die seine Höchstgeschwindigkeit auf bis zu 190 km/h nach oben setzten.

1955 war die Modellreihe um das Coupé Aceca erweitert worden, das ebenfalls mit Bristol-Maschine erhältlich war. 1960 kam das Coupé Greyhound mit längerem Radstand, Schraubenfederung, Querlenker und Einzelradaufhängung vorne hinzu.

Leider war die Auswahl an Motoren in den letzten Produktionsjahren des Ace nicht mehr groß. Der Sechszylinder von AC näherte sich seinem Entwicklungsende, während der Bristol gegen einen V8 von Chrysler ausgetauscht wurde, sodass der leistungsstarke und vielseitige Sechszylinder das Handtuch werfen musste. Mitte 1961 erhielt der Ace deshalb einen 2,6-l-Ford-Zephyr-Motor in unterschiedlichen Versionen. Einige waren vielleicht verwundert darüber, dass der Ford-Motor den offenen Zweisitzer auf über 177 km/h beschleunigte.

Die Produktion des Modells wurde 1963 eingestellt. Hiermit war jedoch keinesfalls sein Ende eingeleitet. Der amerikanische Rennfahrer Carroll Shelby wollte auf diesem Modell aufbauend den Cobra (siehe Seite 94) entwickeln lassen. So überlebte der Ace im Grunde weitere sechs Jahre.

Technische Daten	**AC** Ace (Bristol-100D-Motor)
Motor	vorne längs
Bauart	6 Zylinder in Reihe
Bohrung x Hub	66 x 96 mm
Hubraum	1971 ccm
Ventilsteuerung	Stößel
Leistung	120 PS (89 kW) bei 6000 U/min
Getriebe	Vierganggetriebe
Antrieb	Hinterachse
Chassis	Doppelrohrrahmen
Radaufhängung vorne	Querblattfedern und Dreieckslenker
Radaufhängung hinten	Querblattfedern und Dreieckslenker
Bremsen	Trommelbremsen
Höchstgeschwindigkeit	190 km/h
Beschleunigung	0–100 km/h: 9,5 sek

Links: *Das Cockpit eines 1955er Ace, das 50. Fahrzeug, das hergestellt wurde. Besitzer beklagten manchmal die Lage der Handbremse, die besser rechts neben dem Fahrersitz angebracht wäre.*

Unten: *Die ersten Fahrzeuge hatten runde Rückleuchten, während spätere Modelle eine kürzere Heckklappe besaßen.*

Mercedes-Benz 300SL

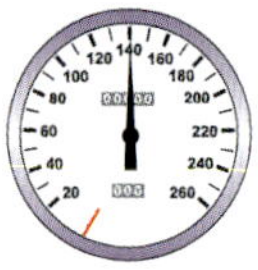

Spitze
225 km/h

Rechts: *Das Lenkrad ließ sich zum bequemen Einsteigen verstellen. Es wurden ausschließlich Linkslenker gebaut.*

Unten: *Der 300SL mit Flügeltüren – durch die auffällige Kühlermaske seitlich der Kotflügel vorne wird die Heißluft vom Motorraum abgeleitet.*

Als eines der wahren Traumautos bleibt das 300SL Coupé vor allem wegen der nach oben öffnenden Flügeltüren in Erinnerung. Die für heutige Verhältnisse zwar nicht umwerfende Höchstgeschwindigkeit von 225 km/h war seinerzeit sicherlich bemerkenswert. Ein durch und durch rassiger Wagen.

Der 300SL – was für 3 Liter, Sport und leicht stand – war äußerst wettbewerbstauglich. In der Rennversion war sein Vorgänger 1952 als Sechszylinder mit oben liegender Nockenwelle erschienen, der aus dem Straßenfahrzeug 300S übernommen war. Dies und andere Komponenten führten jedoch zu höherem Gewicht. Durch den Einsatz eines leichten, tragfähigen und komplexen Gitterrohrrahmens versuchten die Stuttgarter Ingenieure kostbare Kilos einzusparen. Hierfür mussten die Rohre so hoch wie möglich seitlich um die Fahrgastzelle geführt werden, wodurch herkömmliche Türen nicht in Frage kamen. Die Lösung waren die erfinderischen und genialen Flügeltüren, die nach oben öffneten und am Dach des Coupés befestigt waren. Der Wagen führte 1952 die gesamte Rennsaison an, ging jedoch im folgenden Jahr nicht mehr an den Start, da das Unternehmen alle Ressourcen in das Formel-1-Fahrzeug W196 steckte.

Der New Yorker Autohändler Max Hoffman, der sich auf den Import europäischer Sportwagen spezialisiert hatte, konnte Mercedes-Benz jedoch überzeu-

Links: *Der Motor eines 300SL – 3-l-Sechszylinder mit oben liegender Nockenwelle. Der Motor wurde um 50 Grad zur Seite geneigt, damit die Motorhaube flacher sein konnte. Als erstes Serienfahrzeug erhielt der 300SL eine Bosch-Einspritzung. Die Trockensumpfschmierung wurde in modifizierter Version aus dem Modell 300 von 1951 übernommen.*

gen, eine straßentaugliche Version dieses fantastischen Modells mit Flügeltüren zu entwickeln, und bestellte sofort 1000 Stück. Das neue Fahrzeug wurde umgehend zum Star der New York Sports Car Show von 1954.

Erbgut aus dem Rennsport

Die 3-l-Sechszylindermaschine mit Bosch-Einspritzung war nach links geneigt, um die flache Linienführung der Karosserie zu ermöglichen. Dieses Novum für Straßenfahrzeuge machte es jedoch unmöglich, Rechtslenker zu bauen. Auch die Trockensumpfschmierung erinnerte an seine renntauglichen Vorfahren. Das vollsynchronisierte Getriebe war anders als bei Mercedes üblich nicht mit Lenkradschaltung, sondern mit Knüppelschaltung versehen.

Der untere Teil des Lenkrads ließ sich verstellen, damit der Fahrer besser einsteigen konnte. Hinter den Vordersitzen des Zweisitzers blieb wenig Platz für Gepäck; der Kofferraum sah von außen recht geräumig aus, den meisten Platz beanspruchten jedoch das Reserverad und der große Tank.

Die Beschleunigung war phänomenal: Im zweiten Gang erreichte man 113 km/h und im dritten Gang 158 km/h. Das Handling erforderte einiges Können, und die Unterhaltungskosten waren auch nicht von schlechten Eltern. Trotzdem sind 1400 Fahrzeuge bis 1957 gefertigt worden. Davon waren 29 „gewichtsreduziert“. Diese Modelle hatten eine Ganzaluminiumkarosserie und verbesserte Motoren, die eine Höchstgeschwindigkeit von 249 km/h ermöglichten.

Links: *Eine der berühmten Flügeltüren im geöffneten Zustand. Man brauchte ein wenig Zeit zum Öffnen, und Mercedes-Benz experimentierte mit verschiedensten Türgriffen. Das Gepäck wurde hinter den Vordersitzen verstaut, der Hersteller bot maßgeschneiderte Koffer an, die mit Haltegurten festgezurrt wurden.*

Technische Daten	**Mercedes-Benz** 300SL
Motor	vorne längs
Bauart	6 Zylinder in Reihe
Bohrung x Hub	85 x 88 mm
Hubraum	2996 ccm
Ventilsteuerung	oben liegende Nockenwelle
Leistung	190 PS (140 kW) bei 6100 U/min
Getriebe	Vierganggetriebe
Antrieb	Hinterachse
Chassis	Gitterrohrrahmen
Radaufhängung vorne	Dreieckslenker und Schraubenfedern
Radaufhängung hinten	Pendelachse und Schraubenfedern
Bremsen	Trommelbremsen
Höchstgeschwindigkeit	225 km/h
Beschleunigung	0–100 km/h: 9 sek

Facel Vega HK500

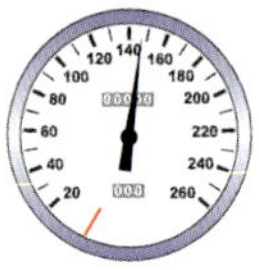

Spitze
237 km/h

Unten: *Unverkennbar und schnell – ein französisch-amerikanischer Facel Vega HK500, Baujahr 1959. Zu dieser Zeit war er bereits als Rechtslenker erhältlich. Die Türschweller sind mit Edelstahlpressteilen verkleidet. Die Panoramascheibe und die flache Haube verschafften dem Fahrer eine gute Übersicht.*

Man nehme einen leistungsstarken V8 aus Amerika und installiere ihn in eine unverkennbare Coupé-Karosserie, serviert mit einer Instrumententafel im Flugzeugcockpit-Stil – das Grundrezept des Facel Vega. Die Marke überlebte leider nur zehn Jahre.

Das 1954 auf dem Automobilsalon in Paris vorgestellte Fahrzeug war die Erfindung von Jean Daninos, dessen Firma Forges et Ateliers de Construction d'Eure et Loire – daher der Name Facel – Spezialkarosserien u. a. für Panhard, Simca und Ford herstellte. Als die Aufträge für Daninos Unternehmen zurückgingen, beschloss er, sein eigenes Fahrzeug herzustellen. Der zweitürige Facel Vega FVS war das Ergebnis. Das Auto wirkte kompakt, und die übereinander liegenden doppelten Scheinwerfer sowie das flugtechnisch geprägte Innere gaben ihm seine persönliche Note.

Luxussitze

Die Instrumente gehen in eine mittig bis zu den Vordersitzen reichende Konsole über – ein Trend, der sich bis heute fortsetzt. Die Insassen konnten es sich auf den Sitzen bequem machen. Die Extras waren amerikanisch angehaucht: elektrische Fensterheber und an den Heckflossen montierte doppelte Radioantennen. Natürlich war die eine nur eine Attrappe.

Der Motorraum war Detroit in Reinkultur. Anfangs wählte Daninos einen 4,5-l-V8-Chrysler-Motor, der bereits bei der Marke De Soto eingesetzt wurde. Damit gekoppelt war eine Powerflite-Zweistufenautomatik, ein Schaltgetriebe war gegen Aufpreis erhältlich. Auch in dieser Ausführung schaffte der Facel Vega FVS wie die Vorkriegsluxusautos, mit denen man so spielend Kilometer fressen konnte, mühelos 210 km/h.

Technische Daten	Facel Vega HK500
Motor	vorne längs
Bauart	V8
Bohrung x Hub	104 x 85 mm
Hubraum	5910 ccm
Ventilsteuerung	Stößel
Leistung	360 PS (266 kW) bei 5200 U/min
Getriebe	Vierganggetriebe
Antrieb	Hinterachse
Chassis	selbsttragende Karosserie
Radaufhängung vorne	Dreieckslenker und Schraubenfedern
Radaufhängung hinten	Halbelliptikfedern
Bremsen	Scheibenbremsen
Höchstgeschwindigkeit	237 km/h
Beschleunigung	0–100 km/h: 8,5 sek

Bald rüstete Daninos den Hubraum nach: erst auf 4,8 Liter, dann 5,4 und schließlich 5,8 Liter. Das weniger beliebte und schwerfällige Modell Excellence kam 1958 auf dem Markt.

Der endgültige Facel – der HK500 – wurde 1959 vorgestellt. Im Wesentlichen war er eine Überarbeitung des FVS, war jedoch mit einer 5,9-l-V8-Maschine und 360 PS ausgestattet. Die Servolenkung gehörte inzwischen zur Standardausstattung. Der 500 erreichte eine Höchstgeschwindigkeit von 237 km/h, und ab 1960 wurden Scheibenbremsen eingebaut.

Die Endphase

1962 kam der letzte der Reihe auf den Markt: der Facel II mit 6,3 Litern. Rein äußerlich hatte er sich in der Länge und durch eckigeres Design gemausert, was jedoch zu Lasten der Sitzposition ging. Das insgesamt nur zwei Jahre lang gebaute Fahrzeug war optional mit 390 PS erhältlich.

Leider scheiterte Daninos Unternehmen 1964, teilweise aufgrund seiner Entscheidung, den kleineren und billigeren Facellia mit eigens konstruiertem Motor einzuführen.

Oben links: *Der Facel Vega mit ungewöhnlich tief gezogenem Lenkrad. Auffallend sind die vielen Instrumente und die in die Mittelkonsole integrierten, untergeordneten Instrumente. Die Ledersitze waren äußerst bequem, und der Innenraum war für damalige Verhältnisse üppig bemessen.*

Links: *Die zwei übereinander liegenden Doppelscheinwerfer stammten von 1954 und wurden Anfang der 60er allgemein von der amerikanischen Autoindustrie übernommen. Die Lenkung war relativ kurz übersetzt. Zu dieser Zeit erhielt das Fahrzeug Dunlop-Scheibenbremsen vorne und hinten. Tatsächlich war der teure und gut ausgestattete HK500 ohne Konkurrenz.*

Alfa Romeo Giulietta SS

Spitze 200 km/h

Die besten Mechaniker von Alfa Romeo und Bertones ausgefallenes Design inspirierten sich gegenseitig. Das Ergebnis war das Coupé Giulietta SS. Der im Jahre 1957 vorgestellte Wagen erreichte eine Höchstgeschwindigkeit von 200 km/h. Viele Anhänger nennen ihn den schönsten Alfa Romeo der Nachkriegszeit.

Seine Anfänge findet er im Giulietta Sprint von 1955, ein ebenfalls von Bertone konstruiertes Coupé, das mit 177 km/h davonflitzte. Das Coupé kam erstaunlicherweise noch vor der viertürigen Limousine auf den Markt, die eigentlich grundlegend für dieses Modell war. Beide Versionen verfügten über einen 1,3-l-Motor mit zwei oben liegenden Nockenwellen und in der einfachsten Variante 55 PS. In der Sprint-Version hatte er hingegen 80 PS, und in der Sprint-Veloce-Version war er auch mit 90 PS erhältlich.

Styling durch Bertone

1957 wurde der SS beim Genfer Salon vorgestellt. Das Kürzel stand für Sprint Speciale. Der Wagen hatte eine von Bertone entwickelte, kühne und ausgefallene Karosserie, die von einer Reihe aerodynamischer Experimentalfahrzeuge beeinflusst war, die unter der Bezeichnung BAT (Berlina Aerodinamica Tecnica) zwischen 1953 und 1955 produziert wurden.

Anders als beim Sprint, der von Alfa Romeo hergestellt wurde, lag der SS im Zuständigkeitsbereich von Bertone. Ziel war es, ein leichteres und windschnittigeres Coupé zu entwickeln. Anfangs verwandte man Aluminium – ab 1959 kam jedoch Stahl zum Einsatz. Das Modell wurde auf die verkürzte Bodengruppe des Sprint mit einem um 10 cm verkürzten Radstand aufgesetzt, hatte also einen Radstand von 2,26 m. Der Zweisitzer bot wenig Platz für Gepäck. Dafür war der SS auch preisgünstiger als der geräumigere Sprint.

Die Überarbeitung der 100-PS-Maschine des SS schloss einen zusätzlichen Weber-Doppelvergaser und ein besseres Verdichtungsverhältnis von 9,7:1

***Oben:** Der Giulietta Sprint Veloce mit Bertone-Karosserie. Diese Version hatte 90 statt der üblichen 80 PS. Daher lag die Höchstgeschwindigkeit bei 177 km/h gegenüber 160 km/h. Die Fahreigenschaften waren hervorragend.*

***Rechts:** Ein Giulietta SZ von 1961. Zagato gelangte zu diesem Design ganz ohne Windkanal, er testete lediglich auf der Autobahn. Das 1960 auf dem Turiner Automobilsalon vorgestellte Fahrzeug war mit einem leichten Stahlrahmen und Aluminiumblechen ausgestattet.*

Technische Daten	**Alfa Romeo** Giulietta SS
Motor	vorne längs
Bauart	4 Zylinder in Reihe
Bohrung x Hub	74 x 75 mm
Hubraum	1290 ccm
Ventilsteuerung	zwei oben liegende Nockenwellen
Leistung	100 PS (74 kW) bei 6500 U/min
Getriebe	Fünfganggetriebe
Antrieb	Hinterachse
Chassis	selbsttragende Karosserie
Radaufhängung vorne	Dreieckslenker und Schraubenfedern
Radaufhängung hinten	Starrachse und Schraubenfedern
Bremsen	Trommelbremsen
Höchstgeschwindigkeit	200 km/h
Beschleunigung	0–100 km/h: 11,5 sek

ein. Ein Fünfganggetriebe kam zum Einsatz. Ebenfalls erhältlich war die SZ-Ausführung mit der kompakten Zagato-Karosserie. Von diesem Fahrzeug wurden 200 Exemplare hergestellt. Die Zagato-Karosserie war leichter als die von Bertone, da bei ihr Einsparungen am Rahmen durchgeführt wurden. Das für Rennen ausgelegte Fahrzeug war zwar nicht schneller, kam aber wesentlich schneller auf Touren.

Der SS war das praktischere und beliebtere Auto. Insgesamt wurden 1366 Fahrzeuge bis 1962 gefertigt, als das Grundmodell Giulietta auslief und durch die Limousine Giulia ersetzt wurde. Der SS wurde weiter unter der Giulia-Reihe produziert. Bis 1965 wurden weitere 1400 Fahrzeuge des SS gebaut, die letzten 30 Exemplare wurden mit Scheibenbremsen vorne und hinten ausgestattet.

Oben: *Giulietta Sprint Speciale, Baujahr 1963 – der schönste Alfa Romeo der Nachkriegszeit.*

Oben links: *Die Instrumente des Sprint Speciale sind gut ablesbar.*

MGA Twin Cam

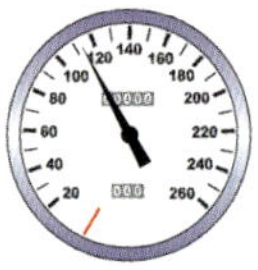

Spitze
182 km/h

Unten: *Der seinerzeit beliebteste Sportwagen weltweit – der MGA Roadster, Bj. 1959, mit Stoßstangenmotor. Das 1,6-l-Modell hatte Scheibenbremsen vorne, Speichenräder waren gegen Aufpreis erhältlich. Die Fahrzeuge wurden zum größten Teil in die USA exportiert. An der Windschutzscheibe befestigte Windabweiser wurden zwar eingebaut, Seitenfenster kamen aber erst mit den MGB.*

Der lang ersehnte Ersatz für die T-Serie – der MGA von 1955 – sollte der beliebteste Sportwagen der Welt werden. Bis zum Ende der Produktion 1962 wurden über 100 000 Fahrzeuge hergestellt, von denen etwa 80 Prozent nach Amerika exportiert wurden.

Ohne den Zusammenschluss von Morris Motors, zu dessen Konzern auch MG gehörte, und Austin, die sich zur British Motor Corporation zusammengeschlossen hatten, wäre der A bei MG bereits 1952 in Produktion gegangen. Zu dieser Zeit war in dem Werk in Abingdon ein Prototyp entstanden, der EX 175, der bereits dem späteren MGA sehr ähnelte. Leonard Lord, Leiter der British Motor Corporation (BMC), entschied jedoch, dass der Healey 100 (siehe Seite 82) der Sportwagen des Unternehmens werden sollte.

Der MGA schaffte schließlich drei Jahre später den Sprung in die Öffentlichkeit. Da das Modell jedoch nicht offiziell angekündigt worden war, nahmen 1955 drei dieser Fahrzeuge unter dem Namen EX 182 am Le-Mans-Rennen teil. Sie sicherten sich den 12. und 17. Platz – ein Fahrzeug schied wegen Unfall aus.

Offene Zweisitzer

Der vom MG-Chefdesigner, Syd Enever, entworfene MGA wurde 1955 bei der London Motor Show als gut proportionierter, offener Zweisitzer präsentiert. Wie es sich aufgrund der Firmenfusion schickte, stammte der 1,5-l-Stoßstangenmotor von Austin und war firmenintern als B-Serie bekannt. Der MGA erreichte eine Höchstgeschwindigkeit von über 153 km/h.

1957 wurde der Roadster um eine Cabriolet-Ausführung ergänzt. 1959 stieg der Hubraum auf 1588 ccm an, die Höchstgeschwindigkeit blieb nahezu konstant. Bei der Mark-II-Version von 1961 wurde der Hubraum auf 1622 ccm vergrößert. Dieses Modell war an dem ausgekehlten Kühlergrill leicht zu erkennen. 1962 wurde der A von dem erfolgreicheren MGB abgelöst.

1958 war eine leistungsstärkere Version des A in Produktion gegangen: der Twin Cam. Er war mit 182 km/h schneller als das Original. Der in Roadster-

und Coupé-Ausführung erhältliche Twin Cam ähnelte bis auf die Zentralverschlussfelgen dem Original. Ein weiterer Unterschied waren die Dunlop-Scheibenbremsen hinten und vorne. Der 108-PS-Motor mit zwei oben liegenden Nockenwellen und 1588 ccm basierte auf der B-Serie.

1958 nahm MG mit dem Twin Cam für kurze Zeit an Rennen teil, bevor das Unternehmen eine Teilnahme an Rennen verbot. Die Straßenfahrzeuge hatten Mängel, was ungewöhnlich für Fahrzeuge aus der Abingdon-Produktion war. Diese wurden mit der Zeit behoben, hatten jedoch das Image des Modells bereits so weit beeinträchtigt, dass die Verkaufszahlen sanken. Die Produktion wurde daher 1960 eingestellt. Insgesamt wurden 2111 Twin Cam gefertigt. Sie sind heutzutage ein begehrtes Sammelobjekt.

Oben: Einer der wenigen Hinweise auf die Kraft, die unter der Haube schlummert: Die Embleme zierten die vorderen Kotflügel auf beiden Seiten.

Links: Ein Twin Cam Roadster mit den typischen Zentralverschlussfelgen. Scheibenbremsen waren vorne und hinten eingebaut. Eine Coupé-Ausführung war ebenfalls erhältlich.

Unten links: Der Motor mit zwei oben liegenden Nockenwellen von BMC hatte ca. 30 PS mehr als die Stoßstangenversion. Er war äußerst zuverlässig.

Technische Daten	**MG**A Twin Cam
Motor	vorne längs
Bauart	4 Zylinder in Reihe
Bohrung x Hub	75 x 89 mm
Hubraum	1588 ccm
Ventilsteuerung	zwei oben liegende Nockenwellen
Leistung	108 PS (80 kW) bei 6700 U/min
Getriebe	Vierganggetriebe
Antrieb	Hinterachse
Chassis	Kastenrahmen
Radaufhängung vorne	Dreieckslenker und Schraubenfedern
Radaufhängung hinten	Halbelliptikfedern
Bremsen	Scheibenbremsen
Höchstgeschwindigkeit	182 km/h
Beschleunigung	0–100 km/h: 13,5 sek

Ferrari 410 Superamerica

Unten: Selten und schnell: Die von Pinin Farina entworfene Karosserie wurde 1959 nur zehn oder zwölf Superamericas aufgesetzt. Die Hälfte war mit in der Motorhaube eingelassenen Scheinwerfern ausgestattet. Die letzten vier oder fünf hatten wie dieser Vertreter hervortretende Scheinwerfer. Die so genannte Serie 3 wurde zwischen 1958 und 1959 hergestellt. Der 4,9-l-V12-Motor besaß beeindruckende 400 PS.

Auch Enzo Ferrari entdeckte das Potential des amerikanischen Marktes. 1951 führte er die leistungsstarken, teuren und exklusiven America-Modelle ein – eine Reihe, die den 410 Superamerica von 1955 hervorbrachte.

Zu jener Zeit waren die straßentauglichen Ferrari noch eng an die Rennwagen geknüpft, was besonders bei der America-Serie zutraf. In den Bestimmungen der Formel 1 wurde 1946 bis 1951 festgelegt, dass Rennwagen entweder eine 1,5-l-Maschine mit Kompressor oder einen 4,5-l-Motor ohne Kompressor besitzen müssen. Vor 1950 verwendete Ferrari, wie viele andere Hersteller, die Version ohne Kompressor. Im gleichen Jahr entwickelte der Chefingenieur Aurelio Lampredi das Formel-1-Fahrzeug Typ 375, das von einem größeren V12-Motor angetrieben wurde. Der Erfolg dieses Fahrzeuges leitete das Ende des Kompressors bei Grand-Prix-Fahrzeugen ein.

Der 340 America – der erste der Serie – wurde 1950 auf dem Pariser Autosalon vorgestellt. Er hatte einen V12-Lampredi-Motor und ein vollsynchronisiertes Fünfganggetriebe. Die nachfolgenden Fahrzeuge erhielten Karosserien von Vignale und insbesondere von Ghia. Die meisten der 22 gefertigten Fahrzeuge waren Rennwagen – nur acht waren straßentauglich.

1953 erschien der 342 America – ein zivilisiertes Straßenfahrzeug, dessen Karosserie hauptsächlich von Pinin Farina geliefert wurde. Es wurden nur sechs Exemplare gebaut. Sein Nachfolger, der 375 America, wurde in weit höherer Stückzahl produziert. Mit seinem 4,5-l-Motor und 350 PS erreichte er eine Höchstgeschwindigkeit um die 209 km/h.

Immer schneller

Sein Nachfolger für das Modelljahr 1956 war der 410 Superamerica mit 340 PS und 5-l-Motor. Je nach Achsübersetzungsverhältnis hinten, das der Käufer wählen konnte, erreichte er eine Höchstgeschwindigkeit zwischen 220 km/h und 260 km/h. Auch hier war die Produktion auf nur 15 Fahrzeuge beschränkt. Die

meisten hatten eine Coupé-Karosserie von Pinin Farina.

1957 erhielt der 410 das längere 2,6-m-Chassis seines Rennkollegen Superfast. Dieser zählte zur Serie 2 und wurde sieben Mal gefertigt. Im Gegensatz dazu entstanden von der Serie 3 zwischen 1958 und 1959 15 Fahrzeuge. Die 4,1-l-V12-Maschine des Vorgängers wurde übernommen, aufgrund des veränderten Zylinderkopfdesigns entwickelte der Motor 400 PS.

Wie der Name bereits erahnen lässt, wurden die meisten dieser Fahrzeuge nach Amerika verkauft. *Road & Track* berichtete über eine Höchstgeschwindigkeit von 266 km/h bei einem drei Jahre alten Modell.

Für die Statistik sei erwähnt, dass der 410 Superamerica von 1960 der letzte der Reihe war und als schnellstes Straßenfahrzeug weltweit die 290-km/h-Marke erreichte. Der Maserati 5000 GT war vielleicht die einzig echte Konkurrenz.

Links: *Die bis zur Heckscheibe reichenden Bleche mit Entlüftungsschächten der Serie 3 waren aus dem Ferrari 4.9 Superfast von 1957 übernommen und ersetzten die Fenster früherer Versionen. Das Emblem von Pinin Farina musste an den Kotflügeln den Heißluftschlitzen weichen und fand seinen Platz nun auf den Türblechen.*

Links: *Das Armaturenbrett des Superamerica ist nicht wie üblich mit Leder verkleidet, sondern mit schwarzem Reißlack beschichtet, der sonst nur bei Rennwagen verwendet wurde. Fast jedes Fahrzeug war als Linkslenker ausgelegt.*

Technische Daten	**Ferrari** 410 Superamerica Serie 3
Motor	vorne längs
Bauart	V12
Bohrung x Hub	88 x 68 mm
Hubraum	4962 ccm
Ventilsteuerung	eine oben liegende Nockenwelle pro Zylinderreihe
Leistung	340 PS (251 kW) bei 6000 U/min
Getriebe	Vierganggetriebe
Antrieb	Hinterachse
Chassis	Ovalrohrrahmen
Radaufhängung vorne	Dreieckslenker und Schraubenfedern
Radaufhängung hinten	Halbelliptikfedern
Bremsen	Trommelbremsen
Höchstgeschwindigkeit	266 km/h
Beschleunigung	keine Angaben

BMW 507

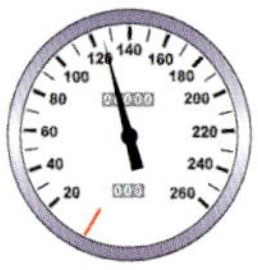

Spitze 200 km/h

Rechts: Der Motor des 507 war nicht nur der erste deutsche V8 nach dem Zweiten Weltkrieg, sondern auch weltweit der erste in Großproduktion hergestellte Aluminiummotor. Der Doppelvergaser stammte aus dem Haus Zenith.

Unten: Ein moderner Klassiker ist der 507 mit Coupé-Dach. Obwohl das Dach abnehmbar ist, scheint es in die Karosserie integriert zu sein. Paradoxerweise waren die Verkaufszahlen gering – heute ist er sehr begehrt.

Mit seiner Höchstgeschwindigkeit von 200 km/h konnte der teure und elegante BMW 507 leider nicht viele Käufer beeindrucken. Zwischen 1956 und 1959 wurden insgesamt nur 250 Fahrzeuge produziert. Vor dem Zweiten Weltkrieg hatte BMW sein Werk in Eisenach betrieben, was danach Teil der DDR wurde. Die Fertigung der 501-Limousine mit 2-l-Motor, die auf dem Vorkriegsmodell 326 basierte, sollte jedoch nicht vor 1951 in dem ehemaligen Flugzeugmaschinenwerk der Firma in München starten.

Die Ursprünge des 507 gehen auf den 501 zurück. 1954 wurde das Modell durch den Einsatz eines V8-Aluminiummotors mit 2,5 Litern enorm verbessert und 502 genannt. Es war der erste deutsche Nachkriegs-V8. Fritz Fiedler, der nach einem Zwischenstopp in England, wo er für Frazer Nash ein High-Speed-Modell (siehe Seite 30) entwickelt hatte, zu BMW zurückgekehrt war, entwickelte diesen Motor.

1955 erhielt der 502 eine größere Maschine mit 3168 ccm und wurde in 3.2 umbenannt. In dieser Ausführung wurde er bis 1961 gefertigt. Ebenfalls 1961 stellte BMW bei der Frankfurter Automobilausstellung den auf dem Fahrgestell des 3.2 basierenden 503 vor. Der 503 erhielt eine Coupé-Karosserie von dem in Deutschland geborenen Designer Albrecht Graf Goertz, der sich 1951 in New York selbstständig gemacht hatte. Der Importeur Max Hoffman hatte ihn hierzu ermutigt. Hoffman hatte sich auf den Verkauf von europäischen Autos spezialisiert und bereits bei der Entstehung des Mercedes-Benz 300SL mit Flügeltüren eine entscheidende Rolle gespielt.

Der 507, dessen Radstand um 4 cm verkürzt wurde, war noch schöner. Die formvollendete Karosserie von Goertz gilt heute zu Recht als höchste Kunst.

Technische Daten	**BMW** 507
Motor	vorne längs
Bauart	V8
Bohrung x Hub	82 x 75 mm
Hubraum	3168 ccm
Ventilsteuerung	Stößel
Leistung	150 PS (111 kW) bei 5000 U/min
Getriebe	Vierganggetriebe
Antrieb	Hinterachse
Chassis	Kasten- und Rohrrahmen
Radaufhängung vorne	Dreieckslenker und Schraubenfedern
Radaufhängung hinten	Torsionsstäbe mit Starrachse
Bremsen	Trommelbremsen
Höchstgeschwindigkeit	200 km/h
Beschleunigung	0–100 km/h: 9 sek

Er unterschied sich jedoch von seinen Vorgängern dadurch, dass er das BMW-Markzeichen der beiden nierenförmigen, aufrechten Kühlergrills nicht übernahm. Stattdessen waren sie jetzt nebeneinander angeordnet.

Der kompakte Innenraum bot Platz für zwei Personen. Optional war ein Hardtop erhältlich, sodass der 507 auch als Coupé auftreten konnte. Der 507 war zum echten Konkurrenten des Mercedes-Benz 300SL geworden, jedoch mit nicht so komplexer Mechanik und weniger Einstiegsproblemen.

Sensationeller Einstieg

Der V8 mit 150 PS brachte eine Leistung, die mit dem sensationellen Äußeren durchaus mithalten konnte. Der nur als Linkslenker erhältliche 507 hatte aber einen stolzen Preis. Für 26 500 Mark wurde er in Deutschland verkauft – für diesen Preis konnte man sich zwei Jaguar XK150 mit vielen Extras kaufen.

Leider lief der Vertrieb in Amerika, wo das Modell eine gute Ausgangsposition hatte, nur stockend an. Die ersten Fahrzeuge wurden erst zwei Jahre nach der Präsentation auf der Frankfurter Automobilausstellung von 1955 verkauft. Demzufolge wurde der 507 auch nur von November 1956 bis Mai 1959 gebaut. Das Konzept des 507 blieb erhalten, so zum Beispiel im Z8, BMWs Sportwagen von 2000.

Oben links: *Das Vierganggetriebe war vollsynchronisiert und, ungewöhnlich, fern vom Motor unter dem Vordersitz zu finden.*

Oben: *Auch ohne Hardtop eine Augenweide. Die seitlichen Lüftungsschlitze findet man ähnlich beim Z8 wieder.*

Links: *Eine formvollendete Linienführung. Zur Verbesserung der Aerodynamik wurde der Unterboden verkleidet. Das Prinzip wird auch bei einigen Ferrari angewendet.*

Jaguar XK SS

Spitze
233 km/h

Rechts: *Im Grunde genommen ein D-Type mit überarbeitetem Armaturenbrett, ohne Verdeckstange und Windlauf. Die Türen sind schmal und lassen sich nach unten öffnen. Die Windschutzscheibe ist so bemessen, dass sie Schutz vor der Witterung bietet.*

Unten: *Der XK SS ist an der breiten Windschutzscheibe, Stoßstangen, dem verkleideten Auspuffsystem und Gepäckträger zu erkennen. Die Seitenfenster sind nicht zum Kurbeln. Dieses Fahrzeug mit der Fahrgestellnummer 757 wurde im Juli 1957 gefertigt und nach Hongkong geliefert.*

Als Sportflitzer für die Straße wurde der XK SS aus dem D-Type entwickelt, der für Jaguar in Le Mans Siege eingefahren hatte. Mit einer Höchstgeschwindigkeit von 233 km/h war dieses seltene und heute als Sammelobjekt sehr beliebte Auto mit 3878 Pfund nicht nur teuer, sondern auch unpraktisch. Es wurden nur 16 Fahrzeuge gebaut.

Der erste eigens für den Rennsport entwickelte Wagen von Jaguar war der C-Type von 1951. Nach Siegen 1951 und 1953 in Le Mans erkannte der Chefingenieur William Heynes, dass ein neues Auto entwickelt werden musste, wenn Jaguar seine Vorreiterstellung beibehalten wollte.

Daraufhin kam 1954 der legendäre D-Type – Jaguars berühmtester Rennwagen aller Zeiten. Heynes Ziele waren: Reduzierung des Gewichts, Verbesserung der Aerodynamik und Leistungssteigerung des 3,4-l-Motors. Zu diesem Zweck wurde der Rohrrahmen des C-Type durch eine selbsttragende Karosserie ersetzt, bei der Motor und Vorderradaufhängung an einen verlängerten Rahmen aus rechteckigen Magnesiumrohren montiert wurden. Verkleidet wurde das Ganze vom Jaguar-Aerodynamiker Malcolm Sayer mit einer offenen Zweisitzer-Karosserie mit einer ausgefallenen Heckflosse hinter dem Fahrer.

Sieg in Le Mans

Zwar siegte das Fahrzeug 1954 nicht in Le Mans, holte dies jedoch 1955 und 1956 nach. Zu diesem Zeitpunkt gab Jaguar seinen Rücktritt vom Rennsport bekannt. 1957 gewann der D-Type ein weiteres Mal, als er für den schottischen Rennstall Ecurie Ecosse teilnahm.

Durch den Rückzug vom Rennsport war man auf einer Reihe von D-Type-Fahrzeugen sitzen geblieben; also entschied Jaguar, diese in Straßenfahrzeuge umzuwandeln und sie unter dem Namen XK SS zu verkaufen. Die Linienführung änderte sich kaum, aber

auf die Heckflosse musste man verzichten. Der XK SS bekam ein verkümmertes Verdeck und eine breite Windschutzscheibe. Beifahrersitz und -tür wurden nachgerüstet, und der laute Auspuff, der viel Heißluft ausblies, wurde auf die Beifahrerseite verschoben.

Der Platz für den Kofferraum war bereits durch Reserverad und einen doppelten, flexiblen 164-l-Tank besetzt. Also wurde auf dem Heck ein Gepäckträger montiert, auf dem ein einzelner Koffer transportiert werden konnte.

Das Aus durch einen Brand

Der 250 PS starke Motor des XK mit zwei oben liegenden Nockenwellen, Trockensumpfschmierung und Weber-Dreifachvergaser war im Wesentlichen baugleich mit dem des Rennwagens. Trotzdem zogen die Verkaufszahlen nur schleppend an. Im Februar 1956 zerstörte dann ein Brand in der Fabrik in Browns Lane die Produktionsstraße.

Die Produktion wurde im März nochmals aufgenommen, im November aber endgültig eingestellt. Von den insgesamt 16 verkauften Fahrzeugen wurden zwölf nach Amerika exportiert und waren dort an Rennsportveranstaltungen teilnahmeberechtigt. Trotz der mageren Verkaufszahlen kam 1961 der vom D-Type inspirierte E-Type heraus. Dieser erwies sich im Gegensatz zum XK SS als Verkaufsschlager.

Oben: *1957 war der Jaguar XK SS, der seine Abstammung vom D-Type nicht verleugnen konnte, eines der schnellsten Autos auf der Straße.*

Links: *Über die nach vorne aufklappbare Motorhaube – ein Andenken seines Vorgängers – ist der Motorraum gut zugänglich.*

Technische Daten	**Jaguar** XK SS
Motor	vorne längs
Bauart	6 Zylinder in Reihe
Bohrung x Hub	83 x 106 mm
Hubraum	3442 ccm
Ventilsteuerung	zwei oben liegende Nockenwellen
Leistung	250 PS (185 kW) bei 6000 U/min
Getriebe	Vierganggetriebe
Antrieb	Hinterachse
Chassis	Monocoque mit zusätzlichem Rohrrahmen vorne
Radaufhängung vorne	Dreieckslenker und Torsionsstäbe
Radaufhängung hinten	Längslenker und Torsionsstäbe
Bremsen	Scheibenbremsen
Höchstgeschwindigkeit	233 km/h
Beschleunigung	0–100 km/h: 5,5 sek

Lotus Elite

Spitze 185 km/h

Rechts: Eine Stage-II-Version des Coventry-Climax-FWE-Motors mit Doppel-SU-Vergaser, oben liegender Nockenwelle und Vierrohr-auspuff.

Unten: Der Elite, auch heute noch eine Augenweide, war der Triumph seines Amateur-designers Peter Kirwan-Taylor. Hier handelt es sich um ein Fahrzeug von 1962.

Mit dem optisch beeindruckenden Elite Coupé stellte Lotus 1958 seinen ersten bedeutenden Straßenwagen vor – und mit ihm die weltweit erste selbsttragende Glasfaserkarosserie. Diese erzeugte eine mehr als markante Geräuschkulisse, aber sie war leicht und bot nach bester Markentradition hervorragende Fahreigenschaften.

Colin Chapman, dessen in Nord-London beheimatete Firma Lotus 1953 mit ihrem ersten Fahrzeug den Markt betrat, bot den Club-Rennfahrern zunächst einen Bausatz mit Mehrfach-Gitterrohrrahmen an, der mit verschiedenen Motoren ausgerüstet werden konnte – vorwiegend kamen Ford-Seitenventiler zum Einsatz. Der Elite, firmenintern als Lotus 14 bezeichnet, wurde 1957 auf der London Motor Show vorgestellt.

Tatsächlich war es Chapmans Freund Peter Kirwan-Taylor, ein Buchhalter, der die ebenso schlicht-schöne wie von Modetrends unangreifbare Linie dieses Coupé entworfen hatte. Der Antrieb erfolgte aus einem 1,2-l-

75-PS-FWE- (Feather Weight Elite) Motor von Coventry Climax. Die oben liegende Nockenwelle war ehemals in Feuerwehrpumpen im Einsatz!

„Chapman Strut“

Die Einzelradaufhängung hatte man vorne mit Schraubenfedern und Dreieckslenkern versehen, hinten mit dem „Chapman Strut“, einem nach dem Lotus-Gründer benannten Federbein. Der Elite brachte nur 673 kg auf die Waage. Für einen 1,2-l-Motor war die Beschleunigung von 0 auf 100 km/h in gut 12 Sekunden beeindruckend. Ein Nachteil der Kunststoffkarosserie war der auf Dauer kaum akzeptable Geräuschpegel, was den Umsatzzahlen zunächst keinen Abbruch tat.

Der Elite war ein reiner Zweisitzer; das Reserverad thronte auf einer Ablage hinter den Passagieren. Die Türen boten geräumige Ablagen, da die Fenster nicht versenkt werden konnten. Stattdessen waren diese herausnehmbar und mussten an der Rückseite der Sitze in dafür vorgesehenen Taschen verstaut werden – ein Umstand, der einige potentielle Käufer abschreckte.

Erst im Dezember 1958 lief die Produktion an, und der Bandleader Chris Barber durfte das erste Exemplar sein Eigen nennen. Im Juni 1959 schloss Lotus seine Tore zu den nunmehr beengten Räumlichkeiten in Nord-London und bezog eine wesentlich größere Produktionsstätte in Cheshunt, Hertfordshire, wo man fortan die absolute Mehrzahl der Wagen produzierte. Die Karosserien wurden allerdings von Bristol geliefert.

1961 wurde die Serie 2 des Elite präsentiert. Als wichtigste Verbesserungen stellte man eine neue Hinterradaufhängung und ein ZF-Fünfganggetriebe vor. Gleichzeitig wurde eine „Special Equipment“-Version des Elite produziert, mit Doppelvergaser, 85-PS-Motor und getuntem Vierrohrauspuff.

Technische Daten	**Lotus** Elite
Motor	vorne längs
Bauart	4 Zylinder in Reihe
Bohrung x Hub	76 x 66 mm
Hubraum	1220 ccm
Ventilsteuerung	oben liegende Nockenwelle
Leistung	75 PS (55 kW) bei 6100 U/min
Getriebe	Vierganggetriebe
Antrieb	Hinterachse
Chassis	selbsttragende Karosserie
Radaufhängung vorne	Schraubenfedern
Radaufhängung hinten	Federbeine, Schraubenfedern, mittragende Antriebswellen
Bremsen	Scheibenbremsen
Höchstgeschwindigkeit	185 km/h
Beschleunigung	0–100 km/h: 12,5 sek

Ein Jahr später, 1962, stand der Elite als Bausatz zur Verfügung. Als 1963 die Produktion eingestellt wurde, hatten 1000 Einheiten das Werk verlassen. Colin Chapman verzichtete auf die Weiterentwicklung seiner Konstruktion. Das neue Modell, der Elan, hatte einen separaten Rahmen und war ein Cabrio – eine Bauform, zu der der Elite aufgrund seiner einzigartigen Konstruktion nie hätte mutieren können.

__Unten:__ Der Name Elite wurde 1974 von Lotus für diesen viersitzigen Sportwagen mit Schrägheck wieder zum Leben erweckt. Nur die Kunststoffkarosserie erinnert an den Vorgänger. Dieser nachgeborene Elite überlebte bis 1983.

__Links:__ Der Einstieg in den Elite war bequem, da die Fensteröffnungen bis in die Dachkonstruktion reichten. Das Holzlenkrad war mit seinen 406 mm Durchmesser für die damalige Zeit recht groß und wurde später verkleinert. Ein geniales Detail: Die Form des metallenen Armaturenbretts zitiert die Linienführung des Wagens.

Aston Martin DB4, DB5, DB6

Spitze 225 km/h

__Unten:__ Die heiß begehrte GT-Version des DB4 – kürzerer Radstand, vergrößerter Lufteinlass auf der Motorhaube, Borrani-Leichtmetallräder und aerodynamisch eingepasste Scheinwerfer charakterisieren den Wagen, von dem zwischen 1959 und 1963 ganze 75 Exemplare gebaut wurden. Der Motor mit Doppelzündung war stärker als jener der Standardausführung und erreichte 272 PS, entgegen den Werksangaben von 302 PS!

Als der schnellste britische GT seiner Zeit erreichte der DB4, Baujahr 1958, eine Spitzengeschwindigkeit von 225 km/h. Im Styling bester italienischer Provenienz setzte er den Anfang für eine Modellreihe, die bis 1971 gebaut werden sollte.

Nichts an ihm erinnerte an die vorherige Generation der DB2-Straßenwagen. Chefingenieur Harold Beech war für die Mechanik verantwortlich. Der 3,6-l-Aluminiummotor mit 240 PS und zwei oben liegenden Nockenwellen stammte ebenfalls aus eigenem Haus, nämlich von Tadek Marek. Firmenboss John Wyer war wild entschlossen, die Karosserie in Italien entwerfen zu lassen, anstatt diese einem englischen Designer zu überlassen. So entsprang das Coupé schließlich dem Zeichenbrett der berühmten Carrozzeria Touring in Mailand. Den Prinzipien der absoluten „Superleggera"-Leichtbauweise folgend entschied man sich für einen dünnrohrigen tragenden Rahmen. Aston Martins Werk in Newport Pagnell fertigte die Karosserie in Lizenz.

Der DB4 feierte 1958 auf der Motor Show in Paris Premiere und wurde bis 1963 gebaut. Die Produktion war etwas überhastet aufgenommen worden, und die ersten Modelle litten unter Motor- und Getriebeproblemen. Diese Mängel wurden in Gestalt des 260 PS starken Vantage (1962) behoben. Als die Produktion 1962 eingestellt wurde, waren 1110 Exemplare gefertigt worden. Der DB4 war damit der am besten verkaufte Wagen in der Geschichte von Aston Martin.

Sein Nachfolger, der DB5, glänzte mit wesentlichen Verbesserungen. Äußerlich war er an den Scheinwerfern zu erkennen, wie man sie schon bei den letzten Modellen des DB4 gesehen hatte. Unter der Haube des DB5 verbarg sich ein auf 4 Liter erweiterter Motor; ein ZF-Getriebe ersetzte die ursprüngliche Viergangschaltung. Auch zu diesem Modell wurde eine Vantage-Version angeboten, jetzt mit 314 PS.

Der Filmstar

Seinen Kultstatus verdankt der DB5 keinem Geringeren als James Bond. Sean Connery fuhr in *Goldfinger* ein Modell, das im Film mit den „Verfeinerungen" aus der Werkstatt von „Q" ausgerüstet war. Im wirklichen Leben wurde dem Fahrzeug über Nacht eine Nachfrage zuteil, welche das kleine Werk nicht annähernd befriedigen konnte.

Der DB5 war auf einen Fertigungszyklus von zwei Jahren ausgelegt; ab 1966 folgte der DB6, unverkennbar durch sein kantiges Heck und den um 95 mm verlängerten Radstand. Von 1969 bis 1971 produzierte man eine Mark-II-Version, äußerlich auffallend durch die verbreiterten Kotflügel. Das Top-Modell Vantage erreichte in der Spitze 238 km/h.

Ab 1961, seit dem DB4, wurde in jeder Modellreihe auch ein Cabriolet angeboten. Über den DB5 wurde das Konzept zum DB6 weitergeführt, den man ab 1967 mit der Modellbezeichnung Volante versah. Dieser Name wurde für alle Nachfolger beibehalten. 1970 wurde der DB6 verabschiedet, zwei Jahre später mit dem DBS auch das Sechszylinderaggregat. Ab jetzt traten die V8 auf den Plan. Einen Sechszylinder von Aston Martin sollte es erst 1994 wieder geben.

Oben: Das DB5-Cabriolet war ebenso ansprechend wie das Coupé, allerdings wurden weniger Einheiten gebaut.

Links: Typisch am DB6 waren der längere Radstand und das kantige Heck.

Unten links: Eines von drei DB5-Exemplaren, wie sie den höchsten Ansprüchen James Bonds gerecht wurden. Für den Film Goldfinger *verpasste man ihnen diverse Sonderausstattungen, wie ausfahrbare Stoßstangenhörner und eingebaute Maschinengewehre.*

Technische Daten	**Aston Martin** DB4
Motor	vorne längs
Bauart	6 Zylinder in Reihe
Bohrung x Hub	92 x 92 mm
Hubraum	3670 ccm
Ventilsteuerung	zwei oben liegende Nockenwellen
Leistung	240 PS (177 kW) bei 5500 U/min
Getriebe	Vierganggetriebe
Antrieb	Hinterachse
Chassis	Plattformrahmen
Radaufhängung vorne	Dreieckslenker und Schraubenfedern
Radaufhängung hinten	Längslenker, Watt-Gestänge und Schraubenfedern
Bremsen	Scheibenbremsen
Höchstgeschwindigkeit	225 km/h
Beschleunigung	0–100 km/h: 9,5 sek

Maserati 5000 GT

Spitze
274 km/h

__Rechts:__ Allemano war für 20 der 34 5000-GT-Karosserien verantwortlich. Das auffallende Logo verkündet, woher Design und Karosserie stammen.

__Unten:__ Ein teures Coupé, hier ein 5000 GT aus der Standardproduktion. Allemano verlieh ihm 1961 erstmals seine Formen. Neu waren die rechteckigen Scheinwerfer, die der Designer bei seinen späteren Arbeiten für Maserati beibehielt. Abgebildet ist ein 1964er-Modell.

Selten, soundstark und schnell: Das war der Maserati 5000 GT, die straßentaugliche Version des 1957er-Rennwagens 350S. Kein Wunder, dass die Tachonadel bei 274 km/h anschlug, auch wenn alle Kultiviertheit in der Garage zurückgelassen wurde.

Maserati hatte sich 1958 aus dem kostenintensiven Rennsport zurückgezogen, um sich auf den lukrativeren Verkauf von Straßenwagen zu konzentrieren. Allerdings war der 5000 GT zunächst nicht für die Serienproduktion geplant. Es war wohl so, dass man bei Maserati eine Überzahl von V8-Motoren unterbringen musste.

Der 5000 GT wurde 1959 auf dem Turiner Salon vorgestellt. In der Touring-Karosserie des Coupés war der 4935-ccm-V8-Motor aus Maseratis Rennstall verpackt, anfangs mit vier oben liegenden zahnradgetriebenen Nockenwellen. Aber schon nach der Herstellung von drei Einheiten sah man ein, dass es klüger war, auf einen leiser arbeitenden Kettenantrieb umzusteigen. Die vier Weber-Vergaser wurden später durch eine Lucas-Benzineinspritzung ersetzt.

Der Motor wurde an einem aus der 1958er-Version stammenden und entsprechend angepassten Rohrrahmen verschraubt. Ein manuelles Viergangggetriebe wurde zwar angeboten – die meisten Einheiten erhielten aber das ZF-Fünfganggetriebe. Ebenso wie Ferrari vertraute auch Maserati auf eine konventionell gefederte hintere Starrachse.

Mehr als 20 Exemplare wurden mit einer prächtigen Coupé-Karosserie von Allemano gebaut. Diese wurden als einzige von Maserati in den Herstellerkatalog aufgenommen. Weitere Karosserieformen wurden von Pinin Farina, Ghia, Frua und Bertone entworfen, zweifellos jeweils nach Auftrag der erlesenen Kunden.

Kunden so exklusiv wie das Fahrzeug

Dies waren teure Fahrzeuge, und Maserati wies seine Händler an, Aufträge nur gegen eine substantielle Anzahlung entgegenzunehmen. Käufer waren unter anderen der Schah von Persien, Aga Khan und Fiat-Chef Agnelli.

1962 veröffentlichte die US-amerikanische Auto-Fachzeitschrift *Sports Car Graphic* einen Testbericht, dem zu entnehmen war, dass mit dem GT 5000 eine Spitzengeschwindigkeit von 245 km/h zu erzielen sei.

Der Autojournalist Hans Tanner, der den GT 5000 mit dem leitenden Testfahrer von Maserati auf italienischen Autostradas gefahren hatte, konnte sogar 274 km/h bezeugen.

Obwohl nur geringe Stückzahlen produziert wurden, hat man die Technik dieses exklusiven Maserati 1961 auf den neuesten Stand gebracht. Der Motor wurde auf 4941 ccm vergrößert und die Hinterräder mit Scheibenbremsen ausgestattet. Im Oktober 1964 wurde das letzte von 34 Modellen dieser Baureihe fertiggestellt.

Oben: *Das Maserati-Cockpit mit dem eleganten Nardi-Holzlenkrad und einer Uhr zwischen Tachometer und Drehzahlmesser.*

Technische Daten	**Maserati** 5000 GT
Motor	vorne längs
Bauart	V8
Bohrung x Hub	98 x 81 mm
Hubraum	4935 ccm
Ventilsteuerung	zwei oben liegende Nockenwellen pro Zylinderreihe
Leistung	340 PS (251 kW) bei 6000 U/min
Getriebe	Vierganggetriebe
Antrieb	Hinterachse
Chassis	Doppelrohrrahmen
Radaufhängung vorne	Dreieckslenker und Schraubenfedern
Radaufhängung hinten	Halbelliptikfedern
Bremsen	vorne Scheibenbremsen, hinten Trommelbremsen
Höchstgeschwindigkeit	274 km/h
Beschleunigung	keine Angaben

Jaguar Mark II

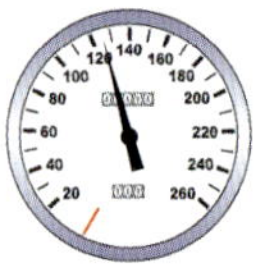

Spitze 200 km/h

__Rechts:__ Die Tradition britischen Karosseriebaus überlebt in Walnussfurnier und Ledersitzen des serienmäßig produzierten Mark II.

__Unten:__ Die 3,8-l-Ausführung mit den optionalen Speichenrädern – das Top-Modell von 1963. Anders als sein 2,4-l-Vorgänger machte der Mark II deutlich: „Ich bin ein Jaguar und nichts anderes."

Jaguars Bestseller in den 60ern: der Stil und Eleganz ausstrahlende Mark II. In der 3,8-l-Version bot er Schnelligkeit und Komfort zu einem wettbewerbsfähigen Preis.

Die Limousine war eine Weiterentwicklung des 2,4-l-Mark-I von 1956, dem ersten Jaguar mit selbsttragender Karosserie. Der wurde, wie an der Modellbezeichnung erkennbar, von einer 2483-ccm-Version des XK-Motors angetrieben, neben der ab 1957 ein 3,4-l-Aggregat angeboten wurde. Damit erreichte der Wagen eine Spitzengeschwindigkeit von 193 km/h.

Mit dem Baujahr 1960 und in Gestalt des vielfältig verbesserten Mark II begann für das Modell eine neue Lebensphase. Vorstandsvorsitzender und Chefdesigner Sir William Lyons, 1956 zum Ritter geschlagen, gestaltete schlankere Fenster- und Türsäulen und vergrößerte damit die Glasflächen. Auch das Sichtfeld nach hinten wurde durch eine Panoramascheibe erweitert – Neuerungen, die das Aussehen des Modells klar prägten.

Verbesserte Fahreigenschaften

Die Veränderungen waren nicht nur kosmetischer Art. Die Fahreigenschaften wurden durch eine geringe Verbreiterung der Hinterachse wesentlich verbessert. Die im Rennsport bewährten Scheibenbremsen, seit 1958 als Sonderausstattung angeboten, wurden jetzt serienmäßig eingebaut.

Speichenräder waren bereits für den Jaguar 2.4 eine Option. Als solche wurden sie auch mit dem Mark II angeboten, zu dem sie besonders gut passten. Dabei leisteten sie gute Dienste bei der Kühlung der Scheibenbremsen. Der Mk II war besonders erfolgreich auf dem amerikanischen Markt, wo er mehrere Jahre hintereinander zum besten Importwagen gewählt wurde.

Zu den 2,4- und 3,4-l-Motoren kam schließlich noch ein absolutes 3,8-l-Spitzenaggregat hinzu. Jaguar verwendete diesen Motor bereits im XK150 und in der Mark-IV-Limousine. Bei dem XK150 holte man aus ihm 265 PS heraus; die Limousinen hatten sich mit moderateren 220 PS zu begnügen. Das reichte beim Mark II immer noch für eine respektable Höchstgeschwindigkeit von 200 km/h. Im Innenraum wurde das Modell durch ein Walnussholzarmaturenbrett und Bezüge aus feinstem Leder – Qualitätsmerkmale, die der Hersteller bis heute beibehält – aufgewertet.

Der Bau der 3,8-l-Version wurde 1967 eingestellt, als die Motoren an den berühmten XJ6, der 1968 Premiere feierte, weitergereicht wurden. Die 2,4- und 3,4-l-Motoren wurden weiterhin in der Limousine verwendet, die bis 1969 mit reduzierter Ausstattung – beispielsweise wurde das Leder durch Ambla-Kunstleder ersetzt – und den neuen Modellbezeichnungen 240 bzw. 340 gebaut wurden. Danach konzentrierte Jaguar seine Fähigkeiten auf den zunehmend erfolgreicheren XJ6.

Technische Daten	**Jaguar** Mark II (3,8 Liter)
Motor	vorne quer
Bauart	6 Zylinder in Reihe
Bohrung x Hub	87 x 106 mm
Hubraum	3781 ccm
Ventilsteuerung	zwei oben liegende Nockenwellen
Leistung	220 PS (162 kW) bei 5500 U/min
Getriebe	Vierganggetriebe
Antrieb	Hinterachse
Chassis	selbsttragend
Radaufhängung vorne	Dreieckslenker und Schraubenfedern
Radaufhängung hinten	Starrachse mit Auslegerfederung
Bremsen	Scheibenbremsen
Höchstgeschwindigkeit	200 km/h
Beschleunigung	0–100 km/h: 8,8 sek

***Links:** Auf dem Foto ist die Panoramascheibe noch im Ansatz zu sehen, durch die sich das Sichtfeld des Fahrers wesentlich erweiterte. Die um 89 mm verbreiterte Hinterachse sorgte für eine bessere Straßenlage. Auch die Rücklichter waren größer als die des Mark I und die Schürze unterhalb der Stoßstange tiefer gezogen.*

***Links:** Das berühmte Jaguar-Symbol, entworfen von Frederick Gordon Crosby, dem* Autocar-*Designer, zierte ab 1939 den Jaguar SS, sofern man es extra bestellt und bezahlt hatte. Diese neuere Fassung wurde ab 1955 als Zubehör zum 2,4-l-Modell angeboten und mangels eines Kühlerdeckels vorne an der Haube befestigt.*

Daimler SP250

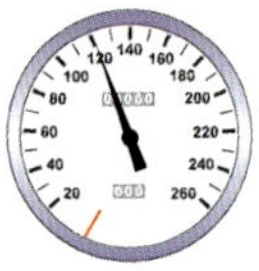

Spitze 193 km/h

Mehr als 50 Jahre lang stand Daimler für luxuriöse und geradezu staatsmännische Limousinen – da war der 1959 vorgestellte Sportwagen mit seiner Kunststoffkarosserie und der Höchstgeschwindigkeit von 193 km/h nichts weniger als eine Identitätsveränderung. Bei seiner Premiere auf der New York Motor Show trug er noch die Modellbezeichnung Dart, wurde aber in SP250 umgetauft, nachdem die Chrysler-Tochter Dodge als Inhaber des Markennamens Dart Beschwerde eingelegt hatte.

Die Ankunft des SP250 zeigte deutlich, dass sich im Management der Daimler-Muttergesellschaft BSA einiges getan hatte. 1956 war die 12 Jahre dauernde verschwenderische Ära von Sir Bernard Docker zu Ende gegangen. Sein Nachfolger wurde Motorradmagnat Jack Sangster, den Edward Turner von Triumph mitbrachte und bei Daimler als Chefingenieur etablierte. Dieser übernahm die Verantwortung für den SP250, mit dem Daimler den lukrativen US-Markt erobern wollte.

Die betont markanten Linien der Kunststoffkarosserie schwangen in zwei Heckflossen aus, wie sie damals in Amerika groß in Mode waren. Das neue

***Rechts:** Das funktionale Daimler-Cockpit war mit bequemen Schalensitzen ausgestattet. Die Abbildung zeigt einen Wagen der B-Serie mit Automatikgetriebe, Baujahr 1964.*

***Unten:** Auf der Straße unverwechselbar! Der SP250 war mit seiner Kunststoffkarosserie im Verhältnis zu seinem 2,5-l-Motor relativ klein.*

Links: Ein SP250, Baujahr 1964, mit dem auffallenden V-Motiv auf dem Kühler als eindeutigem Hinweis, dass sich darunter ein V8-Motor verbirgt. Dieses für britische Verhältnisse ungewöhnliche Design traf den Geschmack der Zielgruppe in Amerika.

Unten: Edward Turners gelungener 2,5-l-V8-Motor mit Gussblock, Leichtmetallzylinderkopf und – ungewöhnlich – kurzen Leichtmetallstößelstangen. Die Kurbelwelle war fünffach mit Gegengewichten gelagert.

Material sorgte dafür, dass der SP250 respektable 1006 kg auf die Waage brachte.

Kraftvoller V8-Motor

Da es sich um ein neues Konzept handelte, wurden aus Daimlers traditionellen Limousinen keine Komponenten in den SP250 übernommen. Der konventionelle Kastenrahmen und der kraftvolle und wirtschaftliche 2,5-l-V8-Motor stellten eine für englische Autobauer eher ungewöhnliche Lösung dar, aber man vertraute auf die Akzeptanz der transatlantischen Kunden.

Daimler hatte jahrzehntelange Erfahrung mit halbautomatischen Getrieben, und der SP250 war das erste Modell seit den 20ern, das mit einem Schaltgetriebe versehen wurde. Gegen Aufpreis wurde auch eine Automatik angeboten.

Als Daimler 1960 von Jaguar aufgekauft wurde war klar, dass der SP250 keine Zukunft haben könne, da er in direkter Konkurrenz zum hauseigenen Jaguar E-Type stand. Dennoch schob man im April 1961 eine B-Serie des Modells nach. Diese wurde zur Versteifung der Karosserie, welche in sich verstärkt wurde, mit stabileren Türschwellern gebaut. 1963 folgte als letzte Version eine C-Serie mit verbesserter Ausstattung –im Januar 1964 wurde nach 2650 Exemplaren die Produktion eingestellt.

Dem Motor war eine Zukunft beschieden. Bereits 1963 wurde er in die Mark-II-Limousine verpflanzt, welche man zum V8 250 umtaufte, und überlebte dort bis zum Abschied dieser Modellreihe 1968. Damit verloren sich die Spuren von Daimlers kurzem Ausflug in den Sportwagenbereich.

Technische Daten	**Daimler** SP250
Motor	vorne längs
Bauart	V8
Bohrung x Hub	76 x 69 mm
Hubraum	2548 ccm
Ventilsteuerung	Stößel
Leistung	140 PS (105 kW) bei 5800 U/min
Getriebe	Vierganggetriebe
Antrieb	Hinterachse
Chassis	Kastenrahmen
Radaufhängung vorne	Dreieckslenker und Schraubenfedern
Radaufhängung hinten	Halbelliptikfedern
Bremsen	Scheibenbremsen
Höchstgeschwindigkeit	193 km/h
Beschleunigung	0–100 km/h: 10,5 sek

Austin-Healey 3000

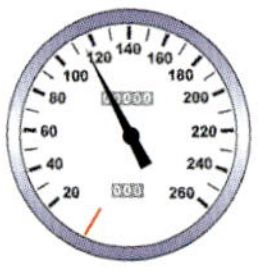

Spitze
183 km/h

Der ruppige „Big Healey“ der 60er mit seiner schnörkellosen Ausstattung und seinen Rallyeerfolgen war der jüngere Bruder des Healey 100, erdacht und gebaut von Donald Healey, seines Zeichens erfolgreicher Rallyefahrer der 30er. Ursprünglich hatte Healey zwischen 1946 und 1952 in Warwick einige Prototypen mit Riley-Motoren ausgestattet – teure und schwere, aber kraftvolle Autos.

Der zielstrebige Mann aus Cornwall erkannte, dass die Zukunft in einem kleineren, billigeren und offenen Sportwagen lag, der vor allem die Amerikaner von den Freuden agilen Fahrens im Zweisitzer überzeugen sollte. Sein mit einem Austin-Motor bestückter Healey 100 debütierte auf der London Motor Show 1952, und Leonard Lord, Vorstandsvorsitzender der British Motor Corporation, griff sofort zu.

Über Nacht mutierte Donalds Roadster zum Austin-Healey 100 und wurde zum sportlichen Aushängeschild der BMC. Ein Blick auf das kraftstrotzende Styling dieses Sportlers ließ den Betrachter wissen: 160 km/h – kein Problem. 1952 wurde der Vierzylinder durch einen 2,6-l-Sechszylinder ersetzt und die Modellbezeichnung diskret auf 100/6 erweitert. Jetzt konnten die Käufer zwischen dem Zweisitzer und einer neuen 2+2-Version wählen, welche der ersteren bald den Rang ablief. Ein bisschen langsamer war der Austin-Healey 100/6 schon, aber dieser kleinen Schwäche begegnete man ab 1958 mit einem six-port-Zylinderkopf (pro Einlassventil ein Ansaugkanal).

1957 verlagerte man die Produktion von Austin in Longbridge zu MG in Abingdon. Dort wurde der Motor zwei Jahre später auf 3 Liter vergrößert und die Modellbezeichnung von 100/6 in 3000 geändert.

Dieser 1960 vorgestellte Austin-Healey profitierte von dem aufgebohrten 132-PS-Motor und erreichte im Overdrive 185 km/h. Damit wurde der Einbau von Scheibenbremsen vorne notwendig.

BMC stellte den Wagen im Rennsport diesseits und jenseits des Atlantiks an den Start, musste aber einsehen, dass der Healey mit seinem rauen, wenn auch zuverlässigen Stoßstangenmotor regelmäßig das Nachsehen hinter den 3-l-Ferrari hatte, die ihre Ventile von einer oben liegenden Nockenwelle takten ließen.

Rechts: *Ein Mark III 3000, Baujahr 1964, jetzt kultivierter mit neu gestaltetem Armaturenbrett, dazu Holzfurnier, eine Mittelkonsole mit verdecktem Ablagefach und Kurbelfenster. Auch die Qualität der Sitze wusste man zu verbessern.*

Unten rechts: *Ein Mark II mit hauseigenem Hardtop und seitlichen Schiebefenstern. Durch die nicht serienmäßigen Lüftungsschlitze hinter den Vorderrädern konnte die Heißluft direkt aus dem Motorraum strömen. Die Speichenräder waren ein begehrtes Extra, meist wurden aber die serienmäßigen Scheibenräder montiert.*

Gegenüberliegende Seite: *Ein Mark II, Baujahr 1961. Die senkrechten Rippen des Kühlergrills markieren die Bauzeit 1961 bis 1963; beim Vorgängermodell, dem Mark I, war der Kühlergrill waagerecht gerippt. Die Bezeichnung Mark II erschien als kleines Emblem unterhalb des geflügelten Austin-Healey-Markenzeichens.*

Die Endphase

Eine Mark-II-Baureihe wurde 1961 mit Dreifachvergaser angeboten, aber 1962 kehrte man zum Doppelvergaser zurück. Der Mark III von 1963, ausschließlich als 2+2-Version zu haben, bildete den Abschluss dieser Baureihe. Inzwischen leistete der Motor 150 PS.

Das Ende des „Big Healey" kam 1968, als BMC von British Leyland übernommen wurde. Die neuen Inhaber mochten keine Lizenzgebühren an außergesellschaftliche Vertragspartner zahlen, schon gar nicht für ein Design, das sie für überholt erachteten.

In den USA hinterließ der 3000 ein Lücke, die Donald Healey mit dem kleineren Jensen-Healey (1972–1976) zu schließen gedachte. Dieses Gefährt erwies sich als ein fahler Schatten des Originals.

Technische Daten	**Austin-Healey** 3000 Mark I
Motor	vorne längs
Bauart	6 Zylinder in Reihe
Bohrung x Hub	83 x 88 mm
Hubraum	2912 ccm
Ventilsteuerung	Stößel
Leistung	124 PS (92 kW) bei 4600 U/min
Getriebe	Vierganggetriebe mit Overdrive
Antrieb	Hinterachse
Chassis	Plattformrahmen
Radaufhängung vorne	Dreieckslenker und Schraubenfedern
Radaufhängung hinten	Halbelliptikfedern
Bremsen	vorne Scheibenbremsen, hinten Trommelbremsen
Höchstgeschwindigkeit	183 km/h
Beschleunigung	0–100 km/h: 11,8 sek

1961–1970 **Der Triumph des Coupés**

Der Verkauf von Sportwagen steigerte sich in den 60ern, da die Nachkriegsgeneration junger Käufer erwachsen wurde, rapide. Obwohl Großbritannien seine offenen Zweisitzer weiterhin erfolgreich exportierte, waren es nunmehr die schnellen und aerodynamisch ausgefeilten Coupés wie der Porsche 911, die exklusiven Ferrari V12 Berlinetta und deren ansehnliche Rivalen aus der Lamborghini-Schmiede, welche auf dem Markt Furore machten.

Datsuns erfolgreicher 240Z, bezeichnenderweise auch ein Coupé, markierte die zunehmende Stärke der japanischen Autoindustrie. In Amerika wuchsen jene Muscle Cars heran, deren V8-Motoren sich in Hubraum und Leistung ständig zu übertreffen suchten. Aber wie lange würde dieser Boom andauern?

Jaguar E-Type

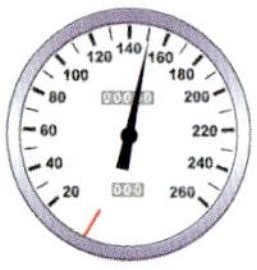

Spitze 240 km/h

Fraglos einer der weltweit herausragenden Sportwagen: der Jaguar 3,8-l-E-Type. Als straßentauglicher Abkömmling des Le-Mans-Siegers D-Type war er die Sensation auf dem Genfer Autosalon 1961.

Das Erscheinungsbild des mit einer Heckklappe konzipierten Coupés und des bald darauf vorgestellten Roadsters war atemberaubend und garantierte dem Modell die Unsterblichkeit. Jaguar gab 240 km/h als Spitzengeschwindigkeit an, die aber nur von einigen sehr sorgfältig montierten Modellen erreicht wurde. Die 2000 Pfund auf dem Preisschild ließen ahnen, dass der Hersteller eine lange Produktionszeit vorgesehen hatte. Tatsächlich wurde der E-Type bis 1971 gebaut.

Eine Einzelradaufhängung, für die noch in Vorbereitung befindliche Mark-X-Limousine entwickelt, wurde von Jaguar erstmals an einem eigenen Sportwagen eingesetzt, wie auch die schon auf Rennstrecken bewährten Scheibenbremsen vorne und hinten.

Eine Sternstunde des Designs

Die Linienführung des E-Type entstand zweifellos in einer Sternstunde des Automobildesigns. Entworfen hat sie der Aerodynamiker Malcolm Sayer, dem bereits die Karosserien der D- und C-Type zu verdanken waren. Ausnahmsweise hatte sich Jaguars Vorstandsvorsitzender, Sir William Lyons, der sich sonst das Design nicht aus der Hand nehmen ließ, im Hintergrund gehalten.

Der E-Type war wie sein Vorgänger, der XK120, sofort ein Hit in den USA. Dorthin, wo er unter XK-E firmierte, wurden nicht weniger als 80 Prozent der Produktion exportiert.

Ab 1966 wurde der E-Type mit einem 4,2-l-Motor aufgerüstet, der zwar nichts an der Höchstgeschwindigkeit änderte, aber das Drehmoment im unteren Bereich erheblich verbesserte. Ein voll synchronisiertes Getriebe ersetzte den Moss-Block, dessen erster Gang nicht synchronisiert war.

__Unten:__ Der E-Type Series III von 1971 war der erste Jaguar mit dem lang erwarteten 5,3-l-V12-Motor. Erkennbar ist er am vergrößerten Kühlergrill und den gewölbten Radkästen. Die Speichenräder wie hier zu sehen waren optional; serienmäßig gab es Scheibenräder.

Ebenfalls 1966 wurde die Originalversion vom reinen Zweisitzer auf ein 2+2-Coupé erweitert. Der zusätzliche Platz für zwei Kleinkinder verschaffte dem Modell mehr Anklang, hatte aber eine Beeinträchtigung der makellosen Linie zur Folge und machte den Wagen schwerer.

Der amerikanische Markt

Der E-Type Series II wurde 1969 vorgestellt. Die vorgenommenen Veränderungen sollten vor allem den amerikanischen Sicherheits- und Emissionsbestimmungen Rechnung tragen, äußerlich erkennbar an den senkrecht gestellten Scheinwerfern, jetzt ohne Plexiglasabdeckung, und an dem vergrößerten Kühlergrill. Innen ersetzten Wipptasten die attraktiveren, aber zu weit vorstehenden Kippschalter. Amerikanischen Bestimmungen folgend musste der Schadstoffausstoß des Motors gedrosselt werden, was die Leistung von 265 PS auf 171 PS reduzierte. Damit war eine Spitze von „nur noch" 200 km/h zu erreichen.

Der Series II wurde 1971 vom Series III abgelöst. Jetzt kam der lange erwartete 5,3-l-V12-Motor im 2+2-Chassis zum Einsatz. Diese Version überlebte bis 1975, dann führten die steigenden Benzinpreise und das vor-

Unten: *Die überragende Silhouette eines E-Type-Coupés, Baujahr 1962, kommt hervorragend zur Geltung. Kaum zu glauben: Das hier abgebildete Exemplar wurde sogar auf der Rennstrecke in Le Mans eingesetzt.*

Unten links: *Das Cockpit eines 4,2-l-E-Type mit den Original-Kippschaltern, die bis 1969 beibehalten wurden.*

Technische Daten	**Jaguar** E-Type (3,8 Liter)
Motor	vorne längs
Bauart	6 Zylinder in Reihe
Bohrung x Hub	87 x 106 mm
Hubraum	3781 ccm
Ventilsteuerung	zwei oben liegende Nockenwellen
Leistung	265 PS (196 kW) bei 5500 U/min
Getriebe	Vierganggetriebe
Antrieb	Hinterachse
Chassis	Monocoque mit zusätzlichem Rohrrahmen vorne
Radaufhängung vorne	Dreieckslenker und Drehstabfedern
Radaufhängung hinten	Dreieckslenker und Schraubenfedern
Bremsen	Scheibenbremsen
Höchstgeschwindigkeit	240 km/h
Beschleunigung	0–100 km/h: 7 sek

Oben: *Einer der raren und begehrten Lightweight. Dieses originale Exemplar, im Dezember 1963 ausgeliefert, wurde von Dick Wilkins als Straßenwagen gefahren, vermutlich zur Irritation der übrigen Verkehrsteilnehmer. Es wurde dann an Tony Harrison verkauft, der es in Bergrennen einsetzte. Danach wurde der Wagen nur noch wenig gefahren.*

Rechts: *Eine Rarität ist die 3,8-l-Maschine des Wagens Nr. 11 mit Leichtmetallblock, weitem Zylinderkopfwinkel und einer Lucas-Benzineinspritzung. Letztere produzierte einen unüberhörbaren Sound. Diese Modelle, die heute noch bei Oldtimer-Rennen gefahren werden, haben Weber-Vergaser und Trockensumpfschmierung.*

anschreitende Alter dieses Modells zum Ende einer Ausnahmeerscheinung, die schon zu Lebzeiten zur Automobillegende geworden war.

Auch wenn der E-Type aus dem D-Type-Rennwagen hervorging, so war er für die Straße konzipiert worden. Das wiederum hielt die Rennenthusiasten unter den Jaguar-Fans nicht davon ab, das neue Modell auf die Rennstrecke zu schicken. Am erfolgreichsten tat dies der amerikanische Millionär Briggs Cunningham. 1962 nahm er mit einem E-Type-Coupé an den 24 Stunden von Le Mans teil und erreichte mit seinem Co-Piloten Roy Salvadori den achtbaren dritten Platz.

Das „Leichtgewicht" tritt auf

Jaguar beantwortete die Nachfrage mit seinem „Special GT E-Type", der inoffiziell „Lightweight" genannt wurde. Er beeindruckte mit einer Spitze von 274 km/h und war 35 km/h schneller als die Serienmodelle und viel schneller im Antritt.

Es wurden nur 18 dieser Lightweight gebaut. Mit 1007 kg unterboten sie das Gewicht der Straßenmodelle um 227 kg. Dort, wo es praktisch und möglich war, wurde Stahl durch Aluminium ersetzt, wie bei der Monocoquewanne und der Karosserieverkleidung. Im Motorblock wurde Gusseisen durch Aluminium ersetzt, was jedoch nicht zufrieden stellend war, da die Festigkeit darunter litt. Damit wurde auch die Zuverlässigkeit, bis dahin Jaguars Domäne in der Sportwagenphilosophie, beeinträchtigt. Veränderungen an den Nockenwellen, spezielle Zylinderköpfe und die Benzineinspritzung brachten den Motor des Lightweight auf 296 PS – 35 PS mehr als die Serienversion.

Obwohl es Rennwagen waren, konnten sie auch auf der Straße eingesetzt werden. Es wurden nur Roadster gebaut. Im Einsatz bei Rennen der GT-

Klasse wurden zur Verbesserung der Aerodynamik die Hardtops aufgesetzt. Die Lightweight wurden an Jaguar-Vertriebshändler und Privatpersonen mit einer erfolgreichen Rennkarriere geliefert und gingen sowohl in Europa als auch in den USA an den Start. Als im 12-Stunden-Rennen von Sebring 1963 die Ferrari GTO mit ihren V12-Maschinen die Lightweight deklassierten, war das Schicksal des Wagens besiegelt. Die Ferrari belegten die Plätze 1 bis 6, und die E-Type fanden sich mit dem 7. und 8. Platz unter ferner liefen – auch, wenn sie als erste britische Wagen die Ziellinie passierten.

Im Januar 1964 wurde der letzte der kraftstrotzenden E-Type an seinen Besitzer ausgeliefert. Damit war dieses Rennkapitel für Jaguar abgeschlossen. Die Wagen wurden aber weiterhin mit Enthusiasmus bei britischen Rennveranstaltungen und in Clubrennen eingesetzt.

Von den 12 Lightweight, die gebaut wurden, haben 11 überlebt – heute weltweit das Objekt der Begierde vieler Jaguarfans.

Oben: *Das Cockpit des unten abgebildeten Low Drag Coupé. Obwohl für den Rennsport konzipiert, wurde es von Jaguar selbst nie dazu eingesetzt. Das übernahm dann Dick Protheroe, der den Wagen 1963 erwarb und ihn mit dem prägnanten Kennzeichen CUT 7 verzierte.*

Mitte links: *Einer der drei Lightweight im Besitz des amerikanischen Millionärs und Rennfahrers Briggs Cunningham. Er startete 1963 in Le Mans, konnte aber das Rennen nicht beenden. Da er für einen anderen Wagen das gleiche Kennzeichen benutzte, ist die Historie dieses Fahrzeugs nicht eindeutig.*

Links: *Das Low Drag Coupé. Vier waren geplant, doch nur dieses eine wurde 1962 für die GT-Weltmeisterschaft gebaut. Die Silhouette des Wagens wurde von Malcolm Sayer entworfen.*

Triumph TR4, TR5, TR6

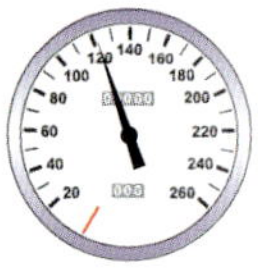

Spitze 195 km/h

Unten: *Vorne ein TR4A, Baujahr 1966, mit Michelottis genialem „Surrey-Top"; in der Mitte ein ähnlich veredelter TR4, Baujahr 1965; im Hintergrund ein TR6, Baujahr 1972.*

Triumph stellte sich den neuen Herausforderungen der 60er mit dem TR4, der vor allem durch die beeindruckende Michelotti-Karosserie bestach. Das Design sollte im Wesentlichen bis zum TR6 weiterleben, dessen Produktion erst 1976 eingestellt wurde.

1959 hatte Triumph eine Limousine, den Herald, auf den Markt gebracht, deren Erfolg in erster Linie dem italienischen Design von Giovanni Michelotti zuzuschreiben war. So war es wenig überraschend, dass man ihn wieder beauftragte, als der TR3A, dessen Karosserie auf den TR2 von 1953 zurückging, auf den neuesten Stand gebracht werden sollte.

Der TR4 wurde zur London Motor Show 1961 vorgestellt. Abgesehen von dem voll synchronisierten Getriebe unterschied er sich bei gleichem 2139-ccm-Motor und unveränderter Höchstgeschwindigkeit von 164 km/h technisch kaum von seinen Vorgängern. Der neue Wagen war aber 305 mm länger und ruhte auf einer breiteren Spur.

Stärkerer Motor

Vom TR4 waren respektable 40 000 Einheiten verkauft worden, als 1965 der TR4A zum neuen Modelljahr erschien. Äußerlich gab es kaum Veränderungen, um so mehr wurde er technisch aufgerüstet. Aus der 1962er-Limousine Triumph 2000 hatte man die Schräglenkerhinterachse mit Einzelradaufhängung übernommen. Der lang gediente Motor erhielt eine Nockenwelle mit verändertem Profil, was die Höchst-

Technische Daten	Triumph TR5
Motor	vorne längs
Bauart	6 Zylinder in Reihe
Bohrung x Hub	74 x 95 mm
Hubraum	2498 ccm
Ventilsteuerung	Stößel
Leistung	150 PS (111 kW) bei 5500 U/min
Getriebe	Vierganggetriebe
Antrieb	Hinterachse
Chassis	Kastenrahmen
Radaufhängung vorne	Dreieckslenker und Schraubenfedern
Radaufhängung hinten	Schräglenker und Schraubenfedern
Bremsen	vorne Scheibenbremsen, hinten Trommelbremsen
Höchstgeschwindigkeit	195 km/h
Beschleunigung	0–100 km/h: 9 sek

geschwindigkeit auf 170 km/h trieb, allerdings mit erhöhtem Benzinverbrauch.

Noch radikaler verfuhr man 1968 mit dem Nachfolger TR5: sein neuer 2,5-l-150-PS-Sechszylindereinspritzmotor schob den Sportler in 9 Sekunden von 0 auf 100 km/h und auf eine Spitze von 195 km/h.

Die Benzineinspritzung erwies sich allerdings als unzuverlässig, sodass man sich entschloss, die Exportfahrzeuge für Amerika mit Vergasern auszurüsten. Obwohl der Triumph auf die 50er zurückging, hatte er eine Zukunft vor sich. 1969 folgte der TR6 – und erschien wie ein neues Modell. Mit Hilfe von Karmann wurden Front und Heck erneuert und auf die Bodengruppe des TR4 gesetzt.

Mit 94 619 Einheiten wurde der bis 1976 gebaute TR6 zum meistverkauften TR überhaupt. Mit seinem höher getunten Motor erreichte er bei unveränderter Höchstgeschwindigkeit eine bessere Beschleunigung.

Leider war das 2-l-Coupé TR7, das 1976 den TR6 ersetzte, 16 km/h langsamer. Er sollte eigentlich der Sportwagen unter dem Firmendach von British Leyland werden, war aber schlecht konzipiert, optisch wenig anregend und dazu unzuverlässig. Wesentlich schöner kam 1979 das Cabriolet daher und 1980 der kurzlebige TR8 mit 3,5-l-V8-Motor. Obwohl gut 112 000 TR7 produziert wurden, hatten die einstmals hoch geachteten Initialien viel von ihrem Glanz verloren.

***Oben links:** Das Cockpit eines TR6 mit dem 1973 neu eingeführten Lenkrad. Gleichzeitig wurden die Instrumente neu gestaltet. Tatsächlich unterschied sich dieses Layout nur wenig von dem, das Michelotti schon 1961 für den TR4 entworfen hatte. Über die Jahre wurde es nur geringfügig verändert.*

***Links:** Innenansicht eines TR4A, Baujahr 1966, mit neuem Holzfurnier-Armaturenbrett. Es wurde 1965 für den europäischen Markt eingeführt, während es bereits vorher bei US-Modellen angeboten worden war. Das Layout des Vorgängermodells TR4 hatte man beibehalten. Lediglich die Handbremse wurde von der Seite des Kardantunnels auf dessen Mitte verlegt.*

AC Cobra

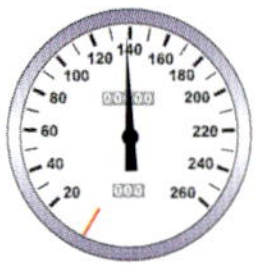

Spitze
222 km/h

Von 0 auf 160 km/h in 14 Sekunden – das ist auch heute noch eine respektable Beschleunigung. In den 60ern war sie eine Sensation. Der AC Cobra, in dem ein amerikanischer V8-Motor den schwächlichen britischen 2-l-Motor ersetzt hatte, war ein wahrhaftiger Hochleistungswagen seiner Zeit.

Der Cobra stammt vom AC Ace des Jahres 1954 ab – einem offenen Zweisitzer mit Rohrrahmen und Einzelradaufhängung mit Querblattfedern. All dieses vertrug sich am besten mit einem 2-l-Bristol-Motor als Alternative zu Thomas Dittons eigenem 2,0-l-Sechszylinder. Kurz vor dem Ende der Produktion baute man auch noch einen 2,5-l-Ford-Zephyr-Motor ein.

Nun trat der amerikanische Rennfahrer Carroll Shelby an AC heran und schlug vor, den Ace mit einem amerikanischen 4,2-l-V8 von Ford auszustatten. Er schlug vor, die im AC-Werk produzierten Linkslenker ohne Motor nach Kalifornien zu verschiffen, wo er diese Kraftpakete installieren und den Wagen als AC Shelby-Cobra anbieten wolle. Der Name, so Shelby, sei ihm im Traum eingefallen.

Der AC Shelby-Cobra

Der britische Hersteller stimmte zu, und das Modell wurde im Herbst 1962 angekündigt. Nachdem 75 Exemplare gebaut worden waren, wurde der Originalmotor durch ein 4,7-l-Aggregat ersetzt. Die Leistung dieses Mark II war für seine Zeit überragend: Er erreichte eine Höchstgeschwindigkeit von 222 km/h.

Allerdings wurden durch die Transplantation des neuen Motors die Grenzen der Radaufhängung aus dem Jahr 1954 deutlich. Shelby initiierte 1965 – mit Unterstützung von Ford – einen technisch aufgewerteten Mark III Cobra mit breiterem Rahmen und Einzel-

Unten: *Ein AC289, Baujahr 1966, immer noch in erster Hand. Dies war die für den europäischen Markt gebaute AC-Version des Cobra, allerdings unter anderem Namen. Klar erkennbar die Linien des Ace.*

Links: Ein athletisches Muskelpaket: der 427 Mark III Cobra mit Halibrand-Leichtmetallfelgen und Linkslenkung.

Unten links: Der Motor des Mark III mit den Nockenwellengehäusedeckeln von Shelby, die die Originalteile aus Pressstahl ersetzten.

Unten: Der britische Cobra-Guru Rod Leach am Steuer seines 427. In den vorderen Kotflügeln befinden sich Lüftungsschlitze zum Abzug der Heißluft aus dem Motorraum.

radaufhängung an Dreieckslenkern und Schraubenfedern rundum. Auch beim Motor griff man in die Vollen: ein 6,9-l-V8 wurde eingebaut, und die Halibrand-Alufelgen erforderten eine zusätzliche Verbreiterung der Radkästen. Der Shelby-Cobra – das war sein neuer Name – schaffte eine Spitze von 265 km/h und wurde in dieser Form bis 1968 verkauft.

Rechtslenker-Cobra gab es in Großbritannien seit 1964. Der Mark-III-4,7-l-V8 wurde dort zwischen 1966 und 1968 unter der Modellbezeichnung AC 289 vermarktet, weil AC nicht über die Rechte an dem Namen Cobra verfügte.

Nach einer Unterbrechung wurde 1983 in Großbritannien das Cobra-Konzept neu aufgenommen. Der 4,9-l-AC-Mark-IV konnte zunächst nicht als Cobra auftreten, aber 1986 erteilte Ford, inzwischen Inhaber der Rechte, die Erlaubnis, den Namen zu verwenden. Auch jetzt – gut 40 Jahre, nachdem das erste Modell entstand – wird dieser geniale angloamerikanische Sportwagen in limitierter Auflage gebaut.

Technische Daten	**AC** Shelby-Cobra Mark II
Motor	vorne längs
Bauart	V8
Bohrung x Hub	101 x 72 mm
Hubraum	4735 ccm
Ventilsteuerung	Stößel
Leistung	300 PS (221 kW) bei 5700 U/min
Getriebe	Vierganggetriebe
Antrieb	Hinterachse
Chassis	Stahlrohrrahmen
Radaufhängung vorne	Querblattfedern und Dreieckslenker
Radaufhängung hinten	Querblattfedern und Dreieckslenker
Bremsen	Scheibenbremsen
Höchstgeschwindigkeit	222 km/h
Beschleunigung	0–100 km/h: 5,8 sek

***Oben:** Kompakt, muskulös und ein direkter Abkömmling des AC Cobra aus den 60ern, der CRS. Für das Baujahr 2000 trug er eine leichte Kohlefaserkarosserie, wo auf seinem Vorgänger noch Aluminium lastete. Der 5-l-Ford-V8-Motor leistete 225 PS. Sowohl eine Straßenversion als auch eine leistungsstärkere und straffere Rennversion wurden gebaut.*

1996 wurde die Firma AC von dem südafrikanischen Geschäftsmann Alan Lubinsky aufgekauft. Der sorgte dafür, dass das Unternehmen sich nicht auf seinen Lorbeeren ausruhte.

1998 brachte es den auf dem Mark IV basierenden Superblower heraus, der – nomen est omen – seine Kraft aus einem Ford 4,9-l-V8 mit Kompressor bezog. Die Spitzengeschwindigkeit von 266 km/h war ebenso atemberaubend wie der Antritt von 0 auf 100 km/h in 4,5 Sekunden. Auch der Preis war es: mehr als 70 000 Pfund.

Die Karbonfaser

Mit dem Jahr 2000 hielt der Cobra CRS seinen Einzug. Nach wie vor kompakt und zweckmäßig in der Linienführung, zeigte das neue Modell doch wesentliche Unterschiede zu seinen Vorgängern. Statt der üblichen Aluminiumkarosserie trug es eine leichte, aber extrem steife Verkleidung aus Kohlefaser. Folglich zeigte die Waage nur ein Gewicht von 1080 kg an, und der Preis konnte, im Vergleich zur Metallversion, gar um gut 20 000 Pfund gesenkt werden. Der kerngesunde Ford V8 mobilisierte 225 PS, die das Gefährt in gut 5 Sekunden von 0 auf 100 Stundenkilometer beschleunigten. Es wurden sowohl Renn- als auch Straßenversionen angeboten.

Eine weitere Version dieses Evergreens gab es als Vorschau auf das Modelljahr 2001 auf der British Motor Show 2000 in Gestalt des 212 S/C zu besichtigen. Es war im Prinzip ein CRS mit neuem Motor. Die Silhouette des offenen Zweisitzers hatte man beibehalten, aber den Ford-V8-Motor gegen einen 3,5-l-Lotus mit Doppelturbolader ausgetauscht, ähnlich dem, der im Lotus Turbo arbeitete. Die Typenbezeichnung gab die Kubikzoll an, d. h. analog 3506 ccm.

Es war kein Zufall, dass ACs technischer Leiter mit dem Motor sowie dessen Potential bestens vertraut war. Er kam von Lotus, wo der V8 unter seiner Führung entwickelt wurde.

Die manuelle Sechsgangschaltung kommt von Tremec. Angenehm ist die Servolenkung, aber in seinem Inneren birgt der 212 das fast 50 Jahre alte Konzept des Cobra 427 von 1965 mit seinem Doppelrohrrahmen und Querlenkern vorne und hinten.

Daneben baut AC noch eine luxuriösere Variante des Zweisitzers in Form des Ace, der 1998 vorgestellt wurde. Bei den Motoren hat der Kunde die Wahl zwischen einem Ford-V8 und einem 4,6-l-Doppel-

***Oben:** Eine Änderung im Auftritt – das edle Aceca Coupé aus dem Jahr 1999.*

***Links:** Der CRS mit zeitgemäßem Karosseriewerkstoff und unverfälschtem 60er-Jahre-Armaturenbrett.*

***Unten links:** Der AC 212 S/C mit dem 3,5-l-V8-Motor mit Doppelturbolader aus dem Lotus Esprit.*

vergaser, der vom Mustang stammt. Ein 4,9-l-Motor findet sich im Aceca Coupé, das 1998 auf der British Motor Show enthüllt wurde: ein Viersitzer mit einem um 250 mm verlängerten Radstand. Somit bietet AC ein Quartett von charaktervollen Sportwagen an, an denen die Enthusiasten die Tugenden von Tradition einerseits und absoluter Spitzenleistung andererseits zu schätzen wissen.

Technische Daten	AC 212 S/C
Motor	vorne längs
Bauart	V8
Bohrung x Hub	83 x 81 mm
Hubraum	3506 ccm
Ventilsteuerung	zwei oben liegende Nockenwellen pro Zylinderreihe
Leistung	350 PS (258 kW) bei 6500 U/min
Getriebe	Sechsganggetriebe
Antrieb	Hinterachse
Chassis	Doppelrohrrahmen
Radaufhängung vorne	Dreieckslenker und Schraubenfedern
Radaufhängung hinten	Dreieckslenker und Schraubenfedern
Bremsen	Scheibenbremsen, vorne innenbelüftet
Höchstgeschwindigkeit	250 km/h
Beschleunigung	0–100 km/h: 4 sek

Mini Cooper S

Spitze 158 km/h

Der Cooper S, die Rennversion von Alec Issigonis' legendärem Mini, gewann in den 60ern dreimal die Rallye Monte Carlo. Der Kleine mit dem Löwenherzen, für die British Motor Company konstruiert, war eine perfekte Lektion an ingenieurtechnischem Einfallsreichtum. Der 848-ccm-Motor war quer eingebaut und das Getriebe genial in den Ölsumpf verlegt als Antrieb für die Vorderräder.

Innen war jeder Kubikzentimeter optimal genutzt. Issigonis hätte nie gedacht, dass sich der Vorderradantrieb und die Straßenlage so vorteilhaft auf den Renn- und Rallyeeinsatz auswirken würden. Aber er hatte nicht mit John Cooper vom Cooper-Formel-1-Team gerechnet, das 1959 und 1960 die Konstrukteursweltmeisterschaft gewann. Cooper schlug eine schnellere Version des Mini vor, und 1961 war er da: der Mini Cooper mit 55 PS, 997 ccm und Doppelvergaser, entstanden aus dem Motor aus BMCs A-Serie.

1963 wurde der Hubraum leicht auf 998 ccm vergrößert. Damit machte man den Weg für den noch stärkeren Mini Cooper S frei, der – ebenfalls 1963 – aus 1071 ccm 70 PS förderte und eine Höchstgeschwindigkeit von 145 km/h schaffte.

Aber bei ständiger Fortentwicklung wurde der Kleine immer schneller. Von dem Standard-Cooper, dem er ansonsten sehr ähnlich war, unterschied er sich deutlich durch das grundsätzlich weiß lackierte Dach.

Rechts: *Der tadellose, wenn auch etwas voll gepackte Motorraum des unten abgebildeten 1275-ccm-Cooper-S. Rechts vom Motor liegt der Bremskraftverstärker.*

Unten: *Dieser Austin Cooper S Mark II von 1969 ist an dem vergrößerten Kühlergrill erkennbar, den er mit den Morris-Versionen gemeinsam hatte.*

Der wahre Cooper S

Im März 1964 kamen zwei neue Versionen mit 970 ccm und 1275 ccm heraus. Erstere sollte nur elf Monate überleben, letztere dagegen galt als der wahre Cooper S. Zunächst wurde die gummigelagerte Aufhängung des Mini verwendet; 1965 ersetzte man sie durch das Hydrolastic-System.

Zu diesem Zeitpunkt hatte sich der S schon einen internationalen Ruf erworben. 1964 gewann Paddy Hopkirk die Rallye Monte Carlo und BMC die Teammeisterschaft. Die Rennsportabteilung von BMC, die im MG-Werk in Abingdon einquartiert war, hatte ganze Arbeit geleistet. Timo Mäkinen wiederholte im Jahr darauf den Coup – Leistungen, die 1966 mit den ersten drei Plätzen noch übertroffen wurden. Dass dieses Ergebnis von der Rennleitung aufgrund einer Formalität nicht anerkannt wurde, tat der Begeisterung kaum Abbruch – zumal 1967 der Fahrer des Cooper S wieder auf dem Siegertreppchen stand.

Aber langsam begannen die Mini zu spüren, dass ihnen Ford auf den Fersen war. 1968 wurde BMC von Leyland übernommen, und die berühmte Rennsportabteilung wurde geschlossen. Der Bau des 1275-ccm-Cooper-S wurde 1971 eingestellt, zwei Jahre nachdem der Cooper aus der Produktion gegangen war.

Aber – sag niemals nie: Das Konzept des 1275-ccm-Mini-Cooper wurde 1990 von der Rover Group, der Nachfolgerin von BMC, wieder zum Leben erweckt. Der Mini von 2001, jetzt aus dem Hause BMW, ist in einer Cooper-Version erhältlich.

Technische Daten	**Mini** Cooper S (1275 ccm)
Motor	vorne quer
Bauart	4 Zylinder in Reihe
Bohrung x Hub	70 x 81 mm
Hubraum	1275 ccm
Ventilsteuerung	Stößel
Leistung	76 PS (56 kW) bei 5800 U/min
Getriebe	Vierganggetriebe
Antrieb	Vorderachse
Chassis	selbsttragend
Radaufhängung vorne	Dreieckslenker und Gummilager
Radaufhängung hinten	Längslenker und Gummilager
Bremsen	vorne Scheibenbremsen, hinten Trommelbremsen
Höchstgeschwindigkeit	158 km/h
Beschleunigung	0–100 km/h: 11 sek

***Links:** Innenraum des Morris Mini Cooper S mit 1275 ccm, der 1965 die Rallye Monte Carlo gewann, mit Zusatzinstrumenten und rallyetauglichen Sitzen.*

***Unten:** Der Sieger der Rallye Monte Carlo 1965. Später wurde er aufwändig rekonstruiert und gewann 1982 die Lombard-RAC Golden 50 Rally.*

Aston Martin DB4 GT Zagato

Spitze
245 km/h

Im Oktober 1958 stellte Aston Martin seinen berühmten DB4 im Touring-Look vor, und im Jahr darauf folgte die leichtere, kürzere und schnellere GT-Version. Dann, 1960, auf der London Motor Show: Vorhang auf für den unvergesslichen DB4 GT Zagato. Wie sein Name schon sagt, war das Design eine Schöpfung von Zagato in Mailand.

Atemberaubend schön

Der talentierte Ercole Spada hatte „den Zagato“, wie er bald nur noch genannt wurde, entworfen. Der Rennsportwagen mit seiner atemberaubenden Erscheinung war auch als Straßenversion erhältlich.

Unter der Haube hatte man eine Version des DB4-3,6-l-Motors mit zwei oben liegenden Nockenwellen eingebaut. Die sollte statt der ursprünglichen 240 PS laut Werk 302 PS hergeben, tatsächlich waren es 267 PS, dank des Verdichtungsverhältnisses von 9:1 anstatt 8,2 und weiterer Feinheiten wie einer die Ventile weiter öffnenden Nockenwelle, Doppelzündung und drei Weber-Doppelvergaser statt der doppelten SU-Vergaser. Mittels einer höheren Verdichtung von 9,7:1 holte man schließlich 285 PS aus dem Motor des Zagato heraus.

Mit der auf einen Gitterrohrrahmen gesetzten Alukarosserie wog das Coupé 1270 kg, 45 kg weniger als die Werks-GT, was auch zur Spitzengeschwindigkeit von gut 245 km/h beitrug. Nach der Montage gingen die Fahrzeuge für die letzte Feinarbeit zu Aston Martin in Newport Pagnell, obwohl einige Exemplare komplett von Zagato fertig gestellt wurden.

Wie der serienmäßige DB4 GT war der Zagato ein reiner Zweisitzer. An der Stelle des Rücksitzes befand sich eine Ablage für Gepäck.

Oben: *Ein Rechtslenker-Zagato, Baujahr 1962, der beste und ursprünglichste innerhalb der Serie. Erstanden wurde er im Oktober 1962 von J. E. Beck aus Cheshire, der ihn viele Jahre fuhr. Man beachte das Fehlen einer hinteren Stoßstange.*

Rechts: *Die Zagato-Linien ins rechte Licht gerückt. Die transparenten Abdeckungen der Scheinwerfer wurden aus Gründen der Aerodynamik eingesetzt. Alle Wagen der Serie unterscheiden sich in Details. 19 Stück wurden gebaut, von denen alle noch existieren. Der letzte, zeitweise „vermisste“, tauchte 1974 in Italien auf.*

In den folgenden drei Jahren wurden 19 Einheiten gebaut, davon zehn als Rechtslenker und neun als Linkslenker. Erstaunlicherweise wurde ein Chassis von Bertone eingekleidet.

Der Essex-Rennstall

Aston Martin hatte sich 1959 aus dem Rennsport zurückgezogen. Aber in den Jahren 1961 und 1962 fanden sich Privatleute, die den Zagato auf die Circuits brachten, namentlich John Ogier mit seinem Essex-Rennstall. Seine zwei Zagato waren mit den eingängigen Kennzeichen 1VEV und 2VEV versehen. In Großbritannien waren die Renner regelmäßig erfolgreich, aber auf dem Kontinent taten sie sich schwer gegen die GTO von Ferrari.

Die Einstellung der Produktion 1963 sollte nicht das Ende dieser Geschichte bedeuten. 1991 griff Aston Martin auf vier ungenutzte Fahrgestellnummern zurück, die der ursprünglichen Serie zugeteilt waren. So produzierte Zagato noch vier Fahrzeuge unter der Bezeichnung Sanction II. Äußerlich waren sie fast identisch mit den Originalen; es gab nur winzige Detailänderungen. Dass ein Modell 24 Jahre nach Ende der Produktion wiederbelebt wird, ist in der globalisierten Automobilindustrie, so vielfältig sie auch sein mag, bestimmt eine einmalige Erscheinung.

Technische Daten	**Aston Martin** DB4 GT Zagato
Motor	vorne längs
Bauart	6 Zylinder in Reihe
Bohrung x Hub	92 x 92 mm
Hubraum	3670 ccm
Ventilsteuerung	zwei oben liegende Nockenwellen
Leistung	285 PS (210 kW) bei 6000 U/min
Getriebe	Vierganggetriebe
Antrieb	Hinterachse
Chassis	Plattformrahmen
Radaufhängung vorne	Dreieckslenker und Schraubenfedern
Radaufhängung hinten	Längslenker, Watt-Gestänge und Schraubenfedern
Bremsen	Scheibenbremsen
Höchstgeschwindigkeit	245 km/h
Beschleunigung	0–100 km/h: 6,5 sek

Oben links: *Cockpit eines Zagato. Durch das Holzlenkrad hat der Fahrer alle sieben Instrumente klar im Blick. Die bequemen Sitze sind in der Neigung verstellbar. Gut positioniert auch die stehenden Pedale.*

Oben rechts: *Der Motor des Zagato mit dem DB4-GT-Doppelkerzenzylinderkopf, versorgt von den Verteilern, die am Ende jeder Nockenwelle sitzen. Die drei Weber-Doppelvergaser jenseits des Motors sind mit einem Kühllufteinlass verbunden.*

Links: *Der pure Zweisitzer von Zagato gibt nach 50 Jahren noch immer eine stolze Erscheinung ab. Etwas anfällig für Schäden ist das Material der Alukarosserie. Das Z vor dem Lufteinlass auf dem vorderen Kotflügel lässt keinen Zweifel aufkommen, aus welcher Schmiede die Karosserie stammt.*

Ferrari 250 GTO

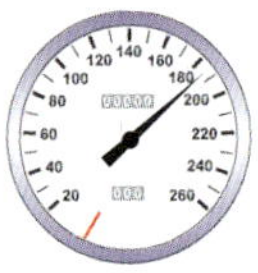

Spitze 298 km/h

Rechts: *Deutlich sichtbar an diesem GTO-Motor: die 12 Ansaugrohre auf den 6 Weber-Vergasern. Das Nockenwellengehäuse bestand zur Gewichtseinsparung aus Magnesium.*

Unten: *Die halbrunden Lufteinlässe konnten abgedeckt werden. Geöffnet wurden sie bei geringer Geschwindigkeit für erhöhte Luftzufuhr in den Motorraum. Die Öffnungen unterhalb der Scheinwerfer leiteten Luft an die Bremsen.*

Einer der seltensten Ferrari überhaupt – nur 39 Einheiten wurden gebaut – ist der legendäre GTO, heute ein fast unbezahlbares Sammlerobjekt. Konzipiert wurde er für die damals neu eingeführte GT-Weltmeisterschaft 1962. Er brachte es auf 298 km/h, war aber ebenso straßentauglich.

Seine Technik verdankte er Giotto Bizzarrini, der später zum Vater des unverwüstlichen V12-Motors von Lamborghini wurde. Für den Ferrari GTO hatte er dessen sensationelle Berlinetta-Karosserie geschaffen – ungewöhnlich, denn sonst war Pinin Farina für diesen Part zuständig.

Die Karosserie war nicht nur sehr elegant, sondern auch sehr charakteristisch. Bizzarrini erkannte die Notwendigkeit, die Leistung des Wagens zu steigern. So führte er im Windkanal der Universität von Pisa eine Reihe von Aerodynamikversuchen durch. Die Ergebnisse bestätigte er auf Testfahrten, die auf den Circuits von Modena und Monza und zur Freude staunender Autofahrer auf italienischen Autostradas stattfanden.

Auffälliger Heckspoiler

Der Heckspoiler auf der von Scaglietti produzierten Karosserie war zwar auffällig, erfüllte aber den Zweck, die Räder des 3-l-V12 mit seinen 295 PS auf die Fahrbahn zu pressen. Den bewährten und zuverlässigen Motor hatte man aus dem rennerprobten Testa Rossa übernommen.

Eigentlich stellte der GTO die letzte Entwicklungsstufe des 1955er-GT und dessen 1959er-Renn-

version mit kurzem Radstand dar. GTO steht für *Gran Turismo Omologato* – also „homologiert" oder zugelassen. 100 Exemplare eines Modells mussten gebaut werden, um die Genehmigung zur Teilnahme am GT-Rennsport zu erhalten. Mit der Erklärung, er habe seit 1955 3-l-GT gebaut, gelang es dem cleveren Enzo Ferrari, diese Bestimmung zu umgehen.

Rennerfolge

Der für die neue 3-l-GT-Weltmeisterschaft entwickelte GTO erreichte das Klassenziel mit Bravour: Er fuhr Ferrari 1962, 1963 und 1964 den Titel ein. Mit dem Jahr 1964 kam aber das Ende eines Autos, das nicht nur wunderschön war, sondern in jeder Hinsicht seinen Zweck erfüllt hat. Der GTO hatte sich auf den GT-Rennstrecken als unschlagbar erwiesen und erreichte auch 1962 in Le Mans einen 2. Platz. Er musste sich erst Mitte der 60er geschlagen geben, als die Sportwagen mit Heckmotor, deren Konzept man aus der Formel 1 abgeschaut hatte, die Oberhand gewannen.

1965 entschied das Unternehmen in Maranello, seine ganzen Ressourcen auf die Formel 1 und auf Prototypenrennen zu konzentrieren. Mit dem Rückzug aus den GT-Wettbewerben schloss man ein erfolgreiches Jahrzehnt ab, in dem Ferrari die meisten Siege errungen hatte.

Das wirft aber keinen Schatten auf die Tatsache, dass der GTO unter allen Ferrari als einer der besten Rennwagen mit Frontmotor eine Sonderstellung einnimmt. Heute ist er ein Sammlerobjekt mit fünf Sternen, fast unerreichbar und umweht vom Hauch des Modena-Zaubers.

Oben: *Von hinten nicht weniger ansehnlich: der GTO. Ein großer Luftauslass im hinteren Kotflügel diente dem schnellen Abzug der heißen Luft aus dem Radkasten.*

Unten links: *Der Drehzahlmesser dominierte das Armaturenbrett. Das schlanke Aluholzlenkrad von Nardi gestattet den ungehinderten Blick auf die Instrumente.*

Technische Daten	**Ferrari** GTO
Motor	vorne längs
Bauart	V12
Bohrung x Hub	73 x 58 mm
Hubraum	2953 ccm
Ventilsteuerung	zwei oben liegende Nockenwellen pro Zylinderreihe
Leistung	295 PS (218 kW) bei 7400 U/min
Getriebe	Fünfganggetriebe
Antrieb	Hinterachse
Chassis	Stahlrohrrahmen
Radaufhängung vorne	Dreieckslenker und Schraubenfedern
Radaufhängung hinten	Halbelliptikfedern, Radiuslenker und Watt-Gestänge
Bremsen	Scheibenbremsen
Höchstgeschwindigkeit	298 km/h
Beschleunigung	keine Angaben

Porsche 911

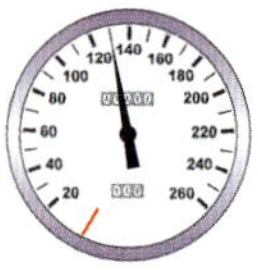

Spitze 210 km/h

Einer der weltweit herausragenden Sportwagen ist der Porsche 911 – legendär, unkonventionell und unverwechselbar.

Nach seiner Vorstellung auf der IAA in Frankfurt 1963 trat er seine lange Fahrt durch die Automobilgeschichte an. Heute, gut 40 Jahre später, ist er immer noch das Rückgrat der Porsche-Produktion und unzweideutig ein direkter Nachkomme des Urmodells. Mit 280 km/h ist er in der Spitze 64 km/h schneller als der Erste in der Modellreihe. Auch der Antritt aus dem Stand wurde im Verhältnis verbessert.

Zahllose Variationen hat es vom „Elfer“ gegeben, für die Rennstrecke und für die Straße, seit im September 1964 das erste und damals einzige Modell dieser Baureihe in die Produktion ging.

Die Arbeit an dem Projekt begann 1958 und folgte dem 356 – ein windschnittiges Coupé, angetrieben von einem im Heck eingebauten, luftgekühlten Boxermotor. Damit endete die Ähnlichkeit mit dem 911, dessen Aggregat nichts mehr mit jenem vom Stamme Volkswagen gemeinsam hatte.

Der speziell entwickelte 2-l-Sechszylinder mit kettengetriebenen oben liegenden Nockenwellen je Zylinderreihe an Stelle von Stößeln brachte es auf 130 PS. Die Drehstabfederung war ein Erbstück aus dem 356, vorne war sie mit Federbeinen montiert.

Die Ankunft des Targa

Bis 1967 gab es den 911 nur in einer Modellversion – dann kam der 911S mit seinen 160 PS und den Leichtmetallfelgen von Fuchs.

Ein Cabrio fand sich noch nicht im Programm, aber 1969 erschien der 911T – „T“ stand für Targa, und Targa stand für die zwischen Heckoberkante und einem Überrollbügel feststehende Heckscheibe und das herausnehmbare Dachmittelteil.

Den Targa mit seinem milder abgestimmten 110-PS-Motor gab es wahlweise auch mit einer Halbautomatik.

1969 erhielt der 911S eine Einspritzanlage wie der im gleichen Jahr vorgestellte 911E. Der Motor

__Rechts:__ Ein 911S mit den charakteristischen 5-Speichen-Leichtmetallfelgen von Fuchs, die als Option mit dem 1967er-Modell vorgestellt wurden. Sie waren 2,2 kg leichter als die Standardstahlfelgen.

__Unten:__ Ein 1973er 911 mit Targa-Dach, angesiedelt zwischen Cabriolet und Hardtop und seit 1969 eine beliebte Option. Bei der Vorstellung 1965 war das Rückfenster noch herausnehmbar.

Oben links: *Beim Carrera RS war der 2,3-l-Motor auf 90 mm aufgebohrt worden und hatte nun einen Hubraum von 2687 ccm und 210 PS.*

Oben rechts: *Der begehrte 1973er Carrera RS mit einer Beschleunigung von 0 auf 100 km/h in weniger als sechs Sekunden. Es wurden nur 1600 Exemplare gebaut.*

Links: *Ein Carrera Cabrio, Baujahr 1984. Das Verdeck lässt sich mit nur einer Hand öffnen und schließen. Ab 1986 gab es ähnlich ausgestattet auch den 911 Turbo als Cabrio.*

des 911 wurde 1970 vergrößert, nämlich zunächst auf 2,2 Liter und später dann, 1972, auf 2,4 Liter. Zum folgenden Baujahr hielt der Carrera seinen Wiedereinzug in Porsches Modellpalette. Die 210 PS dieser RS-Version ermöglichten eine Spitzengeschwindigkeit von 240 km/h.

Zum Modelljahr 1974 erfolgte die nächste Vergrößerung des Hubraums auf 2,7 Liter, respektive 2,9 Liter beim Carrera, der damit 230 PS mobilisierte.

Ein turbogeladener 911 mit 3-l-Motor folgte 1975. Dieser Motor, allerdings ohne Turbolader, wurde 1976 dem Carrera und den Serienmodellen der Baujahre 1978/79, jetzt auf 180 PS gedrosselt, eingepflanzt.

Technische Daten	**Porsche** 911 (2 Liter)
Motor	hinten längs
Bauart	6 Zylinder Boxer
Bohrung x Hub	80 x 66 mm
Hubraum	1991 ccm
Ventilsteuerung	oben liegende Nockenwelle
Leistung	130 PS (96 kW) bei 6100 U/min
Getriebe	Fünfganggetriebe
Antrieb	Hinterachse
Chassis	selbsttragend
Radaufhängung vorne	McPherson-Federbeine und Drehstäbe
Radaufhängung hinten	Schräglenker und Drehstäbe
Bremsen	Scheibenbremsen
Höchstgeschwindigkeit	210 km/h
Beschleunigung	0–100 km/h: 9 sek

***Oben:** Ein Carrera 2, Baujahr 1993, erkennbar an den 5-Speichen-Leichtmetallfelgen anstelle der 7-Speichen-Felgen der Baujahre 1990–1991. Die 1989 vorgestellte so genannte 964er-Serie des 911 wurde von einem 3,6-l-Motor mit 250 PS angetrieben. 1994 folgte die radikal überarbeitete 993-Serie.*

Noch mehr Hubraum wurde dem Carrera 1984 verordnet: der hochtourige 3,2-l-Motor mit seinen 231 PS wurde bis 1989 beibehalten.

Während der 356 seit seiner Einführung auch als Cabriolet angeboten wurde, war der 911 nur, vom Targa abgesehen, als Coupé zu haben. Erst 19 Jahre nachdem der erste Elfer vorgestellt worden war, ging 1982 das Cabriolet in Produktion und ist seitdem ein fester Bestandteil dieser Modellreihe. Die mit SC bezeichneten Cabrios wurden 1984 durch den Carrera ersetzt und ab 1986 auch als Turbo angeboten.

Der Vierradantrieb wurde für den Carrera 1989 eingeführt, zeitgleich mit einem größeren 3,6-l-Motor. Die Torsionsstäbe, eine bislang in jedem Elfer eingebaute Drehstabversion, wurden rundum gegen Schraubenfedern ausgetauscht. Die Optik des 3,6-l-Wagens bekam 1994 eine Auffrischung mit glatteren Stoßstangen und breiteren Kotflügeln. In Porsches Entwicklungszentrum und in den Werkshallen wurde schon an einem neuen Konzept gearbeitet, und 1997 stellte man den Boxster vor, ein Cabriolet mit 2,4-l-Mittelmotor und einem Preis unter dem des Elfers.

Grundlegende Veränderungen

Als die 1998er-Version des 911 antrat, hatte sie nicht mehr als 36 Prozent ihrer Bauteile gemeinsam mit dem kleinvolumigeren jungen Stallgefährten, d. h., der Wagen wurde vollkommen überarbeitet. Die Karosserie war um 45 Prozent verwindungssteifer als die des Vorgängers und bot einen größeren Innenraum.

Scheinwerfergläser vorne deckten eine charakteristische Leuchteneinheit ab, in die, wie beim Boxster, auch Standlicht und Blinker integriert sind. Geteilte Fenster in den Türen, bei den 911-Vorgängern noch aus 356er-Zeiten beibehalten, gab es von nun an nicht mehr.

Radikaler wurde der Motor erneuert. Man verabschiedete die Luftkühlung à la 356 und stellte den jetzt auf 3,4 Liter verkleinerten Boxermotor auf Wasserkühlung um. Zwei oben liegende Nocken-

***Rechts:** Ein Carrera 2, Baujahr 1995, mit Tiptronic-Automatik. Das Interieur der 993er-Serie ist am neuen Lenkrad, in dem ein Airbag untergebracht ist, erkennbar. Auch für die Beifahrerseite gab es Airbags. Das Armaturenbrett wurde seit den ersten Tagen des „Elfer“ 1963 kaum verändert.*

Technische Daten	**Porsche** 911 Carrera 2
Motor	hinten längs
Bauart	6 Zylinder Boxer
Bohrung x Hub	96 x 78 mm
Hubraum	3387 ccm
Ventilsteuerung	zwei oben liegende Nockenwellen
Leistung	300 PS (221 kW) bei 6800 U/min
Getriebe	Sechsganggetriebe
Antrieb	Hinterachse
Chassis	selbsttragend
Radaufhängung vorne	McPherson-Federbeine
Radaufhängung hinten	Dreieckslenker und Federbeine
Bremsen	Scheibenbremsen
Höchstgeschwindigkeit	280 km/h
Beschleunigung	0–100 km/h: 5,1 sek

wellen und vier Ventile pro Zylinder hat er mit dem Boxster gemeinsam, ebenso die seitlichen Blinkleuchten in den Kotflügeln.

Auch die Radaufhängung ist bei beiden Modellen gleich: Aluminiumzwischenrahmen zur Geräuschdämpfung, MacPherson-Federbeine vorne, hinten mit Dreieckslenkern und Federbeinen.

Unangefochtener Bestseller ist der Carrera 2, der, wie seine derzeitigen Serienbrüder, wesentlich kultivierter daherkommt als alle seine Vorgänger. Trotzdem ist Porsche im Motorsport weiterhin erfolgreich. Vierradantrieb gibt es im Carrera 4; vervollständigt wird die Baureihe mit den Cabrio- und Turbo-Modellen.

2003 feierte der Elfer seinen 40. Geburtstag – ein Meilenstein, der ihn weltweit zum langlebigsten und mit dem größten Applaus bedachten Sportwagen machte.

***Oben links:** Der 911 wurde für 1998 fast komplett überarbeitet; die daraus entstandene 996er-Serie wurde mit dem preiswerteren Mittelmotor-Boxster entwickelt. Sie hatte viele Bauteile mit dem neuen Zweisitzer gemeinsam, wie die vordere Scheinwerferanordnung. Der jetzt wassergekühlte 3,4-l-Motor erzeugte einen sanfteren Sound als sein luftgekühlter Vorgänger.*

***Links:** Ein Targa der 2. Generation: der 911 Carrera aus der 993er-Serie, Baujahr 1996. Während das Dachmittelteil zuvor manuell herausgenommen werden musste, hatte dieser Wagen ein elektrisches Glasdach mit UV-Filter, das sich auf Knopfdruck unter die feststehende Heckscheibe senkte. Damit blieb der Targa-Effekt erhalten.*

Chevrolet Corvette Sting Ray

Spitze 228 km/h

Rechts: Der 5,3-l-V8-Motor des Sting Ray, der 1962 eingeführt wurde. Er brachte es auf 250 PS, gegen Aufpreis war auch eine 365-PS-Version zu haben.

Unten: Ausgewogen und formschön: ein Corvette Roadster, Baujahr 1963. Die angedeuteten „Dummy"-Luftschlitze an den vorderen Kotflügeln wurden 1965 durch echte Luftöffnungen ersetzt.

Der Corvette Sting Ray mit seiner Fiberglaskarosserie, seiner fein ziselierten Linienführung und den Klappscheinwerfern wurde 1963 erwachsen. Außer dem V8-Motor erinnerte nichts mehr an die Vorgänger. Aufgebaut war er auf einem neuen Rahmen mit neuer Einzelradaufhängung, die der Straßenlage erheblich zum Vorteil gereichte.

Die aufsehenerregende und gleichermaßen windschnittige Karosserie war das Werk von William Mitchell, Styling-Chef bei General Motors, der europäischen Einflüssen eher aufgeschlossen war als sein Vorgänger Harley Earl. Trotz seiner Persönlichkeit konnte der Wagen eine Ähnlichkeit mit Jaguars Ausnahmeerscheinung, dem E-Type, nicht verleugnen (Mitchell selbst nannte einen E-Type sein Eigen und fuhr ihn mit großer Begeisterung).

Weitere optische Elemente waren von zwei Mitchell-Prototypen übernommen worden, dem Zweisitzer Sting Ray von 1958 und dem Coupé XP-720 von 1959. Letzteres schaffte die Grundlagen für die erste Coupé-Version einer Corvette, die 1963 in Anlehnung an die europäische Ästhetik geschaffen wurde und seither aus der Modellreihe nicht mehr wegzudenken ist.

„Vater der Corvette" war der belgische Konstrukteur Zora Arkus-Duntov. Er hatte die Absicht, die

Eigenschaften des Wagens hinsichtlich Komfort und Handling im Vergleich zum Vorgänger entscheidend zu verbessern. Dies wurde trotz eines verkürzten Radstandes von 2489 mm gegenüber den 2590 mm der 1962er-Generation erreicht: durch Einsatz eines neuen Kastenrahmens sowie Einzelradaufhängung mit quer liegenden Blattfedern und Radiuslenkern hinten.

Über 225 km/h Spitze

Der aus den Vorgängern übernommene 5,3-l-V8-Motor war im Verlauf des Sting-Ray-Daseins mit 250 und 365 PS zu haben. Letzterer trieb den Wagen auf 225 km/h. Die 1957 vorgestellte Benzineinspritzung war bis 1966 eine Option.

Im Streben nach mehr Leistung wurde an den Motoren weitergearbeitet. 1965 kam ein 6,5-l-V8, gleichzeitig mit der Einführung von Scheibenbremsen vorne und hinten. Einem 1966 als Option präsentierten 7-l-V8 war der große Erfolg nicht beschieden, weil sein Gewicht die Spitzengeschwindigkeit auf 217 km/h drückte.

Im Verlauf der Produktion von sechs Jahren wurde die klassische Erscheinung des Sting Ray Coupés einer kleinen Veränderung mit großer Auswirkung unterzogen. Mitchell hatte von Anfang an auf einer geteilten Heckscheibe bestanden. Auf den Trennbalken musste allerdings ab 1964 verzichtet werden, da er die Sicht einschränkte.

Aber Mitchell hatte Recht: heute stehen die Sammler Schlange nach den vor 1964 gebauten Exemplaren. Die Modellreihe wurde 1967 eingestellt, nachdem 180 000 Sting Ray das Werk verlassen hatten und zur Legende wurden.

***Oben:** Der Sting Ray war das erste Coupé in der Corvette-Baureihe, hier ein 1963er-Modell mit der inzwischen heiß begehrten geteilten Heckscheibe, wie sie bis 1964 gebaut wurde. Interessantes Detail: Die Türen, die bis in das Dach hineinreichen.*

Technische Daten	**Chevrolet** Corvette Sting Ray
Motor	vorne längs
Bauart	V8
Bohrung x Hub	101 x 82 mm
Hubraum	5358 ccm
Ventilsteuerung	Stößel
Leistung	250 PS (185 kW) bei 4400 U/min
Getriebe	Dreiganggetriebe
Antrieb	Hinterachse
Chassis	Kastenrahmen
Radaufhängung vorne	Dreieckslenker und Querblattfedern
Radaufhängung hinten	Radiuslenker und Querblattfedern
Bremsen	Trommelbremsen
Höchstgeschwindigkeit	228 km/h
Beschleunigung	0–100 km/h: 6 sek

Ford GT40

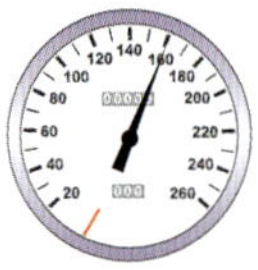

Spitze 257 km/h

Rechts: *Der Ford-V8-Mittelmotor – die Verwandtschaft zur Cobra mit ihrer Shelby-Herkunft ist sichtbar.*

Unten: *Eine sehr begehrte aus dem Rennsport hervorgegangene Straßenversion. Auffällig sind die lukenförmigen Tankverschlüsse und der Einzelscheibenwischer.*

Der angloamerikanische GT40 wurde für einen bestimmten Zweck entwickelt: den Sieg im 24-Stunden-Rennen von Le Mans. Und genau den erreichte er viermal hintereinander von 1966 bis 1969.

Die Ford-Triumphe kamen in Le Mans nicht von ungefähr. Es dauerte drei Jahre, das Siegerauto zu entwickeln. Ford war ein Unternehmen, das Limousinen im guten Preis-Leistungs-Verhältnis und in Massenproduktion herstellte, und hatte keinerlei Erfahrung, einen solchen Renner zu kreieren. Zuerst wurden die Rechte an dem innovativen Lola GT erworben, der, wenn auch ohne Erfolg, 1963 in Le Mans gestartet war. Sehr radikal wurde sein 4,2-l-Ford-V8-Motor wie in einem Formel-1-Wagen längs hinter dem Fahrer montiert.

Dieses raffinierte Konzept war der Ausgangspunkt für das Design, das in einem Werk in Slough, Berkshire, unter der Leitung von John Wyer, vormals bei Aston Martin, entwickelt wurde. Die drei Wagen, die

__Links:__ Wegen der großen Nachfrage wurde die Produktion des GT40 im Laufe der Jahre erhöht. Hier ein 1966er-Modell, das zur Straßenversion umgerüstet wurde, vorgesehen für Shelby American, aber wegen Dokumentationsproblemen an Ford Advanced Vehicles zurückgegeben.
__Unten:__ Das Original-Chassis dieses Wagens wurde verschrottet und auf der Basis eines Mark III neu konstruiert, nachdem es während des Trainings in Silverstone beschädigt worden war. Man beachte die niedrige Linienführung des Coupés mit einer Höhe von gerade 1016 mm.

1964 in Le Mans an den Start gingen, waren daher dem Lola sehr ähnlich, angetrieben von einer Leichtmetallversion des Ford-V8-Motors. Der Name GT40 weist auf die Höhe hin: das Coupé war lediglich 40 Zoll, also 1016 mm, hoch.

Obwohl er spektakulär schnell war – es wurden 300 km/h gestoppt – gab es Kinderkrankheiten. Ford verlagerte die Entwicklung des GT40 in die USA zu Carroll Shelby, dem Schöpfer des AC Cobra.

Der ursprüngliche V8-Motor wurde durch eine 7-l-Version ersetzt. Sechs Exemplare, als Mark II bezeichnet, starteten 1965 in Le Mans –aufgrund technischer Mängel beendete keiner das Rennen.

Veränderungen

Es folgten grundlegende Änderungen. 1966 triumphierte Ford mit den ersten drei Plätzen im 24-Stunden-Klassiker. Im darauf folgenden Jahr war der Mark IV mit einem leichteren, stabileren Chassis aus einer Aluminiumwabenstruktur in Sandwich-Bauweise erfolgreich. Ford entschloss sich aufzuhören, solange man auf dem Siegertreppchen stand. Dafür waren es die von John Wyer montierten und von Gulf Oil gesponserten GT40, die in den folgenden zwei Jahren in Le Mans von der Siegerflagge abgewunken wurden.

In der Zwischenzeit hatte Wyer eine straßentaugliche Version des Mark III mit einem 4,7-l-V8-Motor entwickelt. Das im Dezember 1965 vorgestellte Modell ähnelte sehr dem Rennwagen, abgesehen von der neu gestalteten Nase, Doppel- anstelle von Einzelscheinwerfern und einem höheren Heck mit Gepäckraum rechts und links des Getriebes, der allerdings starker Hitze ausgesetzt war. Selbst diese gezähmte Version brachte es auf eine Spitzengeschwindigkeit von 257 km/h.

1968 wurde die Produktion eingestellt. Zu diesem Zeitpunkt waren gerade 31 Exemplare des Straßenrenners fertig gestellt worden.

Technische Daten	**Ford** GT40 Mark III (4,7 Liter)
Motor	mittig längs
Bauart	V8
Bohrung x Hub	101 x 72 mm
Hubraum	4736 ccm
Ventilsteuerung	Stößel
Leistung	306 PS (226 kW) bei 6000 U/min
Getriebe	Vierganggetriebe
Antrieb	Hinterachse
Chassis	Semimonocoque
Radaufhängung vorne	Dreieckslenker und Schraubenfedern
Radaufhängung hinten	Längslenker, Dreieckslenker und Schraubenfedern
Bremsen	Scheibenbremsen
Höchstgeschwindigkeit	257 km/h
Beschleunigung	0–100 km/h: 5,4 sek

Sunbeam Tiger

Spitze 193 km/h

Rechts: *Als eines der wenigen äußeren Kennzeichen geben die zwei Typenbezeichnungen an den vorderen Kotflügeln den Hinweis: Dies ist kein Standard-Vierzylinder-Alpine.*

Unten: *Der Tiger wurde ab 1965 in Europa zum Kauf angeboten, aber erwartungsgemäß überquerten die meisten den Atlantik, denn er war für den amerikanischen Markt konzipiert worden. Dieser Sunbeam ist ein Alpine IV.*

Der AC Cobra lieferte die Inspiration für den Sunbeam Tiger, der den offenen, zweisitzigen Alpine in einen 193-km/h-Sportwagen verwandelte. In der Originalversion war der Alpine von 1959 mit einem 1,5-l-Motor ausgestattet und lief 145 Stundenkilometer.

Er war für den amerikanischen Sportwagenmarkt konzipiert, wo er gegen die Marken MG, Triumph und ihresgleichen anzutreten hatte. Darüber hinaus litt sein Absatz durch die sich anbahnende Ära der Muscle Cars, die eine ständige Leistungserhöhung mit sich brachte.

Das Ergebnis war im April 1964 der Sunbeam Tiger, benannt nach jenem Fahrzeug aus eigenem Haus, das 1925 den Geschwindigkeitsrekord hielt. Sein geistiger Vater war Ian Gerrad, seines Zeichens Rootes West Coast Verkaufsleiter. Er bediente sich Carroll Shelbys Hilfe und dessen wie angegossen passendem 4,2-l-Ford-V8-Motor, der soeben in die ersten Cobra eingebaut worden war, und packte ihn unter die Haube des Alpine Serie II. Ein zweiter Prototyp wurde von Ken Miles, Rootes-Chefentwicklungsingenieur in den USA, gebaut.

Da das Ergebnis durchaus ermutigend war, beschloss Rootes, das Projekt fortzusetzen. Die Tiger-Montage wurde an Jensen vergeben. Äußerlich unterschied sich der Tiger wenig von seinem Stallgefährten Alpine IV, der weiter produziert wurde. Der Ersatz

Technische Daten	Sunbeam Tiger
Motor	vorne längs
Bauart	V8
Bohrung x Hub	96 x 73 mm
Hubraum	4261 ccm
Ventilsteuerung	Stößel
Leistung	141 PS (104 kW) bei 4400 U/min
Getriebe	Vierganggetriebe
Antrieb	Hinterachse
Chassis	selbsttragend
Radaufhängung vorne	Dreieckslenker und Schraubenfedern
Radaufhängung hinten	Halbelliptikfedern
Bremsen	vorne Scheibenbremsen, hinten Trommelbremsen
Höchstgeschwindigkeit	193 km/h
Beschleunigung	0–100 km/h: 9,5 sek

war mit bemerkenswert geringen Veränderungen durchgeführt worden.

Erneuerung des Lenkgetriebes

Eine Zahnstangenlenkung ersetzte die ursprüngliche Kugelumlauflenkung, es gab einen Querstromkühler und eine neue Salisbury-Hinterachse. Die Federung wurde modifiziert und ein Borg-Warner-Vierganggetriebe eingebaut, das bald gegen ein voll synchronisiertes Ford-Getriebe ausgewechselt wurde.

Der Benzinverbrauch lag bei 15 Litern auf 100 km, was kein Problem darstellte, da der Alpine III zwei Benzintanks hatte. Angetrieben von seinem V8 brachte er es auf 193 km/h und einen Antritt von 0 auf 100 km/h in knapp 10 Sekunden. Ursprünglich nur für den Export gebaut, wurde im März 1965 die rechtsgesteuerte Version vorgestellt.

1967 erschien der 200 km/h schnelle und ausschließlich für den Export gebaute Tiger II mit 4,7-l-Mustang-V8-Motor, Wabengrill und Seitenstreifen. Im selben Jahr übernahm Chrysler die Führung bei Rootes und hatte keine Ambitionen, weiterhin ein Auto mit dem Motor eines Wettbewerbers zu produzieren, womit das Modell Mitte 1967 sein Ende fand. Zu diesem Zeitpunkt waren 6495 Tiger I und 571 Exemplare seines Nachfolgers gebaut worden.

Oben links: *Mit „260" auf dem Kofferraumdeckel ist bei diesem Tiger der Hubraum des Ford-V8-Motors in Kubikzoll angegeben. Wie der Alpine IV hatte der Tiger zwei Tanks. Stahlfelgen waren Serie, Speichenräder optional. Typisch für das Modell ist auch der Doppelauspuff.*

Links: *Die Mehrzahl der Fahrzeuge erhielt ein elegantes Armaturenbrett aus Holzfurnier, während es ursprünglich mit Kunststoff bezogen war. Auffallend die Länge des Schaltknüppels; die zunächst kürzere und jener des AC Cobra ähnliche Version hatte den Tiger-Fahrern beim Wechsel in den ersten und dritten Gang Schwierigkeiten bereitet.*

Gordon-Keeble

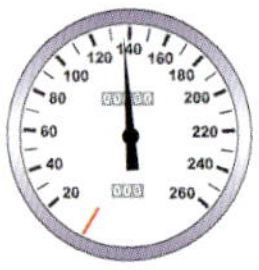

Spitze 220 km/h

Rechts: *Das beengte Innenleben eines Gordon-Keeble, Baujahr 1965 – neben dem 5,3-l-V8-Corvette-Motor mussten ein doppeltes Servobremssystem sowie zwei Kühlgebläse untergebracht werden.*

Unten: *Bertone-Design, Chevrolet-Kraft und britisches Handwerk – alles zusammen in diesem hoch gelobten, schnellen Gran Turismo mit Glasfaserkarosserie. Das Emblem: mit dem Unterton der Ironie, eine Schildkröte.*

Obwohl der Gordon-Keeble von 1964 eine lange Zeit des Heranreifens benötigte, sah der 220 km/h schnelle Grand Tourer bei seinem Erscheinen wie ein absoluter Sieger aus. Zu verdanken war das dem italienischen Styling sowie dem zuverlässigen und leistungsfähigen 5,4-l-V8-Motor aus der Chevrolet Corvette.

Der erste Teil des Namens stammt von John Gordon, dem Chef von Peerless Motors in Slough, Großbritannien. 1957 brachte das Unternehmen den Peerless GT mit Glasfaserkarosserie und Triumph-TR3-Motor auf den Markt: Den Wagen gab es bis 1960, danach wurde er bis 1962 unter dem Namen Warwick gebaut.

Zur gleichen Zeit hatte ein amerikanischer Kunde Jim Keeble, einen Werkstattbesitzer aus Ipswich, gebeten, einen 4,6-l-Chevrolet-V8-Motor in einen Peerless einzubauen. Als Ergebnis der sich daraus ergebenden Gespräche beschlossen Gordon und Keeble, das überarbeitete Konzept mit dem Namen Gordon GT zu vermarkten. Voller Ehrgeiz stellten sie den Wagen 1960 auf dem Genfer Salon vor.

Die gut proportionierte und von Understatement geprägte Bertone-Karosserie mit zwei Türen und vier Sitzen stammte von Giorgio Giugiaro, der 1968 das renommierte Unternehmen Ital Design gründete. Sie verbarg Gitterrohrrahmen, De-Dion-Hinterachse und den V8-Motor von der Corvette.

Eigentlich hätte der Wagen im September 1960 in Produktion gehen sollen, aber es dauerte vier Jahre, bis der Gordon-Keeble GK1 im März 1964 auf den

Links: Die tief gezogenen Fenster und schlanken Säulen erlauben hervorragende Sicht. Auf den hinteren Kotflügeln finden sich die Einfüllstutzen für zwei Benzintanks mit je 50 Liter Volumen.

Unten: Das gut ausgestattete Cockpit mit Drehzahlmesser, Tachometer, Öldruck- und Wassertemperaturanzeige und, auf der Mittelkonsole neben dem Schaltknüppel, den Bedienelementen für die elektrischen Fensterheber.

Markt kam. Äußerlich glich er dem in Genf vorgestellten Wagen, die Originalkarosserie aus Metall war aber durch eine aus Glasfaser ersetzt worden. Das Auto wurde in Eastleigh, Hampshire, gefertigt.

Inzwischen war der Hubraum des Corvette-V8-Motors auf 5,3 Liter vergrößert worden und machte den Wagen zu einem zuverlässigen, flexiblen GT mit exzellenter Traktion, Straßenlage und bestem Bremsverhalten. Ruhig aber zügig beschleunigte er in 7,5 Sekunden von 0 auf 100 km/h.

Aus einem Guss

Dank des Karosseriematerials und des Rohrrahmens fand die Verarbeitung des Wagens mit seinem Gewicht von nur 1435 kg bei der Fachpresse großen Beifall. Williams & Pritchard in London fertigten die Gussformen samt der ersten zwölf Karosserien. Viele glaubten, die Karosserie sei aus Stahl oder Aluminium gefertigt, was für die Leistungsfähigkeit des Herstellers sprach.

Nicht in Relation dazu stand der Preis: Der Gordon-Keeble wurde für 2798 Pfund und damit weit unter Preis angeboten. Folglich überlebte die ursprüngliche Firma nur bis März 1965, nachdem zu diesem Zeitpunkt 93 Exemplare fertig gestellt worden waren. Zwar wurde im gleichen Jahr der Betrieb unter dem Namen Keeble Cars wieder aufgenommen und der Preis auf 4058 Pfund heraufgesetzt, jedoch waren die Möglichkeiten, die sich 1960 eröffnet hatten, vertan. Die neuen Autos wurden in Southampton nur bis 1967 gebaut. Der Amerikaner John de Bruyne hatte die Rechte am Design erworben und zwei Exemplare auf der New York Motor Show 1968 unter neuer Typenbezeichnung vorgestellt, aber die in Aussicht gestellten Fahrzeuge gingen nie in Produktion. Insgesamt wurden nur 99 Gordon-Keeble hergestellt.

Technische Daten	Gordon-Keeble
Motor	vorne längs
Bauart	V8
Bohrung x Hub	101 x 82 mm
Hubraum	5355 ccm
Ventilsteuerung	Stößel
Leistung	300 PS (221 kW) bei 5000 U/min
Getriebe	Vierganggetriebe
Antrieb	Hinterachse
Chassis	Gitterrohrrahmen
Radaufhängung vorne	Dreieckslenker und Schraubenfedern
Radaufhängung hinten	De-Dion-Achse und Schraubenfedern
Bremsen	Scheibenbremsen
Höchstgeschwindigkeit	220 km/h
Beschleunigung	0–100 km/h: 7,5 sek

Pontiac GTO

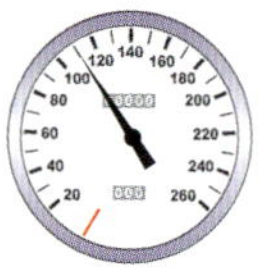

Spitze 177 km/h

In den USA bereitete der GTO den Weg für das Zeitalter der Muscle Cars. Dazu ausersehen, den boomenden Markt der jungen Generation der 60er-Jahre zu erobern und die Verkaufszahlen zu steigern, war das nach außen hin trügerisch harmlos aussehende Modell so erfolgreich, dass die übrige amerikanische Automobilindustrie keine Zeit verschwendete und mit ähnlichen Typen folgte.

Es war im Januar 1963, als Pontiacs Marketingchef Jim Wagners (oder die Ingenieure Bill Collins und John deLorean – je nachdem, wer die Geschichte erzählt) auf die Idee kam, einen 6,4-l-V8-Motor unter die Haube der neuen Pontiac-Tempest-Serie zu verpflanzen.

Geheime Mission

Dabei bestand das Problem, dass Pontiac zu General Motors gehörte, wo ein konzernübergreifendes Verbot bestand, Motoren mit mehr als 5,4 Litern in Mittelklassewagen einzubauen. Dessen eingedenk trieb Pontiac die Entwicklung unter strengster Geheimhaltung voran und baute „5,3-l"-V8-Prototypen, die jedoch tatsächlich das 6,4-l-Aggregat in sich trugen.

Pontiac umging das Firmendiktat, indem es das Produkt GTO nannte. Die Bezeichnung hatte man dem gleichnamigen Ferrari „entliehen" und damit die Initialen für Gran Turismo Omologato – einer Option in der Le-Mans-Serie des Tempest – übernommen.

1964 wurde das Modell als Sportcoupé, Hardtop und Cabriolet vorgestellt. Der 6,4-l-Motor mit auffallend verchromten Ventildeckeln, einer „schärferen" Nockenwelle und Hochleistungszylinderköpfen und Carter-Vierfachvergaser war in zwei Ausführungen erhältlich: 325 und 348 PS.

Angeboten zum äußerst konkurrenzfähigen Preis von 3400 Dollar, beschleunigte der GTO von 0 auf 100 km/h in 4,5 Sekunden, in der Spitze erreichte er über 177 km/h. Bis dahin war eine solche Leistung zu diesem Preis nicht zu haben.

Der GTO des folgenden Jahres erhielt ein Facelift und war leicht erkennbar an seinen senkrecht mon-

Oben: *Der Pontiac GTO erhielt für 1965 ein Facelift und sah besser aus als das eher eckig geratene Original. Die übereinander gesetzten Scheinwerfer waren von größeren Pontiac-Modellen übernommen worden.*

Rechts: *Der Name GTO hielt sich bis 1974, als sein Hochleistungsimage angesichts steigender Ölpreise zu leiden begann. Hier die GTO-400-Version des zweitürigen Pontiac Le Mans mit seinen typischen NACA-Einlässen auf der Motorhaube.*

Technische Daten	**Pontiac** GTO
Motor	vorne längs
Bauart	V8
Bohrung x Hub	103 x 95 mm
Hubraum	6374 ccm
Ventilsteuerung	Stößel
Leistung	325 PS (240 kW) bei 4800 U/min
Getriebe	Dreiganggetriebe
Antrieb	Hinterachse
Chassis	Kastenrahmen
Radaufhängung vorne	Dreieckslenker und Schraubenfedern
Radaufhängung hinten	Längslenker und Schraubenfedern
Bremsen	Trommelbremsen
Höchstgeschwindigkeit	177 km/h
Beschleunigung	0–100 km/h: 7 sek

Oben links: *Ein in die Motorhaube integrierter Drehzahlmesser war für den 1967er GTO 400 optional erhältlich.*

Links: *Das GTO-Cabriolet, Baujahr 1967, war bis auf deutlich besser erkennbare Rücklichter identisch mit dem Vorjahresmodell.*

Unten: *Das imposante Cockpit mit Schalensitzen, Schalthebel auf der Mittelkonsole und einem stolzen GTO-Schriftzug auf dem Armaturenbrett.*

tierten Doppelscheinwerfern, die die waagerechte Anordnung ersetzt hatten. Ansonsten blieb die Mechanik unangetastet, nur die Leistung des 6,4-l-Motors wurde moderat auf 335 bzw. 360 PS erhöht.

Als besonderes Highlight wurde 1966 ein GTO präsentiert, bei dem die Nachfrage so groß war, dass Pontiac davon nicht weniger als 96 946 Einheiten in einem Jahr baute – ein Rekord für Muscle Cars. Jetzt bezog der Wagen aus einem 6,4-l-Motor die Kraft für eine Spitzengeschwindigkeit von 193 km/h. Die zweite GTO-Generation brachte es 1967 mit einem auf 6,5 l vergrößerten V8-Motor auf eine Spitzengeschwindigkeit von 200 km/h.

Die letzte Modellreihe des GTO wurde 1968 bis 1972 gebaut und war zusätzlich in einer 7,4-l-Ausführung erhältlich. Zu diesem Zeitpunkt konzentrierte sich Pontiac bereits auf seine zunehmend stärker und beliebter werdende Firebird-Serie.

Shelby Mustang GT-350

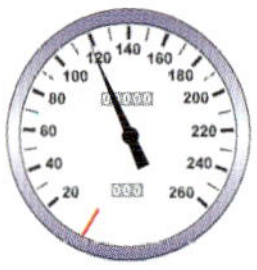

Spitze 190 km/h

Der Mustang von 1964 verkaufte sich von allen Ford-Nachkriegsmodellen am schnellsten und brachte 1965 in der Gestalt des GT-350 eine seltene und erfolgreiche Rennversion hervor.

Das Modell wurde im Auftrag Fords von Carroll Shelby gefertigt, dem Schöpfer der AC Cobra, und sollte bei den Rennen des Sports Car Club of America (SCCA) gegen Chevrolets Corvette antreten und dabei das Image von Ford im Leistungsbereich verbessern.

Leistungssteigerung auf 306 PS

Mit dem 2+2-Coupé GT Mustang als Ausgangspunkt behielt Shelby den 271 PS starken 4,7-l-V8-Motor bei, steigerte dessen Leistung aber auf 306 PS, indem er einen maßgefertigten Holley-Vergaser, einen hochgezogenen Einlasskrümmer aus Aluminium und eine neue Auspuffanlage einbaute. Dazu kam ein engstufiges Borg-Warner-Aluminiumgetriebe. Die Radaufhängung wurde verbessert und durch verstellbare Koni-Stoßdämpfer ergänzt. Unverständlicherweise wurde die Lenkung ohne Servounterstützung durch eine Servolenkung ersetzt. Im Innenraum wurden die Zierleisten entfernt und zwei neue Sportsitze vorne eingebaut, während die kleine Rücksitzbank dem Ersatzrad weichen musste.

Was den Namen der Umbauversion angeht, so erzählt die Legende, dass er bei einer Besprechung in der bescheidenen Fabrik von Shelby American im kalifornischen Venice geboren wurde. Auf die Frage nach der Entfernung zu einer nahegelegenen Werkstatt schritt ein Kollege den Weg ab und kam dabei auf etwa 350 Fuß. Und so hatte man einen Namen für den GT-350 gefunden …

Ohne Firmenemblem wurde der Shelby Mustang im Januar 1965 in zwei Varianten der Öffentlichkeit vorgestellt. Zum einen gab es die kraftvolle, 360 PS starke Rennversion GT-350R und zum anderen – in

Oben: *Ein 1965er Shelby Mustang im obligatorischen Weiß. Die Innenausstattung ist schwarz. Auf dem Fastback-Modell basierend, wurden die Autos von Ford ohne Motorhaube, Auspuffanlage und Rücksitz geliefert. Die Umrüstung erfolgte in der Fabrik von Shelby in Venice, Kalifornien.*

Rechts: *Der 1965er GT-350 wies eine größere Ähnlichkeit zum ursprünglichen Mustang auf als die 1966er-Modelle. Sie waren mit Kunststoff-Viertelfenstern und Motorhauben aus leichtem Fiberglas ausgestattet. In beiden Fällen wurde der Ford-Schriftzug entfernt.*

weitaus größerer Stückzahl – die wesentlich leichter zu steuernde Straßenversion GT-350S.

Den Wagen gab es nur in einer weißen Lackierung, der Rennfarbe von American, mit blauen Streifen entlang den Seiten, auf denen die Typenbezeichnung GT-350 zu lesen war. Dazu gab es passende „Le-Mans-Streifen" über die Mitte des Fahrzeugs. Andere Merkmale waren Lufteinlässe an den Seiten vor den hinteren Radkästen sowie kleine hintere Dreiecksfenster, die die ursprünglichen Lamellen ersetzten.

Rennerfolge

1965 wurden rund 680 000 Serien-Mustang gebaut, während sich Shelbys Produktion auf gerade einmal 562 Exemplare belief, von denen vielleicht 30 Rennfahrzeuge waren. Sie erfüllten jedoch alle Erwartungen und gewannen in diesem und den folgenden zwei Jahren die SCCA-Landesmeisterschaft der B-Produktion.

Das 1966er-Modell war zahmer als der Premierenjahrgang, und die Farbpalette wurde erweitert um rot, blau, grün und schwarz, ergänzt durch schwarze und goldfarbene Rennstreifen. 1966 wurden 2380 Fahrzeuge gebaut, darunter 936 Stück, die an glückliche Hertz-Kunden vermietet wurden. Bei der Rückgabe trugen sie ausnahmslos Spuren gewisser rennsportlicher Aktivitäten!

Technische Daten	**Shelby** Mustang GT-350
Motor	vorne längs
Bauart	V8
Bohrung x Hub	101 x 73 mm
Hubraum	4735 ccm
Ventilsteuerung	Stößel
Leistung	306 PS (226 kW) bei 6000 U/min
Getriebe	Vierganggetriebe
Antrieb	Hinterachse
Chassis	selbsttragend
Radaufhängung vorne	Dreieckslenker und Schraubenfedern
Radaufhängung hinten	Halbelliptikfedern
Bremsen	vorne Scheibenbremsen, hinten Trommelbremsen
Höchstgeschwindigkeit	190 km/h
Beschleunigung	0–100 km/h: 6,5 sek

Unten: *Das berühmte Mustang-Motiv wurde von seiner üblichen Mittelposition an die Seite des markanten, schlichten Grills verlegt.*

Iso Grifo

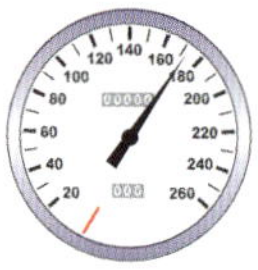

Spitze
275 km/h

Rechts: *Das Herzstück des Grifo, ein amerikanischer V8-Motor, der viel Leistung zu einem vernünftigen Preis brachte. Es handelt sich hier um einen 7-l-Motor aus der Chevrolet Corvette, doch wurde dieser später durch einen Ford-Motor mit niedrigerem Hubraum ersetzt.*

Unten: *Die elegante Form der Bertone-Karosserie des Grifo half dem Absatz dieses Modells, das zu den schnellsten Fahrzeugen der Welt gehörte. Austrittsöffnungen für heiße Luft halfen, Motor und Bremsen kühl zu halten.*

Mit dem Gedanken, einen kraftvollen amerikanischen V8-Motor in eine elegante Coupékarosserie zu zwängen, produzierte das italienische Unternehmen Iso 1963 den Grifo, der zu den schnellsten Tourenwagen seiner Zeit gehörte und Geschwindigkeiten von über 290 km/h erreichte.

Der Mailänder Motorradhersteller Iso hatte bereits den berühmten Kabinenroller Isetta erfunden, dessen Konzept 1955 an BMW verkauft wurde. Danach stellte Iso sieben Jahre lang keine Fahrzeuge mehr her. Als Firmengründer Renzo Rivolta 1960 die Londoner Automobilausstellung besuchte, ließ er sich vom Gordon-Keeble inspirieren, dessen Styling von Bertone und dessen V8-Motor aus der Corvette stammte. Das Ergebnis war 1962 der Rivolta GT mit einer Karosserie, die von Bertone entworfen worden war, und einem 300 PS starken 5,4-l-V8-Motor von Chevrolet. Das Fahrgestell hatte Giotto Bizzarrini gebaut, der zuvor für Alfa Romeo und Ferrari gearbeitet hatte, während die Automatik aus Übersee stammte – zunächst von Borg Warner und später von Powerglide. Ein ZF-Fünfganggetriebe war auch erhältlich.

Das ebnete im folgenden Jahr den Weg für den leichteren und schnelleren Zweisitzer Grifo, der eine verkürzte Version des Rivolta-Fahrgestells verwendete. Die Karosserie stammte wieder von Bertone, sah aber eleganter aus als beim Vorgänger. Zusätzlich zum normalen Coupé standen eine Schiebedach-, eine Targa- und eine Roadsterversion zur Auswahl.

Einführung der Siebenliterversion

Der anfänglich eingesetzte V8-Motor von Chevy befähigte die 365-PS-Version zu einer Spitzengeschwindigkeit von 255 km/h. Es gab aber auch 300-, 340- und

350-PS-Motorisierungen. Die muskelbepackte Spitzenversion mit einem 7-l-Corvette-427-Motor kam 1969, und 1970 folgte eine 7,4-l-Version. Letztere besaß eine modifizierte Karosserie, entwickelte nicht weniger als 460 PS und brachte es auf 300 km/h Spitze. Später, in den Jahren 1973 und 1974, ersetzte ein „kleinerer" 5,7-l-V8-Motor von Ford die Chevy-Motoren.

Es gab einen Grifo A3/C für den Renneinsatz, der von Bizzarrini in Livorno gefertigt wurde. Als Iso sein Engagement im Rennsport Ende 1965 einstellte, produzierte er das Fahrzeug bis 1969 unter den Bezeichnungen Bizzarrini GT Strada und GT America weiter.

Als die Produktion des Grifo selbst 1974 endete, waren 412 Exemplare fertig gestellt worden. 1998 gab Pietro Rivolta, der Sohn des Gründers, Pläne bekannt, den Grifo mit einem 4,5-l-V8-Motor von Ford und einer Verbundstoffkarosserie, die von Zagato entworfen wurde, wiederauferstehen zu lassen. Leider wurden diese Pläne nie verwirklicht.

Oben: *Auch von hinten sah der Grifo gut aus. Der Doppelauspuff deutet auf die Anwesenheit eines V8 hin.*

Unten links: *Der Innenraum des Grifo war dank des großen Heckfensters sehr hell.*

Technische Daten	**Iso** Grifo (7 Liter)
Motor	vorne längs
Bauart	V8
Bohrung x Hub	108 x 95 mm
Hubraum	6998 ccm
Ventilsteuerung	Stößel
Leistung	390 PS (288 kW) bei 5200 U/min
Getriebe	Vierganggetriebe
Antrieb	Hinterachse
Chassis	selbsttragend
Radaufhängung vorne	Dreieckslenker und Schraubenfedern
Radaufhängung hinten	De-Dion-Achse, Radiuslenker und Schraubenfedern
Bremsen	Scheibenbremsen
Höchstgeschwindigkeit	275 km/h
Beschleunigung	0–100 km/h: 7,1 sek

Lamborghini Miura

Spitze 274 km/h

Unten: *Die Bertone-Karosserie des Miura, der oft als erstes Superauto der Welt bezeichnet wurde, war genauso beeindruckend wie die mechanischen Eigenschaften des Mittelmotorfahrzeugs, die vom Rennwagen GT40 von Ford inspiriert waren. Die Kabine bestand aus einer Schalenkonstruktion, während Kühlerhaube und Motorraumabdeckung aus Aluminium bestanden und unbelastet waren. Man beachte die Kühlöffnungen für den quer eingebauten V12-Motor.*

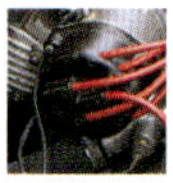

1966 machte das Superauto Miura, bei dem eine sensationelle Karosserie mit innovativer Mittelmotortechnik gepaart war, die drei Jahre alte Marke Lamborghini zu einem ernst zu nehmenden Sportwagenhersteller.

Es war die einzige Marke, die Ferraris Stellung als Italiens führendem Hersteller von Superautos Paroli bieten konnte. Das erste Modell des Traktorenfabrikanten Ferruccio Lamborghini, der 350GT von 1963, wurde von einem 3,5-l-V12-Motor mit vierfacher Nockenwelle angetrieben, den der frühere Ferrari-Ingenieur Giotto Bizzarrini entworfen hatte. Obwohl die von Touring gestaltete Karosserie elegant aussah, fehlte ihr das gewisse Etwas, das Lamborghini suchte.

Diese undefinierbaren Zutaten hatte der Miura zu bieten. Mutig versetzte der junge Chefingenieur von Lamborghini, Giampaolo Dallara, den 350 PS starken V12-Motor, dessen Hubraum inzwischen auf 3,9 Liter gewachsen war, von vorne in die Mitte des Fahrzeugs. Statt ihn jedoch, wie bei Ford GT40, längs einzubauen, entschied er sich für eine Queranordnung wie beim britischen Mini. Das Fünfganggetriebe lag in der Ölwanne des Motors.

Design von Bertone

Diese bahnbrechende Technik steckte in einer atemberaubenden Coupékarosserie von Bertone, die der 26-jährige Marcello Gandini entworfen hatte. Das Fahrzeug wurde 1966 auf dem Genfer Salon unter dem Namen Miura vorgestellt. Diese Bezeichnung zollte Don Eduardo Miura Tribut, einem Kampfstierzüchter, denn Ferruccio Lamborghini war im Tierkreiszeichen des Stiers geboren und wählte daher vorzugsweise Namen, die mit Stieren oder Stierkampf in Verbindung standen.

Als der Miura 1967 in Produktion ging, fiel er mit einer Höhe von nur 1041 mm völlig aus dem Rahmen und besaß ein wohlproportioniertes Heck, das aufgrund des innovativen Motors unverwechselbar war.

Heiße Kiste

Allerdings stellte die Hitze, die der V12-Motor erzeugte, ein ziemliches Problem dar, sodass eine Reihe von Lamellen, die einer Jalousie ähnelten, eingebaut wurden, die ein wenig Sicht nach hinten frei gaben und grundsätzlich ein Entweichen der heißen Luft ermöglichten. Dadurch wurde es notwendig,

zwischen Cockpit und Motor ein Fenster einzubauen, das die Insassen sowohl vor dem Lärm als auch vor den hohen Temperaturen schützte.

Vorne saßen die versenkbaren Scheinwerfer in etwas, das verdächtig nach Wimpern aussah, in Wirklichkeit aber eine verkleidete Kühlöffnung für die vorderen Bremsen war. Die Höchstgeschwindigkeit lag bei 274 km/h, und der Miura verband Höchstleistung mit jenem Handling, das man von einem Fahrzeug mit Mittelmotor erwartet.

1969 wurde der Miura S mit 375 PS vorgestellt, aber die absolute Spitzenversion war der SV von 1971 mit 385 PS, breiterer Spur und Hinterrädern und folglich breiteren hinteren Kotflügeln. Die ursprünglichen „Wimpern" wurden abgeschafft. Dem SV war nur eine kurze Lebensdauer vergönnt: Der letzte lief bereits 1972 vom Band. Danach folgte eine zweijährige Pause, bis der Miura durch den Aufsehen erregenden Countach ersetzt wurde.

Links oben: *Die Scheinwerfer des Miura klappten nach dem Einschalten schnell auf. Die Farbe der „Wimpern" richtete sich nach der Lackierung.*

Links unten: *Nur weil das Getriebe, wie beim Mini, in der Ölwanne lag, ließ sich der V12-Motor des Miura quer einbauen.*

Unten: *Das Cockpit war gut ausgestattet, aber etwas eng und vor allem, aufgrund der Motornähe, laut.*

Technische Daten	**Lamborghini** Miura
Motor	mittig quer
Bauart	V12
Bohrung x Hub	82 x 62 mm
Hubraum	3929 ccm
Ventilsteuerung	zwei oben liegende Nockenwellen pro Zylinderreihe
Leistung	350 PS (258 kW) bei 7000 U/min
Getriebe	Fünfganggetriebe
Antrieb	Hinterachse
Chassis	Stahlkastenrahmen
Radaufhängung vorne	Dreieckslenker und Schraubenfedern
Radaufhängung hinten	Dreieckslenker und Schraubenfedern
Bremsen	Scheibenbremsen
Höchstgeschwindigkeit	274 km/h
Beschleunigung	0–100 km/h: 6 sek

Oben: *Eine vorteilhafte Darstellung der Karosserieform des 1969er Miura S. Es fehlen bereits die „Wimpern" an den Scheinwerfern, wie auch bei der Nachfolgeversion SV. Der rechte Kühlergrill versteckt den Tankdeckel.*

Unten: *Der Miura, hier der 1972er-SV, war nur 1041 mm hoch. Während die Fahrerposition für durchschnittlich gebaute Fahrer in Ordnung war, hatten größere Menschen ihre Probleme damit.*

Insgesamt wurden nur 150 Exemplare des SV gebaut. Abgesehen von den bereits erwähnten Veränderungen nahm die Firma die Gelegenheit wahr, viele der Unzulänglichkeiten zu beseitigen, mit denen sich die Besitzer älterer Miura herumschlagen mussten. Folglich stellt der SV den Höhepunkt der Modellreihe dar, und rückblickend ist es deshalb schade, dass seine Produktion so früh eingestellt wurde, zumal sein Nachfolger nicht vor 1974 in die Fertigung ging.

Das Chassis des SV war deutlich stärker als das seiner Vorgänger. Während die sensationelle Form des Miura im Grunde unverändert blieb, sorgten unter dem Lack stärkere Stahlbleche für eine spürbare Versteifung der selbsttragenden Karosserie, denn das Original hatte hier besonders bei hohen Geschwindigkeiten einige Probleme.

Verbessertes Handling

Die Radaufhängung wurde im Detail verbessert und verfeinert. In der Folge verbesserte sich auch das Handling. Vorne lag das Fahrzeug geringfügig tiefer als zuvor, was zu einer günstigeren Aerodynamik führte und der Tendenz der Nase des SV zum Abheben bei hohen Geschwindigkeiten entgegenwirkte.

Auch der V12-Motor stellte eine Verbesserung gegenüber dem Original dar. Der Vorgänger S besaß bereits umgeformte Brennkammern, großhubige Nockenwellen und große Vergaser. Damit konnte die Leistung auf 370 PS gesteigert werden. Beim SV wurden noch einmal Veränderungen an der Ventilsteuerung und an den Vergasern vorgenommen. Ein weiterer Unterschied war die neue Ölwanne, die den Ölverbrauch in schnell gefahrenen Kurven etwas verminderte. Zuvor hatte der Miura damit gelegentlich Probleme, die zu einem Versagen der Lager führten.

Während jeder Miura als Coupé verkauft wurde, entstand auch ein einzelnes offenes Fahrzeug, doch es ging nie in Serie, weil es der Firma am nötigen Kapital mangelte. Im Jahre 1968 schuf Bertone als Designstudie ein Einzelstück, für das er viele der Originalkarosseriebleche verwendete, jedoch Cockpit und Heck veränderte. Allerdings verschwand dieses Fahrzeug nicht vollständig, wie es häufig mit solchen Designübungen geschieht. Der Wagen wurde von der Internationalen Blei-Zink-Forschungsorganisation erworben. Mit Unterstützung von Bertone ersetzte man viele der Originalteile aus Metall – wie zum Beispiel Einlass- und Auspuffkrümmer, Ölwanne, Stoßfänger und Türgriffe – durch entsprechende Teile aus Zink.

Obwohl der letzte Miura am 15. Januar 1973 an den italienischen Industriellen Luigi Innocenti ausgeliefert wurde, war die Geschichte nicht zu Ende. Ein allerletztes Exemplar wurde 1975 aus vorhandenen Teilen für den kanadischen Lamborghini-Enthusiasten Walter Woolf zusammengebaut. Er brachte das Fahrzeug im April nach Hause, und damit war dieser Wagen wirklich am Ende seiner Wegstrecke angelangt. Insgesamt wurden in sechs Produktionsjahren 765 Miura fertiggestellt: 475 Exemplare der Basisversion, 140 Miura S und 150 SV. Ferruccio Lamborghini hatte 1972 die Kontrolle über seine Firma verloren, als er sein Traktorengeschäft an Fiat verkauft hatte. So verwundbar ist ein Hersteller von Superautos.

Unten: *Die Form des Miura ist außerordentlich eindrucksvoll und blieb im Grunde beim SV unverändert. Das berühmte Lamborghini-Emblem mit dem Kampfstier fällt ins Auge.*

Chevrolet Camaro Z-28

Spitze 203 km/h

Die Erfolge der von Shelby gefertigten Ford Mustangs bei den Rennen des Sports Car Club of America (SCCA) waren dem Mitbewerber General Motors nicht entgangen. Die Antwort darauf war die Version Z-28 des von Chevrolet 1967 auf den Markt gebrachten Camaro, der zu gut 200 km/h fähig war.

Allerdings schrieb das Reglement des SCCA vor, dass der Hubraum der Motoren der teilnehmenden Fahrzeuge bei TransAm-Rennen nicht größer als fünf Liter sein durfte. Die Mustangs mit ihren 4,7-l-Motoren erfüllten diese Voraussetzung, doch Chevrolets kleinster V8-Motor besaß volle 5,3 Liter Hubraum. Also musste man das Innenleben des Motors überarbeiten, um den Hubraum auf 4,9 Liter zu senken.

__Unten:__ An der 1967er-Version gab es noch keine Z-28-Embleme, die erst 1968 dazukamen, doch die Rennstreifen waren ein markantes Merkmal. Den Heckspoiler gab es als Extra.

Corvette-Zylinderköpfe

Man baute die Zylinderköpfe mit den Ports der Corvette ein. Dazu kam eine spezielle Nockenwelle, die hydraulischen Ventilstößel wurden durch feste Nocken ersetzt. Es gab eine Ölwanne mit Prallschutz und eine Hochdruckölpumpe. Der Motor bekam einen Holley-Vierrohrvergaser mit speziellem Krümmer.

Zu dieser Zeit erlaubte GM – Chevrolets Konzernmutter – seinen Töchtern keine unmittelbare Beteiligung im Rennsport, sodass die Entwicklung des Fahrzeugs bei den Fahrern Roger Penske und Mark Donohue lag, die auch die Rennen fuhren.

Das Reglement sah außerdem vor, dass 1000 straßentaugliche Exemplare verkauft werden mussten, bevor der Wagen für den Renneinsatz zugelassen würde. Der Z-28 basierte auf dem Serien-Camaro, war aber mit dem neuen 4,9-l-V8-Motor, verbesserter Aufhängung, breiteren Rädern und höher übersetzter Lenkung ausgestattet – alles für 400 Dollar extra. Das Munci-Vierganggetriebe war Standard, Automatik oder Klimaanlage standen nicht zur Wahl.

Der Z-28 zeigte schon bald in den SCCA-Rennen, für die er gebaut worden war, was er konnte. Nach einem schwachen Start in der Saison 1967 jagte er dem Mustang bereits im folgenden Jahr den Titel ab und triumphierte in zehn der elf Rennen dieser Serie. Das Spielchen wiederholte sich 1969, als Donahue erneut die Meisterschaft gewann.

__Rechts:__ Ein Z-28, Baujahr 1978, mit zweigeteiltem Sonnendach aus getöntem Glas. Abgebildet ist hier die Hochleistungsversion, die man an ihrer charakteristischen Lackierung erkennt, am schwarzen Schlund des spitzen Lüftungsschlitzes auf der Kühlerhaube und an den Lamellen im Frontspoiler. Unter der Motorhaube befand sich ein wahlweise 170 oder 185 PS starker 5,7-l-V8-Motor.

Technische Daten	**Chevrolet** Camaro Z-28 (350 cid)
Motor	vorne längs
Bauart	V8
Bohrung x Hub	102 x 89 mm
Hubraum	5735 ccm
Ventilsteuerung	Stößel
Leistung	360 PS (266 kW) bei 6000 U/min
Getriebe	Vierganggetriebe
Antrieb	Hinterachse
Chassis	selbsttragend
Radaufhängung vorne	Dreieckslenker und Schraubenfedern
Radaufhängung hinten	Halbelliptikfedern
Bremsen	vorne Scheibenbremsen, hinten Trommelbremsen
Höchstgeschwindigkeit	203 km/h
Beschleunigung	0–100 km/h: 6 sek

In jenem Jahr erhielt das Modell eine neue Außenhaut und eine schnittigere Form, aber sein Ersatz 1970 hatte eine neue Coupékarosserie, die entschlossen und unverwechselbar aussah. Eine Änderung im TransAm-Reglement erlaubte nun auch 5,7-l-Motoren, und Chevrolet baute prompt den 350er-Motor aus der Corvette ein.

Bestverkaufter Camaro

Obwohl das Siegerduo Penske/Donohue zu American Motors abgewandert war und die Meisterschaft in diesem Jahr an Ford ging, erwies sich dieser Z-28 als derjenige mit dem besten und schnellsten Absatz. Und der Camaro wurde zu einem Bestseller von Chevrolet, der in dieser Form bis 1981 überlebte.

Oben links: *Das Cockpit des umfassend instrumentierten 1993er-Modells.*

Unten: *Ein entschlossen aussehender Camaro Z-28 von 1985 in der Europa-Ausführung.*

Ferrari Daytona

Spitze 280 km/h

Die erste Generation der legendären „Berlinetta“ von Ferrari mit ihren V12-Motoren endete 1973 mit der Einstellung des großen und denkwürdigen Daytona, der zu nicht weniger als 280 km/h fähig war. Als der Prototyp 1968 auf dem Pariser Automobilsalon als 365 GTB/4 vorgestellt wurde, pries man ihn als das schnellste Straßenfahrzeug in der Geschichte von Ferrari.

Interessanterweise war der Name Daytona keine offizielle Bezeichnung, sondern ein Spitzname, den die Presse dem Wagen verpasste, nachdem Ferrari 1967 das 24-Stunden-Rennen von Daytona gewonnen hatte.

Pininfarina hatte eine großartige und unverwechselbare Coupékarosserie produziert, bei der die Scheinwerfer aus Gründen der Aerodynamik hinter durchsichtigen Kunststoffabdeckungen innerhalb der fein geschnittenen Nase lagen. Sie entsprachen allerdings nicht den amerikanischen Zulassungsvorschriften, sodass stattdessen bald Klappscheinwerfer eingebaut wurden.

Der Sitz der Macht

Die lange Motorhaube verdeckte einen aus Leichtmetall bestehenden 4,4-l-Viernockenwellen-V12-Motor, der zwar in der Anordnung Ferraris bisherigen Motoren ähnelte, jedoch völlig neu konstruiert war. Der Trockensumpfmotor besaß sechs Weber-Vergaser und leistete eindrucksvolle 352 PS. Das ZF-Fünfganggetriebe bildete eine Einheit mit der Hinterachse.

Ansonsten verfügte das Fahrzeug über das übliche Rohrrahmenchassis mit unabhängiger Radaufhängung und Scheibenbremsen, aber es war mit 1633 kg ein schweres Auto mit langem Radstand.

Obwohl Pininfarina für das Design und die Konstruktion des Prototyps verantwortlich gewesen war, wurden die Karosserien der Fahrzeuge, die ein Jahr nach dem Pariser Debüt des Modells in Serie gingen, in Modena von Scaglietti gebaut. Gewagterweise ließ man nur Platz für zwei Insassen.

Das Verhalten und die Handhabung des Wagens entsprachen den anspruchsvollen Normen aus Mara-

Unten: *Die von Pininfarina entworfene Karosserie des Daytona gilt als eine der gelungensten Kreationen der Designfirma. Das Gefühl der Balance zwischen der langen Motorhaube, die klaren Linien, die nicht von hervorstehenden Scheinwerfern unterbrochen werden, und der relativ kleine Insassenbereich sind herausragend.*

nello. Und während die Bremsen den Anforderungen des Straßenverkehrs genügten, zeigten sie ihre Grenzen bei den Rennversionen, die es auf Geschwindigkeiten von nahezu 320 km/h brachten. In Le Mans gingen die Daytona 1971 und 1972 an den Start und erreichten beide Male achtbare fünfte Plätze, im zweiten Jahr zusätzlich den sechsten und neunten Platz.

Eine Cabrioversion (Spider) des Modells wurde 1969 auf der Internationalen Automobilausstellung in Frankfurt am Main vorgestellt und wies eine sensationelle Form auf. Obwohl die Berlinetta-Versionen unweigerlich vorherrschten, wurden auch rund 150 offene Fahrzeuge gebaut.

Als die Produktion des Daytona 1973 eingestellt wurde, waren 1350 Exemplare gebaut worden. Ersetzt wurde er durch den 365 GT4BB mit Mittelmotor, den legendären Boxer. Wer gedacht hatte, er hätte den letzten Ferrari mit Frontmotor gesehen, irrte sich gewaltig.

Oben: *Trotz seiner Größe bot der Daytona nur zwei Insassen Platz. Der Blick über die lange Motorhaube ist denkwürdig.*

Links: *Obwohl die meisten der Daytona Coupés waren, gab es einige wenige Cabrios, die heute sehr gefragt sind.*

Unten links: *Unter diesem beachtlichen Luftfilter sitzen sechs Weber-Vergaser. Die beiden Ölfilter sind erstaunlich leicht zugänglich.*

Technische Daten	**Ferrari** 365 GTB/4 Daytona
Motor	vorne längs
Bauart	V12
Bohrung x Hub	81 x 71 mm
Hubraum	4390 ccm
Ventilsteuerung	zwei oben liegende Nockenwellen pro Zylinderreihe
Leistung	352 PS (260 kW) bei 7500 U/min
Getriebe	Fünfganggetriebe
Antrieb	Hinterachse
Chassis	Stahlrohrrahmen
Radaufhängung vorne	Dreieckslenker und Schraubenfedern
Radaufhängung hinten	Dreieckslenker und Schraubenfedern
Bremsen	Scheibenbremsen
Höchstgeschwindigkeit	280 km/h
Beschleunigung	0–100 km/h: 5,5 sek

Oben: *Ferrari fertigte diesen Daytona für den britischen Ferrari-Importeur Maranello Concessionaires 1972 für den Renneinsatz.*

Unten: *Ein NART-Daytona im Fahrerlager. Durch die Rennen stieg das Ansehen des Modells auf dem amerikanischen Markt erheblich.*

Nachdem der Daytona insbesondere in Le Mans bewiesen hatte, wozu er fähig war, schickte man ihn auch in Amerika ins Rennen. Tatsächlich war Ferrari nur widerwillig dazu bereit, Fahrzeugbesitzern Werksunterstützung zu gewähren, die Rennen mit einem Wagen bestritten, der für die Straße gebaut war. Andererseits waren dem Unternehmen in gewisser Weise die Hände dadurch gebunden, dass Ende August 1971 nicht weniger als 500 Stück gebaut worden waren. Somit hatte sich der Daytona für Rennen der Gruppe 4 in der Spezialtourenwagen-Serie qualifiziert.

Rennsportversionen

Zu diesem Zeitpunkt drängten die Ferrari-Importeure in Großbritannien, Frankreich, Belgien und der Schweiz Maranello, Rennsportversionen zu produzieren, aber an der Spitze der Rennsportinitiative stand US-Importeur Luigi Chinetti, der 1972 zum Repräsentanten des Unternehmens für die amerikanische Ostküste ernannt worden war. Die amerikanischen Daytona waren erst viel später erhältlich als die für den europäischen Markt gebauten Fahrzeuge. Der Verkauf kam erst 1972 in Schwung.

Im Unterschied zu den europäischen Daytona, bei denen die Klimaanlage ein Extra war, wurde sie bei den amerikanischen Fahrzeugen serienmäßig mitgeliefert, wenngleich sie nicht sonderlich wirkungsvoll war. Die Wagen unterschieden sich dadurch, dass sie mit allen denkbaren Extras ausgestattet waren – von Ledersitzen bis zu automatischen Radioantennen.

Vor diesem Hintergrund stellte sich das Unternehmen 1971, wenn auch widerwillig, hinter das Engagement im Rennsport. Die Unterstützung kam aber nicht aus dem Rennstall von Ferrari, sondern aus der eigenen „Kundendienstabteilung“ der Firma in Modena, und der „Renn-Daytona“ wurde erst 1972 Wirklichkeit.

Chinettis North America Racing Team (NART) trat 1970 bereits beim 24-Stunden-Rennen von Daytona und bei den 12-Stunden-Rennen von Sebring an, aber der Erfolg blieb aus. Mit der Werksunterstützung erreichte man 1971 Platz 12 in Sebring, und Chinetti belegte 1972 auf dieser Strecke Platz 8. Ein weiterer Wagen, den NART in Watkins Glen an den Start schickte, gewann dort in seiner Klasse.

Für die Saison 1973 wurden fünf Spezialfahrzeuge mit 450-PS-Motoren hergestellt, die verbesserte Bremsen und Aufhängungen besaßen. Chinetti erreichte einen zweiten Platz und den ersten innerhalb seiner Klasse beim Rennen in Daytona im gleichen Jahr – paradoxerweise in dem NART-Fahrzeug, das nicht vom Werk aufgepeppt worden war –, während ein weiteres Exemplar insgesamt den fünften und in der eigenen Klasse den zweiten Platz belegte. Außerdem gab es in diesem Jahr einen Klassensieg in Le Mans und einen sechsten Platz in der Gesamtwertung.

Selbst als 1973 der Boxer mit Mittelmotor kam, fuhren Privatfahrer auch weiterhin Rennen mit dem Daytona und lieferten auf diese Weise ihren Beitrag zur Geschichte dieses fabelhaften Ferrari.

Oben: *Ein interessantes Merkmal der Serienversion des Daytona waren die Doppelscheinwerfer hinter durchsichtigen Abdeckungen. Allerdings lagen in dem Daytona mit der Fahrgestellnummer 15681, den Maranello 1972 ins Le-Mans-Rennen schickte (das einzige Mal, das die Firma einen Werkswagen hier starten ließ), die Scheinwerfer offen.*

Links: *Das Cockpit des Maranello-Daytona, der für das Le-Mans-Rennen 1972 gefertigt und von Peter Westbury und John Hine gefahren wurde. Der Lärmpegel im Cockpit war aufgrund der beiden ungedämpften Auspuffrohre, die gleich unter der Fahrertür heraustraten, sehr hoch. Der Ferrari schaffte nur ein knappes Drittel, bevor er – an 29. Stelle liegend – wegen einer geplatzten Zylinderkopfdichtung aus dem Rennen genommen wurde.*

Morgan Plus 8

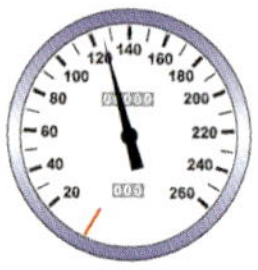

Spitze 200 km/h

Rechts: *Die Räder aus einer Magnesiumlegierung, mit denen der Plus 8 seit seiner Einführung 1968 ausgestattet war, erfüllten auch 20 Jahre später tadellos ihre Aufgabe.*

Unten: *Altmodisch und modern – die Formen des Plus 8 waren fest in den 30ern des 20. Jahrhunderts verwurzelt, doch unter der Motorhaube arbeitete ein V8-Leichtmetallmotor.*

Er sieht aus wie ein Sportwagen aus der Vorkriegszeit, fährt sich aber wie einer aus dem 21. Jahrhundert. Die Produktion des Morgan Plus 8 begann 1968 und endete erst 2004. Praktisch das gleiche Auto, nur mit einem moderneren V6-Motor, wird auch heute noch produziert.

Es dürfte nicht überraschen, dass die Ursprünge des Plus 8 bis 1935 zurückreichen, als Morgan erkannte, dass die Tage seiner berühmten Dreiräder, die das Unternehmen seit 1910 herstellte, gezählt waren. Also führte es den 4/4 ein, aus dem wiederum der Plus 4 von 1951 hervorging. Anfangs verwendete er einen Standard-Zweilitermotor, doch später wurde er von einem eng verwandten Triumph TR mit 2,2 Litern Hubraum angetrieben, bis die Produktion des TR4A 1967 eingestellt wurde.

Die bevorstehende Einführung des Sechszylindermotors TR5 stellte Morgan vor ein Problem, weil der längere Motor nicht ohne größere Umbauten in den Plus 4 gezwängt werden konnte. Die Rettung kam in Gestalt von Rover, wo man 1965 die Rechte an einem ehemaligen Buick-3,5-l-V8-Leichtmetallmotor erworben und für den eigenen Bedarf umgebaut hatte. Obwohl es die kompakte Bauweise dieses Motors ermöglicht hätte, ihn unter der Haube des ursprünglichen Morgan unterzubringen, besaß der Plus 8, der auf der London Motor Show 1968 seine Premiere

feierte, einen 50 mm längeren Radstand. Er war wegen neuer Leichtmetallfelgen und Räder breiter als sein Vorgänger, was seiner Straßenlage zugute kam.

Im Übrigen war es die gleiche Mischung wie zuvor: mit Stahlblechen verkleidete Eschenholzrahmen, die auf Kastenrahmen montiert waren, mit Morgans berühmter Gasdruckstoßdämpferaufhängung vorne und konventioneller Starrachse mit Blattfedern hinten, ergänzt durch ein Sperrdifferential.

Mit dem spartanisch ausgestatteten, aber bequemen Cockpit brachte es der Plus 8 auf 200 km/h, 48 km/h schneller als der Plus 4.

Sportliches Leichtgewicht

Ein sportliches Federgewicht mit Leichtmetallkarosserie erschien 1976. Im folgenden Jahr musste das ursprüngliche separate Moss-Getriebe einem Rover-Fünfganggetriebe weichen. Der V8-Motor selbst wurde 1982 gründlich umgebaut, und ab 1984 stand eine Kraftstoffeinspritzung zunächst als Extra zur Wahl, die dann später serienmäßig eingebaut wurde. 1990 wurde der Hubraum auf vier Liter erhöht.

Für 1998 standen weitere radikale Veränderungen auf dem Plan. Die Karosserie bestand jetzt aus Aluminium, der Fahrgastraum war vergrößert und die Türen waren verlängert worden. Das Spitzenmodell war mit einem 4,6-Liter-V8-Motor erhältlich.

Die Produktion des Plus 8 wurde 2004 eingestellt, der klassische Morgan-Stil lebt jedoch weiter. Die aktuelle Palette des Herstellers umfasst zur Zeit den Vierzylinder-4/4, den von einem BMW-V8 angetriebenen Aero 8 und den Roadster mit einem Ford-V6 und belegt die ungebrochene Vitalität des britischen Familienunternehmens.

Technische Daten	**Morgan** Plus 8 (3,5 Liter)
Motor	vorne längs
Bauart	V8
Bohrung x Hub	89 x 71 mm
Hubraum	3529 ccm
Ventilsteuerung	Stößel
Leistung	160 PS (118 kW) bei 5200 U/min
Getriebe	Vierganggetriebe
Antrieb	Hinterachse
Chassis	Kastenrahmen mit Kreuzverstrebung
Radaufhängung vorne	Gasdruckstoßdämpfer
Radaufhängung hinten	Halbelliptikfedern
Bremsen	vorne Scheibenbremsen, hinten Trommelbremsen
Höchstgeschwindigkeit	200 km/h
Beschleunigung	0–100 km/h: 7 sek

Unten links: *Ein Exemplar des Plus 8 von 1970. Das frei liegende Reserverad ist ein weiteres Vorkriegserbe.*

Unten rechts: *Im Baujahr 1970 besaß der Wagen ein überarbeitetes, funktionelles Armaturenbrett.*

Datsun 240Z

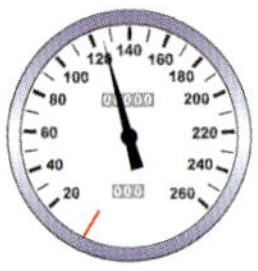

Spitze 200 km/h

Rechts: *Der 2,4-l-Motor des 240Z, mit siebenfach gelagerter Kurbelwelle, gusseisernem Block, Leichtmetall-Zylinderköpfen und horizontalen Gleichdruckvergasern.*

Unten: *Der 240Z nach britischer Norm zeichnete sich durch die Gummispoiler vorne und hinten aus. Die Blinker wurden etwas ungeschickt über die Stoßstange gelegt, um der britischen Straßenverkehrszulassungsordnung zu entsprechen. Dieses Exemplar stammt von 1973.*

Als Datsun 1969 den 200 km/h schnellen 240Z vorstellte, konnte das Unternehmen damit sein Image als Massenproduzent gut ausgestatteter, aber langweiliger Limousinen abschütteln: der Neuling wurde der beliebteste Sportwagen der Welt – ein Titel, der bis dahin den MGB zierte.

1963 begann das Projekt für Datsun als Sportcoupé, das der aus Deutschland stammende und in den USA wohnende freischaffende Designer Albrecht Graf Goertz entworfen hatte, der zuvor für die viel gepriesene Form des 507er-Roadsters von BMW aus den 50ern verantwortlich gewesen war.

Mit dem Jaguar E-Type-Coupé als Ausgangspunkt verkleinerte er zunächst die Maße. Vorerst kam der Antrieb, wie beim Jaguar, von einem Motor mit zwei oben liegenden Nockenwellen, doch als dieser Probleme aufwarf, wurde das Projekt auf Eis gelegt.

An dieser Stelle hätte die Geschichte nun enden können, wenn nicht Datsuns Rivale Toyota 1965 den nicht unähnlichen 2000GT gebaut hätte. Das Debüt dieses Fahrzeugs veranlasste Datsun, sein Sportwagenkonzept wieder hervorzukramen. Die Grundzüge des Goertz-Designs wurden beibehalten, aber der komplexe Motor wurde durch einen ersetzt, der speziell für das Z-Modell entwickelt wurde, das langsam Gestalt annahm.

Es handelte sich um eine 2,4-l-Sechszylinderversion des Vierzylinders mit oben liegender Nockenwelle, der Datsuns Limousine 510 von 1967 antrieb. Motoren mit oben liegender Nockenwelle waren in dieser Zeit eher selten und den teureren Modellen vorbehalten. Die 240Z für Amerika erhielten ein Vier-

Links: Der gut ausgestattete Innenraum des 240Z. Die Instrumentierung war ebenso gut wie die Beinfreiheit, doch die Sitzneigung wurde vom Gepäck bestimmt. Die Sitze waren angenehm geformt, aber dünn gepolstert. Man beachte das „tote Pedal", auf dem der Fahrer seinen linken Fuß ausruhen kann.

Unten: 1978 wurde der 240Z vom 280ZX abgelöst, der größer, breiter und schwerer, äußerlich aber weniger attraktiv war. Bis 1983 standen ein 2- und ein 2,7-l-Motor zur Auswahl. Aber irgendwie hatte sich der Zauber des Originals verflüchtigt.

ganggetriebe, doch in anderen Ländern war der Wagen mit einem Fünfganggetriebe ausgestattet.

Die unabhängige Radaufhängung bestand rundum aus Federbeinen. Ebenfalls fortschrittlich war die Zahnstangenlenkung, die in europäischen, nicht aber in japanischen Fahrzeugen damals längst üblich war.

Nur als Coupé erhältlich

Der 240Z, dessen Name den Hubraum (240 Zentiliter) beschrieb, unterschied sich von britischen Sportwagen dadurch, dass er nur in geschlossener Form produziert wurde. Der Zweisitzer besaß, wie der E-Type, eine Heckklappe und reichlich Gepäckraum.

Auf dem Asphalt zeigte sich das Modell auf langen Geraden von seiner besten Seite, wo es Kilometer um Kilometer mit Reisegeschwindigkeiten um die 160 km/h fraß. Die 100 km/h aus dem Stand schaffte der Wagen in nur acht Sekunden und beschleunigte damit schneller als ein Porsche 911 oder Triumph TR6.

Der 240Z wurde bis 1973 gefertigt. Von den rund 156 000 gebauten Fahrzeugen wurden etwa 85 Prozent in die Vereinigten Staaten verkauft. Nachfolgemodelle waren zuerst der 260Z und später dann der 280Z, die zwar besser ausgestattet, aber auch schwerer und damit langsamer waren.

Das Z-Modell erfüllte alle Erwartungen, die man in das Auto gesetzt hatte, und bewies der Motorwelt, dass Japan durchaus in der Lage war, ordentlich konstruierte und gut verkäufliche Autos zu bauen, die sich die Masse leisten konnte.

Technische Daten	Datsun 240Z
Motor	vorne längs
Bauart	6 Zylinder in Reihe
Bohrung x Hub	83 x 73 mm
Hubraum	2393 ccm
Ventilsteuerung	oben liegende Nockenwelle
Leistung	151 PS (111 kW) bei 5600 U/min
Getriebe	Fünfganggetriebe
Antrieb	Hinterachse
Chassis	selbsttragend
Radaufhängung vorne	McPherson-Federbeine mit unterem Lenker
Radaufhängung hinten	McPherson-Federbeine mit unterem Dreieckslenker
Bremsen	vorne Scheibenbremsen, hinten Trommelbremsen
Höchstgeschwindigkeit	200 km/h
Beschleunigung	0–100 km/h: 8 sek

Aston Martin V8

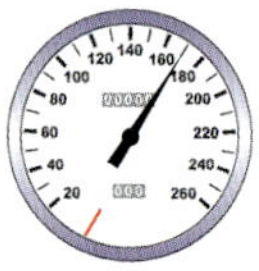

Rechts: Das Spitzenmodell Vantage, ein Fahrzeug von 1978. Das Modell ist auf den ersten Blick am geschlossenen Kühlergrill erkennbar. Mit einer Höchstgeschwindigkeit von 274 km/h war es eines der schnellsten Autos der Welt.

Unten: *Dieser DBS V8 stammt aus dem Jahre 1970 und ist leicht an seinen Doppelscheinwerfern zu erkennen. Diese wurden 1972 durch einfache Scheinwerfer ersetzt. Die von William Towns entworfene Form sollte 20 Jahre überleben.*

Der V8 war eines der großen britischen Hochleistungsfahrzeuge und erreichte eine Spitze von 274 km/h. Es war herrlich geformt und wurde bei Aston Martin in Newport Pagnell über 20 Jahre sorgsam von Hand gefertigt.

Der Wagen, der zunächst DBS hieß und 1969 als Nachfolger des DB6 (der noch bis 1971 produziert wurde) vorgestellt wurde, kam ursprünglich 1967 zur Welt und war ganze 102 mm breiter als der DB6. Designer William Towns hatte ihn so konstruiert, dass ein neu entwickelter 5,3-l-V8-Leichtmetallmotor unter die Haube passte, doch weil dieser nicht rechtzeitig zur Verfügung stand, wurde der Wagen vorerst vom bestehenden 4-l-Sechszylinder angetrieben.

Was als DBS V8 „Saloon" (der britische Ausdruck für eine Limousine) bezeichnet wurde, obwohl es sich eindeutig um ein Coupé handelte, kam zwei Jahre später endlich mit dem lang ersehnten Motor, einem Einspritzer, auf den Markt. Wie Rolls-Royce gab Aston Martin zunächst nicht die Leistungswerte bekannt. Der Wagen, der an die 260 km/h erreichte, war wahlweise mit einem ZF-Fünfganggetriebe oder einer Dreigangautomatik erhältlich. Letztere war bei den Käufern mit großem Abstand beliebter.

Neue Besitzer

Dann verkaufte Sir David Brown (geadelt 1968), der Aston Martin seit 1947 sein Eigen nennen durfte, die Firma 1972 an Company Developments, eine Baugesellschaft. Als Folge des Verkaufs strich man das DB aus der Modellbezeichnung und taufte das Fahrzeug um auf V8. Die ursprünglichen Zwillingsscheinwerfer wurden durch einfache ersetzt, und diese neue Fahrzeugnase blieb erhalten, bis die Produktion eingestellt wurde. Eine offene Version (Volante) kam 1978 dazu.

Eine stärkere Version des Vantage, deren Leistung von 380 PS diesmal offen gelegt wurde und die zu

anerkennenswerten 274 km/h fähig war, kam 1977 auf den Markt und war an einem verblendeten Kühlergrill und einem Heckspoiler zu erkennen.

Aber Company Developments war 1974 in Konkurs gegangen, und Aston Martin wechselte ganze drei Mal den Besitzer, bevor die Firma 1987 von Ford übernommen wurde. Sowohl der V8 als auch der Vantage wurden weiterentwickelt.

1982 wurde der Hersteller gezwungen, die Leistung des grundlegenden V8-Motors zu enthüllen, weil es die deutschen Importvorschriften verlangten. Es stellte sich heraus, dass es 305 PS waren – wahrscheinlich viel weniger, als sich die meisten Besitzer eingebildet hatten.

1986 kam eine Version heraus, deren Karosserie Zagato in Mailand als Tribut an den legendären DB4 GT Zagato von 1960 baute. Es gab insgesamt 75 Stück: 50 Coupés und 25 Cabrios. Sie erreichten Höchstgeschwindigkeiten von über 290 km/h. Der letzte V8 wurde im Dezember 1989 gebaut, obwohl sein Nachfolger Virage bereits 1988 auf der britischen Autoshow gezeigt wurde. Dieser ging 1990 in Produktion und bildete die Grundlage für den Ehrfurcht gebietenden aufgeladenen Vantage von 1993.

Oben: *Ein V8 Volante von 1979. Er besaß ein elektrisches Verdeck und Klimaanlage.*

Links: *Das luxuriöse Interieur eines Automatik-V8 von 1978. Die Instrumentierung war umfassend und beinhaltete eine Öltemperaturanzeige und ein Ampèremeter.*

Unten links: *Der Motor des oben abgebildeten Volante. Obwohl der Motorraum recht voll gepackt wirkt, bereitet der Zugang zu den einzelnen Komponenten keine unzumutbaren Schwierigkeiten.*

Technische Daten	Aston Martin V8 Vantage
Motor	vorne längs
Bauart	V8
Bohrung x Hub	85 x 100 mm
Hubraum	5340 ccm
Ventilsteuerung	zwei oben liegende Nockenwellen pro Zylinderreihe
Leistung	380 PS (280 kW) bei 5000 U/min
Getriebe	Dreigangautomatik
Antrieb	Hinterachse
Chassis	Plattformrahmen
Radaufhängung vorne	Dreieckslenker und Schraubenfedern
Radaufhängung hinten	Radiuslenker, De-Dion-Achse und Schraubenfedern
Bremsen	Scheibenbremsen
Höchstgeschwindigkeit	274 km/h
Beschleunigung	0–100 km/h: 5,5 sek

Jensen Interceptor FF

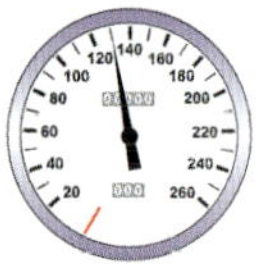

Spitze
210 km/h

Der 214 km/h schnelle Interceptor von 1967 war der letzte und beliebteste der in West Bromwich gebauten Jensen. Diese FF-Variante mit Allradantrieb erschien elf Jahre vor dem Audi quattro und machte diese Bauart marktfähig.

Die Ursprünge des Interceptor findet man im Jensen CV8 von 1962 mit Glasfaserkarosserie und einem Chrysler-V8-Motor. Obwohl er es bis auf 210 km/h brachte, war das Design umstritten und die Nachfrage begrenzt.

Der Interceptor, der auf der Londoner Automobilausstellung von 1966 angekündigt wurde, trat an die Stelle des CV8. Vom optischen Standpunkt unterschieden sich die Fahrzeuge radikal voneinander. Das neue Modell hatte nicht nur eine Metallkarosserie – auch das Design kam nicht mehr aus dem eigenen Haus, sondern von dem italienischen Unternehmen Touring.

Der Doppelrohrrahmen des Interceptor, eines auffälligen GT mit einer großen und nützlichen Heckklappe, basierte auf dem seines Vorgängers CV8, aus dem auch sein Chrysler-V8-Motor stammte. Der Wagen wurde mit Automatikgetriebe geliefert, obwohl sportlicheren Kunden auch ein Schaltgetriebe zur Auswahl stand.

***Rechts:** Ein Motor, der seinen Platz ausfüllt: Der Chrysler-V8 wurde von dem Luftfilter des mit vier Rohren ausgestatteten Carter-Vergasers dominiert.*

***Unten:** Ein Interceptor FF von 1968 mit doppelten Luftauslässen. Sämtliche Modelle besaßen Zierleisten aus Edelstahl. Die Leichtmetallfelgen gab es später auch am Mark III.*

Neue Leichtmetallfelgen

Eine Mark-II-Version kam 1970 mit Veränderungen an der Nase und im Innenraum auf den Markt, und der Mark III von 1972 war an den neuen Leichtmetallfelgen erkennbar, die er sich mit dem teureren und größeren SP Interceptor mit 7,2-l-Motor teilte. Jener schaffte 230 km/h, wurde aber nur ein Jahr lang produziert.

Der Interceptor FF (für „Ferguson Formula“) war eine Version, in der der über einen langen Zeitraum entwickelte Allradantrieb der Firma Verwendung fand. Eine weitere Verfeinerung war der bahnbrechende Einsatz eines Dunlop-Maxaret-Antiblockiersystems.

Das von der Werbung als „fortschrittlichstes Fahrzeug der Welt“ gepriesene Auto glich äußerlich dem Original, wenn man einmal von dem unmerklich um 51 mm verlängerten Radstand absieht. Erkennen konnte man es leicht an der zweiten Kühlleitung in den vorderen Kotflügeln. Die Traktion war hervorragend und die Straßenlage erwartungsgemäß sensationell.

Auf der Sollseite standen neben einigen Kinderkrankheiten das höhere Gewicht und die komplexere Mechanik, die die Spitze des FF auf 210 km/h senkte. Der Preis von 6018 Pfund lag mehr als ein Drittel über dem des konventionell angetriebenen Fahrzeugs.

Dem FF kam die Modellpflege des Mark II und, für kurze Zeit, des Mark III ebenfalls zugute, bevor Ende 1971 die Produktion nach nur 224 Exemplaren eingestellt wurde. Der konventionell angetriebene Interceptor verkaufte sich aber weiterhin sehr gut, und 1972 ersetzte der 7,2-l-Motor, der bereits im SP verwendet wurde, den bisherigen 6,2-l-Motor.

Leider machte der hohe Ölpreis von 1973 dem großen, durstigen Jensen einen Strich durch die Rechnung. Das Geschäft ging schleppend weiter, und 1976 wurde die Produktion schließlich eingestellt, nachdem 4112 Interceptor gebaut worden waren. Zwischen 1983 und 1992 entstanden noch einige wenige Exemplare, aber dann war wirklich das Ende dieses genialen und wohldurchdachten GT erreicht.

Technische Daten	**Jensen** Interceptor FF
Motor	vorne längs
Bauart	V8
Bohrung x Hub	108 x 86 mm
Hubraum	6276 ccm
Ventilsteuerung	Stößel
Leistung	325 PS (240 kW) bei 4600 U/min
Getriebe	Dreigangautomatik
Antrieb	Vierrad
Chassis	Doppelrohrrahmen
Radaufhängung vorne	Dreieckslenker und doppelte Schraubenfedern
Radaufhängung hinten	Halbelliptikfedern
Bremsen	Scheibenbremsen
Höchstgeschwindigkeit	210 km/h
Beschleunigung	0–100 km/h: 8,5 sek

Links: *Der Innenraum mit seinen bequemen Sitzen, einer markanten Mittelkonsole und einem verschließbaren Fach hinter dem Wahlhebel des Automatikgetriebes.*

Unten: *Der FF im Profil mit dem deutlich sichtbaren großen Heckfenster. Wenn die Heckklappe zusammen mit der federdruckgesteuerten Gepäckablage geöffnet wurde, war der Kofferraum leicht zugänglich.*

Citroën SM

Spitze 220 km/h

Unten: *Citroën nannte den mit hydraulischen Feinheiten gespickten Frontantriebler SM den sichersten und bequemsten GT seiner Zeit. Die Aufhängung sorgte unabhängig von der Zuladung für eine gleichbleibende Höhe und konnte auf unterschiedliche Straßentypen und -verhältnisse eingestellt werden. Die markante Karosserieform war das Ergebnis aerodynamischer Tests.*

Mit einer Spitze von 220 km/h war der SM von 1970 – ein extravagant konstruierter GT mit Maserati-Motor – dazu bestimmt, Citroëns letztes Aufbäumen zu verkörpern, bevor es 1974 von Peugeot geschluckt wurde.

Der SM war ein Kind der schwungvollen 60er. Als Citroën damals ein GT-Flaggschiff für das folgende Jahrzehnt plante, aber keinen Motor mit ausreichendem Hubraum besaß, um ein solch prestigeträchtiges Modell anzutreiben, entschied man sich 1968 zur Übernahme des angeschlagenen Maserati-Werks und verlor keine Zeit, deren 4,1-/4,7-l-V8-Motor seinen Bedürfnissen anzupassen. Weil Fahrzeuge über 15 CV, was etwa 2800 ccm entsprach, in Frankreich steuerlich benachteiligt wurden, kam ein V6-Motor mit einem Hubraum von 2,6 Litern dabei heraus. Dazu baute man ein spezielles Fünfganggetriebe.

Der auf dem Genfer Salon von 1970 angekündigte SM (S war der Projektcode gewesen, und M stand für Maserati) war – nach französischen Maßstäben – ein großes und kompliziertes Fahrzeug, das dazu bestimmt war, Citroën turmhoch über seinen Konkurrenten und Zeitgenossen anzusiedeln.

Das Design war eher markant als attraktiv und, wie immer, aerodynamisch ausgefeilt. Die Mechanik basierte auf der des Limousinen-Dauerbrenners Citroën DS. Das bedeutete natürlich Frontantrieb und eine selbstregulierende, hydropneumatische Aufhängung. Hydraulikunterstützung gab es auch für eine Reihe anderer Funktionen, so zum Beispiel für die raffinierte Servolenkung, die sich selbst zentrierte, oder das innere der drei Scheinwerferpaare, das sich – hinter einer durchsichtigen Abdeckung gelegen – parallel zum Radeinschlag mitdrehte.

Nur als Linkslenker

Man beabsichtigte, am Tag etwa 20 SM zu fertigen. Obwohl es das Modell nur mit Linkslenkung gab, wurde es von 1972 an auch in Großbritannien für einen recht gesalzenen Preis von 5342 Pfund verkauft. Die Fahrer brauchten jedoch einige Zeit, sich an die Lenkung und den Maserati-Motor zu gewöhnen, der typischerweise zwar eine ordentliche Leistung brachte, aber wenig kultiviert lief. Folglich empfand man ihn als unnötig laut, und der Benzinverbrauch lag bei ungesunden 17 Litern auf 100 km.

Links: *Der Pariser Karosseriebauer Henri Chapron produzierte diesen viertürigen SM, der 1972 auf dem Pariser Mondial ausgestellt wurde. Dieses Einzelstück war fast fünf Meter lang.*

Unten: *Das Cabrio Chapron SM trug den Namen Mylord. Bereits zuvor hatte das Unternehmen ein offenes viertüriges Fahrzeug produziert, das ausschließlich dem französischen Staatspräsidenten vorbehalten war. Es war noch lange nach Produktionsende der Modellreihe in Diensten.*

Für Fahrer und Beifahrer gab es genügend Raum, der Platz auf den Rücksitzen war ziemlich beengt. Trotz dieser Unzulänglichkeiten verkaufte sich der SM während der ersten beiden Produktionsjahre zufriedenstellend, doch die Ölkrise von 1973 und die in der Folge höheren Benzinpreise brachten das Ende des SM. Der Absatz brach ein, und Citroën gab gleichzeitig dem Übernahmeangebot von Peugeot nach. Dies geschah trotz der Ergänzung einer Benzineinspritzung 1972 und der Angebotserweiterung durch eine Dreiliterversion mit Automatikgetriebe im Jahr darauf.

Alles war vorbei, als 1975 die Produktion des SM und die Unterstützung für Maserati eingestellt wurden. In fünf Jahren waren nur 12 920 Exemplare gebaut worden.

Technische Daten	**Citroën** SM
Motor	vorne längs
Bauart	V6
Bohrung x Hub	87 x 75 mm
Hubraum	2670 ccm
Ventilsteuerung	zwei oben liegende Nockenwellen pro Zylinderreihe
Leistung	170 PS (125 kW) bei 6250 U/min
Getriebe	Fünfganggetriebe
Antrieb	Vorderachse
Chassis	selbsttragend
Radaufhängung vorne	doppelte Querlenker mit hydropneumatischer Federung
Radaufhängung hinten	Längslenker mit hydropneumatischer Federung
Bremsen	Scheibenbremsen
Höchstgeschwindigkeit	220 km/h
Beschleunigung	0–100 km/h: 10,2 sek

Plymouth Road Runner Superbird

Spitze 225 km/h

Also gut: es sieht aus, als sei es gerade gelandet! Aber 1970 war dieses Coupé eines der schnellsten Autos auf den Straßen und Rennstrecken Amerikas und brachte es mit seiner stärksten Motorisierung auf 306 km/h.

1968 brachte Plymouth, die Abteilung von Chrysler, die für die Billigstfahrzeuge des Konzerns zuständig war, das spartanisch ausgestattete zweitürige Coupé Road Runner auf den Markt. Seinem Filmpaten zu Ehren besaß es sogar eine Hupe, die das charakteristische „biep-biep" von sich gab.

In einer Zeit, die man als Ära der Muscle Cars bezeichnete, baute man den Runner auf dem Belvedere von Plymouth auf und trieb ihn mit dem bewährten 6,3-l-V8-Motor an, der auf 325 PS hochgezüchtet wurde. Der Wagen richtete sich an junge Fahrer, die damit Rennen fuhren, und war folglich fortschrittlich motorisiert, sodass er bis 1970 überlebte, als seine extremste Variante, der Superbird, vorgestellt wurde.

Die Homologationsvorschriften der NASCAR (National Association for Stock Car Auto Racing) verlangten, dass nicht weniger als 1000 Road Runner Superbirds regulär verkauft werden mussten, damit der Wagen für NASCAR-Rennen zugelassen werden konnte. Plymouth behauptete, bereits 2000 Vorbestellungen zu haben, und im Laufe der Zeit fanden insgesamt 1971 Autos einen Besitzer.

Bei solch kleinen Stückzahlen war der Anschlussmarktspezialist Creative Industries für die aerodynamischen Veränderungen zuständig. Dazu zählte eine

Rechts: *Der Superbird war serienmäßig mit einem 7,2-l-V8-Motor ausgestattet, doch wahlweise gab es den stärkeren 426 „Hemi".*

Unten: *Man konnte ihn wahrlich nicht verwechseln. Das schwarze Vinyldach war Standard, ebenso wie der unverkennbare fest stehende Flügel, der keinen Einfluss auf das Fahrverhalten des Fahrzeugs hatte.*

Verlängerung der Fahrzeugfront um 457 mm, deren nun scharf geschnittene Nase mit schwenkbaren Scheinwerfern hinter GFK-Klappen ausgestattet wurde. Das ursprünglich zurückgesetzte Heckfenster wurde durch ein bündig abschließendes Glas ersetzt, aber um diese Veränderung zu kaschieren, erhielten nun alle Birds ein schwarzes Vinyldach.

„Abgefahrener" Spoiler

Deutlicher fiel ein riesiger Spoiler ins Auge, der rund 60 Zentimeter über dem Gepäckraum des Fahrzeugs montiert wurde und auf den Streben einen Aufkleber mit dem Road Runner zeigte. Trotz des exotischen Aussehens des „Supervogels" erwies sich der aerodynamische Schnickschnack als nicht zufrieden stellend. Die Veränderungen machten den Wagen schwerer und brachten erst ab 130 bis 145 km/h einen Nutzen.

Die meisten Superbirds wurden von einer 375-PS-Version des 7,2-l-Motors „Super Commando V8" angetrieben, entweder mit Viergangschaltung oder TorqueFlite-Automatikgetriebe. Wahlweise gab es eine 390-PS-Version und ein Spitzenmodell mit einem „Hemi"-Siebenlitermotor, der es auf 425 PS brachte.

Während die Straßenfahrzeuge 225 km/h schafften, bekamen die Rennversionen ausschließlich den Hemi-Motor und brachten es damit auf satte 80 km/h mehr.

Der 1970er Superbird war aufgrund neuer gesetzlicher Vorschriften plötzlich nicht mehr zeitgemäß, und Plymouth führte 1971 einen Road Runner mit einer neuen Form ein. Die alte Baureihe verkaufte sich seinerzeit nur schleppend, obwohl sie heute bei Sammlern sehr gefragt ist.

Technische Daten	**Plymouth** Road Runner Superbird
Motor	vorne längs
Bauart	V8
Bohrung x Hub	110 x 95 mm
Hubraum	7210 ccm
Ventilsteuerung	obenliegende Ventile
Leistung	375 PS (277 kW) bei 4000 U/min
Getriebe	Vierganggetriebe
Antrieb	Hinterachse
Chassis	selbsttragend
Radaufhängung vorne	Dreieckslenker und Torsionsstäbe
Radaufhängung hinten	Halbelliptikfedern
Bremsen	Trommelbremsen
Höchstgeschwindigkeit	225 km/h
Beschleunigung	0–100 km/h: 5 sek

Links: *Die Zeichentrickfigur Road Runner, von der das Modell seinen Namen hatte, wurde zu einem spaßigen Merkmal dieses Fahrzeugs. Das lustige Emblem fand sich auf den Streben des Heckspoilers ebenso wie auf der linken Scheinwerferklappe.*

Unten: *Die aerodynamisch verfeinerte Nase des Superbird bestand aus glasfaserverstärktem Kunststoff und besaß integrierte Klappscheinwerfer.*

1971–1980
Noch nicht geschlagen

Der Boom der Nachkriegsjahre kam abrupt zum Stillstand, als 1973 der Jom-Kippur-Krieg ausbrach. Die Folge waren steigende Ölpreise und dementsprechend steigende Benzinkosten. Die folgende Wirtschaftskrise richtete schwere Schäden in der britischen Autoindustrie an und brachte das schnelle Ende für das zunehmend veraltete Sportwagenangebot der Insel.

In Deutschland machten die steigenden Benzinpreise der bahnbrechenden BMW-Limousine 2002 Turbo einen Strich durch die Rechnung, aber der Abgasturbolader konnte sich etablieren. Ein weiterer Meilenstein der Technik war ein serienreifer Allradantrieb, der dank des einfallsreichen, eindrucksvollen und einflussreichen quattro-Coupés von Audi Fuß fasste.

De Tomaso Pantera

Spitze 240 km/h

Unten: Die herausragende Form der von Ghia entworfenen Karosserie des Pantera war eines seiner Merkmale, das Bestand hatte, wie dieser GTS von 1974 belegt. Man beachte das zurückgesetzte Heckfenster.

Auf dem Papier war der Pantera, der in seiner stärksten Motorisierung über 273 km/h schaffte, ein idealer Tourenwagen: elegant, schnell und nicht zu teuer. Leider waren die frühen Exemplare hoffnungslos unzuverlässig, aber dieser italienische Sportwagen zeigte letztlich einen langen Atem und wurde 25 Jahre produziert.

Der gebürtige Argentinier Alejandro de Tomaso verließ seine Heimat und erreichte 1955 Italien, wo sein Großvater väterlicherseits zu Hause war. 1959 gründete er in Modena eine Firma, die zunächst Rennwagen und später straßentaugliche Tourenwagen baute. Der Pantera von 1970 war sein erstes Serienfahrzeug.

Stilguru

Zu diesem Zeitpunkt hatte De Tomaso die Stylingfirmen Ghia und Vignale übernommen, und 1969 erwarb Ford in diesem Konglomerat von Firmen die Aktienmehrheit, um sein Engagement im Leistungssegment zu unterstreichen und seinen Erfolgen in Le Mans Nachdruck zu verleihen.

Nach außen hin sah der Mittelmotor-Pantera eindrucksvoll aus, dessen Design von dem Amerikaner John Taajara stammte, der 1958 zu Ghia gekommen war und schließlich zu einem Angestellten von De Tomaso wurde. Die technische Konstruktion lag in den Händen von Giampaolo Dallara, der zuletzt für Lamborghini gearbeitet hatte, wo er für den viel gepriesenen Miura verantwortlich war.

Der Pantera („Panther") basierte auf einem Stahlunterbau mit einem 310 PS starken 5,7-l-V8 von Ford, der die Räder über ein ZF-Fünfganggetriebe bewegte. Letzteres herzustellen kostete angeblich mehr als der Motor!

Bei einer Spitze von 240 km/h beschleunigten die europäischen Versionen des Modells in gut 6,5 Sekunden von 0 auf 100 km/h, die US-Modelle mit ihrer Abgasentgiftung eine halbe Sekunde langsamer.

Das Modell kam bei der Ankündigung auf der New York Motor Show von 1970 gut an. Aber die Wagen, die in Amerika über die Lincoln-Mercury-Händler von Ford verkauft wurden, waren unzuverlässig. Um weiteren Verlusten vorzubeugen, trennte sich Ford deshalb

Rechts: Vorderansicht des oben abgebildeten GTS mit Linkslenkung. Für die damalige Zeit ungewöhnlich waren die hinteren Reifen, die breiter waren als die vorderen. Was wie Lufteinlässe hinter den Heckfenstern aussieht, ist eine Attrappe. Der Kühler saß vorne, und die Vergaser saugten ihre Luft durch eine hintere Öffnung in der Nähe der Heckscheibe.

1973 von De Tomaso, behielt aber das Unternehmen Ghia und dessen angesehenen Namen.

In diesem Jahr wurde ein stärkerer Pantera mit der Bezeichnung GTS vorgestellt. Mit einem auf 350 PS getunten V8-Motor fuhr er angeblich 282 km/h, die Beschleunigung von 0 auf 100 km/h wurde bei den US-Modellen auf gut 5,6 Sekunden verkürzt.

Nach dem Bruch mit Ford zog De Tomaso auf ein kleineres Gelände in Modena um, und im Laufe der nächsten zwei Jahrzehnte tröpfelten immer wieder ein paar Pantera aus dieser Fabrik.

Das offenbar nicht kleinzukriegende Modell erhielt 1991 ein bescheidenes stilistisches Facelift, und ein 4,9-l-V8-Motor von Ford ersetzte den lange Zeit eingesetzten 5,7-l-Motor. Der Pantera wurde bis 1996 im Katalog geführt, als er durch den gleichermaßen in Dunkel gehüllten Guara GT ersetzt wurde!

Oben: *Dieser GTS von 1984 mit Heckflügel, einem beliebten Extra beim Pantera, sieht noch immer gut aus.*

Unten links: *Der Innenraum eines Rechtslenkers, der für den britischen Markt gebaut wurde.*

Technische Daten	**De Tomaso** Pantera
Motor	mittig längs
Bauart	V8
Bohrung x Hub	101 x 88 mm
Hubraum	5763 ccm
Ventilsteuerung	Stößel
Leistung	310 PS (229 kW) bei 5400 U/min
Getriebe	Fünfganggetriebe
Antrieb	Hinterachse
Chassis	selbsttragend
Radaufhängung vorne	Dreieckslenker und Schraubenfedern
Radaufhängung hinten	Dreieckslenker und Schraubenfedern
Bremsen	Scheibenbremsen
Höchstgeschwindigkeit	240 km/h
Beschleunigung	0–100 km/h: 6,6 sek

Panther J72

Spitze 196 km/h

__Unten:__ Die Verarbeitungsqualität des dem Vorkriegsmodell SS100 nachempfundenen J72 fand zahlreiche Bewunderer. Es gab das Modell sowohl als 3,8- als auch als 4,2-l-Sechszylinderversion sowie als 5,3-l-V12-Motor. Das abgebildete Exemplar wird vom Motor mit dem kleinsten Hubraum angetrieben. Man erkennt ihn an dem fehlenden Wulst in der Motorhaube auf der Beifahrerseite.

Der für die weltweite Bruderschaft der Playboys geschaffene Panther J72 war eines der am schnellsten beschleunigenden Fahrzeuge seiner Zeit, schaffte doch die V12-Version 100 km/h aus dem Stand in nur 6,6 Sekunden. Das Fahrzeug war das geistige Kind von Robert Jankel, der seine Motorsportkarriere bei der Ford-Tuningfirma SuperSpeed Conversions begonnen hatte, bevor er in die Modebranche ging. Die daraus entstandenen Fahrzeuge wiesen folglich diese ziemlich eklektischen Zutaten auf.

Anfänglich fertigte Jankel Nachbauten als Einzelstücke an, doch bald häuften sich die Aufträge. Das Ergebnis war 1971 die Gründung von Panther West Winds, und im folgenden Jahr kam der erste Panther.

„Die beste Kopie bis jetzt“ erklärte *Autocar* nach einem Test des J2, des ersten Modells der Reihe, das im Juni 1972 angekündigt wurde. Der Grund für den Namen des vom Sportwagen SS Jaguar 100 aus dem Jahre 1935 abgekupferten Modells wurde nun offensichtlich. Die neue Großkatze war gut konstruiert und sorgfältig gebaut, mit einer handgearbeiteten und glitzernd lackierten Aluminiumkarosserie. Den Wagen gab es für 4380 Pfund, den doppelten Preis eines Jaguar E-Type.

Das aus einem eckigen Rohrrahmen aufgebaute Fahrgestell erhielt Starrachsen mit Schraubenfedern, die mit einem fünfgliedrigen System an Ort und Stelle gehalten wurden. Unter der mit zahlreichen Lamellen versehenen Motorhaube befand sich ein Jaguar-XK-3,8-l-Motor, der mit zwei Vergasern 240 PS entwickelte. Es war im Grunde der gleiche Motor, der die Limousine Mark II und nicht den E-Type angetrieben hatte. Er wurde mit dem Synchrongetriebe aus dem Jaguar XJ6, mit Overdrive im höchsten Gang, verbunden.

Connolly-Polsterung

Das Finish des Cockpits passte bestens zum Rest des Fahrzeugs, die Sitze waren mit feinstem Connolly-Leder bezogen, ebenso wie die Türverkleidungen und das Lenkrad. Das geschmackvoll furnierte Armaturenbrett war mit Jaguar-Instrumenten gespickt.

In dieser Form brachte es der J2 auf 185 km/h. Im Allgemeinen erfüllte der Panther die Erwartungen, war leicht zu fahren, bequem und ideal für Schnellstraßen, auch wenn auf holprigen Landstraßen die Grenzen einer allzu einfachen nichtunabhängigen Aufhängung ziemlich schnell spürbar wurden.

Verbesserte Beschleunigung

In der Folge wurde der 3,8-l-Motor durch den 4,2-l-Motor von Jaguar ersetzt und vor allem, für das Baujahr 1974, mit dem 5,3-l-V12-Motor, den man mit einem Weber-Dreifachvergaser noch aufwerten konnte. Damit ließ sich nicht nur die Spitzengeschwindigkeit auf fast 200 km/h steigern, sondern auch die Beschleunigung drastisch verbessern, was zu Lasten des Benzinverbrauchs ging, der bei stattlichen 25,6 Litern auf 100 km lag. Der Preis betrug 9745 Pfund. Als die Produktion 1981 eingestellt wurde, waren insgesamt 430 Fahrzeuge fertig gestellt worden.

Leider ging Jankel 1979 in Konkurs, wenngleich der Name Panther noch bis 1996 weiter bestand. Zuletzt wurden die Fahrzeuge in Südkorea gebaut.

Technische Daten	**Panther** J2 (V12)
Motor	vorne längs
Bauart	V12
Bohrung x Hub	90 x 70 mm
Hubraum	5342 ccm
Ventilsteuerung	eine oben liegende Nockenwelle pro Zylinderreihe
Leistung	250 PS (185 kW) bei 6000 U/min
Getriebe	Vierganggetriebe
Antrieb	Hinterachse
Chassis	Doppelrechteck-Stahlrohrrahmen
Radaufhängung vorne	Längslenker, Panhardstäbe und Schraubenfedern
Radaufhängung hinten	Längslenker, Panhardstäbe und Schraubenfedern
Bremsen	Scheibenbremsen
Höchstgeschwindigkeit	196 km/h
Beschleunigung	0–100 km/h: 6,7 sek

Ganz links: *Der 3,8-l-Jaguar-XK-Motor.*

Links: *Die Instrumententafel mit Nussbaumfurnier und Lederlenkrad.*

Unten: *Die Motorhaubenschale folgte den Konturen des Luftfilters, der die beiden horizontalen Gleichdruckvergaser versorgte.*

Lancia Stratos

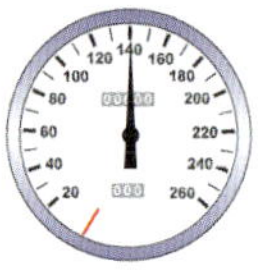

Spitze 225 km/h

Der Stratos ist ein „Homologationssondermodell", also ein Auto, das in geringer Stückzahl als Straßenfahrzeug gefertigt wurde, um an bestimmten Wettbewerben teilnehmen zu dürfen, in diesem Fall an der Rallyeweltmeisterschaft. Der Stratos bescherte Lancia von 1974 bis 1976 dreimal die Krone des Rallyesports.

Dieses Fahrzeug war als Stilübung des Hauses Bertone 1970 auf der Automobilausstellung von Turin zu bewundern. Die Arbeit von Konstrukteur Marcello Gandini, besser bekannt für das Design der Lamborghini Miura und Countach, basierte auf dem Chassis des Lancia HF mit einem 1,6-l-V4-Motor, der hinter den Fahrer verlegt wurde. In den futuristischen, keilförmigen und türlosen Wagen, den sein Schöpfer Stratos nannte, konnte man nur durch eine einzige Klappe an der Vorderseite einsteigen.

__Rechts:__ Das Herzstück – der von Fiat gebaute 2,4-l-Ferrari-Motor des Stratos.

__Unten:__ Ein Mittelmotor bedeutete, dass die Nase ganz den Anforderungen der Aerodynamik angepasst werden konnte. Die Klappscheinwerfer taten ein Übriges.

Lancias Motorsportleiter Cesare Florio, der in der Konzeptstudie die Grundlagen für ein erfolgreiches Rallyefahrzeug erkannte, stürzte sich auf das Modell. Das Problem war nur, dass sich der Lancia-Motor langsam dem Ende eines wettbewerbsfähigen Daseins näherte. Zum Glück stand eine Alternative zur Verfügung, denn die Firma war 1969 von Fiat übernommen worden. Es war das gleiche Jahr, in dem Italiens größter Automobilhersteller auch eine maßgebliche Beteiligung an Ferrari erworben hatte.

Ferrari-Power

Eine weitere Initiative von 1969 war der Ferrari Dino mit Mittelmotor. Er wurde von einem bei Fiat gebauten 2,4-l-V6-Motor angetrieben, der auch im gleichnamigen Fiat zum Einsatz kam. Und so wählte Florio diesen Motor auch für den Stratos.

Das Projekt machte einen gewaltigen Satz nach vorne, als das Fahrzeug 1971 auf der Turiner Automobilausstellung zu bestaunen war. Die Glasfaserkarosserie ruhte auf einem stählernen Unterbau, und im Unterschied zum Vorgänger aus dem Vorjahr hatte diese Version herkömmliche Türen. Auf den definitiven Stratos musste man allerdings noch ein Jahr warten.

Dieses Auto war ein untersetzt und zweckmäßig wirkender, von Bertone verfeinerter Keil mit einem Radstand von nur 2184 mm. Der Ferrari-Motor war quer hinter dem Fahrer eingebaut, und das Fahrzeug schaffte temperamentvolle und zuverlässige 225 km/h Spitze. Der Stratos erhielt seine Feuertaufe bei der Tour

Links: Ein Stratos im Rallyegewand. Er brachte den Werksteams von Lancia beachtliche Erfolge und bewies auch in den Händen privater Teams, was er wert war. Zwischen 1974 und 1977 wurde der Stratos regulär mit Vierventilzylinderköpfen ausgestattet, die die Leistung auf 285 PS steigerten.

Links: Ein Stratos von 1975 auf der Straße. Obwohl die Leistung außer Frage stand, wies der Wagen auf der Sollseite unberechenbares Handling und einen etwas beengten Innenraum auf. In den Händen von Profis spielte das jedoch keine Rolle, wie ein Sieg bei der Rallye Monte Carlo 1979 bewies, als Privatfahrer Darniche Ford und andere Werksteams in die Tasche steckte.

de Corse 1972, obwohl er nach einem Aufhängungsschaden aufgeben musste. Bald aber fand er seine Form.

Der erste Sieg folgte 1973 bei der spanischen Firestone-Rallye, doch die Fertigung begann erst 1974, sodass der Stratos in der Prototypenklasse antreten musste. Von da an war er praktisch unschlagbar.

Als der V6-Ferrari-Motor für die Straße gedrosselt wurde, brachte er noch 190 PS. Die Sitze waren ziemlich eng, und während man nach vorne eine gute Sicht hatte, war der Blick zur Seite eingeschränkt. Der Gepäckraum war minimal, wenn auch die Türen Ablagefächer besaßen.

Die Fertigung des Stratos wurde 1975 eingestellt, nachdem 492 Stück gebaut worden waren – acht weniger als die erforderlichen 500!

Technische Daten	**Lancia** Stratos
Motor	mittig quer
Bauart	V6
Bohrung x Hub	92 x 60 mm
Hubraum	2418 ccm
Ventilsteuerung	zwei oben liegende Nockenwellen pro Zylinderreihe
Leistung	190 PS (140 kW) bei 7000 U/min
Getriebe	Fünfganggetriebe
Antrieb	Hinterachse
Chassis	selbsttragend
Radaufhängung vorne	Schraubenfedern und Dreieckslenker
Radaufhängung hinten	Schraubenfedern und Dreieckslenker
Bremsen	Scheibenbremsen
Höchstgeschwindigkeit	225 km/h
Beschleunigung	0–100 km/h: 6 sek

Jaguar XJ12

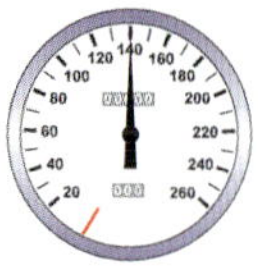

Spitze 225 km/h

Eine sanfte, turbinenähnliche Beschleunigung ist das Hauptmerkmal des V12-Motors, und 1972 erweiterte Jaguar den Einsatz dieses Motors auf die Limousine XJ6. Das Ergebnis war ein eindrucksvolles Fahrzeug: der beliebteste Viersitzer der Welt mit zwölf Zylindern unter der Haube.

Der 250 PS starke 5,3-l-Motor mit einer Nockenwelle pro Zylinderbank feierte sein Debüt im E-Type Series III von 1971. Dann übernahm man ihn für die viertürige Limousine XJ6, die bei ihrer Markteinführung 1968 den Titel „Auto des Jahres" gewann. Dieses Modell setzte neue Maßstäbe, was geräuscharmes und kultiviertes Fahren anging.

Der XJ12, der es mit dem 4,2-l-Sechszylindermotor auf 193 km/h brachte, glich äußerlich dem Sechszylinderfahrzeug, war aber an den senkrechten Lamellen im Kühlergrill anstelle des ursprünglichen Gitters erkennbar. Diese wurden noch betont durch ein dezentes, mittig angebrachtes V-Symbol.

Das Automatikgetriebe war serienmäßig und trug seinen Teil zum verschwenderischen Benzinverbrauch von 23,5 Litern auf 100 km bei, der sich bei der Version XJ12L mit langem Radstand, die zum Modelljahr 1973 erschien, sogar noch verschlimmerte. Letztere gab es auch als Daimler Double Six.

Mit einer Spitzengeschwindigkeit von 225 km/h erreichte dieser Jaguar die 160 km/h aus dem Stand in weniger als 20 Sekunden. Leider litt der Absatz des Modells unter der Ölkrise der Jahre 1973/74. 1975 erhielt die XJ-Reihe ein Facelift. Diese XJ12 der Baureihe II wurden nur mit langem Radstand gebaut und

Rechts: *Das Innenleben des gegenüber abgebildeten Coupés, das unter der Bezeichnung XJ12C vermarktet wurde. Das Automatikgetriebe war obligatorisch, obwohl ein Schaltgetriebe bei diesem eher „sportlichen" Modell wünschenswert gewesen wäre.*

Unten: *Diese Limousine stammt von 1973 und ist ein Fahrzeug der Baureihe II, wie man an den höher montierten Stoßfängern erkennt.*

waren erkennbar an dem flacheren Kühlergrill und der höheren Stoßfängerlinie.

Der V12-Motor wurde durch die neue Benzineinspritzung auf eine Leistung von 285 PS gesteigert, und 1975 wurde die Modellbezeichnung zu XJ5.3 geändert, wodurch man diplomatisch den Hinweis auf die zwölf durstigen Zylinder verschwinden ließ!

Pininfarina-Styling

Die Reihe wurde mit den XJ Mark III 1979 stilistisch von Pininfarina überarbeitet. Jaguar nahm sich des Schluckspechtproblems 1981 durch die Version HE an, einer Abkürzung für „High Efficiency" („hohe Wirtschaftlichkeit"). Diese verwendete neue Zylinderköpfe, die von dem Schweizer Ingenieur Michael May stammten. Der Verbrauch wurde damit auf etwas leichter verdauliche 17,6 Liter pro 100 km gesenkt.

In der Saison 1984 trat die Bezeichnung Sovereign an die Stelle des Buchstabenkürzels XJ, und 1990 mutierte das Modell zum Jaguar V12. Obwohl eine neue Version des XJ6 mit dem Codenamen XJ40 1986 eingeführt wurde, war der V12-Motor weiterhin der einzige, der in die Karosserie der Baureihe III eingebaut wurde, die bis 1993 in Produktion blieb. Der auf sechs Liter vergrößerte Motor wurde dann in die Reihe XJ40 übernommen. Er wurde bis 1996 gebaut, als der Zwölfzylinder das Feld für den neuen V8 räumte.

Oben: *Ein Coupé von 1974 mit seinem markanten Vinyldach, das auf Geheiß der Marketingabteilung, nicht in der technischen Abteilung entstand!*

Links: *Broadspeed trimmte den XJ12C für Renneinsätze der Gruppe 2. Sie fuhren 1976 und 1977 Rennen, erzielten aber keine nennenswerten Erfolge.*

Technische Daten	**Jaguar** XJ12
Motor	vorne längs
Bauart	V12
Bohrung x Hub	90 x 70 mm
Hubraum	5343 ccm
Ventilsteuerung	eine oben liegende Nockenwelle pro Zylinderreihe
Leistung	250 PS (185 kW) bei 6000 U/min
Getriebe	Dreigangautomatikgetriebe
Antrieb	Hinterachse
Chassis	selbsttragend
Radaufhängung vorne	Dreieckslenker und Schraubenfedern
Radaufhängung hinten	Dreieckslenker, Antriebswelle und Schraubenfedern
Bremsen	Scheibenbremsen
Höchstgeschwindigkeit	225 km/h
Beschleunigung	0–100 km/h: 7,5 sek

Maserati Bora

Spitze
260 km/h

Rechts: *Der italienisch-französische Bora, Maseratis erstes Serienfahrzeug mit Mittelmotor, dessen Styling von Giorgetto Giugiaro stammte. Dieses Exemplar stammt von 1975. Der Antrieb kam von Maseratis erprobtem V8-Motor.*

Unten: *Der Bora besaß die Tugend, ein ruhiges, kraftvolles Fahrzeug mit viel Raum für die beiden Insassen zu sein. Auf der Sollseite stand ein schwaches Heizungs- und Lüftungssystem.*

Es war mit keinem früheren Maserati vergleichbar: Das Bora-Coupé mit Mittelmotor, das 260 km/h schnell war, verband eine herausragende Straßenlage mit bemerkenswerter Kultiviertheit, die nicht unbedingt immer ein Merkmal war, das man mit dieser Marke in Verbindung brachte!

Das Modell entstand in einer Zeit, als Maserati im Besitz von Citroën war, und aus diesem Grunde benutzte der Bora hydraulische Bremsen. Die aufklappbaren Scheinwerfer wurden ebenfalls hydraulisch gesteuert, und das Gleiche galt für Fahrersitz und Lenksäule.

Die Coupékarosserie, die 1969 in Auftrag gegeben wurde, stammte von Ital Design und wurde durch ein Edelstahldach optisch aufgewertet. Die Form war sowohl unverwechselbar als auch ansprechend, aber die Sicht nach hinten war alles andere als perfekt aufgrund der Lage des 4,7-l-V8-Motors von Maserati. Dieser wurde bereits im Zweisitzercoupé Ghibli in der üblichen Frontlage verwendet. Mit dem Längseinbau im Bora trieb er die Hinterräder über ein ZF-Fünfganggetriebe an.

Mit der Bezeichnung Type 117 wurde das Fahrzeug 1971 auf dem Genfer Automobilsalon angekündigt, obwohl ein weiteres Jahr verging, bis die Produktion anlief. Als reiner Zweisitzer war das Modell bequem und besaß ein hervorragendes Handling, das zum Motor passte und außerdem überraschend leise war. Die Kritik beschränkte sich auf die Bremsen, die als zu empfindlich galten, und auf die schwache Heizung und Lüftung. Der kraftvolle V8-

Motor mit seinen 310 PS war durstig und schluckte verschwenderische 25,6 Liter Benzin auf 100 km.

Erhöhte Spitzengeschwindigkeit

Die Unruhen der 70er führten nicht nur zu einem heftigen Anstieg der Kraftstoffpreise, sondern auch dazu, dass Citroën Maserati wieder abstieß. Die Produktion des Bora fiel von 56 Fahrzeugen 1973 auf lediglich ein halbes Dutzend 1976. Man zog die Möglichkeit in Betracht, den Bau des Modells ganz einzustellen, vergrößerte den Motor aber stattdessen auf 4,9 Liter und erhöhte die Spitzengeschwindigkeit auf 265 km/h. Er sollte bis 1978 in Produktion bleiben. Bis zu diesem Zeitpunkt waren 571 Exemplare gefertigt worden.

Der Bora lebte in der Gestalt des von ihm abgeleiteten Merak von 1972 weiter, der die gleiche Karosserie besaß, aber von einer Zweiliterversion des Citroën-V6-Motors angetrieben wurde. Dieses Auto war 204 km/h schnell, und 1975 kam der leichtere, schnellere Merak SS mit einem auf drei Liter vergrößerten Hubraum auf den Markt, der es sogar auf 246 km/h brachte.

Als die Produktion des Merak, der wesentlich populärer war als der Bora, 1983 eingestellt wurde, waren rund 1500 Stück produziert worden, was ihn zum beliebtesten Maserati seiner Zeit machte.

Technische Daten	**Maserati** Bora (4,7 Liter)
Motor	mittig längs
Bauart	V6
Bohrung x Hub	91 x 75 mm
Hubraum	4719 ccm
Ventilsteuerung	zwei oben liegende Nockenwellen pro Zylinderreihe
Leistung	310 PS (229 kW) bei 6000 U/min
Getriebe	Fünfganggetriebe
Antrieb	Hinterachse
Chassis	selbsttragend
Radaufhängung vorne	Hydraulik- und Schraubenfedern
Radaufhängung hinten	Hydraulik- und Schraubenfedern
Bremsen	Scheibenbremsen
Höchstgeschwindigkeit	260 km/h
Beschleunigung	0–100 km/h: 6,5 sek

***Oben:** Trotz der unverwechselbaren Heckpartie war die Sicht des Fahrers nach hinten aufgrund des Mittelmotors schwach. Wegen des einfachen hinteren Stoßfängers durfte das Fahrzeug nicht in den USA verkauft werden.*

***Links:** Ein Bora mit Rechtslenker. Obwohl das Lenkrad auf der rechten Seite saß, wurde die Handbremse nicht umgebaut und war deshalb schwer erreichbar.*

BMW 2002 Turbo

Spitze
210 km/h

Unten: Der Turbo mit seinem unverwechselbaren Frontspoiler, seiner charakteristischen Lackierung und seinen typischen Aufklebern, tiefer gelegter Radaufhängung und breiteren Felgen und Reifen.

Als erstes Straßenfahrzeug Europas mit Abgasturbolader war die zweitürige Limousine 2002 von BMW mit einer um rund 20 km/h auf 210 km/h gesteigerten Höchstgeschwindigkeit eine regelrechte Offenbarung.

Der Ausgangspunkt für dieses aufregende Projekt war – zumindest, was die Öffentlichkeit anging – ein „experimentelles Sicherheitsfahrzeug", das BMW 1972 vorstellte. Dieses Einzelstück, ein Coupé mit Glasfaserkarosserie, hatte eine theoretische Höchstgeschwindigkeit von 250 km/h. Von einer Turboversion des Zweilitermotors im 2002 angetrieben, brachte es rund 200 PS auf die Straße, gute 70 PS mehr als die herkömmliche Version. Die Ursprünge liegen in einem Rennmotor aus einem BMW 2002, der 1969 den Klassensieg in der Europäischen Tourenwagenmeisterschaft errang. Es war das erste Mal, dass ein Turbo bei dieser Rennserie antrat, und nachdem dieser seine Zuverlässigkeit bewiesen hatte, setzte sich BMW daran, eine Straßenversion zu entwickeln.

Kriegsgeschick

Unglücklicherweise traf die Markteinführung des 2002 Turbo auf der Internationalen Automobilausstellung 1973 mit dem Ausbruch des Jom-Kippur-Krieges zusammen. In der Folge stiegen die Preise für Öl und Benzin drastisch an, und das Fahrzeug wurde nur zehn Monate lang gebaut.

Das ausnahmslos weiß lackierte Fahrzeug war tiefer gelegt und besaß breitere Räder und Reifen, die sogar eine Verbreiterung der Radkästen erforderten. Einen vorderen Stoßfänger gab es nicht, dafür einen tief heruntergezogenen Spoiler mit dem Wort „Turbo" in Spiegelschrift, sodass andere Fahrer bereits im Rückspiegel erkennen konnten, wovon sie demnächst überholt wurden. Dieses Merkmal wurde allerdings von der ansonsten wohlwollenden deutschen Presse kritisiert, und BMW ließ die Idee schnell wieder fallen. Die unverwechselbaren bunten Streifen an den Flanken des Autos wurden jedoch beibehalten.

Die Montage des KKK-Turboladers unterschied sich von der im Mittelmotor-Coupé von 1972 dadurch, dass er tief unterhalb des Auspuffkrümmers saß statt darüber, sodass der Wagen nicht mit Rechtslenkung gebaut werden konnte.

Auf der Straße wurde das Vorhandensein des Turboladers nur über 4000 U/min spürbar, wenn die zusätzliche Leistung wie aus dem Nichts in Erscheinung zu treten schien. Und weil es sich hier um eine Neuentwicklung handelte, fehlte dem Turbo noch die Flexibilität.

Eine sich rasch verschlechternde Weltwirtschaftslage hatte zur Folge, dass bei Produktionsende 1974 nur 1672 Exemplare gebaut worden waren. BMW ließ das Konzept erst 1978 wieder aufleben, als Straßenfahrzeuge mit Turboladern bereits eine bewährte Technik waren, dank des bahnbrechenden Einsatzes aus dem Münchener Unternehmen.

Oben: *Der Heckspoiler und die ausgestellten vorderen und hinteren Radkästen waren weitere Merkmale des Turbo. Im Unterschied zur Fahrzeugfront, wo sie fehlte, besaß das Heck des Autos eine Stoßstange.*

Links: *Ein kleineres, gepolstertes Lenkrad und Zusatzinstrumente waren nur einige der Verfeinerungen des Turbos. Auch der Kraftstofftank war größer als üblich.*

Technische Daten	**BMW** 2002 Turbo
Motor	vorne längs
Bauart	4 Zylinder in Reihe, Turbolader
Bohrung x Hub	89 x 80 mm
Hubraum	1990 ccm
Ventilsteuerung	oben liegende Nockenwelle
Leistung	170 PS (125 kW) bei 5800 U/min
Getriebe	Vier- oder Fünfganggetriebe
Antrieb	Hinterachse
Chassis	selbsttragend
Radaufhängung vorne	McPherson-Federbeine
Radaufhängung hinten	schrägliegende Längslenker, Schraubenfedern
Bremsen	vorne Scheibenbremsen, hinten Trommelbremsen
Höchstgeschwindigkeit	210 km/h
Beschleunigung	0–100 km/h: 6,9 sek

Lamborghini Countach

Spitze 282 km/h

Rechts: *Der V12-Motor von Lamborghini saß im Countach und in seinem Nachfolger Diablo längs. Er war allerdings weniger leicht zugänglich als der quer eingebaute Motor im Miura.*

Unten: *Der Mittelmotor ermöglichte das keilförmige Profil des Countach. Hier handelt es sich um das Modell LP400S von 1981. Was nach Scheinwerfern aussieht, sind in Wirklichkeit Blinker. Die eigentlichen Scheinwerfer sind eingeklappt.*

Ein Modell mit dem Ansehen des Miura zu ersetzen, wäre für jeden Automobilhersteller eine beängstigende Vorstellung gewesen, aber Lamborghini war schließlich nicht irgendein Kfz-Bauer. Das neue Superauto debütierte 1971 und wurde „Countach" getauft, ein Dialektausdruck aus Norditalien, den ein staunender Arbeiter ausgestoßen haben soll, als er das neue Fahrzeug zum ersten Mal sah.

Wie der Miura hatte der Wagen einen Mittelmotor. Dieses V12-Triebwerk wurde auf einen Hubraum von fünf Litern vergrößert und längs statt quer eingebaut. Chefingenieur Paolo Stanzani entschloss sich, das Fünfganggetriebe in der Mitte des Fahrzeugs neben dem Fahrer unterzubringen. Wegen des Heckantriebs lag die Antriebswelle innerhalb einer versiegelten Röhre durch die Motorölwanne.

Lamborghini wandte sich wieder einmal an Marcello Gandini von Bertone, um eine passende Karosserie für diese unkonventionelle Mechanik zu entwerfen, und er enttäuschte nicht. Das Ergebnis war eine automobile Skulptur höchster Qualität, ein verwegenes keilförmiges Coupé mit Klappscheinwerfern und einprägsamen nach oben öffnenden Türen.

Begeisterter Empfang

Der erste Countach wurde rechtzeitig zum Genfer Salon 1971 fertig, wo er so begeistert aufgenommen wurde, dass Lamborghini überzeugt war, einen würdigen Nachfolger für den Miura gefunden zu haben. Dennoch dauerte es noch drei Jahre, bis der erste Serien-Countach das Werk in Sant'Agata Bolognese verließ. Der vergrößerte V12-Motor hatte sich bei den Tests in Wohlgefallen aufgelöst, sodass man den ursprünglichen 375 PS starken 3,9-l-Motor einsetzte.

Links: *Rückansicht des 400S. Obwohl der Heckspoiler einen Beitrag zur Optik des Fahrzeugs leistete, litt der Countach entgegen seines Eindrucks keinesfalls unter aerodynamischem Auftrieb, und der Spoiler erhöhte Luftwiderstand, Gewicht und Kosten. Man beachte den vierfachen Auspuff.*

Unten: *Ein 5000QV ohne Heckflügel – wahrscheinlich zum Vorteil. Obwohl der Wagen äußerlich mit seinen Vorgängern identisch war, wurde seine Leistung durch ein neues Design des V12-Motors verändert, der nicht nur mehr Hubraum, sondern auch vier Ventile pro Zylinder bekam.*

Das Modell war dennoch schneller als sein Vorgänger und erreichte bei einer Beschleunigung von 0 auf 160 km/h in gut 13 Sekunden rund 282 km/h. Und wenn Fahrer und Beifahrer auch einige Probleme beim Ein- und Aussteigen hatten – was soll's?

Die Originalversion überlebte bis 1978, als sie vom Countach S mit breiteren Campagnolo-Leichtmetallfelgen abgelöst wurde – die Radkästen wurden entsprechend erweitert. Ein Heckflügel, der dem Wagen ein aerodynamischeres Aussehen gab, wurde zu einem beliebten (wenn auch nicht ganz notwendigen) Extra.

Kräftigerer Motor

1982 wurde der V12-Motor auf 4,7 Liter vergrößert, und das Fahrzeug hieß jetzt LP5000S. Weitere Veränderungen waren im Gange, und 1985 wurde der Hubraum nochmals auf 5,2 Liter erhöht, und der Motor bekam doppelte Nockenwellen und Vierventilzylinderköpfe. Mit nunmehr 455 PS war der so entstandene 5000QV (für „quattro valvole“ = vier Ventile) bei einer Spitze von 286 km/h schneller und nach Meinung seiner Besitzer auch leichter zu fahren, dank des besseren Drehmoments seines Motors.

Dem QV war eine vierjährige Produktionsdauer beschieden. 1988 stellte Lamborghini zum 25. Jahrestag seines ersten Pkws ein Jubiläumsmodell mit leicht überarbeiteter Karosserie vor. Im Juli 1990 wurde der Countach nach 1549 Exemplaren eingestellt.

Obwohl der 5-l-V12-Motor, der ursprünglich für den Countach entwickelt worden war, auf Eis gelegt

Technische Daten	**Lamborghini** Countach (3,9 Liter)
Motor	mittig längs
Bauart	V12
Bohrung x Hub	82 x 62 mm
Hubraum	3929 ccm
Ventilsteuerung	zwei oben liegende Nockenwellen pro Zylinderreihe
Leistung	375 PS (277 kW) bei 8000 U/min
Getriebe	Fünfganggetriebe
Antrieb	Hinterachse
Chassis	Stahlrohrrahmen
Radaufhängung vorne	Dreieckslenker und Schraubenfedern
Radaufhängung hinten	Dreieckslenker und Schraubenfedern
Bremsen	innenbelüftete Scheibenbremsen
Höchstgeschwindigkeit	282 km/h
Beschleunigung	0–100 km/h: 5,8 sek

Oben: *Der Jubiläums-Countach mit Rechtslenker, von dem rund 30 Exemplare in Großbritannien verkauft wurden. Er ist leicht an seinen sanfteren, weicheren Linien zu erkennen.*

Unten: *Bedeutende Veränderungen wurden am Heck vorgenommen – Designer Marcello Gandini war von diesem Aspekt besonders angetan.*

wurde, baute man ein zweites Exemplar, und die Geschichte dahinter bietet ein weiteres faszinierendes Kapitel der Countach-Historie.

Lamborghini-Fan Walter Woolf, der Besitzer des allerletzten Miura, spielte ebenfalls eine bedeutende Rolle in der Entwicklung des stark verbesserten Countach S von 1978. Der in Österreich geborene Kanadier, der mit Ölbohrausrüstungen zum Millionär geworden war, unterstrich sein Motorsport-Engagement 1976 mit der Gründung eines eigenen Formel-1-Rennstalls.

Im Jahre 1974 wurde ihm ein roter Countach angeliefert, angeblich das erste Fahrzeug, das vom Band gelaufen war. Woolf schaffte es, das Werk in Sant' Agata zu veranlassen, einen zweiten Fünflitermotor von jenem Typ zu bauen, der den Countach-Prototypen angetrieben hatte und der sich bei den Tests 1971 auf spektakuläre Weise verabschiedet hatte. Dieser spezielle V12-Motor hatte einen Hubraum von 4971 ccm, ein Innenmaß von 85 mm x 73 mm und eine Leistung von 440 PS bei 7400 U/min. Er wurde auftragsgemäß in Woolfs ersten Countach eingebaut, der auch einen beweglichen Heckspoiler erhielt, breite Pirelli-P7-Reifen und plump verbreiterte Radkästen. Und so wurde der Countach S geboren.

Öffentliche Durchsagen

Als Woolf den Wagen einem japanischen Fan verkaufte, behielt er den Motor und baute ihn in einen zweiten Countach ein, den er 1976 erworben hatte. Dieses Fahrzeug war innen und außen in den Farben seines Rennstalls, dunkelblau und goldfarben, gehalten. Das Auto war zudem mit einem Lautsprechersystem für öffentliche Durchsagen ausgerüstet.

Der 5-l-V12-Motor wurde auch in Woolfs dritten Countach eingebaut, dessen Bremsen und Kupplung verbessert wurden, um den Anforderungen des stärkeren Motors gerecht zu werden.

Er war von diesen Veränderungen so begeistert, dass er Giampaolo Dallara, den Schöpfer des Miura, der zu De Tomaso abgewandert war, dafür bezahlte, zu seinem früheren Arbeitgeber zurückzukehren, um die Serienfahrzeuge in der gleichen Weise aufzupeppen. Das Ergebnis war der deutlich verbesserte Countach S.

Auch die Räder wurden verändert. Woolf hatte bereits die so genannten „Wählscheiben“-Felgen von Campagnolo angebracht, und die passenden Radkastenverbreiterungen aus Glasfaser, zusammen mit einem Frontspoiler, trugen zu einer optischen Aufwertung bei, an der man das Modell erkennen konnte.

Da Lamborghini letztendlich den Hubraum des V12-Motors 1982 auf 4754 ccm vergrößerte, besaß der neue Motor andere Abmessungen als der ursprüngliche Fünflitermotor. Eine dritte Streckung fand 1985 statt, als der Hubraum nochmals auf 5167 ccm vergrößert wurde und der Motor Vierventilzylinderköpfe erhielt.

Dies war also die Rolle, die der gut betuchte und begeisterte Walter Woolf in der Geschichte von Lamborghini spielte. Tatsächlich war er an einem Punkt sogar kurz davor, die ganze Firma zu kaufen, aber angesichts zukünftiger Ereignisse setzten sich zum Glück weisere Berater durch!

Unten: Die Scherentüren dieses Modells sind eines seiner herausragendsten Merkmale. Die Lufteinlässe des Motors wurden neu gestaltet und durch diese breiteren und niedrigeren ersetzt. [illegible] Luftschaufeln [illegible], die auch kurz vor den hinteren Radkästen noch einmal auftauchten, waren eine weitere Detailverbesserung.

Porsche 911 Turbo

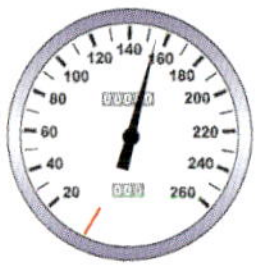

Spitze
246 km/h

Als Porsche 1962 den mittlerweile legendären 911 einführte, erreichte dieser bereits beachtliche 209 km/h. Dieser Wert verbesserte sich über die Jahre, doch einen großen Sprung machte die Baureihe erst 1974 mit dem 911 Turbo, der es auf 246 km/h brachte und in nur 14 Sekunden von 0 auf 160 km/h beschleunigte.

Obwohl Porsches gewaltiger Rennwagen 917 von 1970/71, der mehrfach in Le Mans gewann, bereits von einem Turbo beatmet wurde, hatte man dieses Konzept nicht sofort auf die Straßenfahrzeuge übertragen. Es blieb BMW überlassen, 1973 den 2002 als ersten straßentauglichen Turbo in Europa vorzustellen. Um die Homologation für den 935 zu erreichen, den man in der Gruppe 4 an den Start zu schicken gedachte, machte sich Porsche daran, eine Turboversion des 911 zu entwickeln, die bei der Pariser Automobilausstellung 1974 vorgestellt wurde.

Serviertablett

Unter der Bezeichnung 930 entwickelt, erkannte man den 911 Turbo sofort an seinen breiteren Rädern und den dazu passenden Radkästen, während ein großes „Serviertablett“ als Heckspoiler half, die Räder fest auf der Straße zu halten.

Darunter brummte ein leicht gezähmter rennerprobter luftgekühlter RSR-Carrera-3l-Sechszylinderboxermotor mit KKK-Turbolader. In dieser Form brachte er 260 PS Leistung, gute 60 PS mehr als der Dreiliter-Carrera ohne Turbolader.

Der schnelle und erstaunlich flexible 911 Turbo war ein bequemes, gut ausgestattetes Fahrzeug, das serienmäßig Klimaanlage und elektrische Fensterheber besaß. Es wurde in dieser Form bis 1978 produziert, als man den Hubraum auf 3,3 Liter erhöhte und einen rennerprobten Zwischenkühler einführte, der die Effizienz des Turboladers erhöhte. Die Höchstge-

Unten: *Etwas Besonderes: ein 3,3-l-Turbo von 1980 ohne sichtbares Chrom – mattschwarz war eine Spezialität von Porsche! Die breiteren Räder und Radkästen waren damals bereits etablierte Merkmale des Turbo. Weniger offensichtlich sind die gelochten Scheibenbremsen, die von Alcan-Vierkolbenbremssätteln arretiert wurden.*

schwindigkeit wurde so auf 257 km/h gesteigert und die Beschleunigung aus dem Stand auf 160 km/h auf 12 Sekunden gesenkt, wodurch dieser Turbo das am schnellsten beschleunigende Straßenfahrzeug seiner Zeit war. Nachdem er ursprünglich mit einem Vierganggetriebe ausgestattet war, wartete er bis 1988 auf einen zusätzlichen hohen Gang. Dieser Turbo der zweiten Generation wurde bis Mitte 1989 gebaut und tauchte bereits im Frühjahr 1990 in überarbeiteter Form als Carrera 2 wieder auf.

Der Carrera Turbo der dritten Generation kam 1994 mit einem 3,6-l-Motor, zweifachen KKK-Turboladern und Allradantrieb. Entsprechend sicher auf den Rädern, leicht erkennbar an einem charakteristischen Aufheulen und außergewöhnlich flott, schaffte er eindrucksvolle 286 km/h.

Der 911 Turbo der Saison 2001 besitzt einen ähnlichen Antrieb, einen wassergekühlten Motor und wahlweise auch ein halbautomatisches Tiptronic-Getriebe. Und er nimmt locker die 300-km/h-Hürde.

Links: *Der klimatisierte Innenraum des 911 Turbo war besonders gut ausgestattet. Der Drehzahlmesser dominierte die Instrumententafel und war direkt vor dem Fahrer angebracht, wobei die Ladedruckanzeige des Turboladers im unteren Bereich des Instruments war.*

Unten links: *Dieser 3,3-l-Turbo war leicht an dem neuen, eckigeren Heckspoiler mit seiner nach oben gezogenen Gummieinfassung erkennbar. Dieser erzeugte nicht nur Abtrieb, sondern enthielt auch den Kühler der Klimaanlage und diente dem neu eingebauten Zwischenkühler, der die Temperatur der turbogeladenen Luft senkte und auf diese Weise die Effizienz des Motors erhöhte.*

Technische Daten	**Porsche** 911 Turbo (3 Liter)
Motor	hinten längs
Bauart	6 Zylinder Boxer, mit Turbolader
Bohrung x Hub	95 x 70 mm
Hubraum	2993 ccm
Ventilsteuerung	oben liegende Nockenwelle
Leistung	260 PS (192 kW) bei 5500 U/min
Getriebe	Vierganggetriebe
Antrieb	Hinterachse
Chassis	selbsttragend
Radaufhängung vorne	Dreieckslenker und Torsionsstäbe
Radaufhängung hinten	schräg liegende Längslenker und Torsionsstäbe
Bremsen	innenbelüftete Scheibenbremsen
Höchstgeschwindigkeit	246 km/h
Beschleunigung	0–100 km/h: 6,5 sek

Aston Martin Lagonda

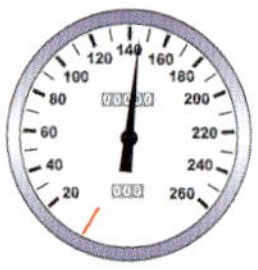

Spitze 233 km/h

Der luxuriöse und futuristisch anmutende 233 km/h schnelle Lagonda war eine erfolgreiche Initiative, eine zweite Produktlinie neben den Sportwagen zu schaffen, die das Unternehmen bisher ausschließlich hergestellt hatte.

Aston Martin besaß die Marke Lagonda, seit David Brown 1947 beide Firmen gekauft hatte. Die Lagondas waren in begrenztem Umfang weiterproduziert worden, bis 1964 der auf dem DB4 basierende Rapide eingestellt wurde. Der Name Lagonda wurde 1974 als Modellbezeichnung für eine viertürige Limousine, die auf einem verlängerten Aston-Martin-V8-Fahrgestell basierte, wiederbelebt. Es wurden nur sieben Stück gebaut, und die Produktion endete 1976. Allerdings erhielt die Firma dadurch die Plattform, auf der sie ihr neues Fahrzeug aufbauen konnte.

Das Unternehmen war 1974 in Konkurs gegangen, und ein Jahr später übernahm eine neue Geschäftsführung die Leitung. Sie gab bei William Towns, der bereits das V8-Coupé entworfen hatte, ein neues Karosseriedesign in Auftrag, und das Ergebnis war eine flache und kantige viertürige Limousine mit verdeckten Scheinwerfern und einem großzügig bemessenen Gepäckraum. Der neue Aston Martin war ein gewagt in die Länge gezogenes Fahrzeug und mit 5283 mm tatsächlich einer der längsten Serien-Pkw Europas. Er wurde von einer abgespeckten Version des firmeneigenen 5,3-l-V8-Motors mit leichteren Nockenwellen und größeren Ventilen angetrieben. Das Dreigangautomatikgetriebe wurde beibehalten.

Unten: *Der Lagonda-Prototyp von 1976. Er war nur 1295 mm hoch und besaß jede Menge Gepäckraum, doch die Fondpassagiere beklagten sich über mangelnde Beinfreiheit.*

Großzügiger Innenraum

Der Innenraum war üppig mit geknöpften Lederpolstern ausgestattet. Der wahrhaft revolutionäre Aspekt in der Gestaltung waren jedoch die hochmodernen elektronischen Armaturen. Dessen Vervollkommnung sowie die damit verbundenen Probleme machten beinahe das gesamte Projekt zunichte.

Das war auch der Hauptgrund für die zweieinhalbjährige Pause, bis Anfang 1979 der erste Serien-Lagonda das Aston-Martin-Werk in Newport Pagnell

Rechts: *Die Scheinwerfer lagen unter elektrisch gesteuerten Klappen. Wenn die Motorhaube geöffnet wurde, blieben sie an Ort und Stelle. Die zusätzlichen Halogennebel- und -fernscheinwerfer sitzen in einer Nische oberhalb der vorderen Stoßfänger.*

Gegenüber unten: *Ein Lagonda der Baureihe 4 von 1987. Die ursprünglich strenge Form wurde etwas abgemildert. Die seitlichen Stoßleisten wurden weggelassen, und die Hauptscheinwerfer wurden neben den Kühlergrill verlegt.*

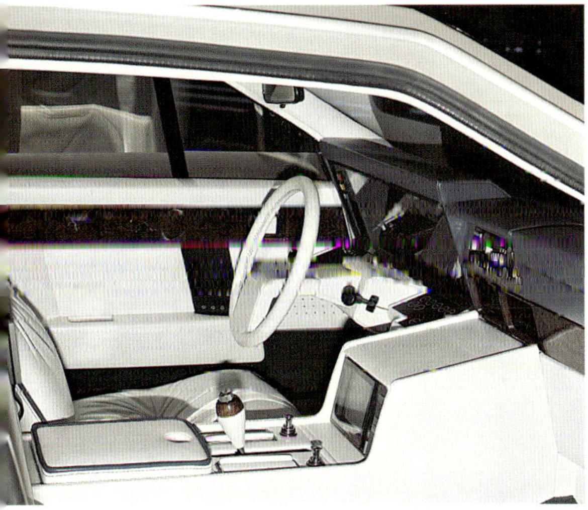

Technische Daten	**Aston Martin** Lagonda
Motor	vorne längs
Bauart	V8
Bohrung x Hub	85 x 100 mm
Hubraum	5340 ccm
Ventilsteuerung	zwei oben liegende Nockenwellen pro Zylinderreihe
Leistung	280 PS (207 kW) bei 5000 U/min
Getriebe	Dreigangautomatik
Antrieb	Hinterachse
Chassis	Plattformrahmen
Radaufhängung vorne	Dreieckslenker und Schraubenfedern
Radaufhängung hinten	De-Dion-Achse und Schraubenfedern
Bremsen	Scheibenbremsen
Höchstgeschwindigkeit	233 km/h
Beschleunigung	0–100 km/h: 9 sek

verließ. In der Zwischenzeit war der Preis in den inflationsgebeutelten 70ern von 24 570 Pfund auf 49 933 Pfund gestiegen. Er war ein schnelles Fahrzeug, das es an einem guten Tag auf 238 km/h Spitzengeschwindigkeit brachte und von 0 auf 160 km/h in wenig mehr als 20 Sekunden beschleunigte.

Während der gesamten Produktionszeit gab es nur wenige Veränderungen, abgesehen von der Benzineinspritzung, die 1986 eingeführt wurde. Im folgenden Jahr wurden die Karosseriekanten leicht geglättet. Statt der Klappscheinwerfer leuchteten nicht weniger als sechs Scheinwerfer beiderseits der Nase, Frontspoiler und seitliche Schürzen wurden angebracht. Leichtmetallfelgen lösten die Stahlscheiben ab.

Die Produktion wurde im Januar 1990 eingestellt, nachdem respektable 610 Exemplare dieser unkonventionellen Limousine gefertigt worden waren. Der Name Lagonda ruht seitdem – jedenfalls vorläufig.

Oben links: *Im Oktober 1983 kam der erheblich verbesserte Tickford Lagonda auf den Markt, der mit zwei Farbfernsehern ausgestattet war. Aber bei einem Preis von 85 000 Pfund fanden sich nur wenige Abnehmer, und es wurden nur fünf Exemplare verkauft.*

Porsche 928

Spitze
217 km/h

Heute ist der Name Porsche gleichbedeutend mit dem legendären 911, doch in den 70ern war der Stern dieser Marke im Sinken begriffen, als man eine Reihe konventioneller Coupés baute, deren Flaggschiff der 217 km/h schnelle 928 war.

Es handelte sich dabei um ein völlig neues Auto, das keine Anleihen bei früheren Modellen machte, obwohl es eine Familienähnlichkeit mit dem 924 gab. All diese Modelle gingen auf Dr. Ernst Fuhrmann zurück, der 1971 Porsche-Vorstandsvorsitzender wurde.

Der 928 wurde 1977 auf dem Genfer Salon vorgestellt und zum Auto des Jahres 1978 gewählt. Dieses breitere Coupé mit weichen Formen und großer Heckklappe war hausintern von Anatole Lapine entworfen worden, und seine Linien wurden nicht durch Stoßfänger gestört, die unter verformbaren Blechen versteckt waren. Mit Absicht lagen die ausklappbaren Scheinwerfer offen und wurden zu einem charakteristischen Merkmal.

Porsches erster V8-Motor, ein 4,4-l-Aluminiummotor mit einer einzelnen Nockenwelle pro Zylinderreihe, bewegte das Fünfgang-Transaxle über eine flexible Antriebswelle innerhalb des Zentralrohrrahmens.

Trotz der guten Leistungswerte des 928 – Sprint auf 100 km/h in gut acht Sekunden – und trotz einer nahezu perfekten Straßenlage fragten sich die Kritiker,

***Rechts:** Das Innere eines 928 der Reihe 2 von 1987. Das Lenkrad ließ sich senkrecht verstellen, und ungewöhnlicherweise bewegte sich das Instrumentengehäuse mit.*

***Unten:** Wie es schon zu Anfang war, so sollte auch ein 928 von 1979 mit seinen markanten „Wählscheiben“-Leichtmetallfelgen und unverdeckten Klappscheinwerfern Kundeninteresse wecken.*

Links: *Ein 928 der Baureihe 4 von 1988. Man erkennt ihn an seinem ausfahrbaren Heckspoiler sowie am neuen Profil seiner Nase, die in einem kombinierten Gehäuse Fern- und Nebelscheinwerfer sowie Blinker enthielt.*

Unten: *Der 928 der Reihe 4 wurde 1992 durch den GTS ersetzt. Es gab einige Veränderungen am Äußeren, darunter breitere Lufteinlässe und neue Räder, die er sich mit seinem 968er-Stallgefährten teilte.*

ob jener flüchtige, schwer definierbare Charakter, der im 911 so offensichtlich war, dem 928 irgendwie abging.

Weil man bei Porsche glaubte, diese Frage mit mehr Leistung beantworten zu können, vergrößerte man 1979 den Hubraum des V8 auf 4,6 Liter. Damit verbesserte sich die Beschleunigung, und die Höchstgeschwindigkeit stieg auf 233 km/h, aber die so wichtige Porsche-Zutat blieb immer schwer zu fassen.

Verbesserung des 928

Dr. Fuhrmann ging 1980, und der 911 rückte wieder in den Mittelpunkt des Interesses der Firma. Das hielt sie aber nicht davon ab, den 928 weiter zu verbessern, und 1986 kam der 928 S4 mit einer gelifteten Karosserie und einem auf 4,9 Liter gestreckten V8-Motor. Eine radikalere Neuerung stellte die Einführung doppelter Nockenwellen dar. Diese Pflegemaßnahmen brachten 320 PS gegenüber den 234 PS im Original. Amerikanische Kunden waren bereits zuvor in den Genuss dieses Motors gekommen, der schon seit 1985 in der US-Version des 928S zu finden war.

Nachdem dieses Fahrzeug nun 257 km/h schaffte, gelang es Porsche, die Spitzengeschwindigkeit mit dem 928 GT von 1989 nochmals zu steigern, und zwar auf 274 km/h. Dessen Motor leistete 330 PS und machte den Wagen zu Porsches schnellstem Straßenfahrzeug.

Die dritte und letzte Steigerung des Hubraums, auf 5,4 Liter, kam im Jahre 1991 mit der Einführung des GTS. Die Modellreihe wurde 1995 eingestellt, und ihr Ableben wurde von niemandem betrauert, am wenigsten von ihrem Hersteller.

Technische Daten	**Porsche** 928
Motor	vorne längs
Bauart	V8
Bohrung x Hub	95 x 78 mm
Hubraum	4474 ccm
Ventilsteuerung	eine oben liegende Nockenwelle pro Zylinderreihe
Leistung	240 PS (177 kW) bei 5500 U/min
Getriebe	Fünfganggetriebe
Antrieb	Hinterachse
Chassis	selbsttragend
Radaufhängung vorne	Dreieckslenker und Schraubenfedern
Radaufhängung hinten	schräg liegende Längslenker und Schraubenfedern
Bremsen	Scheibenbremsen
Höchstgeschwindigkeit	217 km/h
Beschleunigung	0–100 km/h: 8 sek

BMW M1

Spitze 260 km/h

Er glich keinem anderen BMW und schaffte 260 km/h. Dennoch kamen nur 456 glückliche Erstbesitzer in den Genuss dieses rennbereiten Mittelmotorcoupés.

Auf Initiative von Jochen Neerpasch, dem Leiter von BMW Motorsport, begann 1976 die Arbeit an dem Projekt E26. Dahinter stand die Absicht, ein 850 PS starkes Gruppe-5-Fahrzeug zu bauen, das Porsche die Meisterschaft streitig machen sollte. Für die Homologation musste es eine straßentaugliche Version geben, von der binnen zwei Jahren 400 Stück gebaut werden mussten. Daneben gab es eine 470 PS starke Variante mit entsprechend zugeschnittener Karosserie für GT-Rennen der Gruppe 4.

BMW fehlten im eigenen Haus die Möglichkeiten für die (wenn auch limitierte) Fertigung eines solchen Fahrzeugs, sodass diese Arbeit an Lamborghini vergeben wurde, wo man auch für die Herstellung des Fahrgestells zuständig war. Das Design und die Konstruktion der Glasfaserkarosserie legte man in die Hände von Ital Design.

Der längs eingebaute 3,5-l-Sechszylindermotor stammte aus dem BMW 635 CSi, wurde hier aber mit zwei oben liegenden Nockenwellen und vier Ventilen pro Zylinderkopf aufgewertet. Das Straßenfahrzeug lag mit einer Leistung von 277 PS beachtliche 65 PS über der Norm.

Leider litt das Programm unter nicht hinnehmbaren Verzögerungen, während gleichzeitig die Kosten alarmierend stiegen. Im April 1978 stieg BMW daher aus dem Vertrag mit Lamborghini aus, und etwas später im gleichen Jahr begann Baur in Stuttgart mit der Montage der von Ital gebauten Karosserien und der Rohrrahmenfahrgestelle. Abgeschlossen wurde die Arbeit schließlich von BMW Motorsport, wo sichergestellt wurde, dass die Fertigungsqualität der anderer Produkte der Firma entsprach.

Eindrucksvolles Straßenfahrzeug

Als der M1 auf dem Pariser Mondial 1978 offiziell aus der Taufe gehoben wurde, kostete er exakt 100 000 Mark und erwies sich als eindrucksvolles

Unten: Ein Sammelsurium von Einflüssen. Dieses Straßenfahrzeug, das wegen der für die Homologation notwendigen Stückzahl von 400 Exemplaren gebaut wurde, stammt von 1980.

Straßenfahrzeug, das in nur 6 Sekunden von 0 auf 100 km/h sprintete. Obwohl viele Formel-1-Piloten in der ProCar-Rennserie, die vor europäischen Grand-Prix-Veranstaltungen stattfand, in den M1 wetteiferten, erreichte das Modell seine beste Platzierung, als Hans Stuck 1980 beim 1000-km-Rennen auf dem Nürburgring den dritten Platz belegte.

Der M1 konnte allerdings nie etwas gegen die echten Konkurrenten ausrichten, denn als er 1981 die Homologation erreicht hatte, war er bereits veraltet. Er wog um die 900 kg, rund 200 kg mehr als sein Rivale, der Porsche 936.

Und in der hart umkämpften Welt des Motorsports ist Timing nun einmal alles.

Links: *Obwohl er nur mit Linkslenkung gefertigt wurde, handelt es sich hier um ein in Großbritannien zugelassenes Fahrzeug. Der Motor lieferte „nur" 277 PS, dank der 47 mm großen Einlassventile, der 32 mm großen Auspuffrohre und einem Verdichtungsverhältnis von 9:1. Im Vergleich dazu betrugen die entsprechenden Maße bei der Rennversion 48,6 mm bzw. 32,5 mm, bei einer Verdichtung von 11,5:1.*

Links: *Das Armaturenbrett des M1 war BMW-typisch, während die Pedale leicht versetzt waren, um dem Radkasten auszuweichen. Hoch gewachsene Fahrer fanden die Fahrerzelle ein wenig beengt. Die Durchzugslüftung war besonders lobenswert.*

Technische Daten	**BMW** M1
Motor	mittig längs
Bauart	6 Zylinder in Reihe
Bohrung x Hub	93 x 84 mm
Hubraum	3453 ccm
Ventilsteuerung	zwei oben liegende Nockenwellen
Leistung	277 PS (204 kW) bei 6500 U/min
Getriebe	Fünfganggetriebe
Antrieb	Hinterachse
Chassis	Rohrrahmen
Radaufhängung vorne	Dreieckslenker und Schraubenfedern
Radaufhängung hinten	Dreieckslenker und Schraubenfedern
Bremsen	Scheibenbremsen
Höchstgeschwindigkeit	260 km/h
Beschleunigung	0–100 km/h: 5,6 sek

Audi quattro

Spitze 220 km/h

__Rechts:__ Die Instrumententafel eines quattro von 1985; ablesbar sind der Ladedruck und ob das Verteiler- oder Hinterachsdifferential zugeschaltet ist.

__Unten:__ Blick auf die formschöne Linienführung eines 1985er quattro mit aerodynamischen Front- und Heckverlängerungen. Das Audi-Emblem unten an der Seitentür stand für die vier Firmen, aus denen die Auto Union vor dem Krieg zusammengesetzt war. Audi hatte als einziges Unternehmen überlebt.

Der quattro – Audi bevorzugt die klein geschriebene Variante – von 1980 war ein Turbo-Coupé mit klarem Design und einer Höchstgeschwindigkeit von 220 km/h. Technisch innovativ war der permanente Allradantrieb. Dank des von Audi entwickelten Systems war der Allradantrieb auch für Straßenfahrzeuge ein gangbarer Weg geworden, der schon bald von anderen Herstellern übernommen wurde.

Die Idee entstand, als das Unternehmen drei Jahre zuvor den Frontantrieb ihrer Limousinen in Nordskandinavien testete. Sie wurden zusammen mit von Audi entwickelten Fahrzeugen getestet, wie einer Vorserie von Volkswagen – dem Militär-Geländewagen Iltis, der im darauf folgenden Jahr für die Bundeswehr in Produktion gehen sollte. Dank seines Allradantriebs ließ er die Audi-Limousinen auf Schnee schnell hinter sich.

Audi-Chefingenieur Jörg Bensinger nutzte diese Erkenntnis, und mit Unterstützung von Walter Treser, Leiter der Entwicklungsabteilung, ehemaliger Rennfahrer und in den 80ern als Audi-Veredler bekannt, wurde im Mai 1978 offiziell mit den Entwicklungsarbeiten begonnen, deren Resultate sich im quattro manifestieren sollten.

Erstklassiger Rallyekonkurrent

Man hatte sich nicht ausschließlich vorgenommen, das in Bezug auf technischen Fortschritt bereits gute Image von Audi aufzupolieren, sondern erkannte, als 1979 der Allradantrieb für die Rallyeweltmeisterschaft zugelassen wurde, dass dieses neue Modell hervorragende Siegeschancen hatte.

Die Überlegung war, zehn Fahrzeuge pro Arbeitstag zu fertigen, also etwa 2000 im Jahr. Die erforderlichen 400 Autos für die Homologation wären somit schnell erreicht.

Das Modell war ohne Zweifel der Star beim Genfer Salon 1980. 1977 hatte Audi weltweit den ersten Fünfzylinderbenzinmotor eingeführt, und Anfang 1980 wurde dieser als Turbo mit 170 PS in der 200er-Modellreihe eingesetzt. Der quattro bekam eine 2,1-l-200-PS-Version mit oben liegender Nockenwelle.

Ausgehend vom Antrieb des Iltis hatte Audi ein Allradantriebskonzept entwickelt, das ohne das schwere Verteilergetriebe und die damit verbundene Antriebswelle auskam. Beim quattro gelangte die Kraft über das Getriebe in herkömmlicher Weise über ein fächerförmiges Differential direkt hinter dem Getriebe weiter auf eine herkömmliche Hinterachse und gleichzeitig über eine Hohlgetriebeausgangswelle zum Differential für die Vorderachse.

Audi konnte den finnischen Rallyefahrer Hannu Mikkola nach einer Testfahrt von Ford abwerben. Mikkola fuhr mit Co-Pilot Arne Hertz sofort zwei Siege ein: 1981 die schwedische Rallyemeisterschaft und die RAC-Rallye. Die Rallye San Remo gewannen Michèle Mouton/Fabrizia Pons, die als erstes Frauenteam bei einem Lauf der Rallyeweltmeisterschaften gewannen.

1982 kam das Modell richtig in Fahrt. Audi sicherte sich die Meisterschaft mit drei Siegen durch Michèle Mouton und zwei Siegen durch Hannu Mikkola. 1984 gewann Audi die Meisterschaft erneut. In den darauf folgenden Jahren gewannen Lancia und Ford zunehmend die Oberhand, sodass der quattro 1985 mit dem Sieg bei der Rallye San Remo seinen letzten Sieg bei Meisterschaften errang.

Technische Daten	**Audi** quattro
Motor	vorne längs
Bauart	5 Zylinder in Reihe, mit Turbolader
Bohrung x Hub	79 x 86 mm
Hubraum	2144 ccm
Ventilsteuerung	oben liegende Nockenwelle
Leistung	200 PS (148 kW) bei 5500 U/min
Getriebe	Fünfganggetriebe
Antrieb	Vierrad
Chassis	selbsttragend
Radaufhängung vorne	McPherson-Federbeine und Schraubenfedern
Radaufhängung hinten	McPherson-Federbeine und Schraubenfedern
Bremsen	Scheibenbremsen, vorne innenbelüftet
Höchstgeschwindigkeit	220 km/h
Beschleunigung	0–100 km/h: 7,1 sek

Oben: *Dieser Sport quattro, Bj. 1984, mit verkürztem Radstand und 396 PS schaffte es von 0–100 km/h in nur 4,5 Sekunden.*

Links: *Der Motorraum des Sport – KKK-K27-Turbolader und LH-Jetronic-Einspritzung von Bosch. Trotz seiner hochgradig sportlichen Ausführung war er im Straßenverkehr ein gefügiger Begleiter.*

Lotus Esprit Turbo

Spitze
282 km/h

Der Lotus Esprit von 1975 hat in 25 Jahren mechanisch und stilistisch durchaus Fortschritte gemacht. Mit einer Höchstgeschwindigkeit von 282 km/h lässt er so manch einen heute noch hinter sich zurück.

1975 wurde der Esprit als Ergebnis eines Dialogs zwischen dem Lotus-Gründer Colin Chapman und Giorgio Giugiaro von Ital Design auf der London Motor Show vorgestellt. Merkmale waren der Mittelmotor, die Glasfaser-Coupékarosserie in klarem Design und der Lotus-typische Zentralrohrrahmen mit Einzelradaufhängung. Unter der Haube kam der 156 PS starke Lotus-2-l-Vierzylinder mit zwei oben liegenden Nockenwellen zum Einsatz. Die Spitze lag entgegen der von Lotus angegebenen 222 km/h nur bei 200 km/h.

1980 wurde der Hubraum auf 2,2 l vergrößert, dann kam der Esprit Turbo auf den Markt. Mit 210 PS erreichte er eine Höchstgeschwindigkeit von 240 km/h. Das Fahrgestell wurde verändert, da ein neuer V8-Motor eingebaut werden sollte, der jedoch lange auf sich warten ließ.

Für das Modelljahr 1988 hatte Lotus-Designer Peter Stevens die scharfe Linienführung von Giugiaro leicht geglättet. 1993 wurden die Frontpartie und das Heck neu gestaltet und eine Servolenkung eingeführt, die Aufhängung wurde überarbeitet, und ein zusätzliches Modell, der Sport 300, wobei die Ziffer für die PS-Zahl steht, mit großem Turbolader und breiteren Reifen vorgestellt. 1994 kam der S4S auf den Markt, der die Mechanik des Sport übernommen hatte und mit luxuriösem Interieur ausgestattet wurde.

Die Streber-Riege

Schließlich erhielt der Esprit 1996 einen neuen 3,5-Liter-V8 mit Doppelturbolader und 349 PS. Mit einem Schlag spielte der Esprit mit seiner Spitzengeschwindigkeit von über 280 km/h und einem Sprint von 0 auf 100 km/h in 4,5 Sekunden in einer ganz anderen Liga. Der 2-l-Vierzylinder blieb im Einstiegsmodell GT3 in Produktion und hielt sich überraschend bis 1999.

Als Ersatz bot Lotus den V8 GT zum Schleuderpreis ohne den Heckflügel und die Klimaanlage des

__Oben:__ Der Esprit Turbo in den Originalfarben des Essex Racing mit der Karosserie von Giugiaro, die das Modell seit seiner Einführung 1975 trug. Räder und Bremsen wurden für die Turboversion überarbeitet.

__Rechts:__ Nachdem das Modell 1988 bereits äußerlich überarbeitet wurde, erhielt der Turbo 1996 einen V8-Motor. Äußerlich ähnelte er seinen Vorgängern mit Vierzylindermotor. Der Mittelmotor-Lotus zeichnete sich aber durch Leistung und gutes Fahrverhalten aus, auch wenn die Spezifikationen noch aus den 70ern stammten.

__Ganz links:__ Das V8-Emblem gibt Aufschluss über die Identität.

__Links:__ Unter der Heckklappe verbirgt sich der V4-Turbomotor.

__Unten:__ Im Modelljahr 1998 erhält der Turbo eine äußerst individuelle Instrumententafel.

Standard-V8, aber mit dem größeren Innenraum und einem längst überfälligen neuen Armaturenbrett an.

Der extremste Esprit aller Zeiten, der Sport 350, wurde 1999 gebaut und brachte 80 kg weniger auf die Waage als der Standard-V8. Die Auflage war auf nur 50 Wagen begrenzt. Der Sport 350 war leicht an seinem Heckflügel aus Kohlefaser zu erkennen und besaß zudem Leichtmetallräder, ein verbessertes Fahrwerk und ein Interieur voller Karbon und Aluminium.

Die Produktion des Esprit lief schließlich im Februar 2004 aus. Er gab ihn nahezu 30 Jahre lang in den verschiedensten Formen, aber es wurden insgesamt weniger als 11 000 Stück verkauft. Seitdem konzentriert sich Lotus auf Ableger des erfolgreichen Elise – aber für 2007 wird ein neues Superauto mit Mittelmotor, ein neuer „Esprit", erwartet.

Technische Daten	**Lotus** Esprit Turbo (3,5 Liter)
Motor	mittig längs
Bauart	V8, mit Doppelturbolader
Bohrung x Hub	81 x 83 mm
Hubraum	3506 ccm
Ventilsteuerung	zwei oben liegende Nockenwellen pro Zylinderreihe
Leistung	349 PS (258 kW) bei 6500 U/min
Getriebe	Fünfganggetriebe
Antrieb	Hinterachse
Chassis	Zentralrohrrahmen
Radaufhängung vorne	Dreieckslenker und Schraubenfedern
Radaufhängung hinten	zwei unabhängige Längslenker und Schraubenfedern
Bremsen	Scheibenbremsen
Höchstgeschwindigkeit	282 km/h
Beschleunigung	0–100 km/h: 4,5 sek

VF V8

1981–1990
Höhere Drehzahlen

Dieses Jahrzehnt wurde von einer wirtschaftlichen Krise beeinflusst, was Porsche nicht daran hinderte, 1983 sein kostspieliges, kompliziertes und äußerst schnelles 959 Coupé vorzustellen. Als Ferrari 1988 seinen kräftigen und schnelleren F40 auf den Markt brachte, schaute man in den Industrieländern bereits wieder einer blühenden Zukunft entgegen.

Auf der technischen Seite war ein Comeback des Turboladers zu verzeichnen. Als verkaufsstarke Marken wie Ford und Volkswagen den Turbolader 1988 wieder ins Sortiment aufnahmen, stand fest, dass auch die Nobelmarken im Leistungsbereich dieses Konzept bald wieder aufgreifen würden.

Bristol Beaufighter

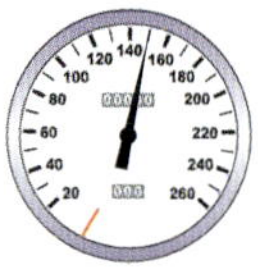

Rechts: Die Bristol-Modelle wurden seit 1961 mit V8-Motoren von Chrysler gebaut. Das Beaufighter Cabriolet erhielt einen solchen Motor mit 5,9 l und Rotomaster-Turbolader.

Unten: Die Karosserie des Beaufighter stammt von Zagato. Auffallend sind die vier Lüftungsschlitze unterhalb der Stoßstange, um den Motor kühl zu halten. Als Verwindungsschutz dienten der Überrollbügel und das Knotenblech aus Stahl unter dem Boden.

Der Bristol Beaufighter setzt sich im Wesentlichen aus der groben und eckigen von Zagato entwickelten Karosserie, einem weiterentwickelten BMW-Chassis aus den 30ern und einem V8-Turbomotor von Chrysler mit 5,9 Litern Hubraum zusammen.

Mit den Attributen exklusiv, teuer und auf einen sehr erlesenen Kundenkreis ausgerichtet, ist Bristol eine der wenigen britischen Automarken aus der Nachkriegszeit, die den Sprung ins 21. Jahrhundert geschafft hat. Der 400 war das erste Modell der als Ableger der Bristol Aeroplane Company gegründeten Firma. Das 1947 eingeführte Modell verfügte über einen 2-l-Sechszylindermotor, der auf BMW-Technik basierte. Er wurde bis 1961, als ihn sein Nachfolger, der 406, ablöste, fortwährend verbessert.

Der 407 kam 1962 als erster Bristol mit V8-Chrysler-Motor auf den Markt. Sowohl Hersteller als auch Anordnung des Motors sind bis heute gleich geblieben.

Denkwürdige Geschwindigkeit

Der Beaufighter von 1980 geht im Wesentlichen auf den 412 von 1975 mit Zagato-Karosserie zurück, der wiederum technisch auf die 6,5-l-Version seines Vorgängers – dem 411 – aufbaut. Der zweitürige Viersitzer mit der langen, flachen Haube war beeindruckend schnell und erreichte mühelos über 240 km/h. Ungewöhnlich war, dass er als Cabriolet mit Überrollbügel herauskam. Bristol nannte das 1976 eine „Cabriolet-Limousine“: Die Heckscheibe war fest montiert, auch wenn das Werk seine Kunden darüber informierte, dass das komplette Dach mit Hilfe eines einfachen Werkzeugkastens in einer guten Stunde entfernt werden könnte. Danach erhielt der Wagen ein Stoffverdeck. Optional war ein abnehmbares Dachblech im Targa-Stil erhältlich.

Ehrung von Kriegstechnik

Das Modelljahr 1978 brachte eine Hubraumverkleinerung des V8-Motors auf 5,9 Liter mit sich. Dieses Modell der Serie 2 wurde 1980 durch den Beaufighter abgelöst. Der Name stammte von einem von Bristol Aeroplane gebauten Kampfflugzeug, mit dem die Britische Luftwaffe im Krieg durchschlagenden Erfolg hatte. Obgleich der Beaufighter dem 412 äußerlich ähnelte, war der 5,9-l-V8-Motor schwächer und wurde um 30 Prozent durch einen Rotomaster-Turbolader aufgepeppt. Wie Rolls-Royce gab auch Bristol die Leistung seiner Motoren nicht bekannt.

Mit diesen Kniffen hatte man die Leistung zufriedenstellend umgewandelt. Die Höchstgeschwindigkeit blieb mit 240 km/h in etwa konstant, mit weniger als 6 Sekunden von 0 auf 100 km/h legte man bei der Beschleunigung zu.

Das Targa-Dach wurde durch ein festes mit Sonnendach abgelöst. Für den Komfort des Fahrers und seiner Passagiere sorgten elektrisch verstellbare Vordersitze.

1987 gesellte sich das Beaufort-Cabriolet zum Beaufighter, kam jedoch ohne den Überrollbügel des 412 aus. Beide Modelle kamen in den Genuss einer langen Produktion. Nach 13 Jahren wurde 1993 die Produktion eingestellt. Aber Bristol ist Gott sei Dank noch im Rennen.

***Oben:** Das eckige Heck eines Beaufighter. Das Nummernschild hat nichts mit der wirklichen Höchstgeschwindigkeit zu tun (100 mph = 160 km/h).*

***Links:** Das Bristol-Emblem zeigt stilgerecht das Wappen der Stadt Bristol.*

Technische Daten	**Bristol** Beaufighter
Motor	vorne längs
Bauart	V8
Bohrung x Hub	101 x 90 mm
Hubraum	5900 ccm
Ventilsteuerung	Stößel
Leistung	keine Angaben
Getriebe	Dreigangautomatik
Antrieb	Hinterachse
Chassis	Kastenrahmen
Radaufhängung vorne	Dreieckslenker und Schraubenfedern
Radaufhängung hinten	Starrachse, Torsionsstäbe und Watt-Gestänge
Bremsen	Scheibenbremsen
Höchstgeschwindigkeit	240 km/h
Beschleunigung	0–100 km/h: 6 sek

Renault 5 Turbo

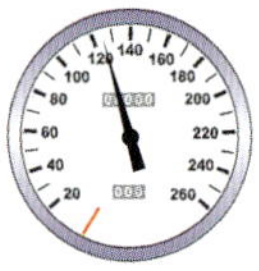

Spitze 200 km/h

__Rechts:__ Der 1,3-l-Mittelmotor des 5 Turbo mit Garrett-Turbolader. Dieses Fahrzeug hat 1981 die Rallye Monte Carlo gewonnen.

__Unten:__ Das Siegerfahrzeug der Rallye Monte Carlo von 1981 mit Ragnotti und Andrie war eine spezielle Rallyeausführung mit hervorragend ausgeglichener Masse und Traktionseigenschaften, die sich im Schnee der Alpen bezahlt machten.

Auf den ersten Blick erinnerte er an den allgegenwärtigen Renault 5, aber nähere Betrachtung offenbarte, dass der Frontmotor in die Mitte des Fahrzeugs umgezogen war. Das Ergebnis war ein von einem 124-PS-Turbomotor angetriebener, heiser klingender Zweisitzer, der von den Experten als gedopter 5 bejubelt wurde.

1972 wurde der R5 vorgestellt – einer der großen Verkaufsschlager bei Renault nach dem Krieg. Das Schrägheck-Fahrzeug mit Frontantrieb und markantem, fast zeitlos wirkendem Design wurde bis 1984 gebaut. 5,4 Millionen Exemplare verließen das Werk, mit Motorvarianten von 0,8 bis 1,4 Litern Hubraum.

Frankreichs größter Automobilhersteller vergeudete keine Zeit und entwickelte noch leistungsstärkere Versionen. Das größte der Gefühle war der 5 Turbo von 1980. Er war eine abenteuerliche Kombination der Schrägheckkarosserie mit einer Version der 1,4-l-Maschine, die mit turbogeladenen 137 PS und Kraftstoffeinspritzung als Mittelmotor montiert wurde.

Änderung an der Aufhängung

Anstatt der herkömmlichen Längslenker hinten wurden Dreieckslenker und Schraubenfedern aus dem Alpine A310/V6 übernommen. Das Interieur war bunt und leicht futuristisch. Für Rücksitze war kein Platz mehr, ein wenig Gepäck passte jedoch in den Kofferraum.

Die Straßenlage war im Allgemeinen sehr gut, nicht jedoch auf nasser Fahrbahn. Äußerlich erkennbar

war das Fahrzeug an den charakteristischen Luftein- und -auslässen hinter den Türen und den ausladenden hinteren Kotflügeln. Die Frontschürze wurde verändert. Gewicht wurde eingespart durch die Verwendung von Aluminium für Dach, Türen und Heckklappe sowie Kunststoff für Fronthaube, Stoßfänger, Spoiler und Kotflügel.

Erfolg bei der Rallye Monte Carlo

Auch Wettbewerbserfolge konnten verzeichnet werden, wie 1981 der Sieg bei der Rallye Monte Carlo, an der man das erste Mal teilnahm. 1983 wurde das Modell durch den äußerlich fast unveränderten, leistungsstärkeren Turbo 2 abgelöst. Bis dahin wurden 1362 Fahrzeuge des 5 Turbo gebaut. Wie sein Vorgänger konnte auch er Erfolge bei Rallyes einfahren. Bei einer Beschleunigung von 0 auf 100 km/h in nur 7 Sekunden waren seine Fahreigenschaften sehr gut, bis auf die Hecklastigkeit, die er von seinem Vorgänger übernommen hatte. Die Traktion war gut, der Fahrkomfort stand auf einem anderen Blatt – der war so ausgelegt, dass sich beim Fahrer auch die letzten Zahnfüllungen lockerten.

Der nur als Linkslenker gebaute Turbo 2 überlebte bis 1986, also zwei Jahre länger als das Hauptmodell des 5. Insgesamt wurden 3576 Exemplare gebaut.

Oben: *Die charakteristische Heckpartie des 5 Turbo mit Lüftungsschlitzen.*

Links: *Das verbesserte Cockpit des Siegerfahrzeugs in Monte Carlo. Ragnotti hatte elf Stunden hart mit Thérier im Porsche zu kämpfen.*

Technische Daten	**Renault** 5 Turbo
Motor	mittig längs
Bauart	4 Zylinder in Reihe, Turbolader
Bohrung x Hub	76 x 77 mm
Hubraum	1370 ccm
Ventilsteuerung	Stößel
Leistung	160 PS (118 kW) bei 6000 U/min
Getriebe	Fünfganggetriebe
Antrieb	Hinterachse
Chassis	selbsttragend
Radaufhängung vorne	Querlenker und Torsionsstäbe
Radaufhängung hinten	Querlenker, Stabilisatoren, Teleskopstoßdämpfer
Bremsen	Scheibenbremsen
Höchstgeschwindigkeit	200 km/h
Beschleunigung	0–100 km/h: 7 sek

Porsche 959

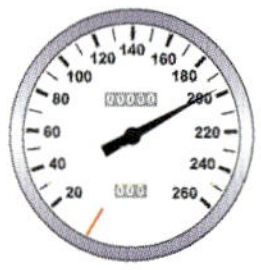

Spitze
317 km/h

Rechts: *Der 959 ähnelt beim Interieur dem 911 Turbo. Trotz des Raffinements konnte sich dieser Porsche rühmen, sich auffallend einfach steuern zu lassen.*

Unten: *Ein 959 bei seiner prädestinierten Aufgabe: schnell zu fahren. Die Verwandtschaft mit dem 911 lässt sich nicht leugnen. Die Lufteinlässe halten die großen Bremsscheiben gekühlt.*

Er ist der ultimative 911. Unter der charakteristischen Porsche-Karosserie lauert eine Vielfalt an Schnickschnack bei Elektrik und Mechanik, die dem 959 eine Zeit lang den Titel des schnellsten Straßensportwagens mit einer Höchstgeschwindigkeit von 317 km/h sicherten.

Aber vor allem war der 959 mit seinem luftgekühlten Sechszylinder-Boxerheckmotor eine Rückbesinnung seiner Macher auf den Geist des 911. Als Dr. Ernst Fuhrmann Porsche-Chef war und einen Wechsel zu konventionellen Frontmotoren wie beim 928 verordnete, blieb dem 911 zwischen 1972 und 1980 ein Schattendasein. Sein Nachfolger Peter Schultz rückte den 911 wieder ins rechte Licht und den Motor ins Heck, wo er seitdem hingehört.

Bei der Frankfurter Automobilausstellung von 1983 stellte Porsche sein allradgetriebenes Fahrzeug für die Gruppe B vor. Das Reglement zur Rennzulassung für die Gruppe B verlangte, mindestens 200 straßentaugliche Modelle einer Rennversion herzustellen. Zum Einsatz kam eine Spezialversion des luftgekühlten 2,8-l-Sechszylinders des 911 mit zwei Turboladern, zwei oben liegenden Nockenwellen und rennerprobten wassergekühlten Zylinderköpfen.

Dieser Teil der Mechanik, die einmal den 959 antreiben sollte, war relativ schnell gelöst. Allerdings dauerte die Entwicklung des komplexen Allradantriebs doch länger als erwartet. So mussten die

Käufer geduldig bis April 1987 auf die Auslieferung des dreieinhalb Jahre zuvor angekündigten Modells warten.

In der Zwischenzeit hatte eine Vorversion dieses Fahrzeugs seine Stärken auf der Kräfte zehrenden Rallye Paris–Dakar unter Beweis gestellt und trug 1984 und 1986 den Sieg davon. In jenem Jahr wurde die Gruppe B, für die der 959 so mühevoll ausgelegt wurde, nach einer Reihe tödlicher Unfälle ausgesetzt.

Das Warten hat sich gelohnt

Als es endlich so weit war, hatte sich das Warten auf den 959 gelohnt. Spürbar einfach im Handling war der Allradantrieb des 959 mit der computergesteuerten Porsche-Steuerkupplung revolutioniert worden, die das Motordrehmoment perfekt zwischen Vorder- und Hinterachse verteilte.

Porsche gab eine Höchstgeschwindigkeit von 310 km/h an – tatsächlich waren aber 317 km/h machbar, wenn der Bordcomputer den Wagen bis 12,5 cm über den Boden tiefer legte. Für unebene Strecken stand ein 15-cm-Abstand zur Verfügung, und bei Bedarf ließen sich 17,5 cm Abstand einstellen.

Die Nachfrage war höher als erwartet, sodass bis 1988 insgesamt 250, also 50 Fahrzeuge mehr als vorgesehen, hergestellt wurden.

Technische Daten	**Porsche** 959
Motor	hinten längs
Bauart	6 Zylinder Boxer, Doppelturbolader
Bohrung x Hub	95 x 67 mm
Hubraum	2849 ccm
Ventilsteuerung	zwei oben liegende Nockenwellen pro Zylinderreihe
Leistung	450 PS (332 kW) bei 6500 U/min
Getriebe	Sechsganggetriebe
Antrieb	Vierrad
Chassis	selbsttragend
Radaufhängung vorne	Querlenker und Schraubenfedern
Radaufhängung hinten	Querlenker und Schraubenfedern
Bremsen	innenbelüftete Scheibenbremsen
Höchstgeschwindigkeit	317 km/h
Beschleunigung	0–100 km/h: 3,6 sek

__Links:__ Beim Öffnen der Motorhaube sieht man nicht viel von dem aufgeladenen 2,8-l-Sechszylinderboxermotor des 959.

__Unten:__ Der Heckspoiler sorgt für Bodenhaftung, wenn die 450 PS durchgehen.

Ferrari Testarossa

Spitze
290 km/h

Rechts: *Der Großteil der Karosserie, abgesehen vom Dach und den Türpressteilen, war aus Aluminium gefertigt. Aus aerodynamischen Gründen waren die Scheinwerfer elektrisch versenkbar.*

Unten: *Der äußerlich verwandte Nachfolger des Testarossa: der 512R von 1992. Sein Zwölfzylinderboxermotor wurde von 390 PS auf beeindruckende 422 PS getrimmt. Er erhielt ein neues Fahrgestell und breitere Hinterreifen.*

Der Auftritt des optisch bravourösen Countach vom Lamborghini wurde 1984 von Ferrari in Gestalt des beeindruckend designten Testarossa gebührend beantwortet. Dieses Superfahrzeug hatte eine Höchstgeschwindigkeit von 290 km/h.

Der Wagen erhielt seinen Namen von dem 1957 gefeierten Rennwagen Testa Rossa, was soviel wie Rotkopf bedeutet und von den rot lackierten Zylinderköpfen herrührt. Er war der Nachfolger des 512BB Berlinetta Boxer mit 4,9 l von 1973, der als zweites Straßenfahrzeug von Ferrari in den Genuss eines aus dem Rennsport stammenden Zwölfzylinderboxers kam. Das erste Fahrzeug war sein Vorgänger, der 365.

Der Testarossa mit Stahlrohrrahmen wurde von einem mittig montierten V12-Boxermotor angetrieben, der in üblicher Ferrari-Manier längs vor der Hinterradaufhängung gelagert war. Aber bis auf das Volumen von 4942 ccm und das äußere Erscheinungsbild hatte der Testarossa wenig mit seinem Vorgänger gemein. Der Motor hatte mit 390 PS etwa 50 PS mehr als der Boxer. Die zwei oben liegenden Nockenwellen mit vier Ventilen pro Zylinder und mechanischer Einspritzung kamen zum Einsatz, obwohl bereits 1987 ein verbessertes System auf dem Markt war.

Auch wenn auf den ersten Blick eine gewisse Affinität zwischen den beiden Fahrzeugen bestand, unterschied sich die von Pininfarina entworfene und gebaute Karosserie des Testarossa deutlich vom Kleid des Boxer. Zur Steigerung der Kühlleistung befand sich die doppelte Kühleinheit rechts und links des mittig montierten Motors. Zusätzlich wurde ein Frontkühlergrill eingebaut, über den die Vorderradbremsen und der Kondensator der Klimaanlage mit

kühler Luft versorgt wurden. Die Klimaanlage war eine äußerst notwendige Standardausstattung.

Durch das Versetzen der Kühler konnte Pininfarina auch die Kühlrippen bis in die Türen vorziehen, was zum augenfälligsten Kennzeichen dieses Modells wurde. Dadurch wurde der Testarossa mit einer Breite von 1981 mm zum breitesten Fahrzeug seiner Tage

Herausragende Fahreigenschaften

Wie üblich nur als Zweisitzer ausgelegt, wurde hinter den bequemen Sitzen noch Raum für Gepäck geschaffen. Trotz seiner Abmessungen war der Testarossa praktischer als der Boxer. Die nicht überladene Instrumententafel täuschte darüber hinweg, dass der Motor wesentlich stärker war. Die Fahreigenschaften entsprachen nach Ferrari-Tradition höchsten Ansprüchen.

Die Produktion des 1984 bei der Pariser Automobilausstellung vorgestellten Fahrzeugs begann ein Jahr später. 1985 wurden bereits 568 Exemplare gebaut. Im darauf folgenden Jahr wurden weitere 819 Fahrzeuge produziert: für Ferrari-Verhältnisse beinahe eine Massenfertigung. Andererseits gab es weltweit Wartelisten von bis zu einem Jahr für dieses Fahrzeug, die nur nach und nach abgearbeitet wurden.

Der bis 1992 gebaute Testarossa unterstrich Ferraris Poleposition als Hersteller des erlesensten Superfahrzeugs weltweit.

Technische Daten	**Ferrari** Testarossa
Motor	mittig längs
Bauart	12 Zylinder Boxer
Bohrung x Hub	82 x 78 mm
Hubraum	4942 ccm
Ventilsteuerung	zwei oben liegende Nockenwellen pro Zylinderreihe
Leistung	390 PS (288 kW) bei 6300 U/min
Getriebe	Fünfganggetriebe
Antrieb	Hinterachse
Chassis	Rohrrahmen
Radaufhängung vorne	Querlenker und Schraubenfedern
Radaufhängung hinten	Querlenker und Schraubenfedern
Bremsen	innenbelüftete Scheibenbremsen
Höchstgeschwindigkeit	290 km/h
Beschleunigung	0–100 km/h: 5,6 sek

Links: *Der Motor eines Testarossa von 1987, der an den Vorgänger – den 512BB – erinnert, jedoch nur wenige Komponenten mit diesem teilt.*

Unten: *Ein 512M von 1995 – die erneute Reinkarnation des Testarossa mit charakteristischen Scheinwerfern. Der 4,9-l-Zwölfzylinderboxer wurde überarbeitet.*

MG Metro 6R4

Spitze
177 km/h

Unten: *Die Ausstattung des 6R4 war das Ergebnis intensiver Windkanaltests, die der Aerodynamikspezialist Bernie Marcus durchgeführt hatte. Darunter lassen sich noch deutlich die bekannten Linien des Metro erkennen. Leider wurde das Allradfahrzeug seinen ambitionierten Spezifikationen nie gerecht.*

Der für die nur kurze Zeit bestehende Renngruppe B gebaute 6R4 mit Allradantrieb und Mittelmotor von 1984 war leider Lichtjahre entfernt von dem Verkaufsschlager Austin Supermini, auf dem er basierte. Der 6R4 hatte bis auf den Allradantrieb mit dem Serienfahrzeug des Metro recht wenig gemeinsam, denn die Entwicklung dieses Furcht einflößenden Zweisitzers wurde den Formel-1-Konstrukteuren von Williams Grand Prix Engineering übertragen. Deren Entwurf wurde im Mai 1985 vorgestellt. Der 3-l-V6-Motor mit zwei oben liegenden Nockenwellen und vier Ventilen pro Zylinder war insofern ungewöhnlich, da er anders als die meisten seiner Rennkonkurrenten keinen Turbolader hatte.

Der Mittelmotor wurde umgekehrt eingebaut, das heißt, der vordere Teil des Motors wurde in Richtung Heck und das Getriebe davor montiert. Der permanente Allradantrieb mit Ferguson-Technik trieb über einzelne Antriebswellen die Vorder- und Hinterräder an. Die gesamte Karosserie bestand aus Kunststoff – die einzige Ausnahme waren die Türen aus Stahl, die jedoch hinter den überdimensionierten Lufthutzen verschwanden.

Zwei Ausführungen standen zur Wahl

Der 6R4 wurde in zwei Ausführungen gebaut. Der Name war die Abkürzung für 6 Zylinder, Rallyefahrzeug und Vierradantrieb. Vom Modell Clubman wurden etwa 200 Fahrzeuge gefertigt. Der Motor hatte etwa 250 PS; für internationale Rennanforderungen wurden weitere 20 Exemplare mit 380-PS-Motor gebaut.

Bei seiner Einführung 1985 kündigte Rover an, dass sie die für die Rennzulassung erforderliche Anzahl der Straßenfahrzeuge bis November fertigen würden. Dies erfolgte in einer gesonderten Anlage auf dem Firmengelände der Gruppe in Longbridge. Das Fahrzeug erfüllte also im November 1985 die Voraussetzung zur Teilnahme an der Lombard RAC Rallye. Ein Wagen wurde ins Rennen geschickt und erreichte nach zwei Lancia Delta den dritten Platz. Der Auftakt verlief gut.

Die Aussichten für 1986 waren theoretisch vielversprechend. Aber obwohl der 6R4 an der Rallye Monte Carlo, der Portugal-, Schweden- und Korsika-Rallye teilnahm, erreichte er niemals das Ziel. Die meisten Probleme rührten vom V6-Motor her, der unter seinen Kinderkrankheiten litt und den faden Beigeschmack von fehlerhafter Entwicklung hatte.

Dann kam Mitte der Saison 1986 das Aus für die Gruppe-B-Fahrzeuge aufgrund zahlreicher schwerer Unfälle in dieser Gruppe. Das bedeutete im Grunde genommen das Aus des Metro und seiner Rennkarriere. Die Fahrzeuge nahmen noch für den Rest des Jahres mit mäßigem Erfolg an Rennen teil.

Zu diesem Zeitpunkt zog sich Austin Rover aus dem Rallyesport zurück. 1987 wurden jedoch alle Komponenten und Motoren an Tom Walkinshaw Racing verkauft, woraufhin der V6-Motor unter der Motorhaube des Jaguar XJ220 zu neuem Leben erwachte.

Oben: *Die Räder des 6R4 wuchsen von 13 auf 16 Zoll, was teilweise vom Reifenlieferanten Michelin gefordert wurde.*

Links: *Standard-Cockpit des Metro: Das Lenkrad und die dazugehörigen Hebel und Funktionen waren vom größeren Maestro EFi übernommen. Schön zu erkennen: der aufgesetzte Handbremshebel.*

Technische Daten	MG Metro 6R4
Motor	mittig längs
Bauart	V6
Bohrung x Hub	92 x 75 mm
Hubraum	2991 ccm
Ventilsteuerung	zwei oben liegende Nockenwellen pro Zylinderreihe
Leistung	250 PS (185 kW) bei 7000 U/min
Getriebe	Fünfganggetriebe
Antrieb	Vierrad
Chassis	selbsttragend
Radaufhängung vorne und hinten	McPherson-Federbeine, untere umgekehrte Dreieckslenker
Bremsen	innenbelüftete Scheibenbremsen
Höchstgeschwindigkeit	177 km/h (abgeregelt)
Beschleunigung	0–100 km/h: 5 sek

Toyota MR2

Spitze
200 km/h

Der MR2 stellte als Mittelmotor-Coupé 1984 einen überraschenden Ausflug der Firma Toyota dar, die bis dato für Limousinen bekannt war. Mit seinem keilförmigen, 200 km/h schnellen Coupé leistete Japans größter Autohersteller einen wesentlichen Beitrag auf dem sportlichen Sektor. Die Turbo-Ausführung erreichte 217 km/h.

Da Toyota hauptsächlich den amerikanischen Markt bediente, machte sich der Hersteller Anfang der 80er daran, eine neue Motorengeneration zu entwickeln, um den strengen Emissionsvorschriften in den USA gerecht zu werden. Daraus entstanden Motoren mit zwei oben liegenden Nockenwellen und vier Ventilen pro Zylinder, die Toyota eine führende Rolle bei Mehrventilmotoren einbrachten.

Diese Motoren ließen sich auch auf dem Wettkampfsektor einsetzen. 1981 baute Toyota geschäftliche Verbindungen mit Lotus auf, sodass das Unternehmen bei der Entwicklung seiner geplanten Sportwagen von der Konstruktionserfahrung von Lotus profitieren konnte. Daraus entstand der Namensteil MR, der für Midship Runabout stand. Zwei Ausführungen waren erhältlich. Die für den Export bestimmte Hauptversion verfügte über einen 1,6-l-Einspritzmotor mit zwei oben liegenden Nockenwellen und 121 PS, der aus dem Toyota Corolla GTi stammte. Für den japanischen Markt wurde eine 1,5-l-Maschine mit einer Nockenwelle gebaut. Beide Varianten hatten einen hinter dem Fahrersitz quer eingebauten Motor. Die Karosserie des kompakten, windschnittigen Zweisitzers hatte zwei Lufthutzen an jeder Seite hinter den Türen, die Rückschlüsse auf den Mittelmotor zuließen.

Für den amerikanischen Markt kam die Turbo-Ausführung

Selbst Skeptiker mussten zugeben, dass der MR2 über ein sicheres, berechenbares Fahrverhalten und eine hervorragende, äußerst flexible Maschine verfügte. Für ein Auto dieser Größe war eine Beschleunigung

Rechts: *Ein MR2 vom 1985 mit hochgeklappten Scheinwerfern. Dieser Toyota erfüllte die Erwartungen eines jeden Fahrers mit Bravour. Ausgenommen vielleicht das Platzangebot für den Fahrer – ein nicht ungewöhnlicher Kritikpunkt bei japanischen Autos.*

Unten: *Ein Modell von 1985 im Profil. Die Lufthutzen und die niedrige Haube lassen eine Mittelmotorkonstruktion bereits vermuten. Frontschürze und Heckkotflügel leisten das ihre für die Aerodynamik. Zu dieser Zeit wurde der MR2 ausschließlich als Coupé gebaut.*

von 0 auf 100 km/h in unter acht Sekunden eine respektable Leistung. Der US-Markt verlangte jedoch mehr Leistung, sodass 1986 der MR2 mit aufgeladenem 143-PS-Motor herauskam, der etwa 15 km/h schneller war und um eine knappe Sekunde eher die 100 km/h erreichte.

Das Modelljahr 1987 brachte eine neue Karosserieausführung, das T-Roof-Modell mit herausnehmbaren, transparenten Dachteilen. In dieser Form sollte der MR2 bis 1989 gebaut werden. Dann erhielt er einen 2-l-Motor und eine weichere Linienführung – der Name und die Mechanik blieben. Die größere Maschine brachte ihn auf 220 km/h.

Im Modelljahr 2000 kam die dritte Generation des MR2 an den Start, ein offener Zweisitzer mit einem für Toyota ausgefallenen Design mit ausklappbarem Heckspoiler und Schutzkopfstützen. Die Turbo-Ausführung schaffte es auf 240 km/h.

Oben: *Die dritte Generation des MR2 kam 2000 auf den Markt – ein Cabriolet, hier mit optionalem Hardtop.*

Unten links: *Ein MR2 von 1985. Servolenkung und elektrische Fensterheber gehörten zur Serienausstattung.*

Technische Daten	**Toyota** MR2
Motor	mittig quer
Bauart	4 Zylinder in Reihe
Bohrung x Hub	81 x 77 mm
Hubraum	1587 ccm
Ventilsteuerung	zwei oben liegende Nockenwellen
Leistung	121 PS (89 kW) bei 6600 U/min
Getriebe	Fünfganggetriebe
Antrieb	Hinterachse
Chassis	selbsttragend
Radaufhängung vorne	McPherson Federbeine, Längslenker
Radaufhängung hinten	McPherson Federbeine, parallele Querlenker
Bremsen	Scheibenbremsen
Höchstgeschwindigkeit	200 km/h
Beschleunigung	0–100 km/h: 7,8 sek

Bentley Turbo R

Spitze
233 km/h

Der Turbo R von 1985 war ein Meilenstein bei der Wiederbelebung der Marke Bentley, da er das Image im Hinblick auf Leistungsstärke wieder aufpolierte. Seit Anfang der 60er befand sich Bentley trotz der Übernahme durch Rolls-Royce auf dem absteigenden Ast.

Als sich der Rolls-Royce Silver Spirit im Entwicklungsstadium befand, der 1980 auf den Markt kommen sollte, hatte man ernsthaft darüber nachgedacht, die Bentley-Version auslaufen zu lassen. Zum Glück hatten kluge Köpfe dies verhindert.

Das neue Modell wurde nach der Mulsanne-Geraden auf der Rennstrecke von Le Mans getauft und weckte Erinnerungen an Bentleys Siegesserie auf diesem Parcours in den Jahren zwischen den Kriegen.

Die bequeme und luxuriöse viertürige Limousine schaffte es mit ihrem 6,7-l-V8-Motor auf 193 km/h. Trotzdem trugen die meisten produzierten Fahrzeuge das Rolls-Royce-Emblem. Dann versuchte der Marketingleiter von Rolls-Royce, Peter Ward, der Rezession Anfang der 80er entgegenzuwirken und Bentleys Rennerfolge wieder zu beschwören, und verpasste der robusten V8-Maschine einen Turbolader.

Dieses Modell mit dem Namen Mulsanne Turbo wurde 1982 auf dem Genfer Salon vorgestellt. Als Unterscheidungsmerkmal erhielt der Turbo einen in Wagenfarbe lackierten Kühler. Die normale Mulsanne-Ausführung hatte einen Chromkühler. Bis auf die diskreten Turbo-Embleme auf der Kofferraumhaube und den vorderen Kotflügeln waren sie äußerlich nahezu identisch. Die Höchstgeschwindigkeit war jedoch um ungefähr 25 km/h auf 217 km/h angestiegen.

Dabei wurden nur minimale Änderungen durchgeführt. Bei der Kraftübertragung wurde nachgebessert, um der höheren Leistung gerecht zu werden. Da das neue Modell engen Zeit- und Budgetplänen

Rechts: *Das Bentley-Emblem mit einem beflügelten B hatte Frederick Gordon Crosby entworfen, der* Autocar*-Designer, der auch die ursprünglichen Kühler entworfen hatte. Der Kühler wurde ab 1965 erheblich flacher.*

Unten: *Ein Bentley Turbo von 1984 mit einem in Wagenfarbe lackierten Kühler – ein Hinweis auf den Turbomotor. Die Radaufhängung war zu diesem Zeitpunkt unverändert.*

unterworfen war, wurden fast keine Veränderungen an der Aufhängung vorgenommen.

Ein ansprechendes Konzept

Der Mulsanne Turbo war ein großer Erfolg, weil er eine jüngere und wohlhabendere Generation von Käufern ansprach, was Rolls-Royce ermutigte, dieses Konzept einen Schritt weiter zu führen. Daraus entstand 1985 der Turbo R, bei dem die Versäumnisse bei der Aufhängung angegangen wurden. Der im gleichen Jahr auf dem Genfer Salon vorgestellte Turbo R, der den Mulsanne ablöste, war das erste Fahrzeug aus Rolls-Royce-Produktion mit Leichtmetallrädern, die breiter waren und extra von Ronal geliefert wurden.

Das ursprüngliche Modell litt an einer zu weichen Federung, was zu einer übermäßigen Seitenneigung der Karosserie führte. Dieses Problem wurde nun in Angriff genommen. Die wesentlichen Änderungen betrafen die Versteifung der Stabilisatoren vorne um 100 Prozent und der hinteren um 60 Prozent. Auch die Servolenkung erhielt mehr Widerstand.

Die Leistung des Turboladers wurde weiter erhöht, sodass der Turbo R nun eine Höchstgeschwindigkeit von 233 km/h erreichte. Das Modell wurde zwölf Jahre gebaut – die Produktion lief 1997 aus.

Technische Daten	**Bentley** Turbo R
Motor	vorne längs
Bauart	V8, Turbolader
Bohrung x Hub	104 x 99 mm
Hubraum	6750 ccm
Ventilsteuerung	Stößel
Leistung	298 PS (220 kW) bei 3800 U/min
Getriebe	Dreigangautomatik
Antrieb	Hinterachse
Chassis	selbsttragend
Radaufhängung vorne	Querlenker und Schraubenfedern
Radaufhängung hinten	Schräglenker und Schraubenfedern, Niveauregulierung
Bremsen	Scheibenbremsen
Höchstgeschwindigkeit	233 km/h
Beschleunigung	0–100 km/h: 7,2 sek

Links: *Bis auf den Namenszug „Turbo" unterschieden sich das Cockpit von Turbo und Mulsanne nicht wesentlich.*

Unten: *Ein Brooklands von 1994 ohne Turbolader. Inzwischen war das Unterscheidungskriterium des lackierten Kühlers für Turbo-Ausführungen auf die gesamte Bentley-Palette übertragen worden.*

Mazda RX-7 und RX-8

Spitze 238 km/h

Der japanische Hersteller Mazda war lange Jahre der einzige namenhafte Automobilhersteller, der am Prinzip des Wankelmotors festhielt. 1986 kam eine überarbeitete Version des erfolgreichen Sportwagens RX-7 auf den Markt, zwei Jahre danach kam die Turbo-Ausführung mit einer phänomenalen Höchstgeschwindigkeit von 240 km/h.

Der erste Mazda mit Wankelmotor, das Zweisitzer-Coupé 110S von 1967, wurde in sechs Jahren nur 1176 Mal gefertigt, obwohl es eine Höchstgeschwindigkeit von 177 km/h vorzuweisen hatte. Hingegen fand der Nachfolger, der zwischen 1970 und 1978 gebaute RX-2, eine Abnehmerschaft von etwa einer Viertelmillion Käufern. Die gleiche Maschine wurde im gleichzeitig eingeführten RX-3 verwendet, der die Karosserie vom 818 bekam. Wie sein Zeitgenosse, der RX-4, wurde er bis 1978 gebaut.

Mehr Erfolg hatte das RX-7 Coupé. Mit einer Höchstgeschwindigkeit von 200 km/h blieb es bis 1985 in Produktion. Mit 570 000 gefertigten Fahrzeugen war er besonders in Amerika sehr erfolgreich.

Leistung wie eine Rakete

Der Nachfolger von 1985 behielt den berühmten Namen RX-7 bei. Es handelte sich ebenfalls um ein 2+2-Coupé mit einem 2254-ccm-Zweischeiben-Wankel. Die 150 PS starke Maschine ermöglichte eine Spitzengeschwindigkeit von 205 km/h. Die Variante RX-7 Turbo mit 185 PS hatte eine Höchstgeschwindigkeit von 238 km/h. Dieses Modell vereinte die stetige, beinahe Turbinen ähnliche Motorleistung mit dem Beschleunigungspotential eines Turboladers. Der Sprint auf 100 km/h erfolgte in etwa 7 Sekunden, der Verbrauch lag bei 16,6 l auf 100 km.

Dem ursprünglich wie das Hauptmodell als Coupé gebauten Wagen gesellte sich 1987 ein Cabriolet zur Seite, das besonders für kalifornische Käufer ausgelegt war. 1992 kam eine neue Version auf den Markt. In Europa gingen die Verkaufszahlen wegen des hohen Kraftstoffverbrauchs und nicht zeitgemäßer Emissionswerte zurück. 1995 wurde das Modell deshalb vom europäischen Markt genommen, in Amerika

Oben: *Diese Cabriolet-Ausführung wurde zwei Jahre nach Modelleinführung des RX-7 von 1985 vorgestellt. Hardtop und Stoffverdeck folgten 1987. Das Stoffverdeck war elektrisch faltbar.*

Rechts: *Der überarbeitete RX-7 von 1992 war kürzer, leichter und schmaler als sein Vorgänger. Dank der höheren Leistung von 251 PS und einem neuen Einspritzsystem reagierte der neue umgehend und agil.*

Links: *Das 1992er-Modell verfügte nach Angaben von Mazda über bessere Fahreigenschaften als die vorherigen Fahrzeuge, da der Schwerpunkt tiefer gelegt wurde und ein passiver Hinterradantrieb in die Aufhängung integriert wurde. So musste man bei schnellen Kurvenfahrten nicht gegenlenken. Die beiden Heckspoiler waren sein Markenzeichen. Im Innenraum wurde die kurvenreiche Silhouette fortgesetzt.*

und Japan in überarbeiteter Version als RS mit 260 PS und Allradantrieb aber weiterhin verkauft.

1995 zeigte Mazda in Tokio den RX-01, ein Konzept-Coupé mit Wankelmotor. Eine bedeutende Fortentwicklung war eine neue Art von Wankelmotor, bei der die Auslasskanäle an der Seite der Brennkammer saßen. Dadurch konnten die Kanäle vergrößert und Verbrauch und Emissionswerte verbessert werden. 1999 fand der neue Motor in einer weiteren Studie Verwendung, dem RX-Evolv, und trug nun einen Namen: Renesis, kurz für „Rotary Engine Genesis".

Die Serienversion von Renesis fand sich 2002 im spektakulären neuen 250 PS starken RX-8 wieder, einem lebenden Beweis dafür, dass noch viel Potential im Wankel-Konzept steckt.

Technische Daten	**Mazda** RX-7 Turbo
Motor	vorne längs
Bauart	Zweischeiben-Kreiskolbenmotor, Turbolader
Bohrung x Hub	entfällt
Hubraum	2254 ccm
Ventilsteuerung	entfällt
Leistung	185 PS (137 kW) bei 6500 U/min
Getriebe	Fünfganggetriebe
Antrieb	Hinterachse
Chassis	selbsttragend
Radaufhängung vorne	McPherson-Federbeine, untere Querlenker
Radaufhängung hinten	schräg liegende Längslenker und Schraubenfedern
Bremsen	Scheibenbremsen
Höchstgeschwindigkeit	238 km/h
Beschleunigung	0–100 km/h: 6,9 sek

Links: *Der 2001 bei der Detroit Motor Show vorgestellte Mazda RX-8 ist der Nachfolger des RX-7. Auch er hat einen Zweischeibenkreiskolbenmotor, und ohne Turbo entwickelt der Motor 250 PS.*

Ford Sierra RS Cosworth

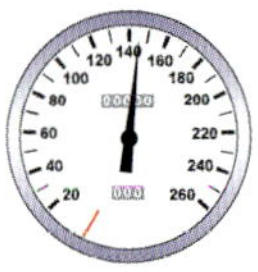

Spitze 233 km/h

1982 überraschte Ford die Öffentlichkeit mit einem windschnittigen Sierra mit Fließheck, der den konventionellen und erfolgreichen Taunus ersetzen sollte. Schon drei Jahre später kam die exklusive und leistungsstarke RS-Cosworth-Ausführung auf den Markt, die mit einer Endgeschwindigkeit von 233 km/h überraschte.

Schon von außen war klar, dass dies kein gewöhnlicher Sierra war. Die Front zierten ein tief gezogener Spoiler und eine neue Kühlermaske mit größerem Lufteinlass. Die Motorhaube besaß Lüftungsschlitze, Kotflügelverbreiterungen schützten die Breitreifen auf Leichtmetallrädern, und auf der Heckklappe des Dreitürers thronte ein riesiger Flügel. Die radikalsten Veränderungen verbargen sich allerdings unter der Haube.

Der Rennmotorenhersteller Cosworth hatte bereits an einem Umbausatz gearbeitet, der den beliebten Motor des Ford Pinto von einer auf zwei Nockenwellen umrüstete. Dieser Motor sollte zusammen mit einem Turbolader den neuen Super-Sierra antreiben. Der von Cosworth „YB“ getaufte Motor leistete in der Grundversion 204 PS, aber es sollte noch viel mehr kommen – die Rallye-Versionen lieferten 300 PS und die Rennmotoren für die Gruppe A hatten weit über 340 PS zu bieten.

Alle 5500 RS Cosworths wurden in der zweiten Hälfte des Jahres 1986 im Ford-Werk im belgischen Genk gefertigt. 1987 wurden 500 von ihnen zum noch schnelleren RS500 mit größeren Aerodynamikteilen, einem größeren Turbolader und einem überarbeiteten Motor mit verbesserten Tuningmöglichkeiten aufgerüstet.

Rechts: *Der RS Cosworth von 1988 mit der Sapphire-Karosserie bot eine ausgezeichnete Sitzposition, da die Recaro-Schalensitze in Höhe, Entfernung zum Lenkrad und Neigung verstellbar waren.*

Unten: *Der zweitürige RS Cosworth wurde 1988 um eine viertürige Sapphire-Version ergänzt.*

Die Wagen waren äußerst erfolgreich und gewannen in den späten 1980ern eine ganze Reihe nationaler und internationaler Tourenwagenmeisterschaften.

Überragendes Handling

1988 wurde ein zurückhaltenderer Viertürer namens Sapphire Cosworth eingeführt, der 1990 Allradantrieb erhielt und Fords erste Wahl für Rallye-Einsätze wurde. Allerdings erwies sich die schwere Karosserie immer wieder als Nachteil gegenüber der Konkurrenz.

Die Lösung bestand darin, auf die allradgetriebene Bodengruppe des Sierra Cosworth die leichtere dreitürige Karosserie des Escort zu setzen und so den Escort RS Cosworth zu erschaffen (dessen riesiger Heckflügel an den ersten Sierra RS erinnerte). Mit einem Garrett T35 Hybrid-Turbolader entwickelte der Escort Cosworth 227 PS, was ihn zu einem schnellen Straßenmodell und einem konkurrenzfähigen Rallye-Fahrzeug machte.

Die letzte Version wurde von 1994 bis 1996 gebaut. Diese Escort Cosworth erhielten einen kleineren Hybrid-Turbo für ein besseres Fahrverhalten und waren für die Fahrer, die es gerne unauffällig mochten, auch ohne den großen Heckflügel erhältlich.

Oben: *Der RS500 (links) mit breiten Lufteinlässen unter den Stoßfängern zur Kühlung der Scheibenbremsen vorne. Der ausladende Heckspoiler wurde beim Sapphire neben ihm nicht übernommen.*

Unten: *Der 2-l-Turbomotor des Sapphire Cosworth mit zwei oben liegenden Nockenwellen.*

Technische Daten	**Ford** Sierra RS Cosworth
Motor	vorne längs
Bauart	4 Zylinder in Reihe, Turbolader
Bohrung x Hub	90 x 76 mm
Hubraum	1993 ccm
Ventilsteuerung	zwei oben liegende Nockenwellen
Leistung	204 PS (151 kW) bei 6000 U/min
Getriebe	Fünfganggetriebe
Antrieb	Hinterachse
Chassis	selbsttragend
Radaufhängung vorne	McPherson-Federbeine
Radaufhängung hinten	Querlenker, Schräglenker und Schraubenfedern
Bremsen	Scheibenbremsen, vorne innenbelüftet
Höchstgeschwindigkeit	233 km/h
Beschleunigung	0–100 km/h: 6 sek

Lancia Integrale

Spitze 215 km/h

__Rechts:__ Der nur als Linkslenker gebaute Integrale mit 16 Ventilen war mit beleuchteter Instrumententafel und einem neuen Drehzahlmesser ausgestattet. Das Lenkrad war mit Leder überzogen.

__Unten:__ Ein Integrale von 1990 mit der Wulst auf der Motorhaube, unter der sich die V16-Maschine ausbreitete. Die Umsetzung zwischen Hinter- und Vorderachse war bei diesem Modell mit Allradantrieb 53:47.

Ein Fahrzeug mit Allradantrieb sicherte Lancia die Rallyeweltmeisterschaften von 1987 bis 1992 sechs Jahre in Folge – ein bisher unerreichter Erfolg. Der Integrale war ein äußerlich gewöhnlich anmutendes Fahrzeug mit Fließheck, das jedoch mit ausgefeilter Mechanik auftrumpfte. Die Höchstgeschwindigkeit lag bei 215 km/h.

1980 hatte das in Fiat-Besitz befindliche Unternehmen Lancia den viertürigen Delta mit Vorderradantrieb und Fließheck vorgestellt, der von Ital Design entwickelt wurde. Drei Motorvarianten waren erhältlich: 1,3-l- bzw. 1,5-l-Motoren mit oben liegender Nockenwelle und die GT-Ausführung mit 1,6 l und zwei oben liegenden Nockenwellen. Ab 1984 reihte sich der HF Turbo mit 130-PS-Motor ein, der 1986 mit Kraftstoffeinspritzung weitere 10 PS hinzu gewann.

1984 hatte Lancia zwischenzeitlich das Rallyefahrzeug S4 Delta mit Allradantrieb gebaut. Das für die Gruppe B ausgelegte Fahrzeug ähnelte äußerlich der Straßenversion. Der neue mit Turbo und Kompressor aufgeladene 1,7-l-Mittelmotor mit zwei oben liegenden Nockenwellen stammte von Abarth.

Rennwagen der Gruppe A

Auf das Ende der Gruppe-B-Rallyes Mitte 1986 aufgrund einer Reihe von schweren Unfällen reagierte Lancia mit dem Austausch des S4 durch den Delta HF 4WD, der bereits als Prototyp 1982 auf dem Turiner Automobilsalon vorgestellt wurde. Das Fahrzeug sollte bei Wettkämpfen in der Gruppe A teilnehmen und war eng mit den Straßenfahrzeugen des Delta verknüpft.

Oben: *Das letzte aufgemotzte Schrägheckmodell – so wie es die meisten Rallyefahrer zu sehen bekamen: von hinten. Ein Lichtblick in der sonst trüben Lancia-Geschichte. Hier ein Evolution, Nr. 0015, von 1992.*

Zur Qualifikation mussten 1987 mindestens 5000 straßentaugliche Fahrzeuge hergestellt werden. Dieses Fahrzeug war so erfolgreich, dass bis Ende 1987 weitere 500 Exemplare des inzwischen unter dem Namen HF Integrale bekannten Fahrzeugs produziert wurden.

Ein praktisches Straßenfahrzeug

Im Gegensatz zu vielen Homologation-Spezialausführungen war das Auto auch auf der Straße ein praktisches Gefährt. Er bekam einen 185-PS-2-l-Quermotor mit Turbolader und zwei oben liegenden Nockenwellen und einen hoch technisierten Allradantrieb. Das Motordrehmoment wurde über ein Verteilerdifferential im Verhältnis 56:44 auf Hinter- und Vorderachse verteilt; eine Viskosekupplung verhinderte das Durchdrehen einer Achse. Ein Torsen-Hinterachsdifferential verteilt das Drehmoment am hinteren Ende. Die Aufhängung und die Bremsen wurden verbessert. Die Räder wurden breiter und mussten in seitlichen Verkleidungen in den Radkästen verstaut werden.

Die Rallyeausführung war leistungsstärker. Das erste Mal siegte sie 1987 bei der Portugal-Rallye und dominierte die Rallyes der nächsten fünf Jahre. Die einzige große Veränderung in den Spezifikationen war 1989 die Einführung eines 16V-Zylinderkopfes, der auch bei der Straßenversion eingesetzt wurde.

Der letzte Integrale von 1993 hatte 215 PS und einen kleineren Turbolader. Als 1994 die Produktion auslief, ließ Lancia auch den Vorhang für sein erfolgreichstes Rallyefahrzeug fallen.

Technische Daten	**Lancia** HF Integrale
Motor	vorne quer
Bauart	4 Zylinder in Reihe, Turbolader
Bohrung x Hub	87 x 90 mm
Hubraum	1995 ccm
Ventilsteuerung	zwei oben liegende Nockenwellen
Leistung	185 PS (137 kW) bei 5300 U/min
Getriebe	Fünfganggetriebe
Antrieb	Vierrad
Chassis	selbsttragend
Radaufhängung vorne	McPherson-Federbeine und untere Dreieckslenker
Radaufhängung hinten	McPherson-Federbeine und Querlenker
Bremsen	Scheibenbremsen, vorne innenbelüftet
Höchstgeschwindigkeit	215 km/h
Beschleunigung	0–100 km/h: 6,6 sek

Jaguar XJR-S

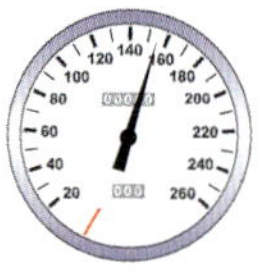

Spitze 250 km/h

Der lang ersehnte E-Type-Nachfolger, das XJS Coupé, kam 1975 auf den Markt. Das neue Modell war raffinierter und luxuriöser als sein Vorgänger – die Käufer mussten aber 13 Jahre auf eine Sportausführung in Form des XJR-S warten.

Nach der Ölkrise 1973 kam der XJS mit einem 5,3-l-V12-Aggregat auf den Markt, das seinen ersten Einsatz in der Serie III des E-Type von 1971 hatte. Bei einer Beschleunigung von 0 auf 100 km/h in respektablen 7,7 Sekunden lag sein größtes Manko im hohen Kraftstoffverbrauch mit etwa 21,7 Litern auf 100 km. Jaguar erkannte den Handlungsbedarf und brachte 1981 eine sparsamere HE-Version heraus.

1982 vertraute man das Rennprogramm des Unternehmens Tom Walkinshaw und seiner TWR-Gruppe an. Er schaffte es, Jaguar nach 31 Jahren der Nichtteilnahme 1988 den Sieg in Le Mans zu ermöglichen. Seit Mitte der 80er hatte TWR das Marketing für Jaguars renngetestetes Zubehör für den XJS übernommen, daraus hervor ging der im Mai 1988 eingeführte Jaguar Sport, der in Gemeinschaft mit Jaguar und Walkinshaws sehr erfolgreichem Unternehmen vertrieben wurde.

Man plante, 500 Fahrzeuge pro Jahr in der Anlage von TWR in Kidlington, Oxfordshire, herzustellen. Als Erstes wurde der XJR-S im August 1988 als Tribut an den Sieg des XJR-9 in Le Mans herausgebracht. Dieser basierte auf dem TWR XJS V12, den Walkinshaw mit Zustimmung des Werks seit 1984 vermarktete. Zu diesem Zeitpunkt gab es keine Änderungen am 290-PS-V12-Motor. Das Modell war charakterisiert durch in Wagenfarbe lackierte Stoßfänger, eine Frontschürze aus Glasfaser, breitere Türschweller und Heckspoiler.

Verbesserte Fahreigenschaften

Mechanische Änderungen wurden zur Straffung der Aufhängung, Verbesserung der Lenkeigenschaften und bei den neuen und breiteren Leichtmetallfelgen durchgeführt. Durch diese Maßnahmen wurden die Fahreigenschaften verbessert, die Leistung blieb unverändert.

Die Revision des Motors dauerte ein weiteres Jahr. Der überarbeitete XJR-S von 1989 war der erste, der

Unten: *Ein XJR-S Le Mans Celebration von 1988. Das im August auf den Markt gekommene Modell erhielt seinen Namen in Gedenken an Jaguars Siegs beim 24-Stunden-Rennen zwei Monate zuvor. Wie es hieß, waren die ersten 100 Fahrzeuge bereits vier Tage nach der Einführung verkauft. Zusätzlich zu den Verschönerungsmaßnahmen wurden Änderungen an der Aufhängung, jedoch nicht am Motor vorgenommen.*

einen vergrößerten 318-PS-6-l-Motor des Jaguar Sport erhielt, der 1993 auch in den Serienfahrzeugen des XJS zum Einsatz kam. Wieder wurde an der Straffung der Aufhängung gearbeitet. Zwar brachte der neue Motor in puncto Höchstgeschwindigkeit mit 250 km/h kaum eine Steigerung, bei der Beschleunigung von 0 auf 100 km/h unterbot er jedoch die 7,5 um 1,2 Sekunden.

Das Baujahr 1992 brachte eine weitere Version hervor, die die strukturellen Änderungen, die der XJS im Frühjahr 1991 erfahren hatte, übernahm. Das Modell hatte nun 338 PS und wurde bis 1993 produziert, als es durch den XJS mit werkseigener 6-l-Maschine abgelöst wurde. Innerhalb dieser sechs Jahre wurden etwa 500 Fahrzeuge gefertigt.

Technische Daten	**Jaguar** XJR-S (6 Liter)
Motor	vorne längs
Bauart	V12
Bohrung x Hub	90 x 78 mm
Hubraum	5343 ccm
Ventilsteuerung	eine oben liegende Nockenwelle pro Zylinderreihe
Leistung	318 PS (235 kW) bei 5250 U/min
Getriebe	Dreigangautomatik
Antrieb	Hinterachse
Chassis	selbsttragend
Radaufhängung vorne	Querlenker und Schraubenfedern
Radaufhängung hinten	Längslenker und Schraubenfedern
Bremsen	Scheibenbremsen
Höchstgeschwindigkeit	250 km/h
Beschleunigung	0–100 km/h: 6,3 sek

***Oben und links:** Der charakteristische Heckspoiler. Das Interieur fällt durch Jaguar-Sport-Schriftzüge und die Lederausstattung auf. Die ersten 100 Fahrzeuge waren mit Spezialverkleidung und -lackierung sowie mit in die Türschweller eingraviertem Siegeslorbeer aufgepeppt.*

Ferrari F40

Spitze
323 km/h

Sein erstes Auto baute Enzo Ferrari 1947. Der F40 wurde 1987 vorgestellt und erhielt anlässlich des 40-jährigen Jubiläums des Automobilherstellers seine Bezeichnung.

Das zweckmäßige Coupé mit seinen ausladenden hinteren Kotflügeln und dem ins Auge stechenden Heckflügel war völlig ohne Schnickschnack und luxuriöse Extras konstruiert. Seine Höchstgeschwindigkeit von 323 km/h machte es zum schnellsten Serienfahrzeug der Welt. Es übertrumpfte den Porsche 959 mit seinen 317 km/h.

Der auf der Bodengruppe des 288 GTO von 1984 aufbauende F40 hatte eine aufgeladene V8-Maschine mit nur 3 Litern Hubraum, entwickelte daraus jedoch berauschende 478 PS. Der Heckmotor war längs eingebaut.

Die Einsparung von Gewicht war elementares Thema: Man behielt den Gitterrohrrahmen für die Fahrgastzelle und die Heckpartie, dafür kamen Karbonfaser und Kevlar-Fiberglas ausgiebig zum Einsatz. Beide Materialien stammten aus Formel-1-Fahrzeugen von Ferrari und wurden ebenfalls für die Karosserieteile verwendet. Im Cockpit wurden weitere Einsparungen durchgeführt: Teppich und Türverkleidungen entfielen.

Heraus kam ein F40 mit nur 1100 kg Gewicht. Während die Verantwortung für das Design bei Pininfarina lag, wurde die Karosserie des F40 in Maranello bei Ferrari hergestellt.

Rechts: *Im Cockpit des F40 von 1991 herrscht Funktionalität über Fahrerkomfort. Die Gewichtsreduzierung stand im Vordergrund, daher die gebohrten Pedale.*

Unten: *Ein Vorserien-Ferrari F40 von 1988. Das Schiebefenster aus Plexiglas steht in der Tradition eines Rennwagens, wurde dann aber durch Glas ersetzt.*

Drei Fahrwerkseinstellungen

Bei der Einzelradaufhängung der Hinter- und Vorderachse kamen die für Ferrari üblichen Dreieckslenker und Schraubenfedern zum Einsatz. Es gab jedoch drei Fahrwerkseinstellungen: normal, dann hohes Tempo – hierbei wurde das Fahrwerk um 1,9 cm heruntergefahren, und parken – hierbei wurde das Fahrwerk um die gleiche Strecke nach oben gefahren.

Obwohl er aussah wie ein Straßenfahrzeug, war seine Beschleunigung atemberaubend. Die exklusivste Ausführung schaffte es in nur zwölf Sekunden von 0 auf 200 km/h.

Sollte der Käufer einmal unzufrieden mit dieser Leistung sein, drückte Ferrari für einen kleinen Aufpreis von mehreren Millionen Lire weitere 200 PS aus dem zuverlässigen V8.

Man braucht nicht extra zu erwähnen, dass eine Unterhaltung in einem Cockpit ohne Verkleidung ein sinnloses Unterfangen war. Aber wer kauft sich auch einen F40, um darin Gespräche zu führen.

Anfang 1988 startete die Produktion. Der F40 kostete wesentlich mehr, als man für den Testarossa auf die Ladentheke legen musste.

Technische Daten	**Ferrari** F40
Motor	hinten längs
Bauart	V8, Doppelturbolader
Bohrung x Hub	82 x 69 mm
Hubraum	2936 ccm
Ventilsteuerung	zwei oben liegende Nockenwellen pro Zylinderreihe
Leistung	478 PS (353 kW) bei 7000 U/min
Getriebe	Fünfganggetriebe
Antrieb	Vierrad
Chassis	Stahlrohrrahmen mit Kevlar und Karbon
Radaufhängung vorne	Querlenker und Schraubenfedern
Radaufhängung hinten	Querlenker und Schraubenfedern
Bremsen	innenbelüftete Scheibenbremsen
Höchstgeschwindigkeit	323 km/h
Beschleunigung	0–100 km/h: 4,7 sek

Geplant war eine Auflage von nur 450 Fahrzeugen. Aufgrund der hohen Nachfrage baute Ferrari bis 1992 dann fast dreimal so viele, nämlich 1311 F40.

Der F40 war nun einmal ein äußerst beeindruckender, wagemutiger und ausgefallener Sportwagen. 1995 kam der schnellere F50 auf den Markt, diesmal jedoch zwei Jahre vor dem 50-jährigen Jubiläum.

Oben: *Die Heckansicht des F40. Die Karosserie bestand aus den im Rennsport erprobten Materialien Glasfaser, Kevlar und Karbon. Dieses Fahrzeug von 1990 hat ein herkömmliches Seitenfenster.*

Oben: *Der F40 in seiner ganzen Pracht – ohrenbetäubend wie ein Formel-1-Fahrzeug, wenn er sich in Bewegung setzt.*
Rechts: *Der Motor eines F40 von 1991 – komplett in Leichtmetall gefertigt, mit wassergekühltem IHI-Biturbo. Für Käufer mit rennsportlichem Interesse waren größere Turbolader erhältlich.*

Gegenüberliegende Seite: *Der F40 bestand aus hochstabilem Kevlar-Fiberglas, das mit dem Fahrgestell verklebt wurde. Er war dadurch erheblich leichter als mit Stahlkarosserie, und die Verwindungssteifigkeit wurde verdreifacht.*

Bei der Vorstellung des F40 im Juli 1987 in Maranello war der bereits 89-jährige Enzo Ferrari persönlich anwesend. Das montierte Kraftpaket wurde vom Commendatore unter die Lupe genommen, ob er dem hinter diesem Entwurf stehenden Gedanken gerecht wurde. „Im Juni letzten Jahres fing alles an, als ich dem Stab vorschlug, ein Auto zu bauen, das an die guten alten Tage in Le Mans erinnert, als man einen Wagen noch auf der Straße und in Rennen fahren konnte", kommentierte Enzo Ferrari. Zuerst hatte man überlegt, das neue Modell nach dem klassischen 24-Stunden-Rennen zu benennen, das Ferrari so lange Zeit dominiert hatte, entschied sich aber doch für die Bezeichnung F40, bei der es bleiben sollte.

Das Auto hat so berühmte Vertreter wie den GTO von 1962 in seiner Ahnentafel. Daher war ein GTO bei der Präsentation des F40 anwesend, um die enge Beziehung der beiden zu unterstreichen. Neben diesem geistigen Vater lassen sich seine Wurzeln auf mechanischer Seite sicherlich auf das GTO-Straßenfahrzeug mit Mittelmotor zurückführen, das 1984 auf dem Genfer Automobilsalon seinen Einstand feierte.

Als dritter Gen-Spender war die Einzelanfertigung des Evoluzione Ferrari von 1986 mit von der Partie, dieses für die Gruppe B ausgelegte Fahrzeug wurde im gleichen Jahr durch das Rennreglement ausgeschlossen. Trotzdem brachte die aus dem Rennen genommene Gruppe B in den 80ern zwei der schnellsten Straßensportwagen der Welt hervor: Den Porsche 959 und den F40, der etwa 5 km/h schneller war als der Porsche.

Niedriger c_W-Wert

Pininfarina war verantwortlich für die Karosserie. Die Instruktionen lauteten, einen Ferrari zu entwickeln, der sowohl an die glorreiche Vergangenheit anknüpfte als auch zukunftsorientiert war. Großer Wert wurde auf den Luftwiderstandsbeiwert gelegt. Das Resultat war ein c_W-Wert von 0,34. Dies war nach Tests ohne Heckflügel und der Nachrüstung von Radverkleidungen hinten, die jedoch wieder verworfen wurden, möglich.

Bei einem Fahrzeug mit einer Höchstgeschwindigkeit von 323 km/h musste auch die Unterseite berücksichtig werden. Pininfarina führte in Pionierarbeit Tests durch, damit auch das Kielwasser des F40 – die am Heck austretende Fahrluft – so reguliert wird, dass die Stabilität des Fahrzeuges optimiert wurde.

Der V8-Motor mit Biturbo war im Grunde genommen eine größere Version des GTO-Motors und wurde im Team von Materazzi entwickelt. Der Ingenieur brachte die Vorstellungen des Unternehmens damit auf den Punkt. *Autocar* schrieb, dass dieser Motor die Brücke zwischen Vergangenheit und Gegenwart schlug.

1988, im ersten Produktionsjahr des F40, starb Enzo Ferrari im Alter von 90 Jahren. Auf mehr Erfolg hätte er nicht zurückblicken können.

Lotus Elan

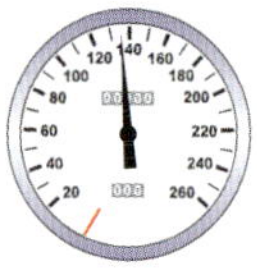

Spitze 220 km/h

Der ursprüngliche Lotus Elan von 1962 wurde zwölf Jahre lang gebaut. Sein späterer 219 km/h schneller Namensvetter von 1989 sollte nur zweieinhalb Jahre überleben. Das Produktionsende kam schnell, teilweise wegen der Rezession Anfang der 90er, teilweise aufgrund der Anlaufschwierigkeiten, die damals leider ein Markenzeichen von Lotus waren.

Colin Chapman, der Gründer von Lotus, hatte das Unternehmen Mitte der 70er mit den Coupés Esprit, Eclat und Excel nach oben gebracht. Ein neuer offener Zweisitzer sollte die Rückkehr zu den Wurzeln der Sportwagen sein. Die Eigentumsverhältnisse bei Lotus gerieten jedoch 1982 durch den plötzlichen Tod von Chapman ins Wanken. Vier Jahre später übernahm General Motors das Unternehmen.

Die Arbeiten an dem Modell hatten 1986 begonnen. Der Elan behielt im Wesentlichen den Zentralrohrrahmen des Originalmodells. Ansonsten gab es keine Ähnlichkeiten. Der ursprüngliche Elan hatte einen konventionellen Reihenmotor und Hinterradantrieb, während sein Nachfolger Vorderradantrieb und einen Quermotor besaß.

Der 1,6-l-Vierzylindermotor mit zwei oben liegenden Nockenwellen und 130 PS kam als Leihgabe vom japanischen Hersteller Isuzu hinzu, der GM angeschlossen war, und wurde von Lotus überarbeitet. Trotzdem wurden die meisten Elan-Modelle mit 165-PS-Turbomotor in der SE-Ausführung verkauft.

__Rechts:__ Der Motor mit IHI-Turbo eines Elan SE von 1990, übernommen von Isuzu und von Lotus überarbeitet. Eine Delco-Direktzündung und Rochester-Einspritzung wurden eingebaut.

__Unten:__ Ein SE von 1990 – die Karosserie wurde im vom Lotus patentierten VARI-Verfahren aus 54 Teilen gefertigt.

Links: Das Verdeck verschwand laut Lotus in weniger als 30 Sekunden ordentlich unter der bündig abschließenden Abdeckung. Sowohl der SE als auch das Grundmodell des Elan hatten elektrische Fensterheber und eine Zentralverriegelung.

Unten: Der Rennfahrer und Autojournalist John Miles am Steuer eines Elan der Serie 2 – eines der 800 SE, die 1994 aus Ersatzteilen gefertigt wurden. Die Fahrzeuge der Serie 2 erhielten neue Räder und ein überarbeitetes Armaturenbrett; Metallicklackierungen in Violett und Grün waren optional erhältlich.

Charakteristisches Fahrwerk

Der Lotus hatte eine Einzelradaufhängung mit einem raffinierten Dreieckslenker vorne und Dreieckslenker und einen unabhängigen Längslenker hinten. Auch die Straßenlage war wie gewöhnlich hervorragend. Die Mechanik wurde von einer offenen Zweisitzerkarosserie umhüllt, die aus der Feder von Peter Stevens stammt, der bereits die Linienführung des McLaren F1 auf sein Konto schreiben konnte.

Bereits bei der Bewertung in der Fachpresse wurden Zweifel an der Qualität geäußert. Bei der Leistung konnte man sich sicher nicht beklagen, vielleicht war es der Fahrgenuss, der nicht an den schnörkellosen und dazu noch deutlich billigeren Mazda MX-5 mit Frontmotor und Hinterradantrieb heranreichte. Dieser japanische offene Zweisitzer war ironischerweise zumindest in Teilen vom ursprünglichen Elan aus den 60ern inspiriert worden.

Trotz der Schirmherrschaft von General Motors wurden 1991 in Amerika nur 250 Elan verkauft, sodass man im Juni 1992 das Ende der Fertigung verkündete. Insgesamt wurden 3857 Fahrzeuge gebaut. 1994 wurden nochmals 800 Fahrzeuge als Serie 2 aus den Ersatzteilen montiert – inzwischen war Lotus erneut verkauft worden.

Damit war der Elan jedoch noch nicht begraben. Die Werkzeuge hatte 1993 der südkoreanische Kia-Konzern gekauft, der den Elan mit einem neuen 1,8-l-Motor auf Mazda-Basis bis 1998 weiterbaute.

Technische Daten	**Lotus** Elan SE
Motor	vorne quer
Bauart	4 Zylinder in Reihe, Turbolader
Bohrung x Hub	80 x 79 mm
Hubraum	1588 ccm
Ventilsteuerung	zwei oben liegende Nockenwellen
Leistung	165 PS (122 kW) bei 6600 U/min
Getriebe	Fünfganggetriebe
Antrieb	Vorderachse
Chassis	Zentralrohrrahmen
Radaufhängung vorne	Querlenker und Schraubenfedern
Radaufhängung hinten	Querlenker, Längslenker und Schraubenfedern
Bremsen	Scheibenbremsen, vorne innenbelüftet
Höchstgeschwindigkeit	220 km/h
Beschleunigung	0–100 km/h: 6,5 sek

Mazda MX-5

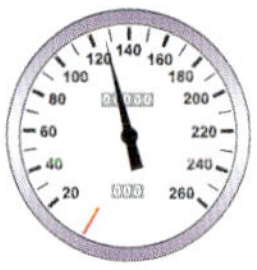

Spitze 206 km/h

Sicherlich waren schnellere Sportwagen unterwegs, dennoch hatte keines diesen Einfluss wie der muskulöse Mazda MX-5, der als offener Zweisitzer an die Ära der britischen Sportwagen der 60er erinnerte. Dem Namen nach ein Japaner, stammte der Mazda jedoch eigentlich aus der Entwicklungs- und Produktplanungsabteilung in Irvine, Kalifornien, weil er speziell für den lukrativen und großen amerikanischen Markt gedacht war.

Zu dieser Zeit hatten sich praktisch alle großen Automobilhersteller von den günstigen, offenen Zweisitzersportwagen abgewandt. Man konzentrierte sich auf teurere und besser ausgestattete GT-Ausführungen mit geschlossener Karosserie. Die MX-5-Designer ließen sich stattdessen von den Sportwagen inspirieren, die in den 60ern auf dem amerikanischen Markt erhältlich waren: im Wesentlichen vom Lotus Elan und vom Triumph Spitfire. Beide Fahrzeuge hatten Reihenmotoren und Hinterradantrieb, und der Lotus hatte zwei oben liegende Nockenwellen. Auch die Einzelradaufhängung wurde von ihnen abgeschaut.

Der Anfang 1989 für knapp 13 000 Dollar erhältliche Mazda trug die Bezeichnung MX-5 Miata. Unter der Haube schnaubte mit 115 PS ein 1,6-l-Vierzylindermotor mit zwei oben liegenden Nockenwellen, der

__Rechts:__ Obwohl der MX-5 als Schönwetterfahrzeug gedacht war, bot die große Heckscheibe dieses Modells von 1993 auch mit Verdeck gute Sicht.

__Unten:__ Dasselbe Fahrzeug von vorne – diesmal mit offenem Verdeck. Bis auf die Motorhaube aus Aluminium bestand die Karosserie aus Stahl.

aus den Mazda-Limousinen stammte, wo er quer montiert war. Der Hinterradantrieb setzte sich aus Fünfganggetriebe und Schubrohr zusammen.

Sportwagen mit guter Kraftverteilung

Einzelradaufhängung und Zahnstangenlenkung wurden so zusammengestellt, dass ein sicherer Sportwagen mit guten Fahreigenschaften entstand. Die ganz klar durch den Lotus Elan inspirierte Karosserie erhielt ausfahrbare Scheinwerfer. Die Höchstgeschwindigkeit betrug 185 km/h. Ab 1994 war ein 1,8-l-Motor optional erhältlich.

Das Baujahr 1998 erfuhr eine Revision, wobei die einklappbaren Scheinwerfer weichen mussten. Wieder waren zwei Motorausführungen erhältlich: 1,6 und 1,8 Liter. Der größere Motor verhalf dem Wagen zu einer Höchstgeschwindigkeit von 206 km/h.

2001 wurde die Frontpartie überarbeitet. Entscheidender war jedoch, dass der 1,8-l-Motor in den Genuss des S-VT-Systems, der variablen Ventilsteuerung von Mazda, kam und um 16 PS auf nun 156 PS zulegte. Die Höchstgeschwindigkeit veränderte sich kaum, dafür legte er bei der Beschleunigung zu.

2005 wurde ein nagelneuer MX-5 auf Basis der Bodengruppe des erfolgreichen RX-8 eingeführt. Mit einem aufgeräumteren und moderneren Design, mehr Raum für groß gewachsene Fahrer und dem ganzen Fahrspaß seines Vorgängers wird er wohl die MX-5-Geschichte auch in den kommenden Jahren weiterschreiben.

Technische Daten	**Mazda** MX-5 (1,8 Liter)
Motor	vorne längs
Bauart	4 Zylinder in Reihe
Bohrung x Hub	83 x 85 mm
Hubraum	1839 ccm
Ventilsteuerung	zwei oben liegende Nockenwellen
Leistung	140 PS (103 kW) bei 6500 U/min
Getriebe	Fünfganggetriebe
Antrieb	Hinterachse
Chassis	selbsttragende Karosserie
Radaufhängung vorne	Querlenker und Schraubenfedern
Radaufhängung hinten	Querlenker und Schraubenfedern
Bremsen	Scheibenbremsen, vorne innenbelüftet
Höchstgeschwindigkeit	206 km/h
Beschleunigung	0–100 km/h: 8 sek

***Oben:** Eine Special Edition des MX-5 kam zum 10-jährigen Bestehen 1999 auf den Markt. Besonderheiten waren die tiefblaue Lackierung, die überarbeitete Aufhängung und das Sechsganggetriebe. Insgesamt wurden hiervon 7500 Fahrzeuge gefertigt.*

***Links:** 2000 erhielt der MX-5 ein Facelifting – zwei größere Luftschlitze an der Frontpartie und schlankere Lichtboxen mit klarem Lampenglas und Projektionsscheinwerfern. Die Karosserie wurde verstärkt, die Leistung angehoben und die Aufhängung gestrafft.*

Lamborghini Diablo

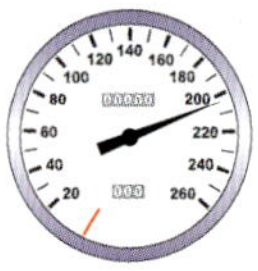

Spitze 325 km/h

Rechts: *1993 kündigte Lamborghini anlässlich des 30-jährigen Bestehens des Unternehmens 1994 den 30SE an. Bei dem Kraftpaket mit 525 PS war die Sicht nach hinten ein schwacher Punkt.*

Unten: *Ein Diablo von 1990 – klar zu erkennen ist seine Verwandtschaft mit dem Countach, auch wenn das Design vielleicht nicht so überzeugt. Er wurde elf Jahre lang gebaut und während dieser Zeit fortwährend verbessert.*

Mit einer Höchstgeschwindigkeit von über 325 km/h lief er dem Ferrari F40 den Rang als weltweit schnellstes Auto ab und hielt die Spitzenposition, bis 1991 dem Jaguar XJ220 diese Ehre zuteil werden sollte.

Der Miura und der Countach etablierten Lamborghini als Hersteller von atemberaubenden Superfahrzeugen. Beim Diablo, der die Mechanik des Countach geerbt hatte, wurde der V12-Motor auf 5,7 Liter vergrößert und hatte nun 485 PS.

Zwar war der Radstand um 2 cm länger als bei seinem Vorgänger, doch die Coupé-Karosserie war ganz klar abgeleitet. Sie stammte von Marcello Gandini, der sich von Bertone getrennt hatte und nun selbstständig war. Er war bereits für das Design der beiden illustren Vorgänger des Diablo verantwortlich gewesen. Diesmal fehlte jedoch das gewisse Etwas.

Nach einigem Zutun durch Chrysler, dem Lamborghini zwischen 1987 und 1994 gehörte, wurde das Fahrzeug 1990 in Monte Carlo vorgestellt. Wie bei Lamborghini üblich, begann die Produktion jedoch erst ein Jahr später – inmitten einer Wirtschaftskrise.

Das schnellste Auto der Welt

Die Herstellerangaben über eine Höchstgeschwindigkeit von 325 km/h und eine Beschleunigung von 0 auf 100 in 4,9 Sekunden wurden durch die amerikanische Fachzeitschrift *Road & Track* bestätigt. Mit den dort gemessenen 325,6 km/h war der Diablo 2,1 km/h schneller als der Ferrari F40. Diese Spitzenposition konnte er jedoch nicht lange halten, denn schon im Oktober 1991 kam der Jaguar XJ220, der locker 343 km/h erreichte.

Links: Ein Diablo von 1999 mit Aluminiumkarosserie, die später gegen Kohlefaser ausgetauscht wurde. Man kann durchaus die Meinung vertreten, dass dieses das bestkonstruierte Modell ist. Der Einfluss von Volkswagen lässt sich nicht verleugnen.
Unten links: Die Instrumententafel des Diablo ist höchst funktional. Der Schaltknüppel sitzt wie bei Ferrari in einer offenen Kulisse.

Oben: Der lang angekündigte Diablo Roadster erschien 1996. Große Bereiche seiner Karosserie wurden überarbeitet, das geöffnete Dach trug er außen über dem Motor.

Verbesserte Aerodynamik

Beim Diablo mit Mittelmotor suchte man vergeblich nach der Servolenkung und einem Antiblockiersystem. Ein weiteres Manko war der fehlende Allradantrieb. All diesen Unzulänglichkeiten trat das Unternehmen 1993 mit dem 4x4 Diablo VT entgegen. VT stand für Viscous Traction. 1994 kam dann der Diablo SE, für Special Edition, mit sehr optimistischen Angaben zur Höchstgeschwindigkeit mit 354 km/h, verbesserter Aerodynamik und einem 525-PS-Motor.

1996 wurde der leichtgewichtige SV, der Sport Veloce, eingeführt, der nur 508 PS hatte. Im gleichen Jahr kam auch die lang ersehnte Cabriolet-Ausführung mit Allradantrieb auf den Markt. Das Design war großzügig überarbeitet. Das Targa-Dach konnte außen hinter dem Fahrer verstaut werden.

Obwohl Lamborghini inzwischen seit 1998 zum Volkswagen-Konzern gehörte, dauerte es relativ lange, bis der Diablo ersetzt wurde. 2000 wurde der schnellste Lamborghini aller Zeiten vorgestellt: der Diablo GT. Die Höchstgeschwindigkeit wurde mit 338 km/h angegeben. Das Aluminium der Karosserie wurde durch Kohlefaser ersetzt, wodurch 90 kg eingespart wurden.

2001 erhielt der Diablo einen neuen 6-l-Motor mit 585 PS und kam nach elf Jahren ins letzte Produktionsjahr.

Technische Daten	**Lamborghini** Diablo VT
Motor	mittig längs
Bauart	V12
Bohrung x Hub	87 x 80 mm
Hubraum	5707 ccm
Ventilsteuerung	zwei oben liegende Nockenwellen pro Zylinderreihe
Leistung	485 PS (358 kW) bei 7000 U/min
Getriebe	Fünfganggetriebe
Antrieb	Vierrad
Chassis	selbsttragend
Radaufhängung vorne	Querlenker und Schraubenfedern
Radaufhängung hinten	Querlenker und Schraubenfedern
Bremsen	innenbelüftete Scheibenbremsen
Höchstgeschwindigkeit	325 km/h
Beschleunigung	0–100 km/h: 4,1 sek

TVR Griffith

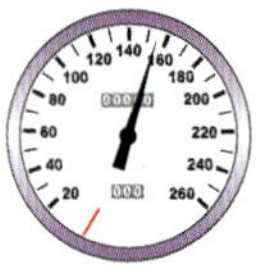

Spitze 250 km/h

Rechts: Ein Linkslenker-Griffith, wie er für den Export gebaut wurde. Die attraktive Linienführung des Äußeren setzt sich im Interieur fort.

Unten: Eine der vielen Tugenden des Griffith ist sicherlich, dass er keinem anderen Fahrzeug ähnelt und seine Linie ganz individuell ist. Auch die späteren TVR-Modelle enttäuschen in dieser Hinsicht nicht.

Heute ist der TVR bekannt dafür, unverkennbares, ins Auge fallendes Design mit enormer Leistung zu paaren. Der 1990 auf der British Motor Show vorgestellte Griffith ist der Vater dieser Konzeption.

Das Unternehmen TVR findet seine Ursprünge bei Trevor Wilkinson – daher der Name. 1954 hatte dieser in Blackpool angefangen, Spezialautos mit Glasfaserkarosserie zu bauen, die mit unterschiedlichen Ford-, Coventry-Climax- oder BMC-Motoren angetrieben wurden. Das Unternehmen wechselte mehrmals den Eigentümer, bis 1982 Peter Wheeler die Firma übernahm. Der ehemalige Leiter einer Ölgesellschaft verfügte über einen herausragenden Sinn für Design. Hiermit begann eine neue Ära für TVR.

Wheeler ließ seine Formen aus massiven Blöcken geschäumten Polystyrols entstehen. Der offene Zweisitzer Griffith war der erste Vertreter, der Wheelers Talente widerspiegelte. Die Mechanik stammte aus dem Modell S von 1986. Dieser offene Zweisitzer hatte einen Zentralrohrrahmen mit zusätzlichem Gitterrohrrahmen und war mit einem 2,8-l-V6-Motor von Ford ausgestattet. 1991 wurde eine S3-Version gebaut. Ein weiteres Modell in der TVR-Reihe war das eckige 420-Cabriolet mit Rover-V8-Motor.

Der Griffith nutzte Elemente aus beiden Konzepten: das Fahrgestell des S3 und den 3,9-l-V8-Motor des 420. Die schnittige, offene Karosserie war ihm eigen. Und er war so schnell, wie er aussah. Die Spezifikationen sprechen von einer Höchstgeschwindigkeit von 238 km/h und einer Beschleunigung von 0 auf 100 km/h in nur 4,9 Sekunden.

Aufgewertete Spezifikationen

Das neue Modell löste bei seiner Ankündigung großes Interesse aus, ließ dann aber 18 Monate auf sich warten. Der erste Griffith wurde erst Anfang 1992 gebaut. TVR hatte diese Zeit damit verbracht, die Spezifikationen aufzuwerten. Das ursprüngliche, aus dem S3 stammende Fahrgestell wurde durch einen stärkeren Rahmen und Einzelradaufhängung aus dem Rennwagen TVR Tuscan ersetzt. Und der Rover-V8 unter der Haube war mittlerweile als 4,0-l-Motor mit 240 PS und mit 4,3 Litern Hubraum und 280 PS erhältlich.

Die 1990 bei ihrer Vorstellung hoch gelobte Karosserieform blieb weitgehend erhalten, aber das Finish wurde sorgfältig verfeinert. Dazu zählten jetzt versenkte Türgriffe und bündig eingelassene Rückleuchten.

1993 kam ein noch schnellerer Griffith auf den Markt. Eigentlich sollte der neue Wagen vom hauseigenen AJP-V8 angetrieben werden, aber Verzögerungen bei der Entwicklung zwangen TVR, auf den verlässlichen alten Rover V8 in der aktuellen 5-l-Variante zurückzugreifen. Der Griffith 500 leistete 340 PS und erreichte über 255 km/h.

Der Griffith wurde bis 2002 gebaut, als die Serie mit 100 Wagen in leicht modifiziertem Styling abgeschlossen wurde. Der Griffith hatte seine Aufgabe erfüllt, für den Sportwagenhersteller aus Blackpool eine neue Ära einzuläuten.

Oben: *Ein Griffith mit geschlossenem Verdeck. Das geöffnete Verdeck beansprucht im ansonsten gut dimensionierten Kofferraum viel Platz.*

Unten links: *Der 4,3-V8-Leichtmetallmotor von Rover lieferte beeindruckende Leistung und einen herrlichen Auspuffsound.*

Technische Daten	**TVR** Griffith 500
Motor	vorne längs
Bauart	V8
Bohrung x Hub	94 x 90 mm
Hubraum	4988 ccm
Ventilsteuerung	Stößel
Leistung	325 PS (240 kW) bei 5500 U/min
Getriebe	Fünfganggetriebe
Antrieb	Hinterachse
Chassis	Rohrrahmen
Radaufhängung vorne	Querlenker und Schraubenfedern
Radaufhängung hinten	Querlenker und Schraubenfedern
Bremsen	Scheibenbremsen
Höchstgeschwindigkeit	250 km/h
Beschleunigung	0–100 km/h: 4,1 sek

Mitsubishi 3000GT

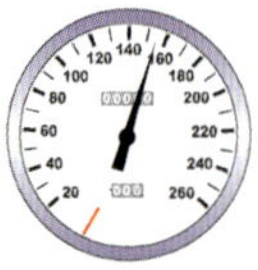

Spitze 250 km/h

__Unten:__ Ein Hightech-Mitsubishi von 1993. An der von Chrysler entworfenen Karosserie wurde seit der Einführung 1990 bis 1993 wenig geändert. Das Fahrzeug hatte eine Vierradlenkung und eine computergesteuerte Aufhängung.

Bei seiner Markteinführung 1990 war der 250 km/h schnelle Mitsubishi 3000GT mit Vierradlenkung technisch ein Meisterstück: feinster elektronischer Schnickschnack und haufenweise Raffinesse bei der Mechanik. Der 3000GT ist Beweis für das Können der Japaner im Bereich Automobiltechnik und zunehmend integrierter Elektronik.

Das Coupé 3000GT kann als Kreuzung verschiedener Vorgänger bezeichnet werden: Die anspruchsvolle Mechanik stammt aus dem Versuchsmodell HSX von Mitsubishi, das 1989 auf der Automobilausstellung in Tokio vorgestellt wurde. Das Fahrzeug hatte sowohl Vierradantrieb wie -lenkung; Aufhängung und Bremsen waren computergesteuert.

Diese Komponenten wurden in den Mitsubishi Starion GTO übertragen. Die Karosserie samt der windschnittigen, einfahrbaren Scheinwerfer stammte von Chrysler, mit dem sich Mitsubishi 1971 zusammengeschlossen hatte. Auf dem amerikanischen Markt wurde das Auto unter der Bezeichnung Dodge Stealth verkauft.

Biturbo

Die komplexe Mechanik und Elektronik war optional bei der Luxuslimousine Mitsubishi Sigma erhältlich. Auch der Motor stammte aus dieser Quelle. Der 281 PS starke V6-Motor mit zwei oben liegenden Nockenwellen pro Zylinderreihe wurde beim 3000GT durch einen Biturbolader unterstützt.

Die Aufhängung war so ausgelegt, dass sie automatisch je nach Fahrbahnbeschaffenheit eingestellt wurde. Sie ließ sich für den normalen Gebrauch auf „Tour“ oder straffer auf „Sport“ einstellen.

Das Interieur bot etliche elektronische Anzeigen. Es wird jedoch vermutlich eine unbeantwortete Frage bleiben, ob der Fahrer oder die Fahrerin wirklich eine Bildschirmanzeige benötigt, die detailliert Aufschluss darüber gibt, ob die Luft der Klimaanlage die hintersten Winkel des Innenraums schon erreicht hat.

Mit 1720 kg war der 3000GT kein Leichtgewicht. Trotz moderner Spezifikation war man sich einig, dass der Motor zwar herausragend war, die Fahreigenschaften auf gerader Strecke aber weitaus besser waren als in Kurven.

Für das Baujahr 1994 standen Überarbeitungen der Mechanik und des Äußeren an. Die in die Jahre gekommenen Klappscheinwerfer wurden durch fest installierte ersetzt und die Motorleistung auf 320 PS erhöht. Das Fünfganggetriebe wich einem eng abgestuften Sechsganggetriebe.

Zwar sah man das Turbo-Coupé am häufigsten, aber es gab noch zwei weitere Varianten: den offenen Spyder für den amerikanischen Markt und eine in Japan verkaufte Version ohne Turbo mit 224 PS.

Der Verkauf des 3000GT endete 2000 und er blieb bis heute das letzte große Coupé von Mitsubishi. Jetzt bildet der aus dem Rallye-Sport bekannte Lancer Evolution mit Turbokraft und Allradantrieb die Leistungsspitze in einer kompakten Limousinenkarosserie.

Technische Daten	**Mitsubishi** 3000GT
Motor	vorne quer
Bauart	V6, Doppolturbolador
Bohrung x Hub	91 x 76 mm
Hubraum	2972 ccm
Ventilsteuerung	zwei oben liegende Nockenwellen pro Zylinderreihe
Leistung	281 PS (207 kW) bei 6000 U/min
Getriebe	Fünfganggetriebe
Antrieb	Vierrad
Chassis	selbsttragend
Radaufhängung vorne	McPherson-Federbeine
Radaufhängung hinten	Querlenker, Längslenker und Schraubenfedern
Bremsen	innenbelüftete Scheibenbremsen
Höchstgeschwindigkeit	250 km/h
Beschleunigung	0–100 km/h: 5,8 sek

Links: *Innenraum eines Modells von 1995. Bereits 1994 wurden die Sechsgangschaltung und der Beifahrerairbag eingeführt.*

Unten: *Ein 3000GT von 1995. Das Design war im Jahr davor geändert worden – versenkte Scheinwerfer statt der alten Einklapp-Variante. Auch die Flanken wurden hergerichtet.*

Vauxhall Lotus Carlton

Spitze 283 km/h

__Rechts:__ Der Heckflügel des Lotus Carlton war nicht nur dekorativ, sondern sorgte für den erforderlichen Abtrieb hinten.

__Unten:__ Der Frontspoiler mit den mächtigen Lufteinlässen, die Kotflügelverbreiterungen und Leichtmetallfelgen von Royal kennzeichnen dieses Modell. Der c_W-Wert lag bei nur 0,31.

Bis auf den Heckspoiler und die zwei Lufteinlässe auf der Motorhaube deutete äußerlich nichts auf den Unterschied des Lotus Carlton vom Familienfünfsitzer, auf dem er basierte, hin. Mit einer Höchstgeschwindigkeit von 283 km/h war er 1990 die schnellste Limousine weltweit.

Der 1986 eingeführte Carlton war die Vauxhall-Version des deutschen Opel Omega. Beide Marken befanden sich seit den 20ern in Besitz der amerikanischen Firma General Motors Corporation. 1986 kaufte General Motors den britischen Sportwagenhersteller und die technische Beratungsfirma Lotus. Der Konzern war nicht nur verantwortlich dafür, dass wichtige Änderungen durchgeführt wurden, sondern auch für die Vervollständigung der Montage. Der 1989 auf dem Genfer Salon vorgestellte Wagen kam Ende 1990 in Produktion und wurde in Europa unter der Bezeichnung Opel Lotus Omega vertrieben.

Der 377-PS-Motor basierte auf dem 3-l-Aggregat von Vauxhalls Flaggschiff: dem Carlton GSi. Seine Abmessungen von 95 x 85 mm ergaben einen Hubraum von 3615 ccm; zwei oben liegende Nockenwellen aus Aluminium und vier Ventile pro Zylinderkopf kamen zum Einsatz. Die T25-Biturbolader von Garrett hatten zwei wassergekühlte Ladeluftkühler. Das Drehmoment lag bei fantastischen 568 Nm.

Das Sechsgang-ZF-Getriebe, das in ähnlicher Form in der hauseigenen Chevrolet Corvette eingesetzt wurde, war mit einem verstärkten Differential verbun-

Links: *Auch das Interieur wich vom Standard ab: Ledersitze mit Seitenpolstern. Die Rücksitze waren jedoch Schalensitze. Die Neigung des Lenkrads ließ sich verstellen, und der Tacho zeigte bis 290 km/h an.*

Unten: *Ein voll gepackter Motorraum. Der 3,6-l-V6-Motor mit Biturbo zeichnete sich durch seine Flexibilität in allen Leistungsbereichen und 377 PS aus. Lotus hat ganze Arbeit geleistet.*

den. Weitere Abweichungen vom Standard waren die verbesserte Aufhängung, große belüftete Scheibenbremsen hinten und vorne mit Bremssätteln aus dem Rennsport sowie massive Leichtmetallfelgen von Ronal.

Lederausstattung von Connolly

Das Interieur des Modells war ebenfalls besonders: Es war komplett mit Connolly-Leder verkleidet, und die sportlichen Vordersitze verfügten über ein elektronisches Gedächtnis. Elektrische Fensterheber und ein elektrisches Sonnendach waren Standard.

Insgesamt wurden neun Vorserienfahrzeuge gebaut und auf der süditalienischen Teststrecke in Nardo auf Geschwindigkeit geprüft. Dabei maß man 283 km/h. Opel und Vauxhall sprachen optimistisch von 290 km/h.

In diesem Punkt herrschte Unstimmigkeit, und so wurde in der Werbung des Unternehmens auch keine Höchstgeschwindigkeit erwähnt, hier war nur von der beeindruckenden Beschleunigung von 0 auf 100 km/h in 5,2 Sekunden die Rede.

GM plante, 1100 Fahrzeuge in drei Jahren herzustellen. Das zu einem Preis von 49 000 Pfund verkaufte Modell lief aber geradewegs in die Wirtschaftskrise zu Beginn der 90er. Bei einer Produktion von anfangs 13 Fahrzeugen pro Woche wurde die Produktion ein Jahr früher als geplant bereits im Dezember 1992 eingestellt. Insgesamt sind also nur 950 Fahrzeuge gebaut worden – 150 weniger als geplant. 320 von ihnen trugen den Namen Carlton, während 630 als Opel-Version verkauft wurden.

Technische Daten	**Vauxhall** Lotus Carlton
Motor	vorne längs
Bauart	6 Zylinder in Reihe, Doppelturbolader
Bohrung x Hub	95 x 85 mm
Hubraum	3615 ccm
Ventilsteuerung	zwei oben liegende Nockenwellen
Leistung	377 PS (279 kW) bei 5200 U/min
Getriebe	Sechsganggetriebe
Antrieb	Hinterachse
Chassis	selbsttragend
Radaufhängung vorne	McPherson-Federbeine und Schraubenfedern
Radaufhängung hinten	Multilink-Hinterachse, Schräglenker und Schraubenfedern
Bremsen	innenbelüftete Scheibenbremsen
Höchstgeschwindigkeit	283 km/h
Beschleunigung	0–100 km/h: 5,2 sek

1991–2000 McLaren auf dem Vormarsch

Großbritannien meldete sich in den 90ern mit einem gewaltigen Knall, dem McLaren F1, im Lager der flotten Flitzer zurück. Mit einer Höchstgeschwindigkeit von 386 km/h sollte er für viele Jahre das schnellste straßentaugliche Auto der Welt bleiben. Wie bei seinen Zeitgenossen Bugatti EB110 und Ferrari F50 wurde für die Konstruktion des aus dem Rennwagen hervorgegangenen Coupés aus Woking, Surrey, die leichte und enorm starke Kohlefaser verwendet.

Es ist kein Zufall, dass Gordon Murray 1978 zu jenen Pionieren gehörte, die dieses aus der Luftfahrtindustrie stammende Material für den Rennwagenkonstrukteur Brabham erstmals einsetzten. Als es in den 80ern zum ersten Mal für Straßenmodelle verwendet wurde, schienen die Tage des Gitterrohrrahmens endgültig gezählt.

Honda NSX

Spitze
260 km/h

__Rechts:__ Das Innenleben des 3,2-l-NSX. Wie das Äußere des Fahrzeugs wurde es wegen seines mangelnden Flairs kritisiert, doch die Straßenlage ist hervorragend.

__Unten:__ Hondas Flaggschiff hat sich über die Jahre praktisch nicht verändert, obwohl die 3,2-l-Version von 1997 einen überarbeiteten Frontspoiler besaß.

Der NSX von 1990 mit Mittelmotor war von Honda als ernsthafte Herausforderung für die Superautos aus Europa gedacht und erhielt viel Lob für seinen Motor und sein tadelloses Straßenverhalten. Diese Tugenden waren es – und weniger das unauffällige Styling –, die hauptsächlich die Kundschaft lockten, denn dieser Honda ist in seiner Generation eines der Fahrzeuge mit dem besten Handling und wird noch immer produziert.

Das Unternehmen hatte sich als weltgrößter Motorradhersteller einen Namen gemacht, und mit einer Reihe von Rennerfolgen auf zwei Rädern konnte es seinen Ruf weiter festigen. Als sich Honda dann 1962 entschloss, seine Angebotspalette auf vierrädrige Fahrzeuge auszudehnen, stand außer Frage, dass sich die Ingenieure selbstbewusst und innovativ zeigen würden. 1964 wurde Honda der erste japanische Automobilhersteller, der sich in der Formel 1 engagierte. Obwohl es Kinderkrankheiten gab, entstand hier eine Verbindung zum Rennsport, die bis heute andauert.

Honda schöpfte aus der Wettkampferfahrung, als man den NSX entwickelte. Da es sich um ein prestigeträchtiges Modell handelte, das es mit Marken wie Ferrari und Porsche aufnehmen sollte, investierte das Unternehmen erhebliche Mengen an Zeit und Geld in die Entwicklung. Die Arbeit an dem Konzept begann 1984, beachtliche sechs Jahre vor der Serienfertigung.

Oben: Der NSX wurde 1995 mit einem Targadach ausgestattet, das sich insbesondere in Amerika als populär erwies, auch wenn es sich hier um eine in Großbritannien zugelassene Rechtslenkerversion handelt. Ein halbautomatisches Sechsganggetriebe kam zur gleichen Zeit heraus.

Gemischte Entwicklung

Von Anfang an war ein Mittelmotor geplant, Hondas erster Gehversuch auf diesem Gebiet. Die Entwicklungsarbeit wurde an einem Stadtauto geleistet, einem Miniaturfahrzeug, das in Europa unter der Modellbezeichnung Jazz verkauft wurde. Weitere Arbeiten führte man an einem ähnlich modifizierten Civic CRX durch. Ein europäischer Beitrag kam mit dem HP-X, einem Coupé aus der Karosserieschmiede von Pininfarina, das von einem V6-Motor angetrieben wurde, der aus dem Formel-2-Rennwagen von Honda stammte. Es gab weitere Versuche mit V8-Motoren, von denen einige mit Abgasturbolader ausgestattet waren.

Da Honda die USA als Hauptabsatzmarkt für das neue Fahrzeug ins Visier genommen hatte, war es angemessen, den NSX 1989 in Chicago vorzustellen. Aber selbst zu dieser Zeit waren Hondas Ingenieure noch nicht zufrieden: Die Karosserie wurde weiter verbessert, und der Radstand wurde um 38 mm verlängert.

Als das Fahrzeug 1990 in Serie ging, wurde es in weiten Kreisen wegen der mechanischen Qualität gefeiert, die nirgendwo offensichtlicher war als in seinem quer eingebauten, 270 PS leistenden 3-l-V6-Mittelmotor. Der Leichtmetallmotor mit zwei oben liegenden Nockenwellen und vier Ventilen pro Zylinder war auf stattliche 8300 U/min ausgelegt, dank der rennerprobten Titanpleuel. Zwei innovative Einrichtungen halfen, die Kraft gleichmäßig über das gesamte Drehzahlspektrum zu verteilen. Eine war die variable Ventilsteuerung VTEC, die Honda erstmals 1984 im CRX zum Einsatz brachte, und das andere ein Ansaugsystem mit variablem Volumen, das die Motoratmung verbessern und mehr Kraft bei höheren Drehzahlen produzieren sollte.

Der Antrieb wurde mittels eines Fünfganggetriebes auf die Hinterachse übertragen, wenngleich alternativ eine Automatikversion angeboten wurde. Eine Traktionskontrolle, die die Kraftübertragung auf die Hinterräder reduzierte, sobald die Bremsen eingesetzt wurden, wurde eingebaut. Hondas Rennsporterbe zeigte sich in der Querlenkeraufhängung, die Aluminiumkomponenten verwendete.

Technische Daten	**Honda** NSX
Motor	Mittelmotor, quer eingebaut
Bauart	V6
Bohrung x Hub	90 x 78 mm
Hubraum	2977 ccm
Ventilsteuerung	zwei oben liegende Nockenwellen pro Zylinderreihe
Leistung	270 PS (199 kW) bei 7100 U/min
Getriebe	Fünfganggetriebe
Antrieb	Hinterachse
Chassis	selbsttragend
Radaufhängung vorne	Dreieckslenker und Schraubenfedern
Radaufhängung hinten	Dreieckslenker und Schraubenfedern
Bremsen	innenbelüftete Scheibenbremsen
Höchstgeschwindigkeit	260 km/h
Beschleunigung	0–100 km/h: 6 sek

Oben: *Von hinten fallen die Aktualisierungen des Baujahres 1997 nicht ins Auge. Die Aufhängung war im Prinzip unverändert, doch Honda verbesserte die Steuerung, die aus einem komplizierten Zahnstangensystem mit Servounterstützung bestand. Honda behauptete, dass nicht nur die Wirksamkeit der Bremsen, sondern auch die Balance verbessert wurde.*

Rechts: *Der größere aufgebohrte 3,2-l-V6-Motor, der 276 PS an Leistung lieferte, war 2,4 kg leichter als sein Vorgänger, dank der aus einer Metalllegierung und Karbon bestehenden Zylinderfutter. Ein Zweimassenschwungrad war von Anfang an vorhanden, um den Druck auf die Kupplung gering zu halten.*

Aluminiumkarosserie

Die Karosserie des Coupés sollte ursprünglich aus Stahl gefertigt werden, doch bei der Vorstellung in Chicago war sie aus Aluminium. Während die Form mit dem in kontrastierendem Schwarz gehaltenen Dach durchaus überzeugte, fehlte dem Fahrzeug das Flair, das man von der Konkurrenz aus Europa kannte.

Jegliche Zweifel hinsichtlich der Qualität des Honda-Flaggschiffs verflüchtigten sich, sobald man sich an das Steuer im schwarzen Finish setzte. Das Fahrgestell des NSX war herausragend, und das Modell zeigte ein sicheres und berechenbares Handling, selbst in engen Kurven. Auf freien Geraden fuhr er über 257 km/h.

Zum Unglück des Herstellers traf das Erscheinen des NSX mit der weltweiten Rezession der frühen 90er zusammen. Honda reagierte mit dem Bau einer schnelleren und leichteren Version, die lediglich in der 1993er-Saison auf dem heimischen Markt auftauchte. Sie verfügte über Karosserieteile aus Kohlefaser mit einer überarbeiteten Frontpartie, eine veränderte Radaufhängung und breitere, größere Reifen. Der V6-Motor wurde auf 3,2 Liter vergrößert, und man ließ ihn von Mugen tunen, einer Firma, die normalerweise auf die Leistungssteigerung von Antriebspaketen für die Formel 1 spezialisiert ist, und die Soichiro Honda, dem Sohn des Firmengründers, gehörte. All diese Pflegemaßnahmen erhöhten die Höchstgeschwindigkeit auf 273 km/h und verbesserten die Beschleunigung von 0 auf 100 km/h um 0,8 auf 5,1 Sekunden.

Der Herausforderung durch den 1993 vorgestellten Toyota Supra begegnete Honda 1994, indem man dem NSX größere 17-Zoll-Räder verpasste. Die Servolenkung, bisher der Automatikversion des NSX vorbehalten, gab es nun serienmäßig, und das Schaltgetriebe wurde verfeinert, um die Getriebegeräusche zu mindern.

Targadach

Mit der Zeit verbesserte sich die Ausstattung immer weiter, einschließlich eines Beifahrerairbags und größerer Räder. 1995 wurde die Modellpalette um einen NSX-T mit Targadach ergänzt, der vor allem in den sonnigeren Staaten der USA sehr erfolgreich war. 1997 wurde der NSX mit Schaltgetriebe mit einem 3,2-Liter-Motor und einem Sechsganggetriebe aufgerüstet, während das Automatikmodell die 3,0-Liter-Maschine behielt.

Im Rahmen einer Neugestaltung wurden 2002 die Schlafaugen durch konventionelle Scheinwerfer ersetzt und im selben Jahr kam ein neuer NSX-R mit einer leichteren und aerodynamisch optimierten Karosserie auf den Markt. Es sollte die letzte große Veränderung im Serienleben des NSX sein, dessen Produktion schließlich 2005 eingestellt wurde.

Mittlerweile ist ein „neuer NSX“ auf Basis des Show Car HSC in der Entwicklung. Er wird es nicht leicht haben, an den extrem hohen Standard des ausgelaufenen NSX anzuschließen.

Oben: *Der NSX-R wurde 2001 auf der Automobilausstellung in Tokio mit konventionell eingepassten – statt aufklappbaren – Scheinwerfern vorgestellt, die dann in der neuesten Version dieses Mittelmotor-Honda auftauchten. Kohlefaser wird für Motorhaube, Motorraumabdeckung und Heckspoiler verwendet.*

Links: *Das Interieur des NSX-R. Seine Herkunft aus dem Rennsport wird durch die Kohlefaser-Aramid-Schalensitze von Recaro und das Lederlenkrad von Momo unterstrichen. Hondas Werbeabteilung verkündet, das Innenleben des Wagens hülle den Fahrer „in ein Ambiente, das für temperamentvolles Fahren maßgeschneidert ist.“*

Dodge Viper

Spitze 277 km/h

__Rechts:__ Schlichtheit ist das Grundthema der Viper, und nirgendwo ist dies deutlicher zu sehen als im Cockpit. Die Sitze geben Halt und besitzen eine aufblasbare Lendenwirbelstütze. Die Beinfreiheit ist auch gut.

__Unten:__ Der Wagen, der ausschließlich mit Linkslenkung hergestellt wird, wird in Europa als Chrysler verkauft, weil Dodge bereits für einen französischen Lkw benutzt wird. Die Viper macht eine gute Figur, aus welchem Winkel man sie auch betrachtet.

Die Viper war ein bemerkenswerter Erfolg, ein bulliger, spartanischer Zweisitzer, der sein Leben 1989 als Studie auf der Detroit Motor Show begann. Carroll Shelby, der Vater des Shelby Cobra aus den 1960ern, entwickelte dieses Konzept für das Dodge-Mutterunternehmen Chrysler nach dem Motto „back to basics". Es wurde von einem kopfgesteuerten V10 angetrieben, der ursprünglich für die nächste Generation von Chryslers Trucks und SUVs vorgesehen war.

Die Reaktion auf der Ausstellung war so überwältigend, dass sich Chrysler entschloss, den unkonventionellen Dodge in Serie zu fertigen. Die Karosserie mit ihrem Mittelteil aus Stahl und der Front und dem Heck aus Glasfaser, die an den verschiedensten Stellen an Ferrari, Jaguar und die Cobra erinnerte, wurde im Grunde unverändert übernommen, aber der Antrieb erforderte einige Modifikationen.

Motorblock aus Aluminium

Bei Lamborghini auf Vordermann gebracht, wurde der ursprüngliche Motorblock aus Grauguss durch einen aus Aluminium ersetzt. Veränderungen der Brennkammer und der Ventilsteuerung führten zu einem Motor mit 400 PS – eine Verbesserung um 100 PS gegenüber dem Original. Die roten Ventildeckel wurden von Ferrari inspiriert. Der Auspuff mit den Ausmaßen eines Abflussrohres kam aus einem offen liegenden Schalldämpfer unterhalb der Beifahrertür.

Das Fahrzeug mit einer von Chrysler behaupteten Spitzengeschwindigkeit von 266 km/h und einer Beschleunigung von 0 auf 100 km/h in atemberaubenden 4,5 Sekunden ging 1992 in Produktion.

Oben links: *Der V10-Motor der Viper, der ursprünglich für Lastwagen konzipiert und dann von Lamborghini in Aluminium umgearbeitet wurde. In dem großen, niedertourigen Achtlitermotor wurden die oben liegenden Ventile durch hydraulische Ventilstößel und Schubstangen betätigt.*

Oben rechts: *Der Weg nach vorne. Die Konzeptstudie Viper GTS/R von Chrysler aus dem Jahr 2000 bildet die Grundlage für die nächste Generation. Der Wagen ist länger, breiter und liegt tiefer als das Original.*

Links: *Obwohl die Viper als offener Zweisitzer zur Welt kam, war eine Coupé-Version unumgänglich, wie sie als GTS 1993 enthüllt wurde. Dieses Profil unterstreicht den Erfolg der Verwandlung, die wie ein eigenständiges Modell wirkt.*

Auf der Autoausstellung in Los Angeles war 1993 eine Coupé-Version zu sehen – der GTS mit einem 450-PS-Motor. Der GTS war nicht nur leichter und windschlüpfiger als das offene Fahrzeug, sondern auch schneller und schaffte 277 km/h. Wie beim Roadster klaffte hier eine Lücke – in diesem Fall von drei Jahren – bis der erste Serien-GTS zu kaufen war.

In der Zwischenzeit wurde der Roadster weiter verschärft: Dem Venom mit 550 PS folgte 1997 der Venom 600 mit nicht weniger als 635 PS unter der Haube.

Auf der Detroiter Schau 2000 gelang Chrysler eine weitere Überraschung mit dem Viper GTS/R Coupé mit neuem Styling und leicht verlängertem Radstand.

Das Styling der GTS/R wurde auf die überarbeitete Serien-Viper SRT10 von 2002 übertragen. Unter der Haube fanden sich mehr als 100 Verbesserungen, einschließlich eines 8,3-Liter-V10 mit 510 PS. Wichtigste äußerliche Veränderung war ein echtes Cabrioverdeck ohne festen Überrollbügel.

Neben dem Roadster gab es auch ein Competition Coupé, ein Wettbewerbsfahrzeug mit leichter Verbundstoffkarosserie, reinrassigem Rennfahrwerk und Sicherheitsausstattung und einer getunten 520-PS-Maschine. Es sollte ein bezahlbarer, aber trotzdem konkurrenzfähiger GT-Renner sein.

2005 krönte Dodge die Viper-Palette mit einem neuen Straßen-Coupé. Es hatte nach wie vor den 8,3-l-V10 mit 510 PS, aber es wird wohl nicht mehr lange dauern, bis eine neue, noch viel stärkere Version folgt.

Technische Daten	**Dodge** Viper GTS
Motor	vorne längs
Bauart	V10
Bohrung x Hub	101 x 98 mm
Hubraum	7990 ccm
Ventilsteuerung	Stößel
Leistung	378 PS (279 kW) bei 5100 U/min
Getriebe	Sechsganggetriebe
Antrieb	Hinterachse
Chassis	Rohrrahmen
Radaufhängung vorne	Dreieckslenker und Schraubenfedern
Radaufhängung hinten	Dreieckslenker und Schraubenfedern
Bremsen	Scheibenbremsen
Höchstgeschwindigkeit	277 km/h
Beschleunigung	0–100 km/h: 5,3 sek

Oben: Die Konzeptstudie Viper GTS/R, die auf der Detroit Motor Show 2000 vorgestellt wurde. Praktische Gesichtspunkte erhielten beim Serienfahrzeug, das einen einfacheren Frontspoiler besitzt, Vorrang vor optischer Extravaganz.

Rechts: Der gewohnte 8-l-V10-Motor kommt zum Vorschein, wenn man eine kleinere Motorhaube beim aktuellen Viper-Serienfahrzeug öffnet. Dass der Motor auf Trockensumpfschmierung umgestellt wurde, erlaubte dem Ingenieurteam bei Chrysler, weitere 50 PS und damit insgesamt 500 PS aus der Maschine herauszuholen. Im Übrigen ist der Ventiltrieb der gleiche wie in der Serienversion.

Eine Studie war der Ausgangspunkt der ursprünglichen Viper, und so ist es angemessen, dass die nächste Generation auf ihr basiert. Die GTS/R, die auf der Detroit Motor Show 2000 vorgestellt wurde, ging aus den Sportcoupés hervor, die Chrysler seit 1994 in Le Mans an den Start schickte, als zum ersten Mal Tourenwagen gegen die Prototypen der Gruppe C antreten durften. Die beste Platzierung erreichten sie 1999, als eine Viper GTS/R den 10. Platz belegte, und zwischen 1997 und 1999 beherrschte das Modell sämtliche GT2-Veranstaltungen.

Also hatte dieses Konzept jede Menge Väter. Konstrukteur Osamu Shikado, der 1994 von Toyota zu Chrysler kam, erkannte, dass das Fahrzeug eine äußerliche Verwandtschaft zur Viper der ersten Generation aufweisen musste. Es ist aber ein größeres Auto mit 76 mm längerem Radstand und 50 mm breiterer Spur. Außerdem liegt es 90 mm tiefer, auch wenn die Räder größer sind, nämlich 19 Zoll vorne und 20 Zoll hinten, im Vergleich zu den 17 Zoll beim Serienfahrzeug.

Die ursprüngliche Viper besaß Abluftstutzen direkt hinter den vorderen Radkästen, die auch in die GTS/R übernommen, dort aber betont und in die Türen integriert wurden. Obwohl das Fahrzeug niedriger lag, war das Heck höher als beim Original und diente als Plattform für einen großen Heckflügel, der half, die 500 PS, die der 8-l-V10-Motor hervorbrachte, sicher auf der Straße zu halten. Im Bruch mit der Tradition wurde der Motor auf Trockensumpfschmierung umgestellt und lieferte damit 50 PS mehr als das Serienfahrzeug.

Fahrgestell, Querlenker und Schraubenfederaufhängung blieben im Grunde unverändert, aber der größere Durchmesser der Räder ermöglichte verbesserte Bremsen mit 355-mm-Bremsscheiben.

Schnittiges Cockpit

Der Innenraum war neu gestaltet worden mit einer Kombination von Kohlefaser, Leder und gebürstetem

Links: *Das Armaturenbrett besteht aus einer Kombination aus gebürstetem Aluminium, Kohlefaser und Leder. Die Materialien schafften es nicht in die Serie, die Anordnung der Instrumente blieb erhalten.*

Unten links: *Die Legende GTS/R kommt hinter den vorderen Radläufen zum Vorschein. Trotz der Endung R in der Modellbezeichnung handelt es sich um ein Straßenfahrzeug.*

Unten: *Der Heckflügel spielte eine wichtige optische und praktische Rolle, wurde für die Serienmodelle RT-10 und SRT-10 aber nicht übernommen.*

Aluminium, mit dem Drehzahlmesser in der Mitte des Armaturenbretts. Das Cockpit sah durch und durch nach Le Mans aus, und sogar der Dachhimmel bestand aus Kohlefaser!

Auch andere hübsche Einfälle wie die wunderschön geformten Türaufhängungen aus Aluminium, die Frontspoilerstreben und die gewaltigen Heckflügel fielen leider den Erfordernissen der Serienfertigung zum Opfer.

Wenn auch der neue Roadster RT-10 noch bis 2003 auf sich warten lassen sollte, so lieferte das Konzeptauto GTS/R doch bereits wichtige Hinweise auf den Charakter des neuen Modells – und ebnete den Weg für das Coupé SRT-10, das zwei Jahre später folgen sollte.

Light Car Company Rocket

Spitze 233 km/h

Unten: *Vorderansicht des Rocket, der nur eines sein kann: ein Rennwagen für die Straße. Die doppelten Querlenker vorne verwenden Kugelgelenke in Verbindung mit schwingungsdämpfenden Buchsen, die an ein Zahnstangenlenkgetriebe mit hoher Übersetzung gekoppelt sind. Doppelquerlenker kommen an der Hinterachse zum Einsatz.*

Unkonventionell, leicht und kraftvoll bietet der Rocket mit seinem Mittelmotor Leistung, die man spürt, und schafft 233 km/h, die sich für den Fahrer wie die doppelte Geschwindigkeit anfühlen! Man sollte aber nicht denken, der Rocket sei der verrückte Einfall eines Hobbybastlers. Er ist das Werk des angesehenen Rennwagendesigners Gordon Murray, dem Schöpfer des McLaren F1.

Obwohl es den Rocket bereits seit 1992 gibt, brütete Murray bereits 20 Jahre davor über dem Projekt. Es war damals, dass er sich mit dem Rennfahrer Chris Craft, mit dem er befreundet war, auf der Grundlage von Colin Chapmans immergrünem Lotus Seven als Ausgangspunkt ein Straßenfahrzeug ausgedacht hatte, in dem sich zum Teil die Formel-3-Rennwagen mit ihren 500-ccm-Motorradmotoren wiederfanden, die kurz nach dem Zweiten Weltkrieg in Großbritannien so populär waren.

Der Vierzylinder von Yamaha mit 1000 ccm, der für den Rocket gewählt wurde, ein 143-PS-Motor mit zwei oben liegenden Nockenwellen und nicht weniger als fünf Ventilen pro Zylinder, war entsprechend mittig untergebracht. Er war die einzige Markenkomponente, die verwendet wurde.

Das Getriebe war ein sequentielles Fünfganggetriebe, doch beim Transaxle handelte es sich um ein maßgefertigtes Bauteil von Peter Weismanns Firma Traction Products, die ihren Sitz in den USA hatte und auf die Herstellung von Getriebesystemen für Indy-Cars spezialisiert war. Ein Merkmal dieser Einheit waren die beiden alternativen Übersetzungsverhältnisse, die ganze 15 Vorwärts- und fünf Rückwärtsgänge zur Verfügung stellten. Im Jahre 1998 schaffte Colin Goodwin von *Autocar* unfassbare 160 km/h im Rückwärtsgang auf der Start- und Landebahn eines Flugplatzes in Gloucestershire. Ganz schön mutig!

Um Gewicht zu sparen, wurde jedes Teil für seinen Verwendungszweck eigens konstruiert, vom einbrennlackierten Gitterrohrrahmen bis zu den Komponenten der Aufhängung. Das führte dazu, dass der Rocket nicht mehr als 352 kg auf die Waage brachte. Hätte Murray vorgefertigte Teile benutzt, wäre das komplette Fahrzeug ganze 147 kg schwerer geworden.

Soziusoption

Der Auftrag für die Fertigung ging an Crafts Light Car Company, wo Bob Curl die Aufgabe hatte, das Konzept zur Produktionsreife zu bringen. Er war auch für die von Rennwagen inspirierte Glasfaserkarosserie verantwortlich, die auf einem Vanwall-Formel-1-Fahrzeug von 1957 basierte. Das Armaturenbrett besteht aus Kohlefaser, genau wie die Kotflügel. Während der Wagen von Haus aus ein Einsitzer ist, bietet er bei Bedarf Platz für einen zweiten Sitz, wo der Mitfahrer als „Sozius" sitzen darf.

Als Folge sucht man beim Rocket vergeblich einen Wetterschutz. Verdeck oder Türen fehlen ebenfalls, und die „Windschutzscheibe" ist so niedrig, dass sie nur den elementarsten Windschutz bietet.

Sitzt man hinter dem Steuerrad des Rocket, ist man nicht weit entfernt von der Kakophonie, die Yahamas Vierzylinder gleich hinter dem Sitz von sich gibt. Die Light Car Company hat ihren Sitz in Stanford in the Vale, Oxfordshire, wo sie diese ungewöhnlich kraftvollen Straßenflitzer in kleinen Stückzahlen herstellt.

Technische Daten	**Light Car Company** Rocket
Motor	mittig quer
Bauart	4 Zylinder in Reihe
Bohrung x Hub	76 x 56 mm
Hubraum	1002 ccm
Ventilsteuerung	zwei oben liegende Nockenwellen
Leistung	143 PS (106 kW) bei 10 500 U/min
Getriebe	Fünfganggetriebe
Antrieb	Hinterachse
Chassis	Gitterrohrrahmen
Radaufhängung vorne	Dreieckslenker und Schraubenfedern
Radaufhängung hinten	Dreieckslenker und Schraubenfedern
Bremsen	innenbelüftete Scheibenbremsen
Höchstgeschwindigkeit	233 km/h
Beschleunigung	0–100 km/h: 4,5 sek

Oben: *Der Rocket besitzt eine Karosserie aus einem glasverstärkten Schichtmaterial, dem glücklicherweise alle überflüssigen Zusätze fehlen. Die Kopfstütze lässt sich abnehmen.*

Links: *Der Fahrer sitzt in einem eng an den Körper geschmiegten verstellbaren Tillet-Sitz mit Lederbesatz.*

Jaguar XJ220

Spitze 343 km/h

Rechts: *Die Formgebung des XJ220 ist faszinierend und der Wagen lässt sich bei hohen Geschwindigkeiten leicht fahren. Im Unterschied zum Ausstellungsmodell von 1988 besitzt diese Version konventionelle Türen statt der auffälligen Variante, die nach oben öffnet.*

Unten: *Wenn die mechanischen Spezifikationen des XJ220 nur eine abgespeckte Version des Ausstellungsmodells waren, so war die Karosserieform genauso atemberaubend und mit keinem anderen Straßenfahrzeug vergleichbar. Dieses Exemplar ist in Silverstone-Silber lackiert. Die Kunden konnten unter fünf meist dunkleren Metallictönen wählen.*

Zwischen Herbst 1991 und Ende 1993 war der Jaguar XJ220 mit 343 km/h das schnellste Serienfahrzeug der Welt. Bis der McLaren F1 auftauchte…

Der Startschuss für dieses Projekt fiel im Dezember 1984, als Jim Randle, der technische Direktor, inspiriert vom Porsche 959 in Richtung eines Jaguar-Superautos mit 500 PS zu denken begann. Das Fahrzeug würde von einem modifizierten firmeneigenen V12-Motor mit 6,2 Litern Hubraum, zweifacher oben liegender Nockenwelle und Vierventilzylinderköpfen angetrieben werden, anstelle der Normalversion mit 5,3 Litern, einfacher Nockenwelle und 24 Ventilen.

Obwohl Ingenieure freiwillig Überstunden machten und auch am Samstagvormittag zur Arbeit erschienen, dauerte es vier Jahre, bis das Projekt Früchte trug. Das silberne Mittelmotor-Coupé wurde auf der Automobilausstellung von Birmingham 1988 vorgestellt. In eine atemberaubende Karosserie gekleidet, die von Keith Helfet bei Jaguar entworfen worden war, komplett mit Scherentüren und einer Vielzahl anderer Verfeinerungen, besaß er eine theoretische Höchstgeschwindigkeit von mehr als 320 km/h.

Entscheidung zum Weitermachen

Obwohl Ford Jaguar 1989 übernahm, entschied sich die neue Geschäftsführung, mit dem Projekt fortzufahren und kündigte an, dass 350 Exemplare eines vereinfachten XJ220 zu je 361 000 Pfund gebaut würden, was etwa dem doppelten Preis eines Ferrari F40 entsprach. Die neue Version wurde im Oktober 1991 auf der Automobilausstellung in Tokio vorgestellt.

Auch 203 mm kürzer als das Ausstellungsfahrzeug in Birmingham und ohne den V12-Motor, die Scherentüren, den Allradantrieb, die adaptive Aufhängung und das Antiblockiersystem glich das Coupé äußerlich dem Original.

Unter der hinteren Abdeckung fand sich ein kürzerer 3,5-l-V6-Motor mit doppeltem Abgasturbolader, der erstaunliche 524 PS an den Tag legte. Die Spitzengeschwindigkeit waren weltrekordverdächtige 343 km/h, und auf 160 km/h brachte es die Maschine in lockeren acht Sekunden.

Ganz links: Das Innenleben des 220 war nicht übermäßig ausgefeilt, erhielt aber Lob für die Fahrerposition und die eng am Körper liegenden Sitze. Die Anzeigen in der Tür waren etwas Neuartiges.

Links: Der kleine V6-Motor, der ungefähr halb so lang war wie der V12 der Ausstellungsversion, entwickelte eine beachtliche Kraft, wenngleich sich Kritiker vom Klang des Auspuffs enttäuscht zeigten.

Zwölfprozentiger Preisanstieg

Leider war der Preis des 220 um rund zwölf Prozent auf 403 000 Pfund gestiegen, und Käufer, die 50 000 Pfund angezahlt hatten, merkten in der Flaute von 1991, dass sie sich den Wagen nicht mehr leisten konnten.

Es gab eine abgespeckte Version: den XJ220-C von 1993. Ein Trio dieser Fahrzeuge ging in diesem Jahr beim 24-Stunden-Rennen von Le Mans an den Start, und einer der Wagen trug den Sieg in der Tourenwagenklasse davon, obwohl er später aufgrund einer Formsache disqualifiziert wurde.

Das Projekt blieb weiterhin von Kontroversen überschattet, und die Zahl der gefertigten Fahrzeuge wurde von 350 auf 275 heruntergeschraubt. Das letzte von ihnen wurde im Frühjahr 1994 fertig gestellt.

Technische Daten	**Jaguar** XJ220
Motor	mittig längs
Bauart	V6, Doppelturbolader
Bohrung x Hub	94 x 84 mm
Hubraum	3498 ccm
Ventilsteuerung	zwei oben liegende Nockenwellen pro Zylinderreihe
Leistung	542 PS (400 kW) bei 7200 U/min
Getriebe	Fünfganggetriebe
Antrieb	Hinterachse
Chassis	Aluminiumverbund in Wabenstruktur
Radaufhängung vorne	Dreieckslenker und Schraubenfedern
Radaufhängung hinten	Dreieckslenker und Schraubenfedern
Bremsen	innenbelüftete Scheibenbremsen
Höchstgeschwindigkeit	343 km/h
Beschleunigung	0–100 km/h: 4 sek

Oben: *Der 220S von 1995 war ein Tourenrennwagen auf der Basis des XJ220C, der 1993 in Le Mans an den Start ging. Der 220S lief nicht unter dem Namen Jaguar, sondern als Joint Venture von TWR Motorsport mit dem Jaguar-Restaurator XK Engineering aus Coventry. Er war rund 350 kg leichter als der XJ220 und 140 PS stärker mit einem V6-Motor, der auf 680 PS gesteigert wurde.*

Rechts: *Die Innenausstattung des 220S unterschied sich vom normalen XJ220 durch die lederbesetzten Rennsitze und die Hosenträgergurte. Es gab eine Klimaanlage, aber keinen CD-Spieler. Der größte Teil der Karosserie bestand aus Verbundwerkstoffen.*

Rennwagen für Le Mans

Die XJ220-C-Rennwagen, die TWR 1993 ins Rennen von Le Mans geschickt hatte, waren eng mit den Serienversionen verwandt. Man hatte die Aluminiumverkleidungen durch Teile aus Kohlefaser ersetzt und rund 200 kg eingespart. Die Aufhängungsgeometrie und die Bremsen wurden ebenfalls verändert.

Um dem Tourenwagen-Reglement zu entsprechen, wurden die Wagen mit 32-mm-Luftbegrenzern ausgestattet, die die Leistung der V6-Motoren auf 500 PS drosselten, was 42 PS unter der Straßenversion lag.

Ein Trio von 220ern im britischen Renngrün ging bei dem 24-Stunden-Rennen in der Tourenwagenklasse an den Start. Die Tatsache, dass einer der Wagen das Tourenwagenrennen in Silverstone im Mai, also einen Monat vor Le Mans, gewonnen hatte, schien ein gutes Omen für das Rennen zu sein. Mit dem 911 Turbo SLM von Porsche als Hauptrivalen im Visier erzielten die 220-C im Juni fünf Sekunden bessere Rundenzeiten in Silverstone als beim Rennen im Vormonat.

Le Mans wurde von einem Trio von Peugeot 905 beherrscht, und zwei der 220-C von TWR Racing mussten wegen Überhitzung aufgeben, wobei einer der Motoren einen „Hitzschlag" erlitt, als der Fahrer ihn abstellte. Der überlebende Jaguar, mit David Coulthard, David Brabham und John Nielson am Steuer, schaffte den Sieg in der Tourenwagenklasse, nicht zuletzt dank eines nächtlichen Unfalls bei Porsche. Ein leichter Sieg war es keineswegs, und der Erfolg kam trotz eines 73-minütigen Boxenstopps, bei dem ein leckgeschlagener Treibstofftank ersetzt wurde. In 23 Stunden und 56 Minuten schaffte der 220-C 306 Runden, im Vergleich zu den 375 Runden des Gesamtrennsiegers von Peugeot.

Doch das Ganze hatte einen Pferdefuß. Alle drei Fahrzeuge waren bereits vor dem Rennen für reglementwidrig erklärt worden. Tom Walkinshaw, der Chef

Links: *Beim 220S wurden die Aluminium-Karosserieteile durch Kohlefaserteile ersetzt. Damit wog der Wagen nur noch 1100 kg und bloße 1000 kg, als man die Luxusausstattung wegließ. Man beachte das Kennzeichen an diesem Fahrzeug: es gehört Tom Walkinshaw von TWR selbst.*

Unten links: *Während die Frontpartie des 220S dem XJ220 aus der Serie glich, unterschied sich das Heck dadurch, dass es mit dem Dach verbunden war und Streben zur Befestigung eines verstellbaren Heckflügels besaß. Die Originalräder von Speedline wurden durch BBS-Räder ersetzt, und das Bremssystem wurde mit Sechskolbenbremssätteln von Brembo vorne und von AP hinten aufgerüstet.*

von TWR, hatte Berufung eingelegt, und so gestattete man den Wagen unter Vorbehalt die Teilnahme am Rennen. Beanstandet wurde, dass die Jaguar nicht mit Katalysatoren ausgestattet waren. Der 220-C war nach dem IMSA-Reglement für den Renneinsatz in Amerika gebaut worden, besaß aber als Straßenversion serienmäßig einen Katalysator. Die Rennleitung in Le Mans bestand darauf, dass dieser auch in der Rennversion vorhanden sein müsse.

Leider wurde dem Jaguar der Sieg deshalb aberkannt. Und das war das Ende der Le-Mans-Karriere dieses Superautos.

Unten: *Bei einem Preis von 250 000 Pfund hätte man sich zwei für den Preis eines einzigen McLaren F1 leisten können. Er war als Tourenrennwagen gedacht, den man zur Rennstrecke fährt, obwohl der 220S selten in Rennen zum Einsatz kam. Die meisten Exemplare landeten in Privatsammlungen in aller Welt, hauptsächlich in Japan.*

Toyota Supra

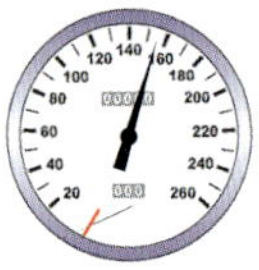

Spitze 250 km/h

Rechts: *Die nüchterne Innenausstattung des Supra war gewollt. Die Konstrukteure bei Toyota wollten nicht die Spielereien im Cockpit des Mitsubishi 3000 nachahmen.*

Unten: *Ein in Großbritannien zugelassener 1996er Supra. Das Fahrzeug bleibt auch bei hohem Tempo stabil, und das Handling wird dabei von der Lenkung unterstützt. Der Lufteinlass vor den Hinterrädern hilft, die hinteren Bremsscheiben abzukühlen.*

Hier handelt es sich um ein Modell, das mit jeder weiteren Generation merkliche Fortschritte erzielte und in seiner letzten Version, die 1993 auf den Markt kam, seinen Höhepunkt erreichte. Die Spitzengeschwindigkeit war bei 250 km/h abgeregelt, doch fähig war der Supra zu weit, weit mehr.

Die Bezeichnung Supra tauchte zum ersten Mal als Variante des Celica-2+2-Coupés von 1982 auf. Vier Jahre später kam der Supra als eigenständiges Modell in Gestalt eines speziell konstruierten Schrägheckcoupés daher, das die Konfiguration Frontmotor mit Heckantrieb von seinem Vorgänger übernahm. Der Motor war ein 210 PS starker Dreilitereinspritzer mit einfacher oben liegender Nockenwelle, der dem Modell eine Höchstgeschwindigkeit von 217 km/h gestattete. Die Turboversion von 1989 war schneller, schaffte über 225 km/h, doch Kritiker fanden, in der Handhabung sei er dem NSX von Honda unterlegen.

Wie sein Rivale hatte der Supra von 1993 eine lange Reifezeit hinter sich – ganze acht Jahre. Im Unterschied zum Mittelmotor-Honda behielt der Toyota einen konventionellen mechanischen Aufbau. Ein absolutes Muss war Gewichtseinsparung, und folglich war er 141 kg leichter als sein Vorgänger. Das war keine leichte Aufgabe, zumal Modellreihen, genau wie die Menschen, dazu neigen, mit zunehmendem Alter an Gewicht zuzulegen. Das erklärt Benzintanks aus Kunststoff, Radaufhängungen aus Aluminium, ein

einzelnes Auspuffrohr und einen Teppich aus Hohlfaserfäden, über den viel berichtet wurde!

Sechszylindermotor

Obwohl auch ein V8-Motor in Betracht gezogen wurde, entschied man sich für einen Sechszylinder, weil er leichter war und seine schmaleren Abmessungen es leichter machten, den Abgasturbolader draufzupacken. Die Serienversion war ein 24-Ventiler mit Zweifachturbolader und zwei oben liegenden Nockenwellen, der einen Hubraum von drei Litern besaß und 320 PS Leistung brachte. Diese Version wurde auf dem europäischen Markt verkauft, aber für Kunden in den USA gab es einen Supra mit 220 PS, unter dessen Haube sich der gleiche Motor befand wie beim Lexus-Coupé aus dem gleichen Hause.

Ungewöhnlich war das Sechsganggetriebe, und wie beim Vorgänger bestand die Radaufhängung rundum aus Dreieckslenkern und Schraubenfedern. Die Karosserie des 1993er Supra hatte man aus der vorherigen Generation entwickelt, es war wieder ein Schrägheck-Dreitürer. Das Profil konnte bei der Turboversion mit einem Heckspoiler aufgemotzt werden.

Handling und Beschleunigung wurden verbessert, und der turbogeladene Supra schaffte es von 0 auf 100 km/h in knapp über fünf Sekunden. Die Spitzengeschwindigkeit war bei 250 km/h abgeregelt, wenngleich es Versuchsfahrzeuge auf stattliche 290 km/h gebracht hatten. Die Produktion wurde 1997 eingestellt, und vorläufig gab es keine Supra mehr.

Technische Daten	**Toyota** Supra
Motor	vorne längs
Bauart	6 Zylinder in Reihe, Doppelturbolader
Bohrung x Hub	86 x 86 mm
Hubraum	2997 ccm
Ventilsteuerung	zwei oben liegende Nockenwellen
Leistung	320 PS (236 kW) bei 5600 U/min
Getriebe	Sechsganggetriebe
Antrieb	Hinterachse
Chassis	selbsttragend
Radaufhängung vorne	Dreieckslenker und Schraubenfedern
Radaufhängung hinten	Dreieckslenker und Schraubenfedern
Bremsen	innenbelüftete Scheibenbremsen
Höchstgeschwindigkeit	250 km/h
Beschleunigung	0–100 km/h: 5,1 sek

Oben: *Der Heckspoiler war ein Extra, aber ohne ihn wirkte das Fahrzeug hecklastig. Allerdings erhöhte der Spoiler den Luftwiderstandsbeiwert der Karosserie um ein Hundertstel auf 0,33.*

Links: *Die einfachen Auspuffrohre wurden statt der doppelten gewählt, weil sie das Gesamtgewicht verminderten.*

Bugatti EB110

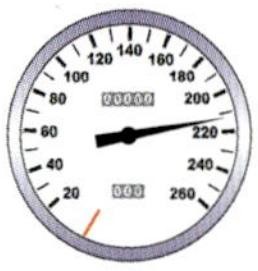

Spitze 344 km/h

Zwischen den Weltkriegen stellte das französische Unternehmen Bugatti einige der berühmtesten Renn- und Sportwagen der Welt her. Dieser Nachfahre mit Mittelmotor und Allradantrieb, der Bugatti EB110, ging 1993 in Serie, und die SS-Variante war für kurze Zeit das schnellste Auto der Welt. Mit möglichen 350 km/h war er gerade einmal 7 km/h schneller als der Jaguar XJ220.

Der in Frankreich wohnende Italiener Ettore Bugatti war ein immens begabter Künstler und Ingenieur, der 1910 begann, im elsässischen Molsheim Fahrzeuge unter seinem Namen zu bauen. Sein Type 35 von 1924 gilt als der schönste Rennwagen aller Zeiten, und dazu war er einer der erfolgreichsten. Bugatti starb 1947 im Alter von 66 Jahren, und die Firma baute 1952 ihr letztes Fahrzeug, blieb aber weiter im Geschäft, indem sie als Subunternehmer für die Luftfahrtindustrie arbeitete. Im Jahre 1968 wurde sie von SNECMA, dem staatlichen französischen Flugzeughersteller, übernommen.

Die Wiederbelebung von Bugatti

Das erste Mal, dass die Öffentlichkeit von einer Wiederbelebung der Marke erfuhr, war im Oktober 1987, als Romano Artioli, der die Alleinvertretung für Ferrari in Norditalien und Süddeutschland besaß, Bugatti Automobili in Luxemburg registrieren ließ. Anschließend ernannte er Paolo Stanzani, der bei Lamborghini für den Countach verantwortlich war,

Rechts: *Die Innenausstattung des Bugatti war von funktionellem Understatement, verzichtete aber nicht ganz auf Holzeinlagen.*

Unten: *Die Scherentüren zeigen den Einfluss des Lamborghini-Konstrukteurs Marcello Gandini, der für die erste Version der Karosserie des EB110 verantwortlich war.*

Links: Die Form des Bugatti fiel zwar auf, konnte aber kaum begeistern. Die linearen Einlässe an der Seite der Karosserie wurden eingeführt, um Luft an die hinteren Scheibenbremsen zu leiten.

Unten: Der Heckspoiler des EB110 hob sich bei Geschwindigkeiten über 120 km/h und klappte wieder ein, wenn das Tempo unter 80 km/h sank. Die rechteckigen Lüftungsschlitze wurden eingeführt, um die Motorkühlung zu unterstützen.

zum technischen Direktor. Stanzani begann sofort damit, einen speziellen 3,5-l-V12-Motor zu bauen, der die obligatorischen zwei oben liegenden Nockenwellen und nicht weniger als fünf Ventile pro Zylinder besaß.

Die neue Antriebseinheit wurde durch den Zusatz von ganzen vier winzigen wassergekühlten Turboladern von IHI weiter verstärkt, mit denen der Motor gewaltige 700 PS hervorbrachte. Das waren rund 150 PS mehr als notwendig!

Stanzanis Verbindung zu Lamborghini zeigte sich auch darin, dass er Marcello Gandini, auf dessen Konto die schnittigen Linien des Miura und des Countach gingen, für das Styling des neuen Bugatti engagierte. Sein Entwurf zeugte von Kompetenz, wirkte aber altbacken und ließ die optische Eleganz vermissen, für die er eigentlich berühmt war. Stanzani überwarf sich schließlich mit Artioli, der ihn im Juli 1990 hinauswarf.

In der Zwischenzeit arbeitete man an einer üppig ausgestatteten Fabrik in Campogalliano am Rande von Modena, besser bekannt als Heimat von Ferrari. Die Pläne stammten von Giampaolo Benedeni, und weil Artioli mit Gandinis Entwürfen für das Auto unzufrieden war, betraute er kurzerhand den Architekten mit der Leitung eines firmeninternen Teams, das das Design überarbeiten sollte.

Als das Fahrzeug jedoch am 14. September 1991 in Paris vorgestellt wurde, am Vorabend von Ettore Bugattis 110. Geburtstag (daher die Typenbezeichnung EB110), gab es Vorbehalte hinsichtlich des Erscheinungsbildes des Coupé. Als das Modell 1992 auf dem Genfer Automobilsalon ausgestellt wurde, waren ein paar Veränderungen vorgenommen worden, wenn auch die Serienfertigung erst Anfang 1993 begann.

Technische Daten	**Bugatti** EB110 GT
Motor	mittig längs
Bauart	V12
Bohrung x Hub	81 x 57 mm
Hubraum	3500 ccm
Ventilsteuerung	zwei oben liegende Nockenwellen pro Zylinderreihe
Leistung	553 PS (408 kW) bei 8000 U/min
Getriebe	Sechsganggetriebe
Antrieb	Vierrad
Chassis	selbsttragend
Radaufhängung vorne	Dreieckslenker und Schraubenfedern
Radaufhängung hinten	Dreieckslenker und Schraubenfedern
Bremsen	innenbelüftete Scheibenbremsen
Höchstgeschwindigkeit	344 km/h
Beschleunigung	0–100 km/h: 4,6 sek

***Rechts:** Ein Detail der Heckpartie, bei dem auch eine Ecke des eigens für dieses Fahrzeug gebauten V12-Motors sichtbar ist. Tatsächlich konnte man durch die transparente Motorabdeckung die Oberseite des Motors sehen. Das Monogramm EB, rechts, stammt aus dem Jahre 1910 und steht für Ettore Bugatti, den Gründer der legendären Marke.*

***Unten:** Der Kühler zitiert den der klassischen Bugatti. Der Hauptlufteinlass war für den ventilatorunterstützten Kühler des Mittelmotors bestimmt, der sekundäre Einlass für die Kühlung der Bremsen – unerlässlich für ein Hochleistungsfahrzeug. Die Außenspiegel erleichterten die Sicht nach hinten.*

Technisch überragend

Das Fahrzeug war eine technische Glanzleistung mit einem leichten, starken und kostspieligen Unterbau aus Kohlefaser, die passenderweise von Aérospatiale Bugatti kam und damit eine Brücke zwischen der Vergangenheit und der Gegenwart der Marke schlug. Weil der V12-Motor längs hinter dem Fahrersitz eingebaut war, lag das Sechsganggetriebe innerhalb des Kurbelgehäuses, obwohl es separat geschmiert wurde.

Das Allradgetriebe übertrug über ein Zentraldifferential 72 Prozent der Kraft auf die Hinterachse und die verbleibenden 28 Prozent auf die Vorderachse. Die Aufhängung erfolgte über Querlenker, Schraubenfedern und Zugstangen vorne und Doppelfedern hinten. Die Reifen waren von Michelin speziell für den EB110 entwickelt worden.

Enttäuschend war die Aluminiumkarosserie, die neben den Rivalen von Ferrari und Lamborghini optisch einfallslos wirkte, obwohl die Türen, ganz in der Tradition von Countach und Diablo, nach oben öffneten.

Als reinrassiger Zweisitzer war der Bugatti mit Servolenkung, -kupplung und -bremsen erstaunlich

Links: *Obwohl sie nie die Serienproduktion erreichte, war die viertürige Limousine EB112 von Ital Design, die auf dem Genfer Automobilsalon von 1993 zu sehen war, wegen ihres 3,5-l-Motors, der von der Mitte nach vorne verlegt worden war, von Interesse. Man beachte auch den im Vergleich zum EB110 wesentlich gewagteren Kühler des Bugatti.*

einfach zu fahren. Während der Motor nicht sonderlich laut war, brachte er ein angenehmes und unverwechselbares Knurren bei niedrigen Drehzahlen hervor. Die Straßenlage galt als hervorragend, dank des permanenten Allradantriebs.

Auf der Sollseite stand das recht enge Cockpit und der Mangel an Kofferraum. Auf der Habenseite der Gleichung standen die bequemen Sitze und die ausgezeichnete Klimaanlage. Das Fahrgefühl war großartig. Der Wagen wurde nur mit Linkssteuerung gebaut.

Die vom Hersteller behauptete Höchstgeschwindigkeit von 340 km/h lag nur wenig unter der des Superautos von Jaguar, und Bugatti war hinter der Auszeichnung her, das schnellste Serienfahrzeug der Welt herzustellen. Zu diesem Zweck wurde der V12 von 553 auf 600 PS gesteigert, und der EB110 SS (für „Sport Stradale" oder „Straßensport") kam 1993 heraus. Im Unterschied zu seinem Vorgänger gab es dieses Fahrzeug auch mit Rechtslenkung.

Indem man einen Großteil der Luxusausstattung über Bord warf, wurde der SS rund 200 kg leichter als das Original, das nun die neue Typenbezeichnung EB110 GT erhielt. Heraus kam eine Spitzengeschwindigkeit von 349 km/h mit einer Beschleunigung von 0 auf 100 km/h in nur 3,4 Sekunden. Allerdings wurde der SS schon bald vom McLaren F1 überholt, der 1994 in Serie ging.

Leider übernahm sich Artioli. Er hatte auf dem Genfer Automobilsalon 1993 eine geplante viertürige Limousine mit der Typenbezeichnung EB112 und einer Karosserie, die von Ital Design entworfen wurde, vorgestellt und erwarb im gleichen Jahr Lotus von General Motors. Im September 1995, auf den Monat genau vier Jahre nach der Vorstellung des EB110, musste das Werk in Campogiallano schließen, und das Unternehmen stand mit 60 Millionen Dollar in der Kreide. Es waren gerade einmal 139 Fahrzeuge gebaut worden.

Nur Jahre später, im September 1998, wurde der Name Bugatti von Volkswagen gekauft. Deren sensationeller Prototyp Veyron besitzt die Individualität und Leistung, die dem EB110 von Artioli fehlten.

Unten: *Diese Coupé-Variante stammte ebenfalls von Ital Design und erhielt die Bezeichnung EB118. Auch das Coupé hatte den Motor vorne – man beachte die Austrittsöffnung für Heißluft am vorderen Kotflügel. Die Arbeit war allerdings nicht umsonst, da beide Konzepte als Ausgangspunkt für die Wiederbelebung der Marke durch Volkswagen dienten, die 1998 begann.*

McLaren F1

Spitze 386 km/h

Rechts: *Eine einzigartige Sitzposition für ein ganz besonderes Straßenfahrzeug. Im F1 sitzt der Fahrer oder die Fahrerin vor den beiden Beifahrersitzen, die sich an seinen – oder ihren – Seiten befinden.*

Unten: *Eine versteckte Weiterentwicklung war eine ventilatorgestützte Unterbodenaerodynamik, die aus dem F1 die höchstmögliche Leistung herausholen sollte. Selbst die elektrischen Außenspiegel waren im Windkanal getestet worden!*

Obwohl er 1993 herauskam, gilt der fabelhafte McLaren F1 mit seiner Spitzengeschwindigkeit von 386 km/h im Jahre 2002 noch immer als das schnellste Serienfahrzeug der Welt.

McLaren ist besser bekannt als Hersteller von Einsitzern für die Formel 1. Anfang der 90er hatte Chefkonstrukteur Gordon Murray, der schon lange den Wunsch mit sich herumtrug, das Nonplusultra unter den Straßenfahrzeugen zu bauen, vom Unternehmen grünes Licht bekommen. Murray war in der beneidenswerten Lage, ein Auto, das keine andere Bezeichnung haben konnte als F1, von Grund auf zu konstruieren. Es gab keine Teile, die von anderen Modellen übernommen wurden, und die Rennwagentechnik spielte in der Spezifikation die Hauptrolle.

Aerodynamisches Design

McLaren hatte das Glück, den Designer Peter Stevens verpflichten zu können, dessen windschnittiges Coupé mit den charakteristischen Scherentüren die perfekte Ergänzung zu Murrays Handwerkskunst mit dem Mittelmotor darstellte.

Der speziell entworfene, längs eingebaute 6-l-V12-Motor von BMW mit Doppelnockenwellen-Zylinderköpfen trieb über ein Sechsganggetriebe die Hinterräder an. Um die 550 PS unter Kontrolle zu bringen, bedurfte es Brembo-Bremsen aus dem Motorsport mit vier Bremssätteln.

Die Einheit aus V12-Motor und Getriebe war unmittelbar an einer zentralen Monocoquewanne befestigt, und hier fiel der Einfluss der Formel 1 sofort

ins Auge, denn die Schale bestand aus nicht weniger als 94 Abschnitten aus Kohlefaser, Aluminium und Waben, die im McLaren-Werk zusammengebacken wurden.

Als der F1 am Vorabend des Großen Preises von Monaco 1993, den passenderweise McLaren gewann, vorgestellt wurde, gab die Firma bekannt, dass nur 300 Exemplare des F1 gebaut würden – zum Stückpreis von 540 000 Pfund. Das waren 180 000 Pfund pro Insasse, denn der McLaren war kein Zwei-, sondern ein Dreisitzer. Der Fahrer saß in der Mitte auf einem rot gepolsterten Sitz vor den Mitfahrern.

Mit einem solchen Stammbaum war es ganz natürlich, dass der F1 bald Rennen fahren würde. Die Rennversion GTR von 1994 war leichter und gewann mit einer erhöhten Leistung, die auf 630 PS begrenzt worden war, die Tourenwagenmeisterschaften von 1995 und 1996. Er triumphierte auch 1995 in Le Mans, als die außergewöhnlichen McLaren den ersten, dritten, vierten, fünften und dreizehnten Platz belegten. Zur Feier des Tages wurden eine Hand voll LM F1 mit 668 PS gebaut. Der absolute Spitzentourenwagen von 1997, von dem es nur acht Exemplare gab, war länger und breiter als das Original.

Obwohl die technischen Daten durchaus Appetit machten, blieb die Nachfrage nach dem F1 hinter den Erwartungen zurück, und es waren nur 100 Stück gebaut worden, als die Produktion Ende 1997 eingestellt wurde.

Technische Daten	**McLaren** F1
Motor	mittig längs
Bauart	V12
Bohrung x Hub	86 x 87 mm
Hubraum	6064 ccm
Ventilsteuerung	zwei oben liegende Nockenwellen pro Zylinderreihe
Leistung	627 PS (463 kW) bei 7400 U/min
Getriebe	Sechsganggetriebe
Antrieb	Hinterachse
Chassis	Kohlefaser-Monocoque
Radaufhängung vorne	Dreieckslenker und Schraubenfedern
Radaufhängung hinten	Dreieckslenker und Schraubenfedern
Bremsen	innenbelüftete Scheibenbremsen
Höchstgeschwindigkeit	386 km/h
Beschleunigung	0–100 km/h: 3,2 sek

Links: *Ein maßgeschneiderter 6-l-V12-Motor von BMW, auch wenn die Abdeckung über den beiden oben liegenden Nockenwellen die Aufschrift McLaren trägt. Das Abgassystem umfasst vier Katalysatoren.*

Unten: *Die Wirksamkeit der Bremsen ist selbstverständlich, und die Bremsscheiben werden von Vierkolbensätteln aus einer Leichtmetalllegierung gehalten.*

Oben: *Noch im Rennstaub von Le Mans wurde der siegreiche McLaren 1995 beim Festival of Speed in Goodwood ausgestellt, das nur wenige Tage nach dem Triumph des F1 stattfand, bei dem Yannick Dalmas, JJ Lehto und Masanori Sekiya in dem 24-Stunden-Rennen im Schnitt 168,99 km/h fuhren.*

Rechts: *Der F1-Fahrer sitzt auf einem ungewöhnlichen Platz in der Fahrzeugmitte, sodass der rechte Sitz des Le-Mans-Siegers von 1995 mit elektronischen Hilfen gefüllt wurde – ein Hinweis auf die Technik des Raumfahrtzeitalters, die heutzutage den Fahrern bei Langstreckenrennen zur Seite steht.*

Renner für die Straße

McLarens Sieg in Le Mans 1995 unterstrich die Vielseitigkeit dieses Fahrzeugs. Es war das erste Mal seit den 40ern, dass ein Straßenfahrzeug das 24-Stunden-Rennen gewann.

Eine Steigerung der F1-Produktion und zunehmender Druck von Kundenseite bedeuteten, dass das Fahrzeug für eine neue Tourenwagenserie homologiert werden konnte. Die GTR-Version wurde für die „International GT Endurance Series“ 1995 konstruiert, die im Februar des Jahres begann. Es handelte sich um eine leichtere Version des Straßenfahrzeugs, die die Saison dominierte und die Tourenwagenmeisterschaft in diesem und im Folgejahr gewann.

Die 668 PS, die der V12-Motor von BMW brachte, lagen 41 PS über der Leistung des Originals, doch es wurde mehr Wert auf Zuverlässigkeit als auf reine Motorleistung gelegt. Die Veränderungen beschränkten sich weitgehend darauf, das Wageninnere auszuräumen, bei der Radaufhängung die ursprünglich nachgiebige Befestigung durch feste Verankerungen zu ersetzen, eine Rennfederung und einen Stabilisator einzubauen und Slicks zu verwenden. Obwohl er sich

kaum von der Normalversion unterschied, war der GTR sofort am Heckflügel erkennbar. Ehrgeizig schickte man 1995 ganze sechs Wagen in das 24-Stunden-Rennen von Le Mans. McLaren meinte es ernst!

Zur Überraschung von Presse und Publikum meinten Experten, dass die McLaren zu langsam waren. Dennoch beherrschten die GTR das Rennen, und einer der Wagen, mit Dalmas, Lehto und Sekiya am Steuer, führte in 287 von 298 Runden. Starke Konkurrenz kam vom Courage mit Porsche-Motor, der auf den zweiten

Platz verwiesen wurde. Einer der GTR musste allerdings mit Getriebeproblemen aufgeben.

McLaren reagierte auf den Triumph mit der Gedenkversion LM, die in einem unverwechselbaren Orange gehalten war, das an die Formel-1-Lackierung des Rennstalls aus den 60ern erinnerte. Der Wagen wurde für 799 000 Pfund verkauft, rund 164 500 Pfund mehr als das Standardmodell. Es wurden nur fünf Exemplare gebaut. Äußerlich ähnelte er dem F1, besaß aber zusätzliche Lufteinlässe zur Kühlung der vorderen Bremsen und einen polierten Heckflügel aus Kohlefaser, die er vom GTR übernommen hatte. Es gab eine vergrößerte mittig angeordnete Kühlerhutze, über die das Cockpitlüftungssystem versorgt wurde, sowie Löcher oben in den beiden hinteren Seitenfenstern.

Der LM brachte 1062 kg auf die Waage und war damit 60 kg leichter als der GTR und 76 kg leichter als der normale F1 für den Millionär auf der Straße. Paradoxerweise war er geringfügig langsamer als der F1, wenngleich Konstrukteur Gordon Murray behauptete, er biete mehr Fahrvergnügen, weil er schneller durch die sechs Gänge schaltete …

Oben: *Das verlängerte Heck der längeren und breiteren Tourenwagenversion von 1997.*

Unten: *Ein Auto von 1996, Fahrgestell 068. Der F1 war ein teures Coupé mit tadellosen Rennsport-Referenzen – 1998 wurde ein Exemplar mit 386 km/h gestoppt.*

Ferrari F50

Spitze 325 km/h

Obwohl Ferrari 1997 seinen 50. Geburtstag feierte, kam das Jubiläumsmodell F50 bereits 1995 heraus. Während es äußerlich einem Rennwagen aus den 70ern glich, war es im Herzen eines der erfolgreichen Formel-1-Modelle der Marke, das für die Straße umgebaut wurde.

Der Ferrari basierte auf dem Einsitzer der Reihe 641, in dem Alain Prost in der Saison 1990 sechs Rennen gewonnen hatte. Wie so viele seiner Zeitgenossen wurde der F50 um eine zentrale Wanne mit Nomex-Wabenkern und einem Überzug aus epoxitharzgebundener Kohlefaser aufgebaut. Das meiste davon wurde von der Karosserie verdeckt, aber das Material war auch außen sichtbar, wo es für Karosserieteile, Sitze und sogar den Schalthebelknauf Verwendung fand.

Starkes Retro-Styling

Die von Pininfarina entworfene Karosserie, die in Coupéform (mit und ohne abnehmbarem Dach) und offen produziert wurde, zeigte starke Retro-Einflüsse, während die großen festen Flügel zur obligatorischen Ausstattung gehörten.

Sowohl dem Abgasturbolader als auch dem Allradantrieb erteilte man eine klare Absage. Im Unterschied zum F40, der noch einen V8-Turbomotor hatte, wurde der F50 von einem längs in der Mitte sitzenden, 4,7-l-V12 angetrieben, der aus dem 3,5-l-Motor des Rennwagens hervorgegangen war. Mit einer Leistung von 513 PS machten die 109,2 PS pro Liter den F50 zum stärksten normal beatmeten Superauto seiner Zeit. So erreichte er die 100 km/h in sagenhaften 3,7 Sekunden und eine Höchstgeschwindigkeit von 325 km/h, gerade einmal 1,5 km/h mehr als der Vorgänger F40.

Gegenüber oben: *Die F50-Karosserie besteht aus rennerprobter Kohlefaser, wie auch die zentrale Monocoquewanne, um die das Fahrzeug aufgebaut wurde. Wie beim McLaren sind die Hinterräder breiter als die Vorderräder.*

Unten: *So sieht es aus, wenn man von ihm überholt wird! Das Ferrari-Wappen auf dem Kotflügel lässt keinen Zweifel an der Herkunft aufkommen. Man beachte den Knick in der Linienführung des Heckflügels: Hier ist der hintere Teil der Karosserie aufgehängt.*

Die Schaltung folgte über ein neues Sechsganggetriebe, wenngleich eine konventionelle Kulissenschaltung verwendet wurde statt der üblichen Wippen am Lenkrad. Die Kombieinheit wurde unmittelbar an die hintere Spritzwand geschraubt.

Die Instrumentierung bestand lediglich aus Drehzahlmesser und Tachometer. Wie in der Formel 1 waren die bläulichen Skalen LCD-Anzeigen, deren Zeiger nur bei eingeschalteter Zündung sichtbar waren.

Die Aufhängung bestand aus einem System, das nachgab und sich mittels einer elektronischen Steuereinheit rasch auf unterschiedliche Straßenbedingungen einstellte. Das Auto war gewichtsbewusst konstruiert worden und brachte ganze 1230 kg auf die Waage. Allerdings erzeugte eine so enge Beziehung eines Straßenfahrzeugs zur Formel-1-Technik ganz eigene Probleme, denn die Lärmentwicklung als Ergebnis der unmittelbaren Verbindung von V12-Motor, Getriebe und Hinterradaufhängung mit dem Cockpit erwies sich als unüberwindliches Hindernis.

Die Ingenieure von Ferrari erkannten, dass die Kunden wohl mit einem Rennwagen leben mussten, der nur geringfügig für die Schnellstraßen der Welt gezähmt worden war. Die Auflage war auf 349 Fahrzeuge limitiert, und dieses Soll wurde am 30. Juli 1997 erfüllt – in dem Jahr, in dem Ferrari das halbe Jahrhundert vollendete.

Links: *Dies könnte auch eine Aufnahme des Motors eines Formel-1-Rennwagens von Ferrari sein – der F50 mit Trockensumpfschmierung. Die Doppelnockenwellenzylinderköpfe bestehen aus Aluminium, der V12-Motorblock aus Gusseisen. Jeder Zylinder besitzt nicht weniger als drei Ein- und zwei Auslassventile.*

Technische Daten	**Ferrari** F50
Motor	mittig längs
Bauart	V12
Bohrung x Hub	85 x 69 mm
Hubraum	4698 ccm
Ventilsteuerung	zwei oben liegende Nockenwellen pro Zylinderreihe
Leistung	513 PS (379 kW) bei 8000 U/min
Getriebe	Sechsganggetriebe
Antrieb	Hinterachse
Chassis	Kohlefaser-Karbon-Monocoque
Radaufhängung vorne	Dreieckslenker, Schubstange und Schraubenfedern
Radaufhängung hinten	Dreieckslenker, Schubstange und Schraubenfedern
Bremsen	innenbelüftete Scheibenbremsen
Höchstgeschwindigkeit	325 km/h
Beschleunigung	0–100 km/h: 3,7 sek

TVR Cerbera

Spitze 298 km/h

Als Nachfolger der hinreißend gestylten Roadster Griffith und Chimaera schickte TVR das ebenfalls auffällige 2+2-sitzige Coupé Cerbera ins Rennen. Unter der Leitung von Peter Wheeler war das Blackpooler Unternehmen umtriebig genug, zu jeder Automobilausstellung eine neue Entwicklung zeigen zu können, und das war bei der London Motor Show in Earls Court 1993 der Cerbera.

Im Grunde verwendete man hierfür eine verlängerte und verstärkte Version der Chimaera-Karosserie mit einem festen Coupé-Dach. Wie üblich trieb ein getunter Rover-V8 den Prototypen, der dem Vernehmen nach eine Spitzengeschwindigkeit von 254 km/h erreichte und aus dem Stand in knapp über fünf Sekunden auf 100 km/h beschleunigte.

Viele der Konzepte, die TVR auf Ausstellungen zeigte, sah man nie wieder, während andere nach umfangreichen Entwicklungsarbeiten wiederkehrten. Der Cerbera zählte zu den Letzteren: Er ging in der ursprünglichen Form mit Rover-Motor nie in Serie. Aber die Idee eines Coupés auf Chimaera-Basis lebte weiter und führte zum ersten TVR mit einer neuen Familie von Motoren. Dabei handelte es sich um hauseigene TVR-Triebwerke, deren erstes ein von Al Melling entwickelter 4,2-l-V8 war. Unter der Bezeichnung AJP8 lieferte er trotz des traditionellen Designs mit zwei Ventilen pro Zylinder beachtliche 350 PS.

Die TVR-Designer überarbeiten die Linien des Cerbera für die Serie leicht und verlängerten den Radstand um 76 mm. Die ursprügliche geduckte Erschei-

***Oben:** Der Cerbera ist in Wirklichkeit ein 2+1-Coupé, das wenig Platz für Fondpassagiere bietet. Es lässt sich ausgezeichnet handhaben und wimmelt von ungewöhnlichen Merkmalen. Die elektrischen Türöffner befinden sich beispielsweise unterhalb der Außenspiegel!*

***Rechts:** Die Frontalansicht des Cerbera betont seine individuelle, starke und funktionelle Form. Als Hochleistungsfahrzeug hängt dieser TVR in der Beschleunigung die meisten Zeitgenossen einfach ab. Die klaren Linien stammten von den TVR-Konstrukteuren Damian McTaggert und Nick Coughlan.*

Links: Der Anblick eines davonrasenden Cerbera. Im Unterschied zum Motor, der auf dem Rover-V8 basierte, klingt TVRs eigener Motor deutlich entschlossener, wenn dem Doppelauspuffrohr das charakteristische Aufheulen entweicht.

Unten: TVR wurde seinem Ruf für unverwechselbare Innenausstattungen mit diesem ungewöhnlichen Design gerecht, bei dem die Anzeigen an der Lenksäule angebracht sind und durch den unteren Teil des Lenkrades abgelesen werden.

nung blieb erhalten, aber die Dachlinie wurde leicht angehoben, um den Fondpassagieren mehr Kopffreiheit zu gewähren.

Im Inneren des Fahrzeugs gab es radikalere Veränderungen in Gestalt eines symmetrischen Armaturenbretts, bei dem einige Instrumente an der Lenksäule befestigt waren. Sie konnten leicht durch die untere Hälfte des Lenkrads abgelesen werden.

Grand Tourer

Mit dem neuen Motor lief der Cerbera außergewöhnlich schnelle 298 km/h und sprintete in nur vier Sekunden auf 96 km/h. Dank akribischer Entwicklungsarbeit fuhr er sich besser als jeder frühere TVR, wozu die Steifigkeit durch das feste Dach sicherlich beitrug.

Dem 4,2-l-V8 wurde 1998 ein 420 PS starker 4,5-l-Motor zur Seite gestellt. 2000 kam ein weiterer neuer TVR-Motor heraus, ein 4,0-l-Reihensechszylinder. Zusammen mit einem überarbeiteten Chassis wurde so aus dem Cerbera Speed Six eher ein Grand Tourer als ein reinrassiger Sportwagen. Selbst dieses „Einstiegsmodell" spurtete in 4,4 Sekunden von 0 auf 96 km/h und erreichte 274 km/h.

2000 wurden überarbeitete Rückleuchten und in Wagenfarbe lackierte A-Säulen eingeführt. Zur gleichen Zeit erhielten die schnellsten 4,5-Liter-Modelle eine leichtere Karosserie mit umgestalteten Kotflügeln und neuen Scheinwerfern. Der Cerbera wurde bis 2004 produziert, als für TVR unter dem neuen Eigentümer Nikolai Smolenski eine neue Ära anbrach.

Technische Daten	**TVR** Cerbera
Motor	vorne längs
Bauart	V8
Bohrung x Hub	88 x 86 mm
Hubraum	4185 ccm
Ventilsteuerung	eine oben liegende Nockenwelle pro Zylinderreihe
Leistung	350 PS (258 kW) bei 6500 U/min
Getriebe	Fünfganggetriebe
Antrieb	Hinterachse
Chassis	Zentralrohrrahmen
Radaufhängung vorne	Dreieckslenker und Schraubenfedern
Radaufhängung hinten	Dreieckslenker und Schraubenfedern
Bremsen	innenbelüftete Scheibenbremsen
Höchstgeschwindigkeit	298 km/h
Beschleunigung	0–100 km/h: 4 sek

Bentley Continental T

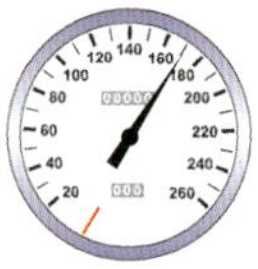

Spitze 275 km/h

Rechts: *Das besondere Interieur des T mit Armaturenbrett und Mittelkonsole aus guillochiertem Aluminium. Bentley besitzt eine eigene Abteilung, die die Innenausstattung den individuellen Bedürfnissen eines jeden Käufers anpasst.*

Unten: *Ein Continental T aus dem Jahr 2000. Das Modell besitzt einen deutlichen kürzeren Radstand als das Original. Besonderes Augenmerk gilt den Türbeschlägen, bei denen die Innenseiten der Griffe sorgsam kordiert werden.*

Der Continental von 1991 zeichnete sich dadurch aus, dass er der erste Bentley seit 32 Jahren mit einer eigens konstruierten Karosserie war. Bis dahin basierten die vornehmen Limousinen und Coupés auf den Erzeugnissen der Mutter Rolls-Royce. Als dieser kraftvolle und luxuriöse Wagen auf die Bühne trat, gab er den Startschuss für die aufkommende Dominanz von Bentley gegenüber der anderen Marke, nachdem die Firma in den 70ern bereits nahe am Abgrund gestanden hatte.

1982 war der Bentley Mulsanne Turbo vorgestellt worden. Dieser basierte auf dem Rolls-Royce Silver Spirit, mit einem 6,7-l-V8-Motor, der dem Wagen dank Turbolader eine Spitzengeschwindigkeit von 217 km/h verlieh. Ihm folgte 1985 der Turbo R, der sich besser handhaben ließ. Beiden Modellen kam zugute, dass sie sofort eine neue, zahlungskräftige und vor allem jugendliche Kundschaft anzogen, die positiv auf eine Wiederbelebung des lange ruhenden Leistungsprofils der Marke Bentley reagierte. Folglich übertraf die Produktion bei Bentley 1990 erstmals seit den 50ern die Stückzahlen von Rolls-Royce.

Maßgeschneiderte Karosserie

Der nächste Schritt war eine maßgefertigte Karosserie, die aus Entwürfen der Designer John Heffernan und Ken Greenly hervorging. Deren Konzept-Coupé „Project 90“ wurde 1985 auf dem Genfer Salon ausgestellt, und die Reaktion der Öffentlichkeit war ermutigend genug, den Ansatz weiterzuverfolgen. Der Continental R hatte sechs Jahre später in Genf, wie es sich gehörte, seinen ersten Auftritt.

Die Typenbezeichnung des Modells, das mechanisch auf dem Turbo R basierte, zollte Bentleys legendärem Continental der 50er Tribut. Die Leistung des V8 wurde auf 328 PS gesteigert, was neben der besseren Aerodynamik sicherstellte, dass das Coupé bis zu vier Passagiere mit beachtlichem Komfort bei 240 km/h befördern konnte. Bentley war wiederauferstanden.

1996 ließ der Hersteller aus Crewe beim Genfer Salon den Continental T von der Leine und kündigte ihn als schnellsten Bentley aller Zeiten an. Breiter, leichter und mit 100 mm kürzerem Radstand als der R, brachte es der T mit seinem auf 400 PS gesteigerten Motor auf 274 km/h, und von 0 auf 100 km/h beschleunigte er in gerade einmal sechs Sekunden. Das Interieur des T wurde unter anderem mit einem Armaturenbrett aus marmoriertem Aluminium und einem roter Starterknopf verfeinert. Dazu kamen Bremsscheiben aus einer Mikrolegierung, eine überarbeitete Aufhängung und eine elektrische Traktionskontrolle.

Eine Variante mit noch höherer Beschleunigung kam 2000 in Gestalt des Special Commission T, der leicht an seiner aerodynamisch verbesserten Karosserie zu erkennen ist. Dem altehrwürdigen V8 rang man weitere 20 PS ab, indem man den Motor analysierte und die Motorsteuerung abstimmte.

Die Sitze wurden mit gestepptem Connolly-Leder bezogen. Die Fondsitze waren entfernt worden, um Platz für das maßgefertigte Ledergepäck zu lassen – ein Zubehör, das an die Bentley der 20er erinnerte.

Technische Daten	**Bentley** Continental T
Motor	vorne längs
Bauart	V8, Turbolader
Bohrung x Hub	104 x 91 mm
Hubraum	6750 ccm
Ventilsteuerung	Stößel
Leistung	400 PS (295 kW) bei 4000 U/min
Getriebe	Viergangautomatik
Antrieb	Hinterachse
Chassis	selbsttragend
Radaufhängung vorne	Dreieckslenker und Schraubenfedern
Radaufhängung hinten	Schräglenker und Schraubenfedern
Bremsen	innenbelüftete Scheibenbremsen
Höchstgeschwindigkeit	274 km/h
Beschleunigung	0–100 km/h: 6 sek

Links: *Das optisch verbesserte Erscheinungsbild des V8-Motors im Bentley Continental T, der im Grunde von 1959 stammt. Weniger augenfällig ist das Vorhandensein des Garrett-Turboladers, der Bosch-Jetronic und des Zytek-Motorsteuerungssystems. Eine elektronische Traktionskontrolle nimmt den Antrieb zurück, sobald die Räder rutschen oder durchdrehen.*

Links: *Wenn der Continental T fährt, verlagert das Differential mit seiner Viskokupplung bei sportlicher Beschleunigung oder in Kurven die Antriebskraft von einem durchdrehenden Rad zu einem Rad mit Traktion. Das kann passieren, weil der große V8-Motor mit 960 Nm so viel Drehmoment entwickelt.*

Subaru Impreza WRX STi

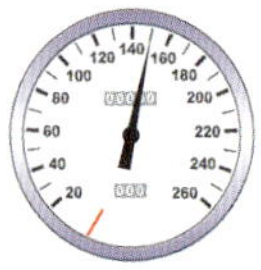

Spitze 240 km/h

Wie der Lancia Integrale ist auch der Impreza ein Wolf im Schafspelz. Er wurde 1993 vorgestellt und machte wenig her, verband aber herausragendes Handling mit einer beispielhaften Zuverlässigkeit, insbesondere dann, wenn man ihn auf der Rallyepiste losließ. Folglich gewann Subaru mit ihm dreimal hintereinander die Rallyeweltmeisterschaft, nämlich von 1995 bis 1997.

Subaru hat es weit gebracht seit seinem ersten Modell, dem winzigen 360 von 1958 mit Heckmotor und Glasfaserkarosserie, den ein amerikanischer Bericht damals als „das unsicherste Fahrzeug auf dem Markt" bezeichnete. Der ehemalige Motorrollerhersteller lernte schnell dazu. 1966 stellte er die Limousine FF-1 mit unzeitgemäßem Vierzylinderboxermotor vor. 1973 brachte er eine Allradversion des Leone heraus und legte noch mehr Ehrgeiz an den Tag, als er seinen Motoren 1981 Turbolader verpasste.

Das Unternehmen orientierte sich nach oben und griff mit dem Legacy 1989 nach einem höheren Marktsegment, um 1993 den preiswerteren Impreza hinterherzuschicken. Dieser verfügte über einen entweder permanenten oder zuschaltbaren Allradantrieb. Der Impreza wurde mit Stufen- und Fließheck angeboten und von dem bei Subaru üblichen Vierzylinderboxermotor angetrieben, der mit 1,5, 1,6 und 1,8 Litern Hubraum erhältlich war. Jede Zylinderreihe mit vier Ventilen pro Zylinder wurde mit einfachen oben liegenden Nockenwellen ausgestattet.

Während dies auf der Sollseite schlechten Zugriff bedeutete – im Vergleich zu einem quer liegenden oder einem Reihenmotor – leistete der Vierzylinderboxer-

***Unten:** Eine der 424 Impreza-Replicas, die Subaru 1998 zur Erinnerung daran herstellte, dass man die Rallyeweltmeisterschaften zwischen 1995 und 1997 dreimal in Folge gewonnen hatte. Von einem Vierzylinderboxermotor mit 2,2 Litern Hubraum angetrieben, brachte er 250 PS auf die Straße.*

***Links:** Richard Burns, der erste englische Rallyeweltmeister, zeigt den anderen in seiner erfolgreichen Saison 2001, wo der Hammer hängt – am Steuer eines Subaru, der Vierter wurde in einer Rennserie, die Peugeot gewann.*

***Unten:** Seit 2002 können britische Kunden zwischen zwei Versionen des Subaru Impreza STi wählen: Zum einen gibt es das Standardmodell (links), das es auf 238 km/h bringt, zum anderen seinen Nachbarn mit dem tiefem Spoiler, dem STi Prodrive, der nach der Firma, die die Rallyefahrzeuge fertigt, benannt wurde.*

motor mit seinem tiefen Schwerpunkt einen positiven Beitrag zum Handling dieses Modells.

Dem Wettbewerb verpflichtet

Subaru war mit einem Legacy RS Turbo einigermaßen erfolgreich ein paar Rallyes gefahren und bekräftigte sein Engagement im Sport mit dem Impreza WRX. Der umgearbeitete Zweilitermotor mit Abgasturbolader und zweifachen Nockenwellen brachte nicht weniger als 240 PS hervor. Zu Homologationszwecken wurden 2500 Straßenfahrzeuge gebaut. Sie waren äußerlich an der großen Kühlerhutze, den breiten Leichtmetallfelgen, einem tiefen Frontspoiler und Nebelscheinwerfern zu erkennen.

Eine Coupéversion des Impreza kam 1994 heraus und bildete die Grundlage für die Rallyeversion 22B, die speziell von der Motorsportabteilung des Unternehmens, Tecnica International, konstruiert und von Prodrive aus Banbury, Oxfordshire, gefertigt wurde.

Der WRX stellte seinen Wert bald unter Beweis, auch wenn der internationale Rallyesport 1993/94 von Toyota dominiert wurde. Bereits 1995 beschied der Impreza Subaru den ersten Rallyeweltmeistertitel, und sein Starpilot Colin McRae gewann als erster Brite den Fahrertitel. Subaru sollte diesen Triumph in den beiden folgenden Jahren noch zweimal wiederholen, verlor den Titel aber dann 1998 an Mitsubishi.

Der Impreza der ersten Generation wurde 2000 durch eine neue Version mit der bewährten ungewöhnlichen Mechanik ersetzt. Warum sollte man schließlich herumexperimentieren, wenn es gut lief?

Technische Daten	**Subaru** Impreza WRX STi
Motor	vorne längs
Bauart	4 Zylinder Boxer
Bohrung x Hub	92 x 75 mm
Hubraum	1994 ccm
Ventilsteuerung	zwei oben liegende Nockenwellen pro Zylinderreihe
Leistung	280 PS (207 kW) bei 6500 U/min
Getriebe	Fünfganggetriebe
Antrieb	Vierrad
Chassis	selbsttragend
Radaufhängung vorne	McPherson-Federbeine
Radaufhängung hinten	McPherson-Federbeine mit Duallenkern, Stabilisatoren
Bremsen	innenbelüftete Scheibenbremsen
Höchstgeschwindigkeit	240 km/h
Beschleunigung	0–100 km/h: 4,7 sek

Jaguar XKR

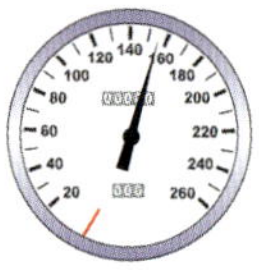

Spitze
250 km/h
abgeregelt

__Rechts:__ Obwohl der XK8, auf dem der R basiert, als Nachfolger des E-Type betrachtet werden kann, ist er ein viel kultivierteres Produkt und nur mit Automatikgetriebe erhältlich.

__Unten:__ Der Jaguar XKR zeichnet sich durch seinen maschenartigen Kühlergrill aus, der dem an der XJR-Limousine gleicht, mit der er auch den 4-l-Kompressormotor teilt. Man beachte das Fehlen der Stoßfänger.

Der XKR, von dem Jaguar behauptete, er sei ihr am schnellsten beschleunigendes Fahrzeug, erreichte die 100 km/h aus dem Stand in nur 5,2 Sekunden. Er debütierte auf dem Genfer Salon 1998, zwei Jahre nachdem der XK8, auf dem er basierte, bei der gleichen Veranstaltung erstmals auftrat.

Der als Coupé und als Cabrio erhältliche XK8 von 1996, der optisch an den berühmten Vorfahren E-Type erinnerte, war ein komplett neues Fahrzeug, in dem ein 4-l-V8-Motor mit zweifacher Nockenwelle, der 290 PS leistete, sein Debüt feierte. Nun jedoch war Verfeinerung angesagt, denn es gab ihn nur mit einer Fünfgangautomatik aus dem Hause Mercedes-Benz.

Der Motor wurde auch in der XJ6-Limousine eingesetzt, der entsprechend für die Saison 1998 in den XJ8 verwandelt wurde. Eine neue XJR-Version mit Kompressormotor, in der der V8 durch einen M112-Vorverdichter von Eaton auf eine Leistung von 370 PS gesteigert wurde, brachte abgeregelt eine Spitzengeschwindigkeit von 250 km/h auf die Straße und erreichte die 100 km/h aus dem Stand in 5,3 Sekunden.

Silbernes Jubiläum

Der XKR, der zum 50. Jahrestag der Einführung des legendären Jaguar XK120 folgte, unterbot die Beschleunigung der Limousine von 0 auf 100 km/h um eine ganze Zehntelsekunde, während die Höchstgeschwindigkeit gleich blieb.

Obwohl er äußerlich dem XK8 glich, war der R, den es sowohl offen als auch geschlossen gab, leicht

Links: *Der XKR 100 von 2001 ist ein Modell in limitierter Auflage zum 100. Geburtstag seines Gründers, William Lyons. Aufgewertet wurde der Wagen durch eine mattschwarze Lackierung, den Schriftzug „100" und Leichtmetallfelgen nach dem Vorbild des bevorstehenden F-Type-Sportwagens. Diese Merkmale fanden sich auch bei einigen XJR-Limousinen.*

Unten: *Das Modell erhält eine Ausstattung mit schwarzem Leder, Sportlenkrad, Momo-Schaltknauf, DVD-Navigationssystem, Einparkhilfe und automatischen Scheibenwischern. Die Produktion aller drei Modelle wurde auf 1000 Exemplare limitiert.*

an seinem Maschenkühlergrill zu erkennen, der eine visuelle Verbindung zur XJR-Limousine herstellte.

Als der vorverdichtete 4-l-V8-Motor auf den Sportwagen übertragen wurde, kam ausreichender Kühlung eine entscheidende Bedeutung zu, sodass zwei Lamellenbleche in die Motorhaube eingesetzt wurden, um die heiße Luft austreten zu lassen. Das Jaguar-Kühleremblem auf rotem Grund, Leichtmetallfelgen und eine dezente Hecklippe waren die anderen Merkmale, an denen das Modell zu erkennen war.

Der XKR wurde durch eine computergestützte Aufhängung mit der Bezeichnung CATS verbessert, ein Akronym für „Computer Active Technology Suspension". Wie der Name ahnen lässt, handelt es sich hier um elektronisch gesteuerte Stoßdämpfer, deren Einstellung zudem so geändert wurde, dass der Wagen noch fester in der Hand lag.

Limitierte Auflage

Um seinen Einstieg in die Formel 1 im Jahr 2000 zu feiern, produzierte das Unternehmen den XKR Silverstone in limitierter Auflage, mit einer verbesserten Aufhängung, einer aufgewerteten Innenausstattung sowie Leichtmetallfelgen im silbernen statt dem üblichen goldenen Farbton. Der Motor blieb unverändert: Wie im Hauptmodell konnte man meinen, man sitze in einem normalen XK8 – aber nur, bis man das Gaspedal einmal fest durchdrückte …

Technische Daten	**Jaguar** XKR
Motor	vorne längs
Bauart	V8, Kompressor
Bohrung x Hub	86 x 86 mm
Hubraum	3996 ccm
Ventilsteuerung	zwei oben liegende Nockenwellen pro Zylinderreihe
Leistung	370 PS (273 kW) bei 6150 U/min
Getriebe	Fünfgangautomatikgetriebe
Antrieb	Hinterachse
Chassis	selbsttragend
Radaufhängung vorne	Dreieckslenker und Schraubenfedern
Radaufhängung hinten	Dreieckslenker und Schraubenfedern
Bremsen	innenbelüftete Scheibenbremsen
Höchstgeschwindigkeit	250 km/h abgeregelt
Beschleunigung	0–100 km/h: 5,2 sek

Mercedes-Benz CLK-GTR

Spitze 320 km/h

Unten: *Die eindrucksvolle und zugleich zweckmäßige Anordnung von Kühler und Scheinwerfern mit integriertem Mercedesstern teilte sich der für die Straße gezähmte Rennwagen CLK-GTR mit dem CLK-Coupé. Obwohl man ihn oft als Nachfolger des 300SL-Coupés aus den 50ern bezeichnet hat, fehlen ihm die typischen Flügeltüren. Die Türschwellen liegen allerdings ähnlich hoch.*

Mit einem Ladenpreis von 2,6 Millionen Mark ist der Mercedes-Benz CLK-GTR von 1998 nicht nur das teuerste Fahrzeug in diesem Buch, sondern auch eines der schnellsten Straßenfahrzeuge der Firma mit einer möglichen Spitzengeschwindigkeit von 320 km/h.

In der Seele ist es ein Nachfahre des Flügeltürencoupés 300SL der Jahre 1954 bis 1957, obwohl es vorne aufgehängte Scherentüren besitzt. Es wurde als straßentaugliche Version des Mercedes-Rennwagens konzipiert, der 1997 und 1998 die Tourenwagenmeisterschaften gewann. Für die Homologation war die Herstellung nur eines einzigen Straßenfahrzeugs erforderlich, doch bei Mercedes-Benz gab man im März 1997 grünes Licht, eine „kleine Stückzahl" für Privatkunden zu bauen. Das erste der Zweisitzercoupés wurde im November 1998 ausgeliefert, das letzte von insgesamt 25 Exemplaren im Sommer 1999.

AMG, seit 1998 der hausinterne Veredler für Mercedes-Benz, baute in seinem Werk in Ludwigsburg bei Stuttgart jeweils über einen Zeitraum von vier bis sechs Wochen drei Fahrzeuge gleichzeitig. Sie unterschieden sich nur in Details von den GTR für die Rennstrecke. Die Kevlar-Karosserie wurde verstärkt, die Aufhängung neu abgestimmt, damit das Fahrzeug höher lag, und der Wagen erhielt 18-Zoll-Räder. Innen gab es Sportsitze, Dreipunktgurte, Doppelairbags und einen integrierten Überrollkäfig.

Optisch fand man Anklänge an das CLK-Coupé, das gerade neu herausgekommen war, doch diese beschränkten sich auf den Kühlergrill, die vier Scheinwerfer und die Instrumente.

Gezähmter Rennwagen für die Straße

Bei diesem um einen Kohlefaserschalenrumpf aufgebauten Fahrzeug wussten die Insassen sofort, dass sie in einem Rennwagen saßen, der für die Straße gezähmt war. Der 6,8-l-Motor war längs eingebaut und wie beim Ferrari F50 unmittelbar an der hinteren Spritzwand befestigt. Er basierte auf dem 5,9-l-V12-Motor, der auch in der Limousine S600 Verwendung fand und vom britischen Motorenbauer Ilmor Engineering entwickelt worden war. Mit 612 PS und einem Drehmoment von 851 Nm trieb er die Hinterräder über ein

Sechsganggetriebe an, das über zwei Wippen hinter dem Lenkrad bedient wurde. Im Unterschied zu einer ähnlichen Vorrichtung im Ferrari besaß der CLK GTR eine Kupplung. Die Beschleunigung war erstaunlich: In 3,8 Sekunden kam der Wagen von 0 auf 100 km/h.

Interessanterweise war dieser moderne „Silberpfeil" vom Konzept her das genaue Gegenteil des F1 von McLaren, in dem Renntechnik in ein Fahrzeug integriert wurde, das speziell für die Straße entworfen worden war. Das eindrucksvolle Coupé von Mercedes-Benz war im Gegensatz dazu ein Rennwagen, der für die Straße gezähmt war. Aus diesem Grunde erhielt er Servolenkung, Servobremsen und Traktionskontrolle – Komforteinrichtungen, die dem F1 merklich fehlten.

Technische Daten	**Mercedes-Benz** CLK-GTR
Motor	mittig längs
Bauart	V12
Bohrung x Hub	89 x 92 mm
Hubraum	6898 ccm
Ventilsteuerung	zwei oben liegende Nockenwellen pro Zylinderreihe
Leistung	612 PS (452 kW) bei 6800 U/min
Getriebe	Sechsganggetriebe
Antrieb	Hinterachse
Chassis	Kohlefaser-Monocoque
Radaufhängung vorne	Dreieckslenker, Zugstäbe und Schraubenfedern
Radaufhängung hinten	Dreieckslenker, Zugstäbe und Schraubenfedern
Bremsen	innenbelüftete Scheibenbremsen
Höchstgeschwindigkeit	320 km/h
Beschleunigung	0–100 km/h: 3,8 sek

***Oben:** Obwohl er kein praktisches Straßengefährt ist, konnte der Silberpfeil nichts anderes sein als ein Mercedes-Benz. Die Karosserieteile bestanden aus Kevlar, und der Heckspoiler war unverzichtbar für Stabilität und Bodenhaftung.*

***Links:** Das Cockpit ist etwas vollgestopft, doch mit einem Überrollkäfig und Airbags für Fahrer und Beifahrer wird Sicherheit hier groß geschrieben.*

Maserati 3200GT

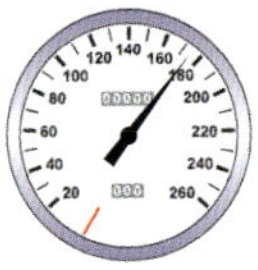

Spitze 280 km/h

Rechts: *Der langersehnte Spyder, der für die Saison 2002 erschien, wurde von einem neuen 4,2-l-V8-Motor angetrieben, den Ferrari entwickelt hatte. Das offene Fahrzeug, von Ital Design entworfen, ist an seinen konventionellen Heckleuchten erkennbar, die sich von den unverwechselbaren bumerangförmigen Leuchten des Coupés unterscheiden.*

Unten: *Heißer Maserati – der Asetto Corsa 3200 von 2001 mit einem speziellen Handlingpaket, zu dem eine verstellbare Aufhängung und eine straffere Federung gehören. Dieses Fahrzeug bildet den Schlusspunkt der langen Reihe von 3,2-l-V8-Motoren bei Maserati.*

Im Jahre 1993 wurde Maserati, nach Jahrzehnten der wirtschaftlichen Unsicherheit, von Fiat übernommen. Das erste sichtbare Ergebnis dieses Eigentümerwechsels war 1998 die Ankunft des Coupés 3200GT, das 280 km/h auf die Straße legte. Die Vorzeichen standen gut.

Die Arbeiten begannen noch 1993, und das Coupé-Konzept wurde bei Ital Design in Auftrag gegeben. Das neue Modell sollte von Maseratis erprobtem 3,2-l-V8-Motor angetrieben werden, doch wurde dieser so stark modifiziert, dass am Ende 90 Prozent der Teile neu waren. Innerhalb des Konzerns wurde die Firmenleitung 1997 an Ferrari übertragen, wobei die Angebotspalette von Maserati preislich etwa 25 Prozent unterhalb der des einstigen Rivalen angesetzt wurde.

Der beim Mondial de l'Automobile in Paris 1998 vorgestellte 3200 stellte einen Neuanfang für den Hersteller dar, der zuvor so stark unter Kapitalmangel gelitten hatte, dass die Qualität seiner Erzeugnisse in Mitleidenschaft gezogen wurde. Der Wert des neuen Coupés, eines 2+2-Sitzers, lag auf der Hand, und die Karosserieform war so nüchtern, dass es den ausgefalleneren Ferrari mit ihrem Design von Pininfarina nicht ins Gehege kam. Der 3200 zielte auf die Kundschaft des Aston Martin DB7 und des Jaguar XK8 ab.

Mit einer Spitzengeschwindigkeit von 280 km/h und einer Beschleunigung von 0 auf 100 km/h in

5,1 Sekunden wurde der 3200 den Erwartungen gerecht. Er besaß zudem eine Traktionskontrolle und eine adaptive Stoßdämpfung. Seine eindrucksvolle Leistung und seine hohe Geschwindigkeitsstabilität waren das Ergebnis unzähliger Windkanaltests.

Automatikgetriebe als Extra

Er war mit einem Sechsganggetriebe ausgestattet, aber die Schaltung war schwergängig, solange das Öl noch kalt war, und die Kupplung war unsanft, sodass die Option einer Automatik, die seit 1999 im Angebot war, begrüßt wurde. Erwartungsgemäß blieben die Beschleunigung und die Höchstgeschwindigkeit von 270 km/h gegenüber dem manuellen Getriebe zurück, doch die Automatikversion ließ sich leichter fahren.

Die Version Assetto Corsa markierte das Ende des 3200 in seiner Ur-Form. Es wurden nur 350 Modelle gefertigt, alle mit strafferer Federung, verbesserten Stabilisatoren und neuen 15-Speichen-Rädern.

Für das Modelljahr 2002 gab es einen revidierten GT mit normal beatmetem 4244-ccm-V8, der in weiten Teilen mit dem im Ferrari F430 verbauten Mittelmotor identisch war. Der neue Motor wurde auch in den Spyder eingebaut, der auf einer um 220 mm gekürzten Plattform des Coupés stand. Sowohl Coupé als auch Spyder waren mit einer Halbautomatik verfügbar, die bei Maserati Cambiocorsa hieß.

GT und Spyder brachten Maserati einer neuen Generation von Fahrern nahe. Allerdings lässt der Wechsel Maseratis von Ferrari zu Alfa Romeo – die beide zum Fiat-Konzern gehören – die Zukunft des Unternehmens in Modena unklar erscheinen.

Oben: *Hübsche Form – eine vorteilhafte Darstellung des 3200GT mit dem klassischen Umriss einer Coupékarosserie aus dem Hause Ital Design.*

Links: *Der Spyder von 2002. Der Radstand dieses offenen Fahrzeugs ist 220 mm kürzer als der des Coupés, und es verfügt über eine computergesteuerte Radaufhängung.*

Unten links: *Das gut ausgerüstete Cockpit des Spyder kommt mit Lederausstattung und technisch hoch entwickelten Navigationshilfen daher.*

Technische Daten	**Maserati** 3200GT
Motor	vorne längs
Bauart	V8
Bohrung x Hub	80 x 80 mm
Hubraum	3217 ccm
Ventilsteuerung	zwei oben liegende Nockenwellen pro Zylinderreihe
Leistung	370 PS (273 kW) bei 6250 U/min
Getriebe	Sechsganggetriebe
Antrieb	Hinterachse
Chassis	selbsttragend
Radaufhängung vorne	Dreieckslenker und Schraubenfedern
Radaufhängung hinten	Dreieckslenker und Schraubenfedern
Bremsen	innenbelüftete Scheibenbremsen
Höchstgeschwindigkeit	280 km/h
Beschleunigung	0–100 km/h: 5,1 sek

Audi TT

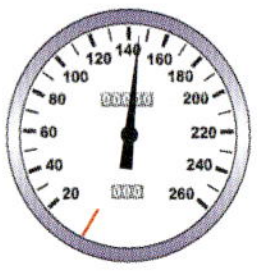

Spitze 233 km/h

Rechts: *Der stilistisch gewagte TT von Audi. Hier ist die stärkere 225-PS-Version zu sehen, die serienmäßig mit Allradantrieb ausgestattet ist. Dieses flotte Modell, das zudem gut auf der Straße liegt, hat sich bestens verkauft.*

Unten: *Ein TT Roadster von 2000. Im Unterschied zur Coupé-Version ist dieses Modell ein reinrassiger Zweisitzer mit obligatorischen Überrollbügeln zum Schutz von Fahrer und Beifahrer. Die Felgen erinnern an die der Bugattis aus den 20ern.*

Der unkonventionelle, stilistisch unverwechselbare Audi TT, der es in seiner stärksten Motorisierung auf 233 km/h bringt, verbindet geschickt Altes mit Neuem. Er entstammt dem Hightech-Zweig des Volkswagen-Konzerns.

Wie der Porsche Boxster und die Dodge Viper entstand der TT aus einer Konzeptstudie. Im kalifornischen Designzentrum von Audi hatte man sich den TT ausgedacht, und Designer Freeman Thomas ließ sich dabei vom Bauhaus-Stil der 1930er leiten.

Der TT war erstmals 1995 auf der Internationalen Automobilausstellung in Frankfurt zu sehen. Er beruhte auf der verkürzten Bodengruppe des bevorstehenden Audi A3, der seinerseits eng mit dem VW Golf der nächsten Generation verwandt war, und wurde von einem 1,8-l-Reihenvierzylinder mit zwei oben liegenden Nockenwellen aus dem Audi A4 angetrieben.

Die TT-Studie wurde damals so begeistert aufgenommen, dass sich Audi zur Serienfertigung entschloss, zunächst als Coupé und später in der offenen Form, die 1995 zum ersten Mal auf der Automobilausstellung in Tokio zu sehen war. Äußerlich war das Coupé, das auf der Pariser Automobilausstellung 1998 vorgestellt wurde, mit der ursprünglichen Konzeptstudie identisch, abgesehen von den zusätzlichen hinteren Ausstellfenstern und einem vergrößerten Lufteinlass.

Es wurden zwei aufgeladene 1,8-l-Vierzylinder mit zwei oben liegenden Nockenwellen und fünf Ventilen pro Zylinder angeboten: eine Grundversion mit 180 PS und ein Spitzenmodell mit 225 PS. Zur definitiven TT-Spezifikation gehörte ein Allradantrieb, der sich allerdings vom Audi-typischen Quattro-Kon-

zept unterschied. Normalerweise fuhr der TT mit Frontantrieb und besaß eine Haldex-Kupplung, die das Drehmoment auf die Hinterachse übertrug, sobald die Vorderräder durchdrehten. In der Grundversion erreichte der TT eine Spitzengeschwindigkeit von 225 km/h und sprintete in 7,1 Sekunden von 0 auf 100 km/h. Die 225-PS-Version lief 233 km/h Spitze und war im Sprint um etwa eine Sekunde schneller.

Schon bald nach Einführung des Coupés war Audi gezwungen, nach einer Reihe von Unfällen bei hohen Geschwindigkeiten das Chassis des TT zu überarbeiten und einen kleinen Heckspoiler nachzurüsten.

2002 legte Audi erneut nach und führte den 240 PS starken 3,2-Liter-V6 aus dem Golf R32 ein. Er erhielt das neue Direktschaltgetriebe (DSG) mit sechsstufiger Tiptronic, die blitzschnelles Schalten mit den Fingerspitzen erlaubte. Der Rest des Autos wurde ebenfalls geringfügig überarbeitet, vor allem mit größeren Rädern und Reifen und einem neuen Kühlergrill.

Der TT war ein großer Erfolg für Audi, aber seine Zeit ist fast abgelaufen. Für das Modelljahr 2007 steht ein neues Auto – ein wenig größer, dafür aber aus leichtem Aluminium – ins Haus.

Unten links: *Das Cockpit des TT ist gefüllt mit Anklängen an die Themen des Bauhaus-Designs aus den 30ern.*

Unten: *Ein TT Coupé aus dem Jahre 2000 mit dem Heckspoiler, der neben einer veränderten Radaufhängung kurz nach der Modelleinführung aufgrund von Sicherheitsbedenken hinzukam.*

Technische Daten	Audi TT
Motor	vorne quer
Bauart	Vierzylinder, Turbolader
Bohrung x Hub	81 x 86 mm
Hubraum	1781 ccm
Ventilsteuerung	zwei oben liegende Nockenwellen
Leistung	225 PS (166 kW) bei 5900 U/min
Getriebe	Sechsganggetriebe
Antrieb	Vierrad
Chassis	selbsttragend
Radaufhängung vorne	McPherson-Federbeine und Dreieckslenker
Radaufhängung hinten	Dreieckslenker und Schraubenfedern
Bremsen	innenbelüftete Scheibenbremsen
Höchstgeschwindigkeit	233 km/h
Beschleunigung	0–100 km/h: 6,2 sek

Aston Martin DB7 Vantage

Spitze 298 km/h

Unten: *Die Versionen Vantage und Volante des DB7 – eine Produktionsreihe, die bis ins Jahr 1993 zurückreicht und 1999 durch einen V12-Motor neuen Auftrieb erhielt.*

Aston Martins teure handgefertigte Autos mit V8-Motor fanden 1991 nur 46 Abnehmer. Die Rezession traf Aston härter als die meisten anderen Automobilbauer und außerdem hatte man bei der kleinen britischen Edelschmiede schon lange ein leichteres, preiswerteres Auto geplant, das über dürre Zeiten hinweghelfen sollte. Diese Gelegenheit bot sich schließlich dank der Bemühungen des neuen Aston-Chefs Walter Hayes.

Es war Hayes gewesen, der Henry Ford II. vorgeschlagen hatte, Aston Martin zu kaufen, was dieser im September 1987 auch getan hatte. Mittlerweile in der neuen Rolle des Vorsitzenden der Firma, wollte Hayes das Ford-Management davon überzeugen, einen neuen, kleineren Aston zu finanzieren.

1989 übernahm Ford auch Jaguar und machte sich an eine Umstrukturierung des Unternehmens. Zu den ersten Opfern zählte der Sportwagen Jaguar F-Type – hübsch, aber Jahre zu spät, viel zu kompliziert und übergewichtig. Ein Alternativplan kam von TWR, die die Jaguar-Rennwagen herstellten und gerade den XJ220 zur Serienreife brachten. TWR wollten die Karosserie eines F-Type mit der bestehenden Plattform des Jaguar XJ-S verbinden und mit ihrer eigenen Vier-

Links: *Die Volante-Version des DB7 wurde 1996 vorgestellt. Der Vantage mit V12-Motor kam, wie das Coupé, 1999 hinzu.*

Unten: *Der 5,9-l-V12-Motor, der unter der Haube des DB7 Vantage und im Grunde auch des Vanquish steckt, entstand aus zwei Duratec-V6-Motoren von Ford, die hintereinander montiert wurden. Innerhalb des Konzerns, bei Cosworth, wurde diese Maschine bis ins kleinste Detail verfeinert.*

ventil-Version von Jaguars V12-Motor ausstatten, aber der Vorschlag wurde als zu teuer abgelehnt.

Allerdings gefiel Hayes die Idee, der erkannte, dass die Herstellungskosten bei den geringeren Stückzahlen bei Aston Martin keine so große Rolle spielten. Schon bald entwickelten TWR ihre Idee als Aston weiter und tauschten den V12 gegen eine aufgeladene Version des neuesten Jaguar-Reihensechszylinders AJ6 mit 335 PS aus. Die Form des Autos stammte aus der Feder des Designers Ian Callum und bewahrte Aston-Merkmale wie den typischen Kühlergrill und die Tropfenform der Fahrerkabine.

Bei seinem Debüt auf dem Genfer Salon 1993 hatte das Auto auch einen Namen: DB7, Reminiszenz an die glorreichen Tage unter der Führung David Browns. Die Produktion begann etwas verspätet Ende 1994 und 1996 folgte eine offene Volante-Version.

1999 kamen der DB7 Vantage und Vantage Volante mit einem neuen Cosworth-V12 auf den Markt, der aus zwei Ford-V6 auf einem gemeinsamen Kurbelgehäuse bestand und so einen 5,9-l-60-Grad-V12 mit 420 PS bildete. Die Spitzengeschwindigkeit des DB7 stieg auf 298 km/h und der Sprint auf 96 km/h verkürzte sich auf 5,0 Sekunden.

Im März 2002 taten sich Aston Martin und Zagato zusammen und bauten für den nordamerikanischen Markt eine Kleinserie von nur 99 DB American Roadster 1, deren Karosserien von Zagato entworfen und hergestellt wurden. Ein anderer Abkömmling des DB7 war der GT mit 435 PS und überarbeiteter Radaufhängung. Die Produktion endete 2003 nach mehr als 7000 gefertigten DB7. Es war der bis dahin populärste Aston Martin.

Technische Daten	**Aston Martin** DB7 Vantage
Motor	vorne längs
Bauart	V12, Kompressor
Bohrung x Hub	89 x 79 mm
Hubraum	5935 ccm
Ventilsteuerung	zwei oben liegende Nockenwellen pro Zylinderreihe
Leistung	420 PS (310 kW) bei 6000 U/min
Getriebe	Sechsganggetriebe
Antrieb	Hinterachse
Chassis	selbsttragend
Radaufhängung vorne	Dreieckslenker und Schraubenfedern
Radaufhängung hinten	Dreieckslenker und Schraubenfedern
Bremsen	Scheibenbremsen, vorne innenbelüftet
Höchstgeschwindigkeit	298 km/h
Beschleunigung	0–100 km/h: 5 sek

Panoz AIV

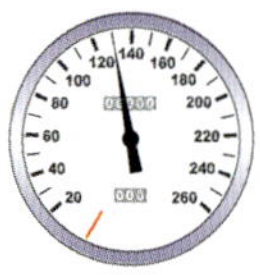

Spitze 210 km/h

Unten: Im Cockpit des AIV ist nicht viel Platz. Die Instrumente stammen aus dem Mustang Cobra und lassen sich leicht ablesen. Man sitzt sehr hoch, und die Türrahmen sind niedrig, sodass man sich leicht einmal den Kopf stößt.

Unten rechts: Die Karosserie wurde, genau wie der Gitterrohrrahmen darunter, aus Aluminium gefertigt und lässt sich kaum beschreiben. Die Windschutzscheibe stammt vom Volkswagen New Beetle. Im Firmenzeichen auf der Motorhaube ist das irische dreiblättrige Kleeblatt zu finden, das auf die Ursprünge der Marke Panoz verweist.

Er ist rar, rau und rapide. Dieser offene Zweisitzer mit V8-Motor, der am ehesten einem gestrandeten Wal auf Rädern gleicht, ist das perfekte Fortbewegungsmittel für Enthusiasten, die ein wenig aus dem Rahmen fallen möchten.

Panoz Auto Developments aus Georgia in den USA verkaufte seine ersten Fahrzeuge 1992 mit Fahrgestellen, die auf dem in Irland gefertigten TMC-Bausatzauto aus den Jahren 1983 bis 1988 basierten. Diese Verbindung entstand, als Donald Panoz, dessen Vater Anfang des 20. Jahrhunderts aus Italien in die USA ausgewandert war, in Irland das Pharmaunternehmen Elan Pharmaceuticals gegründet hatte. Im Jahre 1988 bewarb sich sein 26-jähriger Sohn Daniel um einen Job bei der irischen Thompson Motor Company (TMC) und fand dabei heraus, dass die Firma kurz vor der Pleite stand.

Er sicherte sich die Rechte an dem Rohrrahmen, den Frank Costin entworfen hatte, ein angesehener Kfz-Ingenieur, auf dessen Konto immerhin die Fahrgestelle von so berühmten Fahrzeugen wie Vanwall, Lotus Mark 8 und Marcos gingen. 1989 baute Panoz eine Automobilfabrik in Hoschton, Georgia, rund 80 km von der Hauptstadt Atlanta entfernt, und schickte 1997 einen Tourenwagen ins Rennen von Le Mans, wo seine Fahrzeuge bis heute vertreten sind.

Was die Straßenautos angeht, so wurde der Ford-Vierzylinder des TMC durch einen 5-l-V8-Motor aus dem Ford Mustang ersetzt, und daraus entwickelte sich dann bis 1996 der offene Zweisitzer AIV. Freeman Thomas, der auch für das Design des Audi TT verantwortlich war, ließ sich die markante Aluminiumkarosserie mit den frei stehenden Kotflügeln einfallen.

Aluminiumintensiv

Der ursprüngliche Gitterrohrrahmen wurde durch ein moderneres und leichteres Mittelrohrrahmenchassis aus Aluminium ersetzt, und diese Metallpräferenz erstreckte sich auf den Motor, einen neuen 4,6-l-V8 von Ford aus Leichtmetall mit doppelten Nockenwellen und 32 Ventilen. Dabei steht AIV für „Aluminum Intensive Vehicle" – aluminiumintensives Fahrzeug.

Auch wenn das Aussehen Geschmacksache ist: An den Leistungswerten des Panoz gibt es nichts zu deuten, trotz der leistungsmindernden Fünfgangautomatik. Mit seinem ausgezeichneten Leistungsgewicht sprintet

Technische Daten	**Panoz** AIV
Motor	vorne längs
Bauart	V8
Bohrung x Hub	90,2 x 90 mm
Hubraum	4601 ccm
Ventilsteuerung	zwei oben liegende Nockenwellen pro Zylinderreihe
Leistung	305 PS (225 kW) bei 5800 U/min
Getriebe	Fünfgangautomatik
Antrieb	Hinterachse
Chassis	Zentralrohrrahmen
Radaufhängung vorne	Dreieckslenker und Schraubenfedern
Radaufhängung hinten	Dreieckslenker und Schraubenfedern
Bremsen	Scheibenbremsen, vorne innenbelüftet
Höchstgeschwindigkeit	210 km/h
Beschleunigung	0–100 km/h: 4,5 sek

der AIV in 4,5 Sekunden von 0 auf 100 km/h und in 13,5 Sekunden von 0 auf 160 km/h, bei einer Spitzengeschwindigkeit von 210 km/h.

Hinter dem Steuer spürt man die volle Wirkung dieser Leistung, die die Insassen reichlich durchrüttelt. Das robuste Fahrgestell, in Verbindung mit der Querlenkeraufhängung an beiden Achsen, bewirkt ein Kurvenverhalten des AIV wie bei einem Rennwagen. Vielleicht ist dieses Auto nicht jedermanns Geschmack, doch der Automarkt wäre sicherlich ein gutes Stück langweiliger, wenn es nicht hin und wieder solche Ausflüge ins Unorthodoxe gäbe.

Oben links: *Der Panoz Esperante von 2000 war ein AIV mit konventioneller Karosserie und Ford-Mustang-Motor. Die Produktion des AIV Roadster wurde eingestellt.*

BMW M5

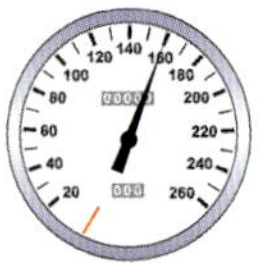

Spitze 257 km/h

Unten: Ein Bild sagt mehr als tausend Worte – ein M5 in Aktion. Zu den vorsichtigen Veränderungen gegenüber der Fünfer-Reihe gehören die beiden Öffnungen im vorderen Stoßfänger, die das Einspritzsystem des Motors versorgen, sowie ovale Nebelscheinwerfer und Xenonscheinwerfer. Weniger augenfällig ist die etwas verbreiterte Chromleiste um den Kühler.

Über zwei Jahrzehnte hinweg waren die M5-Modelle von BMW kultivierte Limousinen, die ihre Fahrer und Passagiere mit einer komfortablen, klimatisierten Umgebung und ausgeprägten Reisetauglichkeit verwöhnen. Außerdem besaßen die M5er eine Ehrfurcht gebietende Leistung, die so manches so genannte Superauto ins Schlingern bringen kann.

M steht für Motorsport, seit 1972 eine eigene Tochterfirma des Münchener Unternehmens. Eine ihrer Aufgaben bestand darin, leistungsgesteigerte Versionen der ohnehin schon beeindruckend motorisierten sportlichen Limousinen zu entwickeln. Die erste war 1980 der M535i, der den größten der BMW-Sechszylinder in einer kompakten 5er-Karosserie trug. 1984 legte Motorsport nach und kombinierte seinen 24-Ventiler – entwickelt aus den Rennmotoren, die in den CSLs der 1970er und später in den M1 eingebaut wurden – mit der neuesten 5er-Karosserie zum ersten M5. Eine zweite Generation wurde von 1990 bis 1996 gebaut.

Entschieden mehr Kraft

Dann kam die Pause bis zur dritten Generation 1999. Wie bei den Vorgängern wurden äußerliche Veränderungen auf ein Mindestmaß reduziert. Ausgangspunkt war der bereits hervorragende 540i mit seinem 4,3-l-V8-Motor. Das neue Herzstück war ein 4,9-l-V8, von dem BMW behauptete, er sei zu 95 Prozent neu. Bei einer Leistung von 400 PS, deutlichen 114 PS mehr als bei dem zugrunde liegenden Motor des 540i, war tatsächlich fast jedes Einzelteil anders, und die Wirksamkeit des Motors wurde durch eine variable Ventilsteuerung verbessert.

Der Wagen wurde mit einem elektronisch gesteuerten Gaspedal ausgestattet. Außerdem ließ sich das Fahrwerk auf Knopfdruck am Armaturenbrett auf eine

Technische Daten	BMW M5
Motor	vorne längs
Bauart	V8
Bohrung x Hub	94 x 89 mm
Hubraum	4941 ccm
Ventilsteuerung	zwei oben liegende Nockenwellen pro Zylinderreihe
Leistung	400 PS (295 kW) bei 6600 U/min
Getriebe	Sechsganggetriebe
Antrieb	Hinterachse
Chassis	selbsttragend
Radaufhängung vorne	McPherson-Federbeine
Radaufhängung hinten	Multilink und Schraubenfedern
Bremsen	innenbelüftete Scheibenbremsen
Höchstgeschwindigkeit	257 km/h
Beschleunigung	0–100 km/h: 5,4 sek

sportlichere oder komfortablere Fahrweise umstellen. Auch die Lenkung wurde neu abgestimmt, um dem Fahrer das Einparken zu erleichtern und einen präziseren Geradeauslauf zu gewährleisten. Wichtige Veränderungen wurden an der Radaufhängung vorgenommen, die vorne fünfzehn und hinten zehn Millimeter tiefer gelegt und mit entsprechend veränderten Federn und Stoßdämpfern ausgestattet wurde.

Zudem war der M5 an den Felgen aus einer Rotgusslegierung zu erkennen, die es nur für dieses Modell gab, sowie an den charakteristischen vier Auspuffrohren anstelle der üblichen zwei.

Der jüngste M5 ist noch beeindruckender als seine Vorfahren. Als stärkstes Straßenmodell, das BMW je gebaut hat, leistet er 507 PS aus einem 5-l-V10 und ist elektronisch bei 250 km/h abgeregelt. Ohne den Begrenzer wären es wohl 330 km/h…

***Oben links:** Der 400 PS starke 4,9-l-V8-Motor aus Leichtmetall. Man beachte die paarweisen Ansaugkrümmer ganz oben links und die gerade noch sichtbaren Außenseiten der Ventildeckel.*

***Oben:** Die Leichtmetallfelgen sind matt gebürstet, und das M5-Emblem ist unten rechts am Kühlergrill angebracht.*

***Links:** Die stromlinienförmigen Außenspiegel lassen sich zur Verbesserung der Aerodynamik anklappen.*

Shelby Series 1

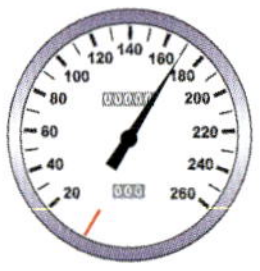

Spitze
275 km/h
lt. Werk

Der Geist des legendären AC Cobra aus den 60ern lebt in Carroll Shelbys Series 1 fort, einem kraftvollen, 275 km/h schnellen, offenen Zweisitzer vom amerikanischen Meister des Hochleistungsmotorsports. Im Unterschied zu früheren Projekten, die auf Fahrzeugen anderer Hersteller basierten, wurde dieses Auto eigens konstruiert, wenngleich es einen Großserienmotor verwendete.

Der Series 1, der 1997 in Detroit vorgestellt wurde, basierte auf einem Fahrgestell mit zusätzlichem Rohrrahmen, auf dem eine mit Kohle- und Glasfaser verstärkte Karosserie saß, die Anleihen bei Ferrari und dem Cobra aufwies. Allerdings wurde der Series 1, nach rund 50-jähriger Zusammenarbeit mit Ford, von einem 4-l-V8 von General Motors angetrieben, der aus dem Oldsmobile Aurora stammte.

Um das Gewicht zu vermindern, ersetzte man das ursprüngliche Fahrgestell durch einen Aluminiumrohrrahmen. Die Radaufhängung mit Querlenkern und Schraubenfedern an beiden Achsen basierte ebenfalls auf Aluminium. Das Getriebe wurde modifiziert und bildete im Ausstellungsfahrzeug von 1997 eine Einheit mit dem Motor. Die Serienversion hatte ein ZF-Transaxle, das durch den Kardantunnel angetrieben wurde, der auch für die Struktur eine Rolle spielte.

Die Ausstellung in Detroit gab Shelby Gelegenheit, die Reaktion auf die Innenausstattung einzuschätzen, die ursprünglich äußerst spärlich war. Im Gegensatz dazu ist der Series 1 als Serienfahrzeug besser ausgestattet und besitzt eine Klimaanlage, elektrische Fensterheber und einen CD-Spieler.

Die meisten Armaturen stammen aus der Ersatzteilkiste von GM, doch die ledergepolsterten Sitze sind dem Fahrzeug eigen und stammen von Shelby selbst, der früher einmal Rennen fuhr.

Oben: *Die Karosserie des Shelby, die aus Kohle- und Glasfaser besteht, erinnert an Fahrzeuge vergangener Epochen. Die Ausbuchtung in der Motorhaube besitzt eine praktische Funktion und überdeckt ein Rohr, das heiße Luft vom Kühler fortleitet.*

Rechts: *Das Heck mit dem Spoiler ist ebenso augenfällig wie die Luftschlitze im Frontspoiler. Sie dienen nicht nur dekorativen Zwecken, sondern erlauben auch heißer Luft, die von den vorderen Scheibenbremsen erzeugt wird, zu entweichen.*

Rennstreckenunterricht

Der ausgiebige Gebrauch leichter Materialien hatte zur Folge, dass der Shelby gerade einmal 1178 kg auf die Waage brachte und die 100 km/h aus dem Stand in weniger als fünf Sekunden erreichte. Auf der Straße wurde der Shelby nicht nur wegen seiner Beschleunigungswerte gelobt, sondern auch für seine Straßenlage und Lenkung. Hergestellt wird er in Shelbys neuem Werk, das gleich neben dem Las Vegas Speedway liegt, und im Preis ist ein Tag Fahrunterricht auf der Rennstrecke inbegriffen.

Der Shelby erlebte eine schwierige Geburt, und die Produktion begann erst im Jahre 2000. Außerdem stieg der ursprüngliche Preis von 88 200 Dollar auf realistischere 113 000 Dollar, weil Venture Industries, eine amerikanische Maschinenbaufirma, 75 Prozent des Unternehmens erworben hatte. Das hatte eine Produktionssteigerung und eine Qualitätsverbesserung zur Folge.

***Oben:** Das gut ausgestattete Cockpit unterscheidet sich deutlich von der ersten Version des Fahrzeugs.*

***Links:** Das reine Zweisitzerdesign des Shelby dürfte sich als zeitlos erweisen.*

***Unten links:** Die mit Kohlefaser verkleidete Konsole enthält sowohl ein Radio als auch einen CD-Spieler.*

Technische Daten	**Shelby** Series 1
Motor	vorne längs
Bauart	V8
Bohrung x Hub	87 x 84 mm
Hubraum	3995 ccm
Ventilsteuerung	zwei oben liegende Nockenwellen pro Zylinderreihe
Leistung	320 PS (236 kW) bei 6500 U/min
Getriebe	Sechsganggetriebe
Antrieb	Hinterachse
Chassis	Gitterrohrrahmen
Radaufhängung vorne	Dreieckslenker und Schraubenfedern
Radaufhängung hinten	Dreieckslenker und Schraubenfedern
Bremsen	innenbelüftete Scheibenbremsen
Höchstgeschwindigkeit	275 km/h *
Beschleunigung	0–100 km/h: 4,4 sek *

* Angaben des Herstellers

Pagani Zonda C12

Spitze
322 km/h
lt. Werk

Als einer der jüngsten Rekruten in der Liga der Superautos ist der Pagani ein Aufsehen erregendes Mittelmotorcoupé mit angeblichen 322 km/h in der Spitze. Entstanden ist es im Kopf des Argentiniers Horacio Pagani, der sich als junger Mann mit dem fünffachen Formel-1-Weltmeister Juan Fangio anfreundete. Dessen Empfehlungsschreiben an Giulio Alfieri, den früheren Chefingenieur von Maserati, der inzwischen zu Lamborghini gewechselt war, half Pagani, dort eine Anstellung zu finden.

Er konzentrierte sich ganz auf das Design und erkannte das Potential leichter und besonders starker Kohlefaserstrukturen. So war Pagani auch für die Formgebung des Countach-Jubiläumsmodells von 1988 verantwortlich. Kurz danach jedoch verließ er Lamborghini, um Modena Engineering zu gründen und sich ganz auf Design und Kohlefasertechnologie zu spezialisieren, wodurch er sich schon bald eine internationale Kundschaft aufbaute.

Dann entschloss er sich, sein eigenes Fahrzeug zu bauen, das er nach seinem Mentor Fangio nennen wollte. Obwohl er sich umentschied und den Namen eines Windes aus den Anden, Zonda, wählte, ist der Einfluss des Weltmeisters in der Wahl des Mercedes-Motors erkennbar. Mechanisch wurde das Auto von den Sauber-Mercedes-Rennwagen inspiriert, die Kurven der Karosserie sollen jedoch den üppigen Rundungen seiner Ehefrau Cristina nachempfunden sein!

Sensationelles Debüt

Der Zonda feierte ein sensationelles Debüt 1999 auf dem Genfer Salon. Das Fahrgestell bestand aus einem Zentralrohrrahmen aus Kohlefaser, der mit Stahlrohrrahmen an beiden Enden kombiniert war. Die Kraft kam aus einem 6-l-V12-Motor aus der S-Klasse von Mercedes-Benz, der über ein ZF-Fünfganggetriebe die Hinterräder antrieb. Bei einem Gewicht von nur 1250 kg gab der Hersteller – wie sich herausstellte etwas zu optimistisch – eine Beschleunigung von 0 auf 100 km/h in unter vier Sekunden an.

***Rechts:** Der 6-l-V12-Motor von Mercedes-Benz, der ursprünglich die S-Klasse antrieb, wurde von AMG, der Mercedes-eigenen Tuningfirma, überarbeitet und spielend zum Mittelmotor umgebaut.*

***Oben:** Andere Fahrer werden nicht im Zweifel darüber gelassen, dass sie einen Pagani vor sich haben. Die Inspiration für dieses Vierfachbündel von Auspuffrohren kommt aus dem amerikanischen Raumfahrtprogramm.*

***Rechts:** Der Zonda S mit seinem markant geteilten Heckspoiler verwendet einen stärkeren 7-l-Motor. Weitere äußerlich sichtbare Veränderungen wurden an der Kohlefaserkarosserie vorgenommen, an der sich die Leistungswerte des Fahrzeugs ablesen lassen.*

Links: Die Kurven des Zonda entstanden im Windkanal.

Unten: Die Frontpartie des Zonda S besitzt eine klarer definierte Nase und anders positionierte Scheinwerfer.

Unten links: Der aktuelle Zonda ist mit einem werkseigenen Sechsganggetriebe ausgestattet. Besitzer der älteren Version können sich nachträglich das neuere Getriebe einbauen lassen.

Nach dem Debüt in Genf gab Pagani bekannt, man werde eine Version mit einem auf sieben Liter vergrößerten und verbesserten Motor vom hausinternen Tuner bei Mercedes-Benz, AMG, anbieten. Diese Version, die 2000 in Genf vorgestellt wurde, lief unter der Typenbezeichnung Zonda S und unterschied sich durch die klareren Linien der Frontpartie mit ihrem Spoiler, der bereits ein Merkmal des Baujahres 1999 und nun geteilt war, was wohl zum außergewöhnlichen optischen Eindruck des Autos beitrug.

Der Zonda S unterschied sich auch mechanisch durch ein im eigenen Haus entwickeltes Sechsganggetriebe, das an Stelle der ursprünglichen ZF-Schaltung trat. Er war zwar 50 mm länger als der C12, laut Pagani blieb das Gewicht jedoch unverändert, sodass weiterhin eine brutale Beschleunigung und eine Höchstgeschwindigkeit von über 320 km/h sichergestellt seien.

Die Ankündigung einer auf 40 Stück limitierten Auflage eines Zonda Roadsters hat die Modellpalette Paganis nur noch attraktiver gemacht.

Technische Daten	**Pagani** Zonda C12
Motor	mittig längs
Bauart	V12
Bohrung x Hub	89 x 80 mm
Hubraum	5987 ccm
Ventilsteuerung	zwei oben liegende Nockenwellen pro Zylinderreihe
Leistung	394 PS (291 kW) bei 5200 U/min
Getriebe	Sechsganggetriebe
Antrieb	Hinterachse
Chassis	Monocoque
Radaufhängung vorne	Dreieckslenker und Schraubenfedern
Radaufhängung hinten	Dreieckslenker und Schraubenfedern
Bremsen	innenbelüftete Scheibenbremsen
Höchstgeschwindigkeit	322 km/h*
Beschleunigung	0–100 km/h: 4,5 sek*

* Angaben des Herstellers

Lotus Exige

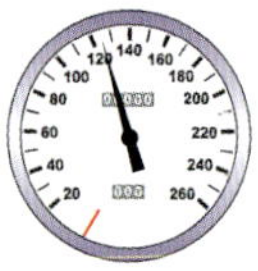

Spitze 200 km/h

__Unten:__ Ein Exige in Aktion ist ein echter Straßenrenner. Man beachte zusätzlich zu den mittig angebrachten Luftschlitzen für den Motor den zusätzlichen Einlass auf dem Dach, über den ebenfalls der Motor gekühlt wird. Die Dachlinie ist höher als erwartet, weil genügend Raum bleiben muss für den behelmten Kopf des Besitzers! Die Räder sind mit eigens entwickelten Pneus von Yokohama bereift.

Das Coupé Exige war eine weitere Entwicklung aus dem erfolgreichen Mittelmotor-Roadster Elise. Das Coupé, das auf der Rennversion Sport Elise basiert, unterstreicht die Vielseitigkeit dieses Konzepts, das 1995 zum ersten Mal vorgestellt wurde. Das Modell, das zu einer Zeit konzipiert wurde, als Lotus zu Bugatti gehörte, wurde nach der Enkelin des Vorsitzenden des Mutterunternehmens, Romano Artioli, auf den Namen Elise getauft. Nach dem Zusammenbruch des Unternehmens im Jahre 1995 ging Lotus an den malaysischen Proton-Konzern über.

Der Elise wurde von einer 118-PS-Version des 1,8-l-Motors der K-Reihe von Rover angetrieben und besaß ein Fahrgestell aus stranggepresstem und mit Epoxidharz verleimtem Aluminium, das nur 70 kg wog. Die Bremsen aus einem Aluminiumverbundstoff stellten eine bedeutende Neuerung dar. Die Glasfaserkarosserie war natürlich für die Marke ein Muss.

Bei einem Spitzentempo von 200 km/h und einer Beschleunigung von 0 auf 100 km/h in sechs Sekunden besaß der Elise die Straßenlage und den unverwechselbaren Charakter, auf denen der Ruf der Marke beruhte. Auf der Sollseite stand ein lauter Motor und ein Stoffverdeck, das sich schwer schließen ließ.

Bedeutender im Hinblick auf den künftigen Exige war das 240 km/h schnelle und 200 PS starke Coupé Sport Elise, das für eine Markenrennserie konzipiert wurde, die Lotus Motorsport 2000 veranstaltete. Der im April 2000 angekündigte Exige ist eine gezähmte Variante des Sport, die von einer 177- oder 190-PS-Version des Rover-Vierzylinders angetrieben wird.

Die Coupékarosserie besitzt in etwa den gleichen Luftwiderstandsbeiwert wie der Roadster, obwohl sie einen größeren Abtrieb erzeugt. Wie der Rennwagen ist der Exige mit einem Heckflügel ausgestattet.

Obwohl er auf dem Fahrgestell des Sport Elise basiert, verzichtete man beim Exige aus praktischen Gründen auf den Mittelsitz des Fahrers und kehrte zum Zweisitzerformat zurück. Allerdings lässt sich lediglich der Fahrersitz nach vorne oder hinten verstellen.

Respektable Leistung

Während Lotus eine Beschleunigung von 0 auf 160 km/h in beachtlichen 12,3 Sekunden und eine Spitzengeschwindigkeit von 220 km/h für den Wagen angab, lagen diese Werte in Wirklichkeit wohl eher bei 13,7 Sekunden beziehungsweise 200 km/h. Nichtsdestotrotz ist der Exige, wie seine Mutter, laut und lärmend, lässt sich aber ausgezeichnet steuern und liegt hervorragend in der Hand.

***Links:** Ein Exige auf der British Motor Show von 2000 am Stand von Lotus, nach Angaben des Unternehmens der größte Stand in der Firmengeschichte. Die Austrittsöffnungen für die heiße Luft sind beiderseits der Doppelauspuffrohre sichtbar.*

Technische Daten	**Lotus** Exige
Motor	mittig quer
Bauart	4 Zylinder in Reihe
Bohrung x Hub	80 x 89 mm
Hubraum	1796 ccm
Ventilsteuerung	zwei oben liegende Nockenwellen
Leistung	190 PS (140 kW) bei 7800 U/min
Getriebe	Fünfganggetriebe
Antrieb	Hinterachse
Chassis	Aluminium stranggepresst
Radaufhängung vorne	Dreieckslenker und Schraubenfedern
Radaufhängung hinten	Dreieckslenker und Schraubenfedern
Bremsen	innenbelüftete Scheibenbremsen
Höchstgeschwindigkeit	200 km/h
Beschleunigung	0–100 km/h: 5,5 sek

***Oben links:** Der Heckflügel des Sport Elise wurde durch diese deutlich kleinere Version ersetzt, von der Lotus behauptete, sie erzeuge eine Aerodynamik, die für den Fahrer auf der Straße angemessener sei. Bei 160 km/h erzeugt sie eine Abtriebskraft von 45 kg und unterstützt in beachtlichem Umfang die Straßenlage des Exige.*

***Links:** Auch das Cockpit unterstreicht die Philosophie des Exige, auf unnötige Extras zu verzichten – während sich der Fahrersitz verstellen lässt, ist der Beifahrersitz fest montiert. Beide Sitze sind mit Hosenträgergurten versehen.*

Morgan Aero 8

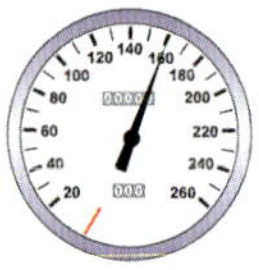

Spitze 257 km/h

Er ist in jeder Hinsicht ein sensationelles Fahrzeug, doch für eine alteingesessene Firma wie Morgan ist er allen anderen Erzeugnissen des Hauses Lichtjahre voraus. Der 257 km/h flotte Aero 8 gab sein Debüt 2000 auf dem Genfer Salon und verbindet traditionelle Optik, für die die Marke berühmt ist, mit modernster Mechanik.

Das Modell, das einen Namen aus der Reihe der richtungsweisenden Dreiräder wiederbelebt, entstand aus einem Rennwagen, den Charles Morgan, der derzeitige Generaldirektor, 1997 ins Feld schickte. Das für die Tourenwagenmeisterschaft dieses Jahres entwickelte Werk des früheren Jaguar-Chefingenieurs Jim Randle entstand auf einem Fahrgestell aus Aluminiumteilen, die mittels Laser zugeschnitten worden waren. Diese wurden auf ähnliche Weise verleimt wie der Rahmen der Lotus Elise.

Seit Gründung der Marke im Jahre 1910 hatte bis dahin jeder Morgan vorne eine unabhängige Radaufhängung mit Hülsenführung besessen, doch der GT2-Rennwagen verwendete ein völlig anderes System, das er dem Aero 8 vererbte. Es besaß oben lange Ausleger mit Querlenkern vorne und lange Querlenker mit Schraubenfedern hinten. Während das Rennwagenchassis die Erwartungen erfüllte, war der Rover-V8-Motor, der ähnlich auch den Plus 8 antrieb, merklich in die Jahre gekommen und verhinderte, dass das Fahrzeug auf der Rennstrecke mithalten konnte.

Morgan wiederholte einen solchen Fehler nicht mit seinem neuen Straßenwagen, der von dem 286 PS starken BMW-4,4-l-V8-Motor angetrieben wird, doch nach den spezifischen technischen Anforderungen von Morgan umgebaut wurde. Auch das Sechsganggetriebe stammt aus Deutschland.

Kontroverse Karosserie

Der umstrittenste Aspekt des neuen Fahrzeugs ist wohl die Karosserie mit den Scheinwerfern, die doch manches Stirnrunzeln auslösten. Wenigstens ist der neue Morgan auf diese Weise unverwechselbar! Die Form des offenen Zweisitzers weckt Erinnerungen an die traditionellen Morgan, doch der Aero 8 verwendet nur rund ein Dutzend Teile, nämlich Schar-

***Oben:** Die Frontpartie gibt dem Aero 8 eine eigene Persönlichkeit. Der Antrieb stammt von BMW, und im Unterschied zu früheren Exemplaren kommt eine unabhängige Radaufhängung zum Einsatz.*

***Rechts:** Das Morgan-Emblem ist einzeln in jede der Leichtmetallfelgen geätzt, die ein geringes Gewicht mit einer Kombination aus Nostalgie und Moderne verbinden.*

niere, Motorhaubenverschlüsse und Türen, die auch bei seinen Zeitgenossen zu finden sind. Allerdings behielt er den altehrwürdigen Eschenholzrahmen bei, der mit einem Monocoque aus Aluminium verwendet wurde.

Es mag überraschen, dass der Aero im Windkanal getestet wurde. Der Luftwiderstandsbeiwert von 0,39 ist nicht überragend, aber für Morgan ist er eine reife Leistung, liegt er doch um satte 40 Prozent unterhalb des c_W-Wertes des Plus 8, dessen Karosserieform fest in den 30ern verwurzelt ist.

Mit einem Verkaufspreis von knapp 50 000 Pfund, rund 16 500 Pfund über dem des Plus 8, stellt der Aero 8 ein beachtliches Wagnis für Morgan dar, einen der letzten verbleibenden einheimischen Automobilhersteller in Großbritannien.

Oben: *Das Handling und die Leistung des Aero, die vom geringen Gewicht unterstützt werden, heimsten Lob ein.*

Links: *Der neue Morgan, wie er auf der British Motor Show von 2000 zu sehen war. Der Einstieg in das Fahrzeug ist dank der langen Türen leicht.*

Unten links: *Auch in der Innenausstattung vermischen sich Nostalgie und Modernität. Die Windschutzscheibe wird elektrisch beheizt, und der Eschenholzrahmen ist nicht verkleidet, sondern offen sichtbar.*

Technische Daten	**Morgan** Aero 8
Motor	vorne längs
Bauart	V8
Bohrung x Hub	82 x 92 mm
Hubraum	4398 ccm
Ventilsteuerung	zwei oben liegende Nockenwellen pro Zylinderreihe
Leistung	286 PS (211 kW) bei 5500 U/min
Getriebe	Sechsganggetriebe
Antrieb	Hinterachse
Chassis	Aluminiummonocoque
Radaufhängung vorne	Auslegerarm, Dreieckslenker und Schraubenfedern
Radaufhängung hinten	Dreieckslenker und Schraubenfedern
Bremsen	innenbelüftete Scheibenbremsen
Höchstgeschwindigkeit	257 km/h
Beschleunigung	0–100 km/h: 4,7 sek

BMW Z8

Spitze
250 km/h
abgeregelt

Rechts: *Die Anordnung der Instrumente in der Mitte des mit Retro-Elementen durchsetzten Armaturenbretts des Z8 führt dazu, dass der Fahrer einen ungehinderten Blick über die Motorhaube hat.*

Unten: *Nicht nur die seitlichen Lüftungsschlitze an den Kotflügeln sind Anklänge an den BMW 507. Der Z8 macht auch ausgiebig von Aluminium Gebrauch und ist im Grunde ein handgefertigtes Fahrzeug.*

Die Herkunft des Z8 ist klar zu erkennen: Er bezieht seine Inspiration eindeutig von dem klassischen BMW 507. Dieses zwischen 1957 und 1959 gefertigte Fahrzeug wurde von einem 3,2-l-V8-Motor angetrieben, der es auf bis zu 217 km/h brachte. Für seine Zeit war der Wagen jedoch recht teuer, und so wurden nur 250 Exemplare produziert. Heute ist er bei Sammlern äußerst begehrt und beflügelte die Fantasie des Oldtimerfans und BMW-Vorstands in den 90ern, Bernd Pischetsrieder, sowie seines Vorstandskollegen Wolfgang Reitzle.

Das Resultat war die Studie Z07, die vom Leiter des kalifornischen BMW-Designstudios, Henrik Fisker, stammte. Sie wurde 1997 auf der Automobilausstellung in Tokio vorgestellt. Auch wenn einige Merkmale der Studie für die Serienversion geopfert wurden, ähnelte der Z8, der in der Saison 2000 herauskam, sehr stark dem Ausstellungsfahrzeug. Aber es handelte sich nicht um einen bloßen Abklatsch des Originals, sondern um eine bunte Mischung anderer Elemente aus den 60ern, sei es von Austin-Healey, Jaguar oder Aston Martin.

Aluminiumrohrrahmen

Aluminium spielte eine große Rolle beim Bau des Z8, hauptsächlich bei dem zusammengeschweißten und -geklebten Rohrrahmen, aber auch die Komponenten der Radaufhängung bestanden aus diesem Metall. Es überrascht kaum, dass auch die Karosserieteile aus Aluminium waren, während Stoßfänger und Kofferraumverkleidung aus kräftiger, ultraleichter Kohlefaser gefertigt wurden. Der Z8 wog respektable 1585 kg.

In seinem V8-Motor lebt der Geist des 507 fort, obwohl es sich nun um einen 4,9-l-Motor handelte, der erstaunliche 400 PS hervorbrachte und aus der beeindruckenden M5-Limousine von BMW stammte. Warmluft, die unter der Motorhaube entstand, entwich durch markante Öffnungen, die beidseitig in den vorderen Kotflügeln lagen.

Retro-Stil

Das Sechsganggetriebe stand in einer manuellen und einer sequentiell-manuellen Version zur Wahl. Im Innenraum wurde die nostalgische Note durch ein Lenkrad mit Chromplatte und Ledereinfassung fortgesetzt. Diese standen Seite an Seite mit modernstem Schnickschnack wie Satellitennavigation, Stereoanlage mit zehn Lautsprechern und Freisprechanlage fürs Telefon.

Wenn seine Höchstgeschwindigkeit auch elektronisch auf 250 km/h begrenzt wurde, so hätte der Wagen ohne Drosselung doch wahrscheinlich 290 km/h erreicht. Jedenfalls sprintete er in nur 4,7 Sekunden aus dem Stand auf 100 km/h.

Im Unterschied zu seinem preisgünstigeren Verwandten Z3, der in Amerika gebaut wird, wurde der Z8 in Deutschland von Hand gefertigt. Er war kein Auto aus der Massenproduktion: Zwischen 1999 und 2003 wurden höchstens zehn Exemplare pro Woche gebaut, sodass dieser BMW einigen wenigen Glückspilzen vorbehalten blieb.

Oben: *Die Rückleuchten sind sehr markant, und die Doppelauspuffrohre deuten auf einen V8-Motor hin. Die Reifen sind hinten breiter als vorne.*

Links: *Der 4,9-l-V8-Motor wurde weitgehend unverändert vom BMW M5 übernommen. Der Z8 verfügt über ein elektronisches Stabilitätsprogramm und Traktionskontrolle.*

Technische Daten	**BMW** Z8
Motor	vorne längs
Bauart	V8
Bohrung x Hub	94 x 89 mm
Hubraum	4941 ccm
Ventilsteuerung	zwei oben liegende Nockenwellen pro Zylinderreihe
Leistung	394 PS (291 kW) bei 6600 U/min
Getriebe	Sechsganggetriebe
Antrieb	Hinterachse
Chassis	Aluminiumrohrrahmen
Radaufhängung vorne	McPherson-Federbeine und Schraubenfedern
Radaufhängung hinten	Multilink und Schraubenfedern
Bremsen	innenbelüftete Scheibenbremsen
Höchstgeschwindigkeit	250 km/h
Beschleunigung	0–100 km/h: 4,7 sek

Ultima GTR

Spitze
372 km/h

Unten: Der Ultima ist das Superauto zum Selberbauen – Ultima liefert vollständige Bausätze und eine große Auswahl von Motoren.

Mit etwas Mühe wird man sicher das eine oder andere Superauto finden, dass die Spitzengeschwindigkeit des GTR übertrifft, vielleicht sogar eines oder zwei, die mit ihm im Sprint aus dem Stand mithalten können. Aber wenn es um reine Leistung pro Kilogramm geht, reicht nichts an einen Ultima heran. Kein europäisches High-Tech-Fahrzeug bietet so viel für so wenig. Keine amerikanisches Muscle Car kann mit dem Ultima zum Preis eines Ultima mithalten. Dies ist der ultimative Kick.

Der GTR wurde 1999 nach 14-monatiger Entwicklung vorgestellt. Der Ausgangspunkt war dabei das existierende Sports-Modell, das sein bewährtes Gitterrahmen-Chassis und die Doppelquerlenkeraufhängung spendete. Die Glasfaser-Karosserie wurde mit Schwerpunkt Aerodynamik völlig neu entwickelt und ausgiebig bei der Motorforschungsanstalt MIRA getestet. Im Vergleich zum Sports besitzt der GTR ein verlängertes Heck, das die Luftströmung begradigt, den Luftwiderstand verringert und den Anpressdruck bei hohen Geschwindigkeiten erhöht.

Der GTR ist zwar ein geschlossenes Fahrzeug mit nach vorne öffnenden Türen, aber auch Freunde der offenen Fahrweise kommen nicht zu kurz. Der offene Ultima Can-Am, der auf dem GTR basiert, bezieht seine Inspiration von den unglaublich starken Rennwagen der Can-Am-Serie der 1960er und ’70er.

Kraftspender aller Ultima-Modelle ist ein Chevrolet Small-Block-V8, der in einer ganzen Reihe von Spezifikationen beim Ultima-Zulieferer American Speed in Illinois erhältlich ist. Das Leistungsangebot reicht von 300 bis weit über 700 PS, wobei die meisten Kunden das 5,7-Liter-Aggregat mit 350–400 PS bevorzugen. Dieses ist schon schnell, greift man aber zu einem Motor vom oberen Ende der Skala, wird der Ultima unschlagbar. Im April 2005 erzielte ein Ultima mit einer 685-PS-Maschine auf der Millbrook-Teststrecke einen neuen Weltrekord über den Sprint von

Links: Dieser 685-PS-Ultima stellte 2005 einen neuen Rekord über den Sprint von 0–100 Meilen (161 km/h) auf.

Links unten: Bei abgenommener Heckverkleidung werden Motor, Radaufhängung und Chassis sichtbar.

Unten: Der Zulieferer American Speed bietet verschiedene Motoren an.

0–100 Meilen (161 km/h) in 9,8 Sekunden. Das Unternehmen gibt an, dass der Wagen 372 km/h erreichen kann.

All dies bekommt man mit einem Auto, das man – so man will – auch selbst zusammenbauen kann. Ultima baut zwar jedes Jahr mehrere Fahrzeuge komplett zusammen, bietet den GTR aber auch als Bausatz an, was den Preis weiter reduziert. Der Käufer hat die freie Auswahl von einem vormontierten Chassis-Kit bis hin zum vollständigen Bausatz mit einzelnen Muttern und Schrauben. Der Zusammenbau kostet die meisten Käufer etwa sechs Monate in Teilzeitarbeit. Das Resultat ist ein preiswertes High-Performance-Auto, das so manche Millionen Dollar teuere Mega-Maschine stehen lässt.

Technische Daten	**Ultima** GTR
Motor	mittig längs
Bauart	V8
Bohrung x Hub	k.A.
Hubraum	6178 ccm
Ventilsteuerung	Stößel
Leistung	685 PS (504 kW) bei 6500 U/min
Getriebe	Porsche Fünfgang-Transaxle
Antrieb	Hinterachse
Chassis	Gitterrohrrahmen
Radaufhängung vorne	Doppelquerlenker und Schraubenfedern
Radaufhängung hinten	Doppelquerlenker und Schraubenfedern
Bremsen	innenbelüftete Scheibenbremsen
Höchstgeschwindigkeit	372 km/h
Beschleunigung	0–96 km/h: 2,7 sek

Aston Martin Le Mans Vantage

Spitze über 320 km/h

Rechts: *Aston Martin ersetzte die Holzfurniere im Le Mans durch Titan, das auch in der Konzeptstudie Project Vantage von 1998 zu sehen war.*

Unten: *Die Frontpartie des Le Mans unterscheidet sich deutlich von dem Vantage, auf dem das Fahrzeug basiert. Nase, Motorhaube und Luftschlitze an den Kotflügeln finden sich ausschließlich bei diesem Modell.*

Zielstrebig und mit einer Höchstgeschwindigkeit von über 320 km/h schaffte dieser Aston Martin die 160 Stundenkilometer in unter zehn Sekunden – der V8-Kompressormotor legte nicht weniger als 600 PS an den Tag.

Dies war das letzte Glied einer Kette, die 1989 mit dem glanzlosen Virage Coupé begonnen hatte. Seit 1950 verwendete Aston Martin den Namen Vantage für das jeweils kraftvollste Fahrzeug seiner Zeit, und dieser Wagen auf Virage-Basis führte 1993 das Feld an.

Die Leistung seines 5,3-l-V8-Motors wurde von 310 auf 550 PS gesteigert, hauptsächlich durch die Ergänzung mit zwei Eaton-Kompressoren. Mit einer Höchstgeschwindigkeit von gut 300 km/h bedurfte es guter Bremsen, und die Scheiben mit einem Durchmesser von 356 mm, die aus dem Gruppe-C-Rennfahrzeug stammten, waren zur damaligen Zeit die größten in einem Serienfahrzeug.

Drei Jahre später, im August 1995, kam eine Mark-II-Version auf den Markt, die an einem Kühlergrill mit Reißlack-Finish zu erkennen war. Unter der Haut waren nicht weniger als 700 Veränderungen vorgenommen worden, um Handling und Schaltung zu verbessern und den Geräuschpegel zu senken.

1998 kam das Spitzenmodell Vantage 600 heraus, bei dem die Leistung des altgedienten, aber robusten V8-Motors auf 600 PS gesteigert worden war und jeder Kompressor nun seine eigene Zwischenkühlung besaß. Zudem gab es ein neues Fünfganggetriebe,

das eigentlich ein ZR1-Getriebe aus der Chevrolet Corvette ohne den höchsten Gang war. So ließen sich Geschwindigkeiten von über 320 km/h erreichen.

Die Form des Kühlergrills wurde durch ein schmales Chromrähmchen hervorgehoben. Außerdem gab es ein kleines, aber wichtiges Schild mit der Aufschrift „Works Prepared“ und „Newport Pagnell“, wo dieser Aston Martin gebaut wurde.

Jahrestag des Le-Mans-Sieges

Der Genfer Salon von 1999 erlebte die Ankunft der Spitzenversion, des Le Mans Vantage, mit dem Aston Martin den 40. Jahrestag seiner Siege von 1959 beim 24-Stunden-Klassiker und in der Sportwagenweltmeisterschaft feierte. Der Le Mans, den es wahlweise mit 550 oder 600 PS gab, war auf Anhieb an der überarbeiteten Nase mit den vergrößerten Kühlerleitungen in einem neuen Grillblech zu erkennen. Er besaß zudem einen größeren Spoiler zur Erhöhung des Abtriebs.

Zur Auswahl an Lackierungen gehörte ein Mandelgrün, das 1959 vom Werksteam verwendet worden war. Im Inneren zeigte sich der Einfluss der Konzeptstudie Project Vantage aus dem Vorjahr. Es wurden 40 Fahrzeuge produziert – einer für jedes Jahr.

Der letzte Le Mans, der vom Band lief, erschien am Stand von Aston Martin bei der British Motor Show im Jahre 2000 und gestattete dem Vanquish mit seinem V12-Motor, im folgenden Jahr im Mittelpunkt zu stehen.

Unten: *Das Kennzeichen sagt alles! Der Le Mans basiert auf dem Vantage 600, der 1998 herauskam. Der schmale Chromrahmen war ein unverwechselbares Merkmal.*

Unten links: *Der Vantage-Motor. Die Leistung der beiden Eaton-Kompressoren wurde so gesteigert, dass der V8 volle 600 PS entwickelte. Jede Einheit besitzt einen eigenen Zwischenkühler und eine eigene Wasserpumpe.*

Technische Daten	**Aston Martin** Le Mans Vantage
Motor	vorne längs
Bauart	V8, Doppelkompressor
Bohrung x Hub	85 x 100 mm
Hubraum	5340 ccm
Ventilsteuerung	zwei oben liegende Nockenwellen pro Zylinderreihe
Leistung	600 PS (443 kW) bei 6750 U/min
Getriebe	Sechsganggetriebe
Antrieb	Hinterachse
Chassis	selbsttragend
Radaufhängung vorne	Dreieckslenker und Schraubenfedern
Radaufhängung hinten	Dreieckslenker und Schraubenfedern
Bremsen	innenbelüftete Scheibenbremsen
Höchstgeschwindigkeit	über 320 km/h
Beschleunigung	0–100 km/h: 3,9 sek

Noble M12 GTO

Spitze
250 km/h
lt. Werk

Unübertroffene Straßenlage, gepaart mit einer eindrucksvollen Leistung – das sind die Markenzeichen des Mittelmotorcoupés Noble M12 GTO, das 2000 angekündigt wurde. Mit einer abgeregelten Spitze von 250 km/h bewegt sich dieses Auto eindeutig auf Lotus-Gebiet und ist dem viel gerühmten Elise in mancherlei Hinsicht überlegen.

Ingenieur Lee Noble ist seit 1985 eine bedeutende Figur in der Welt der spezialisierten Sportwagenhersteller. Ursprünglich entwarf er ein von der Gruppe C inspiriertes Coupé mit Gitterrohrrahmen, das in überarbeiteter und kurvenreicherer Form als Mark 3 mit einem V8-Motor von Rover 1987 auf den Markt kam. Es überlebte bis 1990 und wurde 1992 als Sportwagen Ultima wiederbelebt. Noble zeichnete auch für das Design des gut 320 km/h schnellen Ascari-Coupés von 1995 verantwortlich.

1998 produzierte Noble den Roadster M10. Dieses auf einem Gitterrohrrahmen aufgebaute Fahrzeug gab es mit zwei Ford-Mittelmotoren zur Auswahl: einem 1,8-l-Vierzylinder-Zetec oder einem 2,5-l-V6. Während der Wagen mechanisch tadellos verarbeitet war, meinten einige Kritiker jedoch, dass es der Glasfaserkarosserie an Flair mangele.

Der M12, der 2000 – zwei Jahre nach dem M10 – herauskam, stellte eine geniale Abwandlung dar. Die Glasfaserkarosserie war ebenso markant wie gefällig

***Rechts:** Die Instrumentierung ist funktionell mit Analoganzeigen in einem Armaturenbrett, das ihren Konturen angepasst ist. Auch im übrigen Cockpit findet man den gleichen auf das Wesentliche beschränkten Ansatz.*

***Unten:** Der Noble tut, was er am besten kann – er bietet seinen Besitzern eine geschmeidige und kontrollierte Fahrt.*

und besaß einen Heckflügel. Die Kraft stammte aus einem V6-Motor von Ford. Im Unterschied zum Roadster brachte er satte 310 PS auf die Straße, dank des Doppelturboladers von Garrett. Gepaart mit einer neu ausgelegten Motorsteuerung ergab dies einen flexiblen, elastischen Motor, der genau jenen Biss hatte, den man bei einem Turbo erwartete. Beachtlicherweise wog der M12 gerade einmal 980 kg.

Minimalistischer Designansatz

Lee Nobles spezielles Fachgebiet ist das Fahrgestelldesign, und der Rahmen ist im Grunde der gleiche wie der seines Roadster-Vorgängers. Allerdings gibt es im Detail einige Unterschiede in der Konstruktion der Querlenkeraufhängung, die an der Hinterachse an die Stelle der Radiuslenker des M10 trat. Die Fahrerzelle enthält dünn gepolsterte Schalensitze, die den minimalistischen Konstruktionsansatz widerspiegeln, mit dem man das Gewicht niedrig zu halten versuchte.

Der MC12 ist eigentlich ein Rennwagen, der für die Straße gezähmt wurde. Für die Rennstrecke gibt es den noch extremeren M400, benannt nach seinem Leistungsgewicht von 400 PS/Tonne. Heute entwickelt sich die Modellpalette von Noble mit dem 2004 angekündigten M14 in eine andere Richtung. Teurer, komfortabler und mit einem hochwertigeren Interieur führt der M14 Noble in einen neuen Markt ein, wo er mit dem Besten konkurriert, was Porsche und Ferrari zu bieten haben.

***Oben:** Dem Noble gelingt es, eine markante, durch und durch professionell verarbeitete Karosserie mit einem herausragenden Fahrgestell zu verbinden.*

***Links:** Schalensitze mit minimaler Polsterung sind mit zwei Renngurten kombiniert, doch sind auch gewöhnliche Dreipunktgurte erhältlich.*

Technische Daten	**Noble** M12 GTO
Motor	mittig quer
Bauart	V6, Doppelturbolader
Bohrung x Hub	82 x 79 mm
Hubraum	2595 ccm
Ventilsteuerung	zwei oben liegende Nockenwellen pro Zylinderreihe
Leistung	310 PS (229 kW) bei 6000 U/min
Getriebe	Fünfganggetriebe
Antrieb	Hinterachse
Chassis	Gitterrohrrahmen
Radaufhängung vorne	Dreieckslenker und Schraubenfedern
Radaufhängung hinten	Dreieckslenker und Schraubenfedern
Bremsen	innenbelüftete Scheibenbremsen
Höchstgeschwindigkeit	250 km/h*
Beschleunigung	0–100 km/h: 3,9 sek*

* Angaben des Herstellers

Chevrolet Corvette Z06

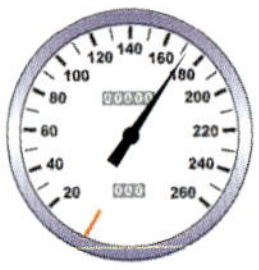

Spitze 275 km/h

Rechts: *Die Bezeichnung Z06 ist von einer Corvette Sting Ray aus den 60ern inspiriert, wenngleich sich die „horsepower" (Pferdestärken) auf die amerikanische SAE-Messung bezieht.*

Unten: *Zu den Veränderungen im Styling der Z06, die auf dem Corvette Hardtop basiert, gehören die 10-Speichen-Leichtmetallfelgen, die Lüftungsschlitze hinter den Vorderrädern und die vorderen Lufteinlässe.*

Die 160 km/h aus dem Stand in reifenverbrennenden zehn Sekunden sind nur eines der Attribute der Z06, der jüngsten Version der legendären Corvette, die 2000 vorgestellt wurde. Es wurde zum Gedenken an den Sting Ray von 1962 benannt, von dem nur 199 Exemplare gebaut wurden. Diese moderne Version hingegen gibt es in größerer Stückzahl, und sie wird rund ein Fünftel der Corvette-Produktion insgesamt ausmachen. Bei einer Jahresproduktion von rund 33 000 Fahrzeugen wären das etwa 6500 Exemplare im Jahr.

Die aktuelle Corvette-Form kam 1997 auf und bildet die fünfte Generation einer Modellreihe, die 1953 aus der Taufe gehoben wurde. Sie besaß, wie das Original, eine Glasfaserkarosserie, und unter den markanten und aerodynamisch ausgefeilten Konturen, die für einen Luftwiderstandsbeiwert von 0,29 sorgten, lauert ein nahtloser Rohrrahmen, der sich über die volle Länge erstreckt. Bemerkenswert war noch die Tatsache, dass die vollständig unabhängige Aufhängung auch in einer aktiven Version erhältlich war.

Coupé- und Cabriomodelle

Den Antrieb über ein Sechsganggetriebe lieferte ein neuer, vollständig aus Leichtmetall bestehender 5,7-l-V8-Motor mit der Bezeichnung LS1, der 345 PS auf den Asphalt legte. Zur Coupé- und Cabrioversion gesellte sich 1999 ein Hardtop mit herausnehmbaren Dachteilen. Diese Version, die leichter war als das Coupé, bildete die Grundlage für den Z06. Obwohl er äußerlich der Corvette gleicht, erkennt man ihn an den neuen 10-Speichen-Leichtmetallrädern und den dezenten Lufteinlässen im Frontspoiler und vor den Hinterrädern.

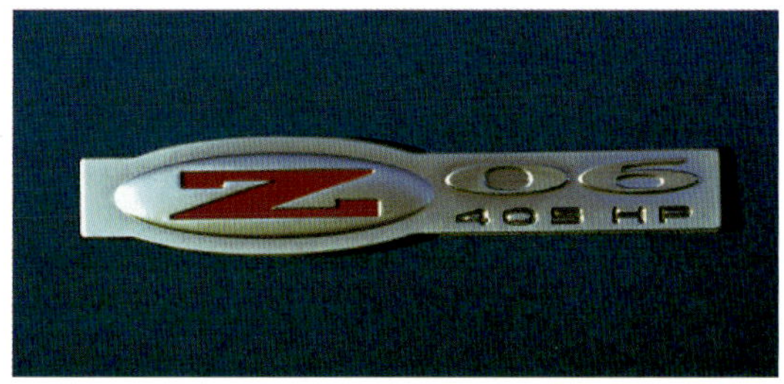

Links: Die Linien dieser Corvette werden nicht von Stoßfängern unterbrochen. Die Lüftungsschlitze in der Heckschürze sind ein weiteres Merkmal, das dem Z06 eigen ist. Die Eagle-F1-Reifen wurde von Goodyear speziell für die Felgen entwickelt, die 25 mm breiter sind als die des Originals.

Unten: Die neuen Räder mit ihren Felgen aus geschmiedetem Leichtmetall geben den Blick frei auf die innenbelüfteten Scheibenbremsen, die von einem Antiblockiersystem von Bosch gesteuert werden. Der Kraftstofftank der Corvette fasst 68 Liter.

Die Veränderungen fanden sich allerdings unter der Motorhaube mit dem überarbeiteten V8-Motor LS6, der nun 385 PS hervorbrachte. Zu den Verbesserungen gehörten Hochdruckzylinderköpfe, veränderte Einlasskrümmer für eine bessere Atmung, eine „heißere" Nockenwelle und eine weniger restriktive Titanauspuffanlage.

Aktive Unterstützung

Die bereits stramme Aufhängung wurde durch eine neue, straffere Hinterradfederung verbessert. Die Querlenker an beiden Achsen bestehen aus einem Verbundstoff. Das wirkliche Geheimnis hinter der fantastischen Straßenlage der Z06 ist das aktive Handling-System in zweiter Generation von General Motors. Raffiniert spürt es mögliche Probleme im Voraus auf und stellt die Kraftstoffzufuhr und die ABS-Scheibenbremsen von Bosch entsprechend ein. Der Fahrer im markanten rot-schwarzen Sitz merkt vermutlich nichts von dem Eingriff!

Sicher auf der Straße und immerhin 275 km/h schnell, ist der Z06 nicht nur ein reinrassiger Sportwagen, sondern auch die Verkörperung einer gut 50 Jahre alten Modellreihe, die so lebendig ist wie eh und je.

Technische Daten	**Chevrolet** Corvette Z06
Motor	vorne längs
Bauart	V8
Bohrung x Hub	99 x 92 mm
Hubraum	5654 ccm
Ventilsteuerung	Stößel
Leistung	385 PS (284 kW) bei 6000 U/min
Getriebe	Sechsganggetriebe
Antrieb	Hinterachse
Chassis	Stahlrohrrahmen
Radaufhängung vorne	Dreieckslenker und Querblattfedern
Radaufhängung hinten	Dreieckslenker und Querblattfedern
Bremsen	innenbelüftete Scheibenbremsen
Höchstgeschwindigkeit	275 km/h
Beschleunigung	0–100 km/h: 4 sek

Renault sport Clio V6

Spitze
233 km/h

Der Clio-Supermini von 1990 war für Renault der Verkaufsschlager des Jahrzehnts, und der sport Clio war ein in kleiner Stückzahl gefertigtes, 233 km/h schnelles Fahrzeug der zweiten Generation für anspruchsvolle Enthusiasten, die eindrucksvolle Leistung und hervorragendes Handling verlangten. In Wirklichkeit hatte Renault das Konzept des 5 Turbo von 1983 wiederbelebt, und wie beim Vorgänger belegte der Motor den Platz, der ursprünglich für die Fondpassagiere vorgesehen war!

Das Projekt begann als eine Studie, die Renault 1998 auf dem Pariser Salon vorstellte. Nach zwei Jahren gemeinsamer Entwicklungsarbeit mit dem britischen Spezialisten TWR erschien der Clio V6 zu Beginn des Modelljahres 2001.

Der Fertigungsprozess war ein wenig langwierig. In Frankreich erhielt Renault sport (das kleine „s“ ist von Renault so gewollt) den 3,0-l-V6 aus der Limousine Laguna. Anschließend versah man ihn mit neuen Kolben, einer höheren Verdichtung, Verbesserungen bei den Einlasskanälen und einer neuen Auspuffanlage. Das Ergebnis war eine um 20 PS höhere Leistung von 230 PS. Motoren und Rohkarosserien wurden dann ins TWR-Werk im schwedischen Uddevalla transportiert, wo die notwendigen Modifikationen an den Dreitürern vorgenommen und zwölf Autos pro Tag fertig gestellt wurden.

Der V6 war quer hinter den Vordersitzen eingebaut und trieb die Hinterräder über ein maßgeschneidertes Sechsganggetriebe an. Die Torsionsfedern des Standard-Clio wurden hinten durch eine Mehrlenker-

Rechts: *Es mag überraschen, dass die Innenausstattung lediglich dem Clio-Grundmodell entspricht, wenngleich Klimaanlage und CD-Wechsler gegen Aufpreis erhältlich sind. Natürlich ist es ein reiner Zweisitzer.*

Unten: *Der tief heruntergezogene Frontspoiler mit großen Lufteinlässen kündigt Besonderes an – hier wirkt ein V6-Mittelmotor.*

achse ersetzt und die Spurweite wurde an beiden Enden beträchtlich verbreitert: vorne um 110 mm und hinten um 138 mm. Auch der Radstand war um 30 mm länger und der Clio V6 lag 66 mm näher am Boden. Mit dieser breitbeinigen, niedrigen Haltung und dem Mittelmotor erzeugte der Clio einen gewaltigen Grip in der Kurve, auch wenn er im Grenzbereich etwas schwierig zu fahren sein konnte.

Das Problem wurde im Clio V6 der zweiten Generation behoben, der eine überarbeitete Aufhängung, bessere Bremsen und eine einladendere Inneneinrichtung besaß. Zudem stand noch mehr Leistung zur Verfügung, da der V6 nach einer erneuten Überarbeitung jetzt 255 PS leistete. Die Produktion des überarbeiteten Autos begann 2004 im Renault-Werk in Dieppe, lief aber nicht allzu lange: Die letzten Exemplare wurden 2005 ausgeliefert.

Zu diesem Zeitpunkt war schon ein neuer Clio im Verkauf, und obwohl Renault sport darauf beharrte, ihm keinen V6 ins Heck packen zu wollen, wird es wohl nicht mehr lange dauern, bis wir neue schnelle Autos aus Dieppe zu sehen bekommen.

Oben: *Der Clio V6 besitzt gewaltigen Grip, kann aber im Grenzbereich schwer zu beherrschen sein.*

Unten links: *Die Embleme sagen alles – und dies ist das einzige Schrägheckfahrzeug der Welt mit Mittelmotor. Es bleibt sogar ein wenig Platz für Gepäck.*

Technische Daten	**Renault** sport Clio V6
Motor	mittig quer
Bauart	V6
Bohrung x Hub	87 x 82 mm
Hubraum	2946 ccm
Ventilsteuerung	zwei oben liegende Nockenwellen pro Zylinderreihe
Leistung	230 PS (170 kW) bei 6000 U/min
Getriebe	Sechsganggetriebe
Antrieb	Hinterachse
Chassis	selbsttragend
Radaufhängung vorne	McPherson-Federbeine
Radaufhängung hinten	Multilink und Schraubenfedern
Bremsen	innenbelüftete Scheibenbremsen
Höchstgeschwindigkeit	233 km/h
Beschleunigung	0–100 km/h: 6,7 sek

Ferrari 550 Barchetta Pininfarina

Spitze
300 km/h

Rechts: *Während die Instrumententafel mit dem 550 Maranello verwandt ist, sind die Sitze des Barchetta neu und bestehen aus in Leder eingefasster Kohlefaser. Renngurte sind optional erhältlich.*

Unten: *Auch die Nase des Barchetta basiert auf dem 550, und die Hutze erinnert daran, dass es sich hier um einen V12-Ferrari mit Frontmotor handelt. Die Räder sind geteilte Leichtmetallfelgen.*

Ferrari baute nur 448 Exemplare des 2000 auf dem Pariser Mondial vorgestellten 550 Barchetta Pininfarina, der offenen Version des 550 Maranello. Produziert wurde das Modell zum 70-jährigen Firmenjubiläum des in Turin ansässigen Karosseriebauers und Designspezialisten.

Nach 23 Jahren, in denen Ferrari Superautos mit Mittelmotor herstellte, enthüllte das Unternehmen 1996 das Coupé 550 Maranello mit einem 5,4-l-V12-Frontmotor, der 485 PS Leistung brachte. Bei einer Spitzengeschwindigkeit von 320 km/h überrascht es nicht, dass der Wagen im Stadtzyklus 35,5 Liter Super auf 100 km schluckte und immerhin noch 15,6 Liter auf 100 km Überlandfahrt!

Ursprünglich war der 550 mit einem Sechsganggetriebe ausgestattet, das über die traditionelle sichtbare Kulissenschaltung von Ferrari bedient wurde. Vom Baujahr 1998 an gab es ihn wahlweise auch mit einem Selespeed-Automatikgetriebe, das das konventionelle Kupplungspedal überflüssig machte. Mit einer Technik, die Ferrari aus seinen Formel-1-Fahrzeugen borgte, wurden die Gänge über zwei Wippen gewechselt, die gleich hinter dem Lenkradkranz angebracht waren.

In eine herrlich proportionierte Pininfarina-Karosserie gekleidet, die Understatement verkündete, saß dieser reinrassige Zweisitzer auf einem traditionellen Stahlrohrrahmenchassis von Ferrari, besaß eine unabhängige Radaufhängung und eine ausgeklügelte Antischlupfregelung.

Nach vier Produktionsjahren bekam das Coupé im Jahr 2000 Gesellschaft von einer offenen Jubiläums-

version. Sie erhielt den Namen Barchetta in Erinnerung an Ferraris erstes Serienfahrzeug, den 166 von 1948, mit offener Zweisitzerkarosserie von Touring. Nun feierte man damit die Gründung der Firma Pininfarina im Jahre 1930. Die Zusammenarbeit mit Ferrari begann 1952 und wurde zu einer Partnerschaft, die bis heute die Welt des Motorsports verblüfft und erfreut.

Barchetta-Konzept ohne Extras

Mit einer auf 100 mm Höhe reduzierten Windschutzscheibe bleibt der offene 550 dem spartanischen Barchetta-Konzept treu, bei dem auch ein Verdeck fehlt, wenngleich eine rudimentäre Abdeckung zur Verfügung steht, die die Insassen im Falle eines plötzlich einsetzenden Regens schützt. Hinten gibt es doppelte Überrollbügel, deren Konturen sich in den beiden Buckeln auf der Gepäckraumklappe fortsetzen. Innen finden sich neue Kohlefasersitze mit Ledereinfassung, und die Kunden können selbst die Außenfarbe und die Ausführung der Innenausstattung wählen.

Obwohl er genau so viel wie das Coupé wiegt (das fehlende Gewicht des Daches wird durch die Versteifungen des Karosserieunterbaus ausgeglichen), liegt die Spitzengeschwindigkeit des Barchetta aufgrund der besseren Aerodynamik des geschlossenen Fahrzeugs etwas unterhalb der des Stallgefährten. So bringt er es lediglich auf 300 km/h!

__Unten:__ Die Windschutzscheibe des Barchetta ist deutlich flacher als die des 550M-Coupés.

__Unten links:__ Man beachte, wie die nostalgischen Doppelbuckel in der Gepäckraumabdeckung die doppelten Überrollbügel widerspiegeln. Das Modell wird mit einem Notverdeck geliefert.

Technische Daten	**Ferrari** 550 Barchetta Pininfarina
Motor	vorne längs
Bauart	V12
Bohrung x Hub	88 x 75 mm
Hubraum	5474 ccm
Ventilsteuerung	zwei oben liegende Nockenwellen pro Zylinderreihe
Leistung	485 PS (358 kW) bei 7000 U/min
Getriebe	Halbautomatik
Antrieb	Hinterachse
Chassis	Rohrrahmen
Radaufhängung vorne	Dreieckslenker und Schraubenfedern
Radaufhängung hinten	Dreieckslenker und Schraubenfedern
Bremsen	innenbelüftete Scheibenbremsen
Höchstgeschwindigkeit	300 km/h
Beschleunigung	0–100 km/h: 4,6 sek

Spyker C8 Spyder

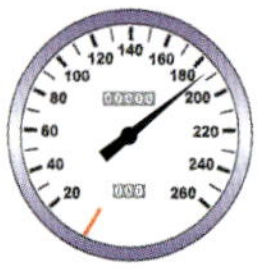

Spitze 300 km/h

Unten: Die niederländische Marke Spyker wurde 2000 mit dem C8 wiederbelebt. Das Auto besitzt einen Aluminium-Gitterrahmen und wird von einem 4,2-l-V8 angetrieben.

Spyker war in den 1920ern eine angesehene niederländische Marke, die teure Oberklassefahrzeuge an eine wohlhabende Kundschaft verkaufte. Leider war diese Kundschaft zu dünn gesät und so wurde das letzte dieser frühen Autos 1925 gebaut.

Die Marke Spyker wurde 2000 vom Ingenieur Maarten de Bruijn und dem Unternehmer Victor Muller wiederbelebt. Die Autos des neuen Unternehmens sollten handgefertigte Sportwagen sein, die sich unter den schnellsten Autos aller Zeiten etablieren würden.

Das erste Modell der neu gegründeten Firma war der C8 Spyder, der 2000 auf der Birmingham International Motor Show enthüllt wurde. Dieser leichte Roadster war auf einem Aluminium-Gitterrahmen-Chassis aufgebaut, das so steif war, dass der Wagen keinen Windschutzscheibenrahmen für die Stabilität benötigte und den Insassen somit ein noch größeres Oben-Ohne-Gefühl bieten konnte. Im Innenraum sorgten edles Leder und Aluminium für eine angenehme Atmosphäre. Zwischen den Sitzen lag eine polierte offene Schaltkulisse für das Getrag-Sechsganggetriebe. Die Kraft stammte von einem 4,2-l-Leichtmetall-V8 von Audi, der den Wagen, wie Spyker angab, auf 300 km/h beschleunigte.

Das Programm wurde in der Folge um den C8 Laviolette erweitert, eine geschlossene Version des C8 mit Glasdach, und 2002 stellte das Unternehmen den für die GT-Rennen entwickelten C8 Double 12 R vor und führte eine straßentaugliche Version namens Double 12 S ein. Das Chassis des Double 12 war

Links: *Die Türen des Spyker öffnen sich nach vorne und oben. Auffällig ragt der frei liegende Schaltknüppel in den Passagierraum.*

Links unten: *Zum dekorativen Interieur zählen Retro-Instrumente und ein maschinengebürstetes Armaturenbrett.*

Unten: *Mit den fast 400 PS des V8-Mittelmotors läuft der Spyker C8 300 km/h. Daneben gibt es auch Varianten mit einem turbogeladenen V8 und einem W12.*

breiter und länger, sodass der Motor tiefer saß, und die Kotflügel wurden durch angenietete Radläufe verbreitert, um die breiteren Rennreifen aufzunehmen. Der Wagen war mit einer rennmäßigen Klauenschaltung und – in der R-Version – mit am Chassis befestigten Druckluftwagenhebern erhältlich.

Die neuesten Entwicklungen Spykers sind ein paar noch schnellere Autos. Der C8 Spyder T wird von einem von Cosworth entwickelten Audi-V8 mit Doppelturbolader und 525 PS angetrieben und soll eine Spitze von 322 km/h erreichen. Der C12 LaTurbie wird normal beatmet, hat aber einen Audi-W12 mit sechs Litern Hubraum und 500 PS. Spyker hofft, Ende 2006 mit der Produktion des C12 beginnen zu können.

Technische Daten	**Spyker** C8 Spyder
Motor	vorne längs
Bauart	V8
Bohrung x Hub	84,5 x 93,0 mm
Hubraum	4172 ccm
Ventilsteuerung	zwei oben liegende Nockenwellen pro Zylinderreihe
Leistung	394 PS (290 kW) bei 6500 U/min
Getriebe	Sechsganggetriebe
Antrieb	Hinterachse
Chassis	Aluminium-Gitterrahmen
Radaufhängung vorne	Doppelquerlenker mit Schraubenfedern
Radaufhängung hinten	Doppelquerlenker mit Schraubenfedern
Bremsen	innenbelüftete Scheibenbremsen
Höchstgeschwindigkeit	300 km/h
Beschleunigung	0–100 km/h: 4,5 sek

2001 bis heute
Bugatti auf Eroberungskurs

Die Herrschaft des McLaren F1 als schnellstes Auto der Welt ist schließlich vorbei. Koenigsegg und Bugatti haben mittlerweile schnellere Autos gebaut, wobei die Spitzengeschwindigkeit des Letzteren über 400 km/h liegen soll.

Volkswagen besitzt mit Lamborghini, Bentley und Bugatti mittlerweile drei Top-Marken, die die schnellsten und aufregendsten Automobile der Welt herausfordern. Hinzu gesellen sich Aston Martin mit DB9, Vanquish und V8 Vantage, Porsche mit dem gewaltigen Carrera GT und dem wiederbelebten 911 und Mercedes-Benz neueste Zusammenarbeit mit seinem Formel-1-Partner McLaren, der SLR. Niemals zuvor in der Geschichte der schnellen Autos gab es eine aufregendere Zeit.

Porsche GT2

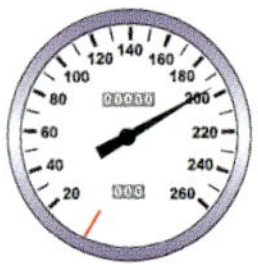

Spitze 315 km/h

Rechts: *Die Innenausstattung des GT2 ist funktionell und verzichtet auf schwergewichtige Ausstattungen wie Klimaanlage und elektrische Fensterheber. Die Sitze sind bequem, und die Fahrerposition ist ausgezeichnet.*

Unten: *Das Heck mit seinem Spoiler zeigt, dass dieses Fahrzeug weit von einem 911 entfernt ist, mit einem großen Lufteinlass für den 3,6-l-Sechszylinderboxermotor und Heckauslässen für die von den nahen Keramikscheibenbremsen erzeugte Hitze.*

Mit einer Spitze von 315 km/h war der zweifach turbogeladene 911 GT2 bei seiner Vorstellung 2001 auf der Detroit Motor Show das schnellste Straßenmodell, das Porsche je gebaut hatte. Er war sogar noch schneller als sein allradgetriebener Stallgefährte Turbo. Der GT2 kombinierte das leichte, heckgetriebene Chassis des wettkampfgestählten GT3 von 1999 mit dem jüngsten wassergekühlten 3,6-l-Turbomotor, der um 36 Extra-PS aufgebessert worden war.

Mit 1440 kg war der GT2 um beachtliche 220 kg leichter als der aktuelle Turbo. Während der Verzicht auf den Allradantrieb für einen Teil dieser Gewichtseinsparung verantwortlich war, kam diese auch durch das Fehlen von überflüssigem Schnickschnack wie etwa der Rücksitze, der elektronischen Sitzverstellung und der Klimaanlage zustande. Zudem sparte man 16 kg auf unerwartete Weise ein, weil der GT2 das erste Serienfahrzeug war, das mit rennerprobten keramischen Karbonbremsen ausgestattet wurde. Ihr Vorteil war auch, dass sie nicht nur das Bremsverhalten des Coupés verbesserten, sondern auch dessen Lenkung.

Auf Anhieb erkennbar

Äußerlich wurde der GT2 modifiziert, um Bremskühlung und Motorbelüftung zu verbessern. Er war an den Lufteinlässen in der Frontschürze erkennbar, die den 350-mm-Bremsscheiben Kühlluft zuführten, ebenso wie die Öffnungen in den hinteren Kotflügeln. Für stärkeren Abtrieb sorgte ein fester Heckflügel. Außerdem lag der Wagen 20 mm tiefer und rollte auf breiteren Reifen mit größeren 18-Zoll-Felgen.

Obwohl er im Hinblick auf den Rennsport konstruiert wurde, war der GT2 ein praktisches Straßen-

fahrzeug, doch wenn man von einem überholt wurde, räumte der Name auf der Motorhaube jeden Zweifel über seine Identität aus.

Leistungszuwachs

Darunter lag ein Sechszylinderboxermotor mit vier Ventilen pro Zylinder, der vom Kraftpaket des GT3 abstammt. Er entwickelte 456 PS statt der 420 PS des Turbo. Dieser Leistungszuwachs wurde vornehmlich durch eine Erhöhung des Ladedrucks bei dem zweifachen KKK-K64-Turbolader erreicht. Außerdem wurden Titanpleuel eingebaut, die dem Motor Drehzahlen von bis zu eindrucksvollen 7900 U/min gestatteten.

Für das Modelljahr 2004 erhielt der 911 GT2 dank höheren Ladedrucks und effizienterer Zwischenkühlung noch mehr Leistung: 483 PS. Der GT2 blieb, ebenso wie GT3, Carrera 4 und Turbo, selbst nach Einführung der hinterradgetriebenen 997er-Serie des 911 im Jahr 2005 noch in Produktion, aber es wird wohl nicht mehr lange dauern, bis eine neue Generation von aufgeladenen 911ern mit neuen Spitzenleistungen auf den Markt kommt.

Oben: *Der GT2 liegt tiefer als der 911 und besitzt neue Felgen und Reifen, um mit dem gewaltigen Leistungszuwachs fertig zu werden. Weiteres Gewicht wurde dadurch eingespart, dass man den Allradantrieb des 911 Turbo nicht beibehielt und nur die Hinterräder des GT2 antrieb. 2001 wurden nur 300 Exemplare gebaut.*

Technische Daten	**Porsche** GT2
Motor	hinten längs
Bauart	6 Zylinder Boxer, Doppelturbolader
Bohrung x Hub	100 x 76 mm
Hubraum	3600 ccm
Ventilsteuerung	zwei oben liegende Nockenwellen pro Zylinderreihe
Leistung	456 PS (337 kW) bei 5700 U/min
Getriebe	Sechsganggetriebe
Antrieb	Hinterachse
Chassis	selbsttragend
Radaufhängung vorne	McPherson-Federbeine und Schraubenfedern
Radaufhängung hinten	Multilink und Schraubenfedern
Bremsen	Keramik-Scheibenbremsen
Höchstgeschwindigkeit	315 km/h
Beschleunigung	0–100 km/h: 4,1 sek

Aston Martin Vanquish

Spitze 315 km/h

Als Designer Ian Callum 1997 seine Arbeit am Vanquish begann, schaute er nicht nur in die Zukunft, sondern warf auch einen Blick zurück. Als Ergebnis daraus erinnerte das neue Coupé aus dem Jahre 2001 mit seinem V12 optisch an den legendären DB4 GT Zagato von 1960.

Aus dem Wunsch des Ford-Präsidenten und DB4-Eigners Jac Nasser, Aston Martin – seit 1987 ebenfalls in Ford-Besitz – das gleiche Ansehen zu verschaffen, das Ferrari in Italien genießt, entstand dieses wichtige Projekt des Konzerns, das auch die technischen Fortschritte des Mutterunternehmens zur Schau stellen sollte. Und derer gab es reichlich!

Konzeptauto Project Vantage

Als ersten Schritt segnete Nasser die Studie Project Vantage ab, die 1998 auf der Detroit Motor Show vorgestellt wurde. Und trotz aller nostalgischen Elemente befand sich unter der glänzenden grün lackierten Aluminiumkarosserie des Coupés ein hochmodernes Fahrgestell. Nachdem das Modell begeistert aufgenommen wurde, gab Ford grünes Licht, und das Resultat war drei Jahre später der herrliche Vanquish.

Das 2001 auf dem Genfer Automobilsalon vorgestellte, 158 000 Pfund teure Modell glich äußerlich der Studie von 1998, war allerdings 151 mm schmaler. Die auffälligeren Unterschiede fanden sich im

__Rechts:__ Das Cockpit behielt viele der Themen aus der Konzeptstudie Project Vantage bei. Die Gänge wurden durch rennsportähnliche Wippen hinter dem Lenkrad gewechselt.

__Unten:__ Der ungeheuer eindrucksvolle Vanquish stellte eine britische Herausforderung für den Ferrari dar. Das Handling wurde von vielen Seiten gelobt.

Innenraum, wo Details an Armaturenbrett, Sitzen und Bedienungselementen verändert wurden. Und von Holzfurnieren fand man auch keine Spur mehr, sondern nur noch gebürstetes Aluminium. Den Vanquish konnte man als reinen Zweisitzer fahren oder als einen ziemlich engen 2+2.

Der Vanquish glich in seiner Bauweise keinem früheren Aston. Ein steifer Kardantunnel aus Kohlefaser war mit vorderem und hinterem Schott aus Aluminiumelementen verklebt und vernietet. Motor, Lenkung und vordere Radaufhängung waren auf einem Hilfsrahmen aus Kohlefaser, Stahl und Aluminium montiert, der mit dem Motorraumschott verschraubt war. Davor lag eine Knautschzone aus Verbundstoff. Die Außenteile entstanden in einem „Superforming“ genannten Prozess, wurden aber immer noch von den Meisterbauern bei Aston Martin von Hand montiert.

Unter der Motorhaube arbeitete ein 5,9-l-V12-Motor mit zwei oben liegenden Nockenwellen und vier Ventilen pro Zylinder. Er trat erstmals in einer 420-PS-Version im DB7 Vantage von 1999 in Erscheinung. Geboren wurde er als zwei V6-Motoren aus dem Ford Montego, die auf einem gemeinsamen Kurbelgehäuse saßen. Weitere Verbesserungen durch den konzerneigenen Tuner Cosworth brachten einen 460-PS-Motor hervor, der den Vanquish auf eine Spitzengeschwindigkeit von 315 km/h und in knapp fünf Sekunden von 0 auf 100 km/h beschleunigte.

2004 wurde ein noch schnellerer Vanquish S vorgestellt. Eine Weiterentwicklung versah den V12 mit 520 PS und erhöhte die Spitzengeschwindigkeit auf über 320 km/h. Radaufhängung, Lenkung sowie Aerodynamik erfuhren für diesen bisher schnellsten Serien-Aston eine leichte Überarbeitung.

Oben: *Unter seiner Aluminiumhaut barg der Vanquish eine raffinierte Struktur aus Leichtmetall und Verbundstoffen. Das Auto wurde im Aston Martin-Werk in Newport Pagnell von Hand montiert.*

Links: *Der V12-Motor aus Leichtmetall galt als eines der herausragendsten Merkmale in der Technik des Aston Martin Vanquish. Ein Schild unter der Motorhaube nennt den Namen der Person, die diese komplexe Einheit gebaut hat.*

Technische Daten	**Aston Martin** Vanquish
Motor	vorne längs
Bauart	V12
Bohrung x Hub	89 x 79 mm
Hubraum	5925 ccm
Ventilsteuerung	zwei oben liegende Nockenwellen pro Zylinderreihe
Leistung	460 PS (339 kW) bei 6500 U/min
Getriebe	Sechsganggetriebe
Antrieb	Hinterachse
Chassis	Aluminium-Kohlefaser-Monocoque
Radaufhängung vorne	Dreieckslenker und Schraubenfedern
Radaufhängung hinten	Dreieckslenker und Schraubenfedern
Bremsen	innenbelüftete Scheibenbremsen
Höchstgeschwindigkeit	315 km/h
Beschleunigung	0–100 km/h: 4,8 sek

Lamborghini Murcielago

Spitze
330 km/h
lt. Werk

Rechts: *Evolution statt Revolution – die äußerliche Verwandtschaft zwischen dem keilförmigen Murcielago und seinem Vorgänger Diablo springt sofort ins Auge.*

Unten: *Scherentüren, ein vertrautes Lamborghini-Merkmal, das bis zum Countach zurückreicht und auch beim Diablo Verwendung fand.*

Man hat ihn den bestkonstruierten und bestgebauten Lamborghini seit Jahren genannt, selbst wenn sein Name nicht annähernd so einprägsam ist wie Miura oder Countach! Mit einer Spitze von 330 km/h sollte dieses allradgetriebene Coupé Lamborghini 2002 dank der Investitionen des Mutterkonzerns VW wieder in die erste Reihe der Superauto-Hersteller katapultieren.

Tatsächlich hatte der Diablo-Nachfolger eine lange Entwicklungszeit hinter sich: Das Projekt begann 1995, als Lamborghini noch zu dem indonesischen Konsortium gehörte, das die Firma 1993 von Chrysler übernommen hatte. 1995 hatte der ehrwürdige V12 einen Hubraum von 5,7 Litern. Die Absicht war, ihn auf sechs Liter zu vergrößern, bevor er seinen Weg ins Serienfahrzeug und schließlich zu seinem Nachfolger fand. 1996 beauftragte Lamborghini die Design-Firma Zagato mit der Fertigung von vier Prototypen. Obwohl es intern Befürchtungen gab, das Design würde zu schnell altern, war Lamborghini aus finanzieller Not nun gezwungen, damit fortzufahren. Das jedenfalls war die Lage bis Juli 1998, als Volkswagen die Firma übernahm und der Konzerntochter Audi zuordnete, der Qualitätsmarke des VW-Imperiums.

Übernahme durch Volkswagen

Audi verlor keine Zeit und bestellte im Frühjahr 1999 ein neues Design bei Bertone, wo Marcello Gandini bereits für die vielgerühmten Formen von Miura und Countach verantwortlich gewesen war.

Aber VW war noch immer nicht mit dem Erscheinungsbild des neuen Autos zufrieden und wandte sich deshalb an einen der eigenen Designer. Der belgische Konstrukteur Luc Donckerwolke war zuvor für die Form des Audi A2 verantwortlich gewesen und hatte auch für die Tochterfirma Škoda gearbeitet.

Anfangs bat man ihn, Zagatos Konzept zu überarbeiten, von dem letztlich nur die Türöffnungen übrig blieben. Ansonsten entstand sein Design auf dem sprichwörtlichen „unbeschriebenen Blatt". Auf der IAA 2001 in Frankfurt wurde das Modell dann vorgestellt.

Während die Mechanik dem Diablo folgte, haben die beiden Modelle sehr wenige Komponenten gemeinsam. Die Umstellung des auf 6,2 l vergrößerten V12-Motors auf Trockensumpfschmierung ermöglichte eine Tieferlegung um 50 mm, wodurch der Schwerpunkt des neuen Lamborghini niedriger lag und die Straßenlage verbessert wurde. Ein Sechsganggetriebe ersetzte die Fünfgangversion des Diablo.

Obwohl die Form des Coupés grundsätzlich der des Diablo nachempfunden wurde, war das Erscheinungsbild des neuen Modells nicht nur unverwechselbar, sondern auch ein viel versprechendes Zeichen für das Engagement und die sichere Hand des sechsten Besitzers dieser Firma. Bei dem geplanten kleineren Modell sollte Ferrari vielleicht einmal einen Blick über die Schulter werfen …

Oben: *Der Murcielago ist außerordentlich breit mit 2040 mm – und noch 5 mm breiter bei ausgefahrenen Außenspiegeln. Die Bereifung besteht aus dem P-Zero Rosso von Pirelli.*

Technische Daten	**Lamborghini** Murcielago
Motor	mittig längs
Bauart	V12
Bohrung x Hub	87 x 86 mm
Hubraum	6192 ccm
Ventilsteuerung	zwei oben liegende Nockenwellen pro Zylinderreihe
Leistung	571 PS (421 kW) bei 7500 U/min
Getriebe	Sechsganggetriebe
Antrieb	Hinterachse
Chassis	Gitterrohrrahmen
Radaufhängung vorne	Dreieckslenker und Schraubenfedern
Radaufhängung hinten	Dreieckslenker und Schraubenfedern
Bremsen	innenbelüftete Scheibenbremsen
Höchstgeschwindigkeit	330 km/h*
Beschleunigung	0–100 km/h: 3,8 sek*

* Angaben des Herstellers

Porsche Carrera GT

Spitze 330 km/h lt. Werk

Unten: *Der Appetit anregende Carrera GT, der auf der Pariser Automobilausstellung von 2000 der Öffentlichkeit vorgestellt wurde. Porsche wurde vom weltweiten Zuspruch für dieses neue Fahrzeug ermutigt, obwohl die Ankündigung, dass mit der Konstruktion fortgefahren würde, erst mehr als ein Jahr später auf der Detroit Motor Show 2002 folgte. Auf dem Markt erschien der Wagen in der zweiten Hälfte des Jahres 2003.*

Der 2003 in seiner Serienversion eingeführte Carrera GT wurde von einem 605 PS starken V10 angetrieben, der ihn zum schnellsten Straßenmodell machte, den das Zuffenhausener Unternehmen je gebaut hat. Er diente mit all seinen Ausstattungsmerkmalen als ein Schaufenster für Porsches Kompetenz in Automobildesign und -technologie.

Der Ausgangspunkt dieses Porsche auf dem neuesten Stand der Technik war ein Rennwagen, den die Firma im Jahre 2000 aus dem Rennen von Le Mans zurückzog. Das anschließend eingemottete Kohlefasermonocoque diente als Basis für das neue Auto. Obwohl der Motor wie beim Boxster in der Mitte montiert war, zeigte der Carrera GT optisch keinerlei Ähnlichkeit mit dem aktuellen Boxster. Statt dessen ließ sich das in Kalifornien ansässige Designstudio, das die aerodynamische Form schuf, von der Karosserie des Porsche 718RS Spyder von 1961 inspirieren.

Targadach

Während das Fahrzeug bei der Modellvorstellung in Paris als Roadster zu sehen war, besaß die Serienversion ein praktischeres, abnehmbares Targadach. Und nachdem das Unternehmen über 50 Jahre lang vornehmlich Boxermotoren in seine Fahrzeuge eingebaut hatte, entschied sich die Firma diesmal für einen V10 als Antrieb für das neue Auto. Der in einem Winkel von 68 Grad angeordnete 5,5-l-Leichtmetallmotor basierte auf dem für das Le-Mans-Rennen 2000 entwickelten und war mit robusten, rennerprobten Pleueln ausgestattet, mit denen er Drehzahlen jenseits der 8000 U/min erreicht. Dieser kompakte Motor, der unmittelbar am Monocoque befestigt war, trieb die Hinterachse über eine Dreilamellenkupplung und ein Sechsganggetriebe.

Die Radaufhängung konnte einen einwandfreien Stammbaum vorweisen, der ebenfalls Vorfahren im Rennsport aufwies. Das Fahrzeug verwendete konventionelle Querlenker vorne und Dreieckslenker mit

Manschettengelenken hinten, die zusammen mit Schraubenfedern und Schubstangen wirkten.

Porsche nannte 3,9 Sekunden für den Sprint aus dem Stand auf 100 km/h, 9,9 Sekunden bis 200 km/h und eine Spitzengeschwindigkeit von 330 km/h.

Das einladende Interieur des neuen Wagens kam ohne einige der Exzesse des Show Cars aus, einschließlich der digitalen Instrumente. Ungewöhnlich für ein mit High Tech vollgestopftes Auto war der hölzerne Schaltknauf, Hommage an den Le-Mans-Sieger 917, dem man in letzter Sekunde einen Knauf aus Balsaholz verpasste, um Gewicht zu sparen!

Produziert wird der GT im neuen Werk in Leipzig, wo auch der luxuriöse (und schnelle) SUV Cayenne entsteht. Für die kommenden Jahre werden zwar mehrere neue Porsche-Modelle erwartet, aber für den Augenblick und wahrscheinlich auch noch für einige Zeit ist der Carrera GT der ultimative Porsche.

Oben: *Der in der Mitte liegende V10-Motor hat einen Winkel von 68 Grad und ist mit einer Länge von nur 570 mm erstaunlich kompakt.*

Links: *Der Innenraum des Konzeptautos Carrera GT wurde für die Serie deutlich abgerüstet.*

Unten links: *Das Heck des Konzeptautos. Das Serienmodell des Carrera GT besaß ein abnehmbares Targadach.*

Technische Daten	**Porsche** Carrera GT
Motor	mittig längs
Bauart	V10
Bohrung x Hub	keine Angaben
Hubraum	5,5 Liter
Ventilsteuerung	zwei oben liegende Nockenwellen pro Zylinderreihe
Leistung	612 PS (451 kW) bei 8000 U/min
Getriebe	Sechsganggetriebe
Antrieb	Hinterachse
Chassis	Monocoque
Radaufhängung vorne	Dreieckslenker und Schraubenfedern
Radaufhängung hinten	Dreieckslenker, Schraubenfedern und Schubstangen
Bremsen	Keramikscheibenbremsen
Höchstgeschwindigkeit	330 km/h*
Beschleunigung	0–100 km/h: 3,9 sek*

* Angaben des Herstellers

Mercedes-Benz SLR McLaren

Spitze
334 km/h
lt. Werk

Als eines der meist beobachteten Superautos der letzten Jahre untermauerte der SLR eine Allianz, die Mercedes-Benz 1995 mit dem britischen Formel-1-Konstrukteur McLaren einging. Und nicht nur das: Das Flaggschiff unter den Straßenfahrzeugen des deutschen Herstellers wurde als einziger Mercedes in Großbritannien gebaut.

Sein Vorläufer, die Studie SLR, feierte ihr Debüt auf der Automobilausstellung von Detroit 1999. Die Verantwortung für das Gesamtdesign lag bei Gordon Murray, dem Schöpfer des McLaren F1. Der Vision SLR war ein ansprechendes silbernes Zweisitzercoupé und einer der Stars dieser Messe. Im Unterschied zu vielen Konzeptautos war dieser Wagen fahrtüchtig und besaß einen Frontmotor und konventionellen Hinterradantrieb.

Auf der Grundlage des Fahrgestells des bevorstehenden SL-Roadsters, der in der Saison 2002 debütierte, war die Aluminium- und Kohlefaserkarosserie des SLR beeindruckend, innovativ und unbestreitbar Mercedes-Benz.

Stilistisch war sie das Werk von Franz Lezher, der in der Vergangenheit für die Form eines völlig entgegengesetzten Mercedes-Konzepts verantwortlich gewesen war: des F300, eines spritzigen Dreirads, das 1997 auf der Internationalen Automobilausstellung in Frankfurt auftauchte.

Der SLR verarbeitete visuelle Elemente des Formel-1-Rennwagens McLaren-Mercedes MP4/13, zusammen mit Versatzstücken aus dem Design des SL-Coupés von 1954. Die nach oben öffnenden Türen waren ein unverwechselbares Kennzeichen,

Oben: *Der Innenraum des Vision SLR glänzte mit Alcantara und Aluminium, schlichter Instrumentierung und einem ovalen Lenkrad. In der Mittelkonsole saß ein Navigationssystem mit Farbdisplay.*

Rechts: *Der Vision SLR zeigte schon deutlich, wo es beim Serien-Modell hinging, auch wenn viele Details wie die Türen schließlich anders gelöst wurden.*

wenngleich es keine Flügeltüren wie beim legendären 300SL waren.

Ein Jahr, nachdem die Studie Vision SLR erschienen war, kündigte DaimlerChrysler an, dass der Serien-SLR etwas anders aussehen würde. Das 2003 vorgestellte Serien-Modell unterschied sich im Detail denn auch deutlich. So waren die Türen jetzt an den A-Säulen angeschlagen und schwenkten nach oben und außen.

Kohlefaserkonstruktion

Unter der Karosserie kamen Kohlefaserelemente wie in der Formel 1 zur Verwendung, einschließlich des ersten Beispiels einer Kohlefaser-Knautschzone im Frontbereich. Der SLR wurde von einem 5,4-l-V8 mit nur einer Nockenwelle pro Zylinderreihe und drei Ventilen pro Zylinder angetrieben. Ein Doppelkompressor brachte die Leistung auf 626 PS und ermöglichte eine Spitze von 334 km/h und einen Sprint von 0 auf 100 km/h in 3,8 Sekunden. Zum Stehen brachte den Wagen dann ein elektronisches Bremssystem mit Karbon-Keramik-Bremsscheiben. Eine computergesteuerte „Luftbremse“ am Heck fuhr bei heftigem Bremseinsatz aus hohen Geschwindigkeiten aus.

Der SLR McLaren erinnerte an die Mercedes-Flügeltürer der 1950er, führte aber auch neue Technologien ein, die sich später in anderen Straßenmodellen wiederfinden könnten. Er war ein wirklich bemerkenswertes, schnelles Auto.

Technische Daten	Mercedes-Benz SLR McLaren
Motor	vorne längs
Bauart	V8, Doppelkompressor
Bohrung x Hub	97 x 92 mm
Hubraum	5439 ccm
Ventilsteuerung	zwei oben liegende Nockenwellen
Leistung	626 PS (462 kW) bei 6500 U/min
Getriebe	Fünfgangautomatik
Antrieb	Hinterachse
Chassis	Kohlefaser-Monocoque
Radaufhängung vorne	Multilink-Schraubenfedern
Radaufhängung hinten	Multilink-Schraubenfedern
Bremsen	innenbelüftete Scheibenbremsen
Höchstgeschwindigkeit	334 km/h*
Beschleunigung	0–100 km/h: 4,2 sek*

* Angaben des Herstellers

Links: *Der neue 5,4-l-V8-Kompressormotor mit einzelnen oben liegenden Nockenwellen entwickelt 626 PS.*

Unten: *Der SLR, das Flaggschiff-Coupé von Mercedes-Benz, strotzt vor nostalgischen Anklängen und sieht zugleich erstaunlich modern aus.*

Ferrari Enzo und Fxx

Spitze
354 km/h

Einen Tag, nachdem Ferrari zum vierten Mal in Folge die Formel-1-Konstrukteursweltmeisterschaft gewonnen hatte, stellte das Unternehmen sein bisher schnellstes straßentaugliches Auto an. Der neue Wagen mit Mittelmotor, 660 PS und innovativen Brems- und Elektronik-Systemen wurde nach Enzo Ferrari, dem Gründer der Firma, benannt.

Das Chassis des neuen Wagens war eine immens steife Wabenstruktur aus Kohlefaser und Aluminium, die nur 92 kg wog und in Verbundstoff gekleidet war. Die sorgfältige Ausformung der Karosserie und zwei automatisch gesteuerte Frontklappen sorgten dafür, dass das aerodynamische Gleichgewicht des Enzo unter allen Umständen gewahrt blieb. Bodeneffekte wurden genutzt, um Abtrieb zu erzeugen, ohne einen großen Heckflügel zu benötigen.

Den Antrieb besorgte ein neuer, ultraleichter 6-Liter-V12 mit variabler Ventilsteuerung und elektronischer Gaskontrolle. Mit dem Motor verbunden war ein Sechsganggetriebe mit elektro-hydraulischer Schaltung, die vom Fahrer wie in einem Formel-1-Rennwagen über Lenkradwippen bedient wurde. Der Fahrer konnte zwischen den Modi „Sport“, „Race“ und „Super“ wählen, wobei letzterer die Schaltzeiten um 50 Prozent auf nur 150 Millisekunden verkürzte. Außerdem veränderten diese Einstellungen den Einsatzpunkt der Traktionskontrolle.

Die elektronischen Steuersysteme des Enzo für Motor, Schaltung, Radaufhängung, ABS, Traktions-

***Rechts:** Enzo und Fxx wurden von einem neuen 6,0-Liter-V12 mit 600 PS bzw. einem 6,3-Liter-V12 mit 800 PS angetrieben. Die Motoren waren an ein Sechsganggetriebe mit Bedienung über Schaltwippen gekoppelt.*

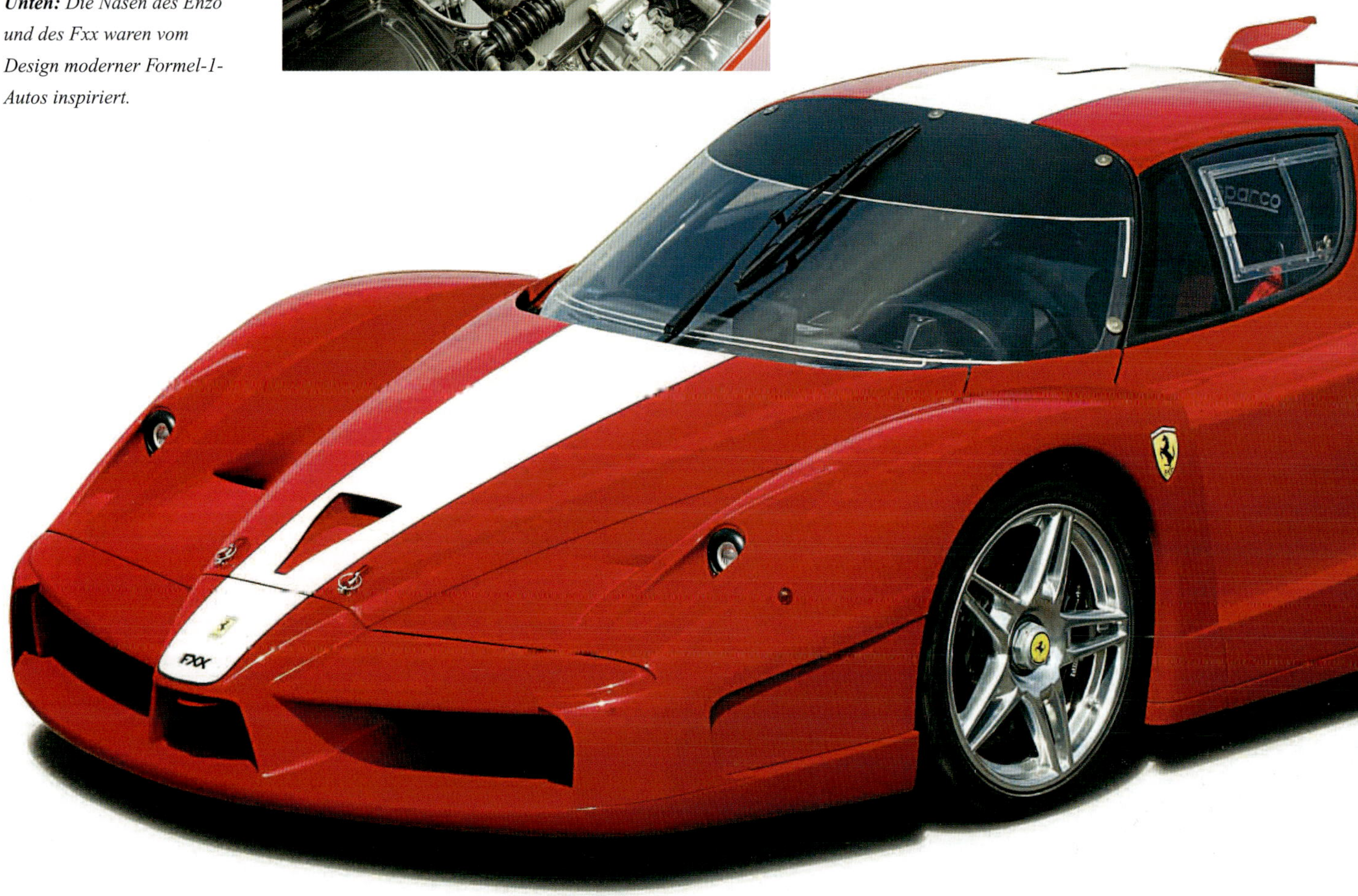

***Unten:** Die Nasen des Enzo und des Fxx waren vom Design moderner Formel-1-Autos inspiriert.*

kontrolle und Aerodynamik tauschten untereinander beständig Informationen aus. So verwaltete etwa das Getriebe-Subsystem während des Schaltvorgangs Kupplungs-, Motor- und Federungseinstellungen, um den schnellsten und saubersten Schaltvorgang ohne ein Nicken des Fahrzeugs zu ermöglichen.

Eine weitere Innovation war die Verwendung von Karbon-Keramik-Bremsscheiben in einem Straßenfahrzeug. Diese Rennscheiben waren leichter als Stahlscheiben, boten mehr Bremskraft und hielten ein ganzes Autoleben lang.

Die Verkaufsauflage war auf 349 Enzos begrenzt. Das war aber noch nicht das Ende der Geschichte, denn das gleiche Grunddesign wurde noch für den Maserati MC12 adaptiert, und dann kündigte Ferrari 2005 eine weitere Serie von etwa 20 Rennderivaten namens Fxx an. Der Fxx ohne Straßenzulassung war nicht für die Rennstrecke gedacht, sondern sollte wohlhabenden Enthusiasten die Möglichkeit bieten, spezielle inoffizielle Rennen zum reinen Vergnügen fahren zu können. Er war noch wilder als der Enzo und besaß eine auf hohen Abtrieb ausgelegte Karosserie und einen 6262-ccm-V12-Motor mit nicht weniger als 800 PS.

Oben: *Der Fxx war ein Rennstrecken-Derivat des Enzo. Die Karosserie war auf erhöhten Anpressdruck hin optimiert und der Motor war vergrößert. Die Besitzer konnten den Fxx nur bei exklusiven Privatrennen genießen.*

Links: *Wie bei einem modernen Rennwagen saßen viele Bedienelemente am Lenkrad des Enzo und Fxx – aber selbst der rennorientierte Fxx bot Platz für einen Beifahrer.*

Technische Daten	**Ferrari** Enzo
Motor	mittig längs
Bauart	V12
Bohrung x Hub	92 x 75,2 mm
Hubraum	5999 ccm
Ventilsteuerung	zwei oben liegende Nockenwellen pro Zylinderreihe
Leistung	660 PS (485 kW) bei 7800 U/min
Getriebe	sequentielles Sechsganggetriebe
Antrieb	Hinterachse
Chassis	Aluminium-Karbon-Monocoque
Radaufhängung vorne	Doppelquerlenker und Schraubenfedern
Radaufhängung hinten	Doppelquerlenker und Schraubenfedern
Bremsen	Karbon-Keramik-Scheibenbremsen
Höchstgeschwindigkeit	354 km/h
Beschleunigung	0–100 km/h: 3,7 sek

Bentley Continental GT

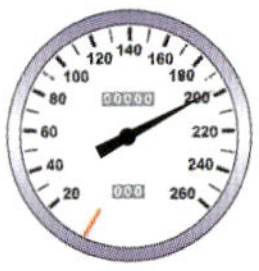

Spitze 320 km/h

Rechts: *Mit der traditionell edlen Innenausstattung in Leder und Holz bot der GT allen eleganten Luxus, den man von dieser Marke erwarten darf.*

Unten: *Der vom 6-Liter-W12 angetriebene Continental GT verband die Gangart eines Superautos mit der Eleganz und dem Komfort einer Luxus-Limousine.*

Beim Bentley Continental GT dreht sich alles um mühelose Superauto-Geschwindigkeit. Sechs turbogeladene Liter liefern mehr als 550 PS und eine Spitzengeschwindigkeit von 320 km/h. Dabei ist der Bentley aber kein überspanntes Rennauto. Während sich Fahrer und Beifahrer in luxuriösem Komfort entspannen und der Motor knapp über Leerlauf dreht, kann der Continental GT dem Horizont entgegenstürmen, wie dies kaum einem anderen Wagen gelingt.

Die Quelle dieser Kraft ist ein 12-Zylinder-Motor mit 5998 ccm, der auf dem W12 des Volkswagen Phaeton basiert. Während ein konventioneller V12 zwei Reihen von sechs Zylindern besitzt, sind die Zylinder beim W12 versetzt, sodass jede Zylinderreihe praktisch ein steilwinkeliger V6 ist. Auf diese Weise können die Zylinder enger beieinander auf einer kürzeren Kurbelwelle sitzen, sodass der VW-W12 der kürzeste Zwölfzylinder der Welt ist.

Die 414 PS des W12 sind zwar genug für eine Luxuslimousine, reichten aber nicht einmal annähernd für das aus, was dem Unternehmen vorschwebte. Also griffen die Ingenieure auf die Aufladung zurück, ein seit 1928 immer wiederkehrendes Thema bei Bentley.

Der jüngste „Blower Bentley" erhielt ein Paar KKK-Turbolader, das die Spitzenleistung des W12 auf

552 PS und das maximale Drehmoment auf nicht unbeträchtliche 649 Nm bei nur 1600 U/min steigerten. Dieser monströse Vortrieb wurde an eine Sechsgang-Automatik von ZF weitergeleitet, die über einen konventionellen Schalthebel oder über Schaltwippen am Lenkrad bedient werden konnte. Der Antrieb wirkte auf alle vier Räder.

Im Innenraum des Bentley Continental GT verbanden sich traditionelle Materialien mit zeitgenössischer Technologie – so teilten sich das edelholzfurnierte Armaturenbrett etwa klassische runde Belüftungsdüsen und ein Multifunktions-Flüssigkristalldisplay. Der Fahrgastraum war mit feinstem Leder ausgekleidet und besaß allen Komfort und das Ambiente, das man vom Hersteller der Staatslimousine Ihrer Majestät der Königin erwarten konnte.

Bentley behauptete mit einiger Berechtigung, dass der Continental GT die gleichen Grundqualitäten besaß wie die Wagen, die W. O. Bentley 80 Jahre zuvor fertigte. Auf jeden Fall war er ein Beleg dafür, dass eine ruhmreiche britische Marke aus den ersten Jahren des 20. Jahrhunderts auch zu Beginn des neuen Millenniums noch kerngesund und quicklebendig war.

Technische Daten	**Bentley** Continental GT
Motor	vorne längs
Bauart	W12
Bohrung x Hub	84 x 90,2 mm
Hubraum	5998 ccm
Ventilsteuerung	vier oben liegende Nockenwellen
Leistung	552 PS (406 kW) bei 6100 U/min
Getriebe	ZF Sechs-Stufen-Automatik
Antrieb	Vierrad
Chassis	Stahl-Monocoque
Radaufhängung vorne	Doppelquerlenker und Luftfederung
Radaufhängung hinten	Multilink und Luftfederung
Bremsen	innenbelüftete Scheibenbremsen
Höchstgeschwindigkeit	320 km/h
Beschleunigung	0–100 km/h: 4,8 sek

Links: *Die Bentleys des 21. Jahrhunderts zeigen die gleichen Grundwerte wie die des Firmengründers W. O. Bentley in den 1920ern. Ganz oben stehen dabei mühelose Kraftentfaltung und hohe Fertigungsqualität.*

Links: *Der Allradantrieb und die hoch entwickelte Luftfederung verliehen dem Continental GT die Straßenmanieren, die seiner Ehrfurcht gebietenden Leistung angemessen waren.*

Ford GT

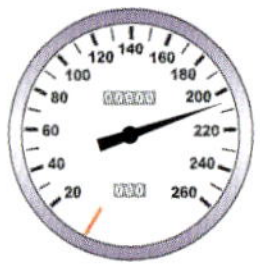

Spitze 330 km/h

Rechts: *Der GT wurde von einem aufgeladenen V8 mit 550 PS angetrieben. Auffällig waren die Aluminiumprofile, die Teile des Gitterrahmens bildeten.*

Unten: *Zurück in die Zukunft – der Ford GT erinnerte stark an seinen Rennsport-Vorfahren, auch wenn die Formen sich subtil unterschieden. Zudem war der Neue deutlich größer.*

Bill Ford enthüllte bei der North American International Motor Show 2002 das Concept Car Ford GT und überraschte nur 45 Tage später die Motorwelt mit der Ankündigung einer Serienproduktion. Vierzig Jahre nach dem ursprünglichen Ford GT40 sollte ein neues Auto mit dem gleichen hinreißenden Styling und der elektrifizierenden Leistung in den Verkauf kommen.

Obwohl der neue GT dem alten sehr ähnlich sah, hatten die beiden überraschend wenig gemein. Der 2004er GT war 100 mm höher als der Rennwagen aus den 1960ern und ganze 457 mm länger. Er bestand aus 35 Profilen, sieben komplexen Gussteilen, zwei halbmassiven Gussteilen und etlichen gestanzten Aluminiumblechen. Im Gegensatz zu den Glasfaserteilen des Original-Autos bestand die Karosserie des neuen GT aus superplastisch geformtem Aluminium und der Unterboden war so geformt, dass er den Auftrieb minimierte, an dem die GTs der 1960er litten.

Die Radaufhängung bestand rundum aus Trapezlenkern, und die Vierkolben-Monoblock-Bremszangen von Brembo mit gelochten und belüfteten Scheiben in den breiten Leichtmetallrädern mit ihren

Links: *Der neue GT war höher und länger als der Ur-GT40 und wurde völlig anders konstruiert. In den 1960ern war die Stahl-Glasfaserkonstruktion des GT40 Spitzentechnologie – der neue GT hatte einen Aluminium-Gitterrahmen mit Aluminiumblechen. Der Unterboden reduzierte den Auftrieb am Heck, der bei dem alten Auto ein Problem war.*

Goodyear Eagle F1-Reifen stellten gewaltige Verzögerungskräfte zur Verfügung.

V8-Power

Der GT wurde von einer Weiterentwicklung des größten modularen V8 von Ford angetrieben, einem 5,4-Liter-Leichtmetall-Aggregat mit faszinierenden Spezifikationen. Das Herzstück war eine ausgesprochen starke, geschmiedete Stahlkurbelwelle, auf die geschmiedete Leichtmetallkolben und -pleuel wirkten. Zwei oben liegende Nockenwellen pro Zylinderreihe steuerten vier Ventile pro Zylinder, wobei die Einlassventile die von einem Roots-Kompressor verdichtete Luft kontrollierten. Das Resultat war eine Spitzenleistung von 550 PS bei 6500 Umdrehungen, was den GT zu einem der wenigen straßentauglichen Autos mit über 100 PS pro Liter machte. Die Kraft wurde über ein Ricardo-Sechsganggetriebe in Transaxle-Bauweise auf die Hinterräder übertragen. Die Spitzengeschwindigkeit lag bei 330 km/h.

Dabei war die Performance des GT gegenüber seinem Aussehen zweitranging. Dieses Superauto zog eine direkte Verbindungslinie von den beherrschenden Rennwagen der 1960er bis heute. Um dies zu verdeutlichen, wurde zur Feier des 40. Jahrestages des berühmten Dreifachsieges von Ford in Le Mans 1966 für 2006 eine limitierte Auflage in Tungsten-Grau aufgelegt.

Links: *Die Instrumententafel des GT erinnerte an das Armaturenbrett des GT40, aber Instrumente und Schaltung waren durchweg moderne Teile. Wie beim Original waren die Türen tief ins Dach eingeschnitten, um den Ein- und Ausstieg zu erleichtern.*

Technische Daten	**Ford** GT
Motor	mittig längs
Bauart	V8
Bohrung x Hub	90,2 x 105,8 mm
Hubraum	5409 ccm
Ventilsteuerung	zwei oben liegende Nockenwellen pro Zylinderreihe
Leistung	550 PS (405 kW) bei 6500 U/min
Getriebe	Sechsganggetriebe, Transaxle
Antrieb	Hinterachse
Chassis	Aluminium-Gitterrahmen
Radaufhängung vorne	Doppelquerlenker und Schraubenfedern
Radaufhängung hinten	Doppelquerlenker und Schraubenfedern
Bremsen	innenbelüftete Scheibenbremsen
Höchstgeschwindigkeit	330 km/h
Beschleunigung	0–100 km/h: 3,9 sek

Aston Martin DB9

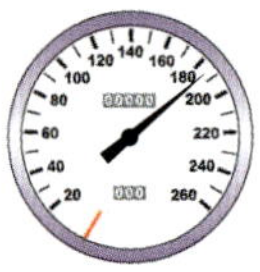

Spitze
300 km/h

Rechts: *Der DB9 wurde von der neuesten Inkarnation des hauseigenen 5,9-Liter-V12 mit 450 PS und einem Sechsgang-Schalt- oder Automatik-getriebe angetrieben.*

Unten: *Der mit offenem oder geschlossenem Verdeck gleichermaßen elegante DB9 Volante bot die Wahl zwischen Sturmritt und gemütlichem Komfort einer Luxus-Limousine.*

Mit Einführung des DB9 Ende 2003 feierte Aston Martin einige Premieren. Dies war der erste Aston, der vollständig im neuen Hauptwerk in Gaydon bei Stratford-upon-Avon gebaut wurde, und es war der erste Serien-Aston mit einer neuen Plattform namens „VH“ (für „vertikal/horizontal“), die alle künftigen Aston Martins tragen sollte.

Die neue, mutige Form des DB9 war schärfer und knackiger als die des DB7, den er ersetzte, und ließ zum Teil den industrieweiten Designtrend weg von den eher seichten Rundungen der 1990er und hin zu mehr Struktur und Charakter erkennen. Die Karosserie besaß so genannte Schwanenflügel-Türen, die nach vorne oben aufgingen, damit sie nicht auf hohen Bordsteinen aufsetzen konnten. Aber es blieben auch so typische Stylingmerkmale wie der traditionelle Grill mit den abfallenden Schultern und die Luftauslässe in den Kotflügeln erhalten. Der DB9 stand zu seinem Erbe, sah aber trotzdem elegant und modern aus.

Der Aluminium-VH-Rahmen bestand aus gegossenen, tiefgezogenen und gestanzten Aluteilen, die teilweise miteinander vernietet waren und teilweise verklebt wurden – vom einzigen Roboter bei Aston Martin. Durch diesen Rahmen wurde die Karosserie des DB9 um 25 Prozent leichter und gleichzeitig doppelt so verwindungssteif wie die des auslaufenden DB7.

Beeindruckendes Drehmoment

Das Triebwerk des DB9 war eine Weiterentwicklung des V12 aus dem DB7 Vantage und Vanquish. Verbesserte Krümmer, Kurbelwelle und Motorsteuerung steigerten die Leistung auf 450 PS und sorgten dafür, dass 80 Prozent des beeindruckenden Drehmoments von 596 Nm bereits bei nur 1500 Umdrehungen zur Verfügung standen. Die neue Version des V12 war außerdem 11,8 kg leichter. Der Käufer hatte die Wahl zwischen einem Sechsgang-Schaltgetriebe von Graziano und einer sechsstufigen ZF-Automatik.

Anfang 2004 folgte auf das DB9 Coupé eine die Volante-Version, die in Detroit vorgestellt wurde. Im gleichen Jahr begann Aston Martin mit einem von Prodrive geführten Team und dem auf dem DB9 basierenden DBR9 an internationalen GT-Rennen teilzunehmen. Im ersten Jahr gewann das Auto in Sebring und Silverstone und wurde in Le Mans Dritter. 2005 wurde die Reihe um den DBRS9, eine Version für Club- und GT-Rennen, ergänzt.

Der DB9 zeigte, dass Aston Martin sich innerhalb des letzten Jahrzehnts neu erfunden hatte. Das Unternehmen ist heute zuversichtlich und der Zukunft zugewandt – und baut einige der schnellsten und aufregendsten Autos der Welt.

Oben: Beim DB9 mischen sich klassische Aston-Martin-Stylingelemente wie der typische Kühlergrill mit einem klaren, modernen Design. Hier der 2004 vorgestellte Volante.

Links: Die Linien des DB9 zeigen eine deutliche Verwandtschaft zum großen Bruder Vanquish und zum V8 Vantage, der 2005 eingeführt wurde.

Technische Daten	**Aston Martin** DB9
Motor	vorne längs
Bauart	V12
Bohrung x Hub	89 x 79 mm
Hubraum	5925 ccm
Ventilsteuerung	zwei oben liegende Nockenwellen pro Zylinderreihe
Leistung	450 PS (331 kW) bei 6000 U/min
Getriebe	Sechsganggetriebe oder Automatik
Antrieb	Hinterachse
Chassis	Aluminium-Monocoque
Radaufhängung vorne	Doppelquerlenker und Schraubenfedern
Radaufhängung hinten	Doppelquerlenker und Schraubenfedern
Bremsen	innenbelüftete Scheibenbremsen
Höchstgeschwindigkeit	300 km/h
Beschleunigung	0–100 km/h: 4,9 sek

Bristol Fighter

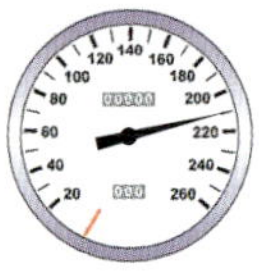

Spitze 338 km/h

Unten: *Von Anfang an waren die Bristols auf optimale Aerodynamik ausgelegt. Deswegen verjüngte sich die Passagierkabine zum Heck hin, um Turbulenzen zu vermeiden. Die Flügeltüren waren ein Novum bei Bristol.*

Seit mittlerweile fünf Jahrzehnten folgte Bristol eigenen Vorstellungen, statt sklavisch automobilen Moden hinterherzuhecheln. Das Unternehmen baute zwar größtenteils teure, handgefertigte Luxus-Limousinen, aber gelegentlich waren auch schnelle Zweisitzer im Programm, deren jüngster Ableger der Fighter war. Er war Bristols sehr eigenständige Interpretation eines Superautos für das 21. Jahrhundert – ein Auto, das bullige Kraft mit aerodynamischer Perfektion kreuzte, um eine Spitzengeschwindigkeit von über 320 km/h zu erzielen.

Über einem Unterkleid aus einem starken Stahlchassis mit Aluminiumböden und -schotts trug der Fighter handgeformte Aluminiumbleche, Kohlefasertüren und -heckklappe. Diese Kombination zeichnete sich durch Steifigkeit, geringes Gewicht und vor allem einen tiefen Schwerpunkt aus. Die Karosserieform war auf optimale Aerodynamik ausgerichtet, mit kompaktem Frontbereich und sorgfältiger Strömungsführung sowohl über als auch unter dem Auto. Das Ergebnis war ein Luftwiderstandsbeiwert von 0,28.

Viper Power

Der 8-Liter-V10 des Fighter war eine Weiterentwicklung des Triebwerks aus der Dodge Viper und saß vor der Passagierzelle, aber hinter den Vorderrädern, um Gewichtsverteilung und Handling zu verbessern. Der Leichtmetallmotor lieferte 525 PS, in der S-Version gar 628 PS. Bristol wies gerne darauf hin, dass dank sorgfältigen Designs des Einlasstrakts ab 200 km/h ein Aufladungseffekt auftrat, der die Leistung der Maschine noch weiter steigerte.

Serienmäßig wurde ein eng gestuftes Sechsganggetriebe verbaut, dessen sechster Gang hoch genug lag, um eine Reisegeschwindigkeit von 160 km/h bei nur 2450 U/min zu erlauben. Am anderen Ende der Skala sorgte ein lang übersetzter erster Gang dafür,

Oben: *Im Gegensatz zu den meisten Bristols war der Fighter ein Zweisitzer.*

Ganz links: *Die kleine Stirnfläche des Bristol verbesserte die Aerodynamik.*

Links: *Die Kraft kam von einem Chrysler-V10, der bei Bristol überarbeitet wurde.*

dass der Fighter aus dem Stand ohne Gangwechsel in nur vier Sekunden auf 100 km/h beschleunigen konnte.

Flügeltüren boten Zugang zu einem Innenraum, der keinerlei Konzessionen an die außergewöhnliche Performance des Wagens machte. Im Gegensatz zu den engen Kabinen vieler Sportwagen bot der Bristol reichlich Platz auch für große Fahrer und das gleiche hohe Ausstattungsniveau, das man von den Limousinen des Unternehmens kannte.

Bristols individueller Ansatz begeisterte nicht jeden, aber die Qualität das Fahrzeugs stand außer Zweifel. Und es schien keinen Mangel an Enthusiasten zu geben, die bereit waren, ein Vermögen für eine dieser großartigen Maschinen auszugeben.

Technische Daten	**Bristol** Fighter
Motor	vorne längs
Bauart	V10
Bohrung x Hub	101,6 x 98,6 mm
Hubraum	7996 ccm
Ventilsteuerung	zwei oben liegende Nockenwellen pro Zylinderreihe
Leistung	525 PS (386 kW) bei 5600 U/min
Getriebe	Sechsgang-Schalt- oder Automatikgetriebe
Antrieb	Hinterachse
Chassis	Stahlkastenrahmen
Radaufhängung vorne	Doppelquerlenker und Schraubenfedern
Radaufhängung hinten	Doppelquerlenker und Schraubenfedern
Bremsen	innenbelüftete Scheibenbremsen
Höchstgeschwindigkeit	338 km/h
Beschleunigung	0–100 km/h: ca. 4,0 sek

Ferrari 612 Scaglietti

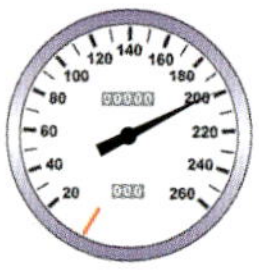

Spitze 320 km/h

__Unten:__ Der 612 Scaglietti war der erste V12-Ferrari mit einem Aluminium-Gitterrahmen. Mehr als 3500 Arbeitsstunden flossen in Versuche im Windkanal, um die Aerodynamik zu verbessern.

Schaut man sich die klassischen Ferrari an, so wurden viele von ihnen von Pininfarina gestaltet, und viele von deren Karosserien wurden von Sergio Scaglietti hergestellt. Scaglietti verkaufte seine Firma an Ferrari, und heute werden die eleganten Leichtmetallstrukturen der modernen Ferraris im Werk der Scaglietti Light Alloy Technology in Modena gefertigt, nur wenige Kilometer von Maranello entfernt. Hier entstanden auch Chassis und Karosserie des 612 Scaglietti.

Die Struktur des 612 beruhte auf den Lehren, die Ferrari aus dem komplett aus Leichtmetall gebauten 360 Modena gezogen hatte. Es war der erste V12-Ferrari, der anstelle eines traditionellen Stahlrohrrahmens einen Aluminium-Gitterrohrrahmen hatte. Die verwendeten Legierungen waren während der Produktion leicht verformbar, wurden dann aber hitzebehandelt, um ihre Zähigkeit zu verbessern. Laut Ferrari war der 612 um 40 Prozent leichter als ein konventionelles Auto gleicher Größe und um 60 Prozent verwindungssteifer als das ausgelaufene Modell 456.

Mehr als 3500 Arbeitsstunden flossen alleine in die Verbesserung der Aerodynamik der Karosserie, zuerst mit Computerprogrammen der Universität von Pisa und später mit maßstabgetreuen Modellen im Windkanal. Dabei ließ man dem Unterboden besondere Aufmerksamkeit zukommen. Am Heck leitete ein Diffusor die Abwärme von Auspuffanlage und Getriebeölkühler ab.

Die Kraft des 612 kam aus einer 5748 ccm großen Weiterentwicklung des 65-Grad-V12 aus dem 575M, die 540 PS bei 7250 Umdrehungen lieferte. Das waren nahezu 100 PS mehr als der V12 im Vorgänger 456M leistete. Die Kraft wurde an ein Sechsgang-Transaxle weitergereicht, das entweder auf traditionelle Art oder über das hauseigene elektrohydraulische F1A-System mit Lenkradwippen gesteuert wurde. Das Resultat war eine Spitzengeschwindigkeit von 320 km/h und eine Beschleunigung von 0 auf 100 km/h in nur 4,2 Sekunden.

Dabei handelte es sich hier keineswegs um einen spartanisch heruntergehungerten Renner: Der 612 Scaglietti bot luxuriösen Komfort für vier Personen mit mehr Kopffreiheit für die Fondpassagiere und leichterem Einstieg als beim alten 456M. Die meisten Sportwagen waren um den Fahrer und höchstens einen Passagier herum gebaut – beim 612 Scaglietti konnte man das Erlebnis mit seinen Freunden teilen.

Links: *Wie die meisten Ferrari wurde auch der 612 Scaglietti von Pininfarina gestylt. Die Form war nicht unumstritten, besonders die Nase mit dem großen Lufteinlass und den kleinen Scheinwerfern. Viele Fans bevorzugten den alten 456.*

Unten: *Obwohl er Platz für vier Personen bot, lieferte der 612 alle Performance, die man von einem Ferrari erwartet. Unter der Haube arbeitete ein 5,7-Liter-V12 mit 540 PS.*

Technische Daten	**Ferrari** 612 Scaglietti
Motor	vorne längs
Bauart	V12
Bohrung x Hub	89 x 77 mm
Hubraum	5748 ccm
Ventilsteuerung	zwei oben liegende Nockenwellen pro Zylinderreihe
Leistung	540 PS (397 kW) bei 7250 U/min
Getriebe	6-Gang-Schaltgetriebe oder sequentielle Halbautomatik
Antrieb	Hinterachse
Chassis	Aluminium-Gitterrahmen
Radaufhängung vorne	Doppelquerlenker und Schraubenfedern
Radaufhängung hinten	Doppelquerlenker und Schraubenfedern
Bremsen	innenbelüftete Scheibenbremsen
Höchstgeschwindigkeit	320 km/h
Beschleunigung	0–100 km/h: 4,2 sek

Koenigsegg CCR

Spitze
395 km/h
(lt. Werk)

Koenigsegg mag zwar einer der jüngsten Superauto-Hersteller sein, aber was letztlich zählt, ist die Frage, ob seine Maschinen der Aufgabe gewachsen sind – und dass das der Fall ist, steht außer Frage. Im Februar 2005 fuhr ein Koenigsegg CCR mit dem bekannten Testfahrer Loris Bicocchi am Steuer auf der süditalienischen Teststrecke in Nardo belegte 387,87 km/h, was den CCR offiziell zum schnellsten Serienwagen der Welt machte.

Die Kraft für eine solch außerordentliche Geschwindigkeit kam aus einem 4,7-Liter-Leichtmetall-V8, dem man angesichts einer Leistung von 806 PS seine relativ profanen Wurzeln bei Ford kaum glauben mochte. Damit war er, nebenbei bemerkt, auch der leistungsstärkste Serienwagen der Welt. Zu den umfangreichen Modifikationen, die Koenigsegg vornahm, gehörten ein doppelter Rotrex-Kompressor, der via Ladeluftkühler bis zu 1,4 bar Ladedruck lieferte, und Kohlefaserteile, die das Motorgewicht um 12 kg verringerten.

Auch das Ansaugsystem war vollständig aus Kohlefaser geformt. Der Motor hatte mittragende Funktion und war mit einer Wanne aus Kohlefaser-Aluminium-Waben verschraubt, die nur erstaunliche 62 kg wog. Die Kraft wurde über ein Sechsgang-Transaxle von Cima und ein Differential mit begrenztem Schlupf auf die enorm breiten Hinterräder übertragen.

All dies ergab ein Superauto mit bemerkenswerter Agilität, das nicht nur auf gerader Strecke unerhört schnell war. Auf der Kreisbahn sollte der CCR laut Koenigsegg eine Kurvenbeschleunigung von atemberaubenden 1,3 g erreichen. Aus dem Stand beschleunigte der Wagen in 3,2 Sekunden auf 100 km/h, wobei ihm sein Trockengewicht von nur 1180 kg von Nutzen war.

Das Schlagzeilenträchtigste aber war das Geschwindigkeitspotential des Koenigsegg CCR: das war so groß, dass selbst der Rekord von 2005 noch nicht das letzte Quäntchen an Leistung ausgenutzt hatte. Die Nardo-Strecke ist ein Rundkurs von 12,5 km Länge, sodass der Koenigsegg beständig durch die Fliehkräfte der Kurvenfahrt behindert worden war. Firmenchef Christian von Koenigsegg zufolge hätte der CCR auf einer langen Geraden wie der VW-Teststrecke in Ehra-Lessien, wo der McLaren F1 seinen Geschwindigkeitsrekord aufgestellt hatte, 395 km/h erreichen können. Oder vielleicht sogar mehr …

Unten: *Das drohende Antlitz des CCR mit geöffneten Türen. Dies war offiziell das schnellste Serienauto der Welt, auch wenn dieser Titel flüchtig sein sollte.*

Links: *Der Koenigsegg CC8S, aus dem der CCR entwickelt wurde. Mit seinem 655-PS-V8 war der CC8S das stärkste Serienauto der Welt, bis der CCR kam.*

Technische Daten	Koenigsegg CCR
Motor	mittig längs
Bauart	V8
Bohrung x Hub	k. A.
Hubraum	4700 ccm
Ventilsteuerung	zwei oben liegende Nockenwellen pro Zylinderreihe
Leistung	806 PS (593 kW) bei 6900 U/min
Getriebe	Cima-Sechsganggetriebe
Antrieb	Hinterachse
Chassis	Kohlefaser-Semi-Monocoque
Radaufhängung vorne	Doppelquerlenker und Schraubenfedern
Radaufhängung hinten	Doppelquerlenker und Schraubenfedern
Bremsen	innenbelüftete Scheibenbremsen
Höchstgeschwindigkeit	395 km/h (geschätzt)
Beschleunigung	0–100 km/h: 3,2 sek

Links oben: *So sahen andere Fahrer den CCR – wenn auch nur kurz. Das Heck enthielt zwei Venturikanäle, um den Anpressdruck bei hohen Geschwindigkeiten zu erhöhen.*

Links: *Der Koenigsegg CCR war um eine mit Aluminiumwaben verstärkte Kohlefaserwanne herum konstruiert, die nur 62 kg wog. Das Dach ließ sich abnehmen und unter der Fronthaube verstauen.*

Lamborghini Gallardo

Spitze 309 km/h

Lamborghinis Verbindung mit dem Stierkampf blieb auch beim neuesten Modell Gallardo erhalten – es ist der Name einer Kampfstierrasse. Die Arbeit an diesem kompakten Mittelmotorauto begann im Jahr 2000, ausgehend von einem Styling-Konzept von ItalDesign, das im Hause Lamborghini weiter verfeinert wurde. Wie der Murcielago und der Diablo vor ihm führte auch der Gallardo die vom Countach geprägte Keilform fort, wenn auch mit nach vorne gerückter Fahrerkabine.

Das Aluminium-Space-Frame-System von Audi bildete die Grundstruktur. Aluminiumprofile und Gussteile lieferten die strukturelle Stabilität und die Aufhängungen für die Karosserie aus Aluminium und Thermoplastik. Das Resultat bestand in einer hohen Verwindungssteifigkeit – wichtig für ein gutes Handling – und einem Karosseriegewicht von 1430 kg. Sorgfältige Arbeit an der Aerodynamik führte zu einem flachen Unterboden, der störende Luftwiderstände minimierte, und einem elektronisch gesteuerten Heckspoiler, der bei hoher Geschwindigkeit ausfuhr.

Hohe Geschwindigkeiten waren exakt die Domäne des Gallardo. Vor der Hinterachse arbeitete ein 5-Liter-Leichtmetall-V10, dessen Zylinderreihen im 90-Grad-Winkel zueinander standen, statt im üblicheren 72-Grad-Winkel. Der V10 hatte diesen größeren Winkel von Audis V8 geerbt, von dem er abstammte. Die Bauweise reduzierte die Bauhöhe des Motors und senkte seinen Schwerpunkt. Die Maschine hatte eine Trockensumpfschmierung wie ein Rennwagen, ein Ansaugsystem mit variabler Geometrie und eine stufenlos regelbare Ventilsteuerung für Ein- und Auslass. Die maximale Leistung betrug 500 PS, die über ein hoch entwickeltes Getriebe-

__Unten:__ Lamborghinis Konzernmutter Audi lieferte die dem Gallardo zugrunde liegende Technologie des Aluminium Space Frame, der auch im Audi A2 und A8 Verwendung findet.

system auf alle vier Räder übertragen wurde, größtenteils jedoch auf die Hinterachse, solange die Traktion nicht in Gefahr geriet. Die Käufer konnten zwischen einem Sechsgang-Schaltgetriebe und einer von Lamborghini eGear genannten Halbautomatik wählen.

Ursprünglich hatte der Gallardo eine Spitzengeschwindigkeit von 310 km/h und sprintete in 4,2 Sekunden von 0 auf 100 km/h, aber 2005 wurden noch schnellere Versionen eingeführt. Eine Überarbeitung brachte den V10 bis auf 520 PS im Gallardo SE, einer limitierten Auflage von 250 Autos, die an ihrer zweifarbigen Lackierung zu erkennen waren. Diese Leistung verkürzte den Sprint auf 100 km/h um 0,2 Sekunden und erhöhte die Spitzengeschwindigkeit auf 315 km/h.

2005 erschien der Gallardo Spyder mit dem 520-PS-Motor des SE, kürzer übersetztem Getriebe, neu kalibrierter Radaufhängung und vor allem mit einem elektrischen Faltverdeck auf dem Markt. Lamborghini gab eine Spitze von 314 km/h mit geschlossenem Verdeck und bei offener Sturmfahrt von 307 km/h an!

Technische Daten	**Lamborghini** Gallardo
Motor	mittig längs
Bauart	V10
Bohrung x Hub	82,5 x 92,8 mm
Hubraum	4961 ccm
Ventilsteuerung	zwei oben liegende Nockenwellen pro Zylinderreihe
Leistung	500 PS (368 kW) bei 7800 U/min
Getriebe	Sechsganggetriebe oder sequentielle Halbautomatik
Antrieb	Vierrad
Chassis	Aluminium-Gitterrahmen
Radaufhängung vorne	Doppelquerlenker und Schraubenfedern
Radaufhängung hinten	Doppelquerlenker und Schraubenfedern
Bremsen	innenbelüftete Scheibenbremsen
Höchstgeschwindigkeit	309 km/h
Beschleunigung	0–100 km/h: 4,2 sek

Links: *Der clevere Allradantrieb des Gallardo leitete das Drehmoment hauptsächlich auf die Hinterachse, außer bei Traktionsverlust, was sportliche Fahrer mit einem optimalen Handling unterstützte.*

Links: *Das bullige Styling des Gallardo spiegelte das Design seines Stallgenossen Murcielago wider. 2005 wurde die Palette um den offenen Gallardo Spyder und die limitierte Auflage des Gallardo SE ergänzt.*

Links: *Der 90-Grad-V10 des Gallardo war mit Audis V8 verwandt. Das 5-Liter-Aggregat mit 500 PS wurde entweder mit einem manuellen Sechsganggetriebe oder mit Lamborghinis Halbautomatik eGear angeboten.*

Ferrari F430

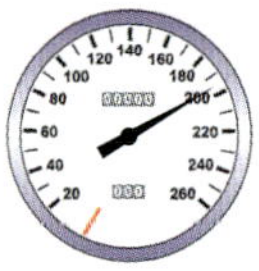

Spitze 315 km/h

__Unten:__ Der Ferrari F430 war der Jüngste in einer Ahnenreihe von V8-Mittelmotor-Wagen, die bis auf den Dino 308GT4 der 1970er zurück reicht. Dabei ist er eine sehr moderne Maschine mit Formel-1-Technologie in einem modernen Gewand.

Ferrari ersetzte den 360 Modena 2004 durch den F430. Er war zwar ein „Einstiegsmodell“ – wenn man einen solchen Begriff überhaupt für einen Ferrari verwenden darf – aber er verkörperte das Beste der Ferrari-Tradition, indem er Rennwagentechnologie mit Straßentauglichkeit zum größtmöglichen Fahrerlebnis verband.

Wie bei den meisten Ferrari entstand auch die Form des F430 bei Pininfarina, in Zusammenarbeit mit Ferraris Designchef Frank Stephenson. Die aggressive Nase zeigte unverwechselbare Lufteinlässe, die von der „Haifischnase“ der legendären Formel-1-Autos der 1960er inspiriert waren. Große Auslässe vor den Vorderrädern entließen verbrauchte Kühlluft und ein weiteres Paar Einlassöffnungen über den Hinterrädern sorgte für die Beatmung des Mittelmotors.

Der Motor selbst war ein 90-Grad-V8 mit scharfer Kurbelwelle und Trockensumpfschmierung. Er hatte einen Hubraum von 4308 ccm und lieferte 483 PS bei 8500 U/min. Sowohl Ein- als auch Auslassnockenwellen besaßen eine stufenlose Ventilsteuerung und wurden von einem Zahnradsystem anstelle der früheren Zahnrad-Zahnriemen-Kombination angetrieben.

Die Kraft wurde entweder über ein Sechsganggetriebe mit der traditionell offenen Schaltkulisse übertragen oder über eine F1-Sechsgang-Halbautomatik, die über Lenkradwippen gesteuert wurde. Die Halbautomatik erhielt eine neue Steuerstrategie, die die Schnelligkeit und Geschmeidigkeit der Gangwechsel verbesserte, die nun in 150 Millisekunden möglich waren.

Der F430 war der erste straßentaugliche Ferrari mit einem elektronischen Differential namens E-Diff, das das Drehmoment zwischen den Hinterrädern so verteilte, dass optimale Traktion und Straßenlage gewahrt blieben. Das E-Diff hatte seinen Anteil daran, dass der F430 auf der Teststrecke in Fiorano drei Sekunden schneller war als sein Vorgänger, der 360 Modena.

Links: Die zwei Lufteinlässe in der Frontschürze des F430 waren von der „Haifischnase" der Formel-1-Ferrari aus den frühen 1960ern inspiriert.

Unten: Die Luft der in der Nase untergebrachten Kühler tritt durch Auslässe vor den Vorderrädern wieder aus, während die Ansaugluft durch Einlässe über den Hinterrädern zum Motor gelangt.

Links unten: Der 4308-ccm-V8 des F430 ist durch das Rückfenster sichtbar. Der Motor liefert 483 PS bei brüllenden 8500 Umdrehungen und beschleunigt den Ferrari auf 315 km/h.

Das Ansprechverhalten des elektronischen Differentials und der Halbautomatik konnten mit einem Drehschalter am Lenkrad beeinflusst werden. Der Schalter hatte fünf Positionen: Ice, Low Grip, Sport, Race und CST, wobei letztere die Stabilitäts- und Traktionskontrolle des F430 ein- oder ausschaltete.

Wie der 360 Modena zuvor wurde auch der F430 bei Scaglietti in Modena komplett aus Aluminium gefertigt. Allerdings bot der F430 einige deutliche Verbesserungen im Hinblick auf Steifigkeit und passiver Sicherheit, auch wenn dies das Gesamtgewicht leicht erhöhte.

Der F430 kam einem Massenprodukt so nahe, wie das einem Ferrari überhaupt möglich ist – aber auch dieses Meisterstück aus Maranello blieb nur einigen wenigen Glücklichen vorbehalten.

Technische Daten	**Ferrari** F430
Motor	mittig längs
Bauart	V8
Bohrung x Hub	92 x 81 mm
Hubraum	4308 ccm
Ventilsteuerung	zwei oben liegende Nockenwellen pro Zylinderreihe
Leistung	483 PS (355 kW) bei 8500 U/min
Getriebe	Sechsganggetriebe oder sequentielle Halbautomatik
Antrieb	Hinterachse
Chassis	Aluminium-Gitterrahmen
Radaufhängung vorne	Doppelquerlenker und Schraubenfedern
Radaufhängung hinten	Doppelquerlenker und Schraubenfedern
Bremsen	innenbelüftete Scheibenbremsen
Höchstgeschwindigkeit	315 km/h
Beschleunigung	0–100 km/h: 4,0 sek

Porsche 911

Spitze
293 km/h

Die neueste Generation des Kultautos Porsche 911, die Serie 997, kam im Sommer 2004 in den Verkauf. Ungeachtet des vertraut wirkenden Äußeren bot der 997 unter der Haut bedeutende technische Weiterentwicklungen, die das Auto effizienter, sicherer und noch herrlicher zu fahren machten.

Der neue 911 war deutlich anders. Über die Jahre war jede neue Generation des 911ers größer und fetter geworden, aber der 997 drehte die Uhr zurück und wurde wieder schlanker. Die runden Scheinwerfer feierten ein willkommenes Comeback, und eine breitere Spur vorne und hinten mit entsprechenden Kotflügeln verpassten dem 997 eine ausgeprägte Taille. Die Veränderungen verbesserten auch den Luftwiderstandsbeiwert der Karosserie von bereits beeindruckenden 0,30 auf ausgezeichnete 0,28.

Zwei Modelle kamen parallel auf den Markt: der 911 Carrera mit 325 PS aus 3,6 Litern und der 355 PS starke 3,8-Liter-Carrera S. Beide besaßen ein neues Sechsganggetriebe, das das größere Drehmoment der neuen Motoren verkraftete, ohne an Gewicht zuzulegen. Als Alternative bot Porsche auch eine Tiptronic an.

Das im Carrera optionale Porsche Active Suspension Management (PASM) war im Carrera S serien-

Unten: *Porsches neueste Version des Phänomens 911, die Serie 997.*

mäßig. In der Normal-Einstellung bot diese aktive Federungssteuerung einen guten Kompromiss zwischen Komfort und Handling, während die Sport-Einstellung die Federung für ein präziseres Ansprechverhalten straffte.

Die Serienbremsen waren größer und wirksamer als zuvor, und beide Modelle wurden gegen Aufpreis auch mit keramischen Rennbremsen angeboten. Eine weitere Option war das „Sports Chrono"-Paket, mit dem der Fahrer das Ansprechverhalten des Gaspedals sowie das Verhalten des Drehzahlbegrenzers, der Federungssteuerung und der Tiptronic beeinflussen konnte.

Auch als Cabrio

Ende 2004 folgten die Cabrioversionen von Carrera und Carrera S mit den gleichen Leistungsdaten wie die geschlossenen Modelle. Trotz der wegen der offenen Karosserie notwendig gewordenen Verstärkungen wog das Cabrio gerade einmal 7 kg mehr als das Coupé. Das Faltverdeck konnte bei einer Geschwindigkeit von bis zu 50 km/h geöffnet und geschlossen werden.

2005 stellte Porsche vier allradgetriebene Versionen (Carrera 4) des jüngsten 911ers vor. Seither warten Porsche-Fans auf der ganzen Welt auf den nächsten Schlag, den 997 Turbo, der eines der schnellsten und aufregendsten Superautos weit und breit zu werden verspricht.

Links: Die klassische Form und der Heckmotor sind auch dem neuesten 911 erhalten geblieben.

Unten: Die Front zeigt die zurückgekehrten runden Scheinwerfer und ein markanteres Gesicht.

Links unten: Der Sechszylinder-Boxer liefert jetzt im Carrera 325 PS und im Carrera S 355 PS.

Technische Daten	Porsche 911 Carrera S
Motor	hinten längs
Bauart	6 Zylinder Boxer
Bohrung x Hub	99 x 82,8 mm
Hubraum	3824 ccm
Ventilsteuerung	zwei oben liegende Nockenwellen pro Zylinderreihe
Leistung	355 PS (261 kW) bei 6600 U/min
Getriebe	Sechsganggetriebe oder Tiptronic-Automatik
Antrieb	Hinterachse
Chassis	Stahl-Monocoque
Radaufhängung vorne	McPherson-Federbeine
Radaufhängung hinten	Mehrlenkerachse und Schraubenfedern
Bremsen	innenbelüftete Scheibenbremsen
Höchstgeschwindigkeit	293 km/h
Beschleunigung	0–100 km/h: 4,8 sek

BMW M6

Die Palette der 6er-Coupés, die BMW 2003 vorstellte, wurde 2005 am oberen Ende durch das Hochleistungsmodell M6 komplettiert. Mit seinem Cousin M5 teilte es sich einen 5-Liter-V10, der auf über 8000 U/min drehte und 500 PS leistete, was eine Spitzengeschwindigkeit von 330 km/h ermöglichte, würde nicht bei 250 km/h ein elektronischer Begrenzer einschreiten.

Der 90-Grad-V10 verfügte über die variable Nockenwellensteuerung „Doppel-VANOS", die das Timing der Ventile über das gesamte Geschwindigkeitsspektrum hinweg optimierte. Die Motorsteuerung war die mächtigste, die je in ein Serienauto eingebaut wurde, und überwachte sogar jeden einzelnen Zündvorgang. Der neue Motor war so stark, dass er in einem komfortorientierten Modus startete, der „nur" 400 PS lieferte. Indem er einen mit „Power" beschrifteten Knopf drückte, konnte der Fahrer ein Sportprogramm aktivieren, das die volle Leistung freisetzte und das Ansprechverhalten verschärfte.

Mit dem neuen Motor verbunden war ein automatisches Siebengang-Schaltgetriebe, SMG genannt: Der Fahrer konnte den Gang über Schaltwippen am Lenkrad oder den Schaltknauf auf der

__Rechts:__ Die SMG-Schaltung von BMW verwaltet im M6 die Ehrfurcht gebietende Kraft des V10.

__Unten:__ Dank eines kürzeren Radstands und eines tieferen Schwerpunkts ist der M6 auf kurvenreichen Strecken sogar noch schneller als der Viertürer M5, mit dem er sich den Motor teilt.

Mittelkonsole wählen oder der Automatik die Wahl überlassen. Insgesamt konnte oder musste sich der Fahrer zwischen elf unterschiedlichen Schaltmodi, die jeweils eine andere Charakteristik boten, entscheiden.

Der M6 hatte eine dreistufige elektronische Federungskontrolle und eine dynamische Stabilitätskontrolle mit einem Modus namens „M Dynamic", der für den sportlichen Fahrer maßgeschneidert war. Ein geschwindigkeitsabhängiges Sperrdifferential und riesige kreuzgelochte Bremsscheiben mit Aluminiumzangen in den neuen 19-Zoll-Leichtmetallrädern unterstrichen zusätzlich das Potential des M6. BMW gab an, der M6 könne die sehr anspruchsvolle Nürburgring-Nordschleife in rund acht Minuten durchfahren, was die Stärken des Chassis hinreichend veranschaulichte – es übertraf sogar das der M5-Limousine. Das präzisere Handling des Coupés war das Resultat aus einem verkürzten Radstand und einem tieferen Schwerpunkt, wozu auch das Kohlefaserdach beitrug – das erste bei einem Serienwagen.

Bis sich BMW entschließt, sein beträchtliches Entwicklungspotential in ein echtes Superauto zu investieren, bleiben der M5 und der M6 die aufregendsten Maschinen im Stall und beweisen weiterhin, dass die Ingenieure in München zu den fähigsten Autobauern der Welt zählen.

Oben: *Wie beim M5 weisen die vier Endrohre auf das Potential des M6 hin.*

Links: *Der neue V10 von BMW leistet 500 PS aus fünf Litern – so viel, dass er automatisch in einem „Komfort"-Modus mit nur 400 PS startet.*

Technische Daten	**BMW** M6
Motor	vorne längs
Bauart	V10
Bohrung x Hub	92 x 75,2 mm
Hubraum	4999 ccm
Ventilsteuerung	zwei oben liegende Nockenwellen pro Zylinderreihe
Leistung	507 PS (373 kW) bei 7750 U/min
Getriebe	Siebengang-SMG
Antrieb	Hinterachse
Chassis	Stahl-Monocoque
Radaufhängung vorne	McPherson-Federbeine
Radaufhängung hinten	Mehrlenkerachse und Schraubenfedern
Bremsen	innenbelüftete Scheibenbremsen
Höchstgeschwindigkeit	250 km/h (abgeregelt)
Beschleunigung	0–100 km/h: 4,6 sek

Maserati MC12

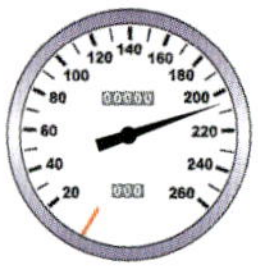

Spitze 330 km/h

Unten: *Das Styling des MC12 wurde vom hauseigenen Design-Team aus dem ursprünglichen Konzept von Giugiaro entwickelt. Die blau-weiße Lackierung erinnert an die Maserati-Rennwagen der 1960er.*

Maserati kehrte 2005 mit einer Rennversion seines äußerst exklusiven Superautos MC12 in den internationalen Motorsport zurück. Genauer gesagt, war der MC12 eine straßentaugliche Version des GT1-Rennwagens, erhältlich in der traditionellen Lackierung in Weiß mit blauen Streifen, die auf das amerikanische Casner-Team zurückgeht, das in den frühen 1960ern auf Maserati Rennen fuhr. Aber unter der langgestreckten Karosserie mit dem Dreizack im Kühlergrill verbarg der MC12 ein Geheimnis: Er wurde größtenteils aus seinem Stallgenossen Ferrari Enzo entwickelt.

Beide Wagen basierten auf einem Verbundstoff-Monocoque, wenn auch mit leicht unterschiedlichen Materialien: Die Wanne des Ferrari bestand aus einem Kohlefaser- und Aluminiumwaben-Sandwich, während das Chassis des Maserati aus Kohlefaser und Nomexwaben bestand. Die Struktur des MC12 wurde verstärkt, damit man das Dach abnehmen konnte. Die Karosserie war wesentlich breiter und länger als die des Enzo und trug einen Heckflügel über die volle Breite. All dies sollte bei den Rennversionen den Anpressdruck maximieren. Das Styling des MC12 wurde von der Designgruppe unter Frank Stephenson aus dem ursprünglichen Giugiaro-Design entwickelt und fügt sich in den Familienlook der anderen Maseratimodelle ein. Vor allem die Nase zeigt eine starke Verbindung zu den straßentauglichen GT und Spyder.

Der Maserati wird im Prinzip vom gleichen 5998-ccm-65-Grad-V12 angetrieben wie der Enzo, auch wenn Modifikationen nach dem Regelwerk der GT1 die Leistung auf „nur" 623 PS reduzieren. Die elektrohydraulische Sechsgang-Halbautomatik

mit mehreren Modi ist an sich die gleiche wie im Ferrari, trägt aber hier das Namensschild „Maserati Cambiocorsa“.

Im August 2004 präsentierte Maserati die für die GT-Zulassung geforderten 25 straßentauglichen MC12, zusammen mit den Rennversionen, die an den GT-Meisterschaften teilnehmen sollten. Die Rennwagen machten ihr Debüt im selben Jahr in Imola, konnten aber keine Meisterschaftspunkte sammeln, da die Homologation noch nicht abgeschlossen war. Andrea Bertolini und Mika Salo fuhren vor Johnny Herbert/Fabrizio De Simone auf den zweiten Platz. Die Homologation wurde im Oktober ratifiziert und der Maserati beendete einen Monat später sein Meisterschaftsdebüt im chinesischen Zhubai auf dem ersten und zweiten Platz.

Die Rennwagen fuhren schnell eine komfortable Führung heraus, die sie im September 2005 in Istanbul mit einem Dreifachsieg bestätigten. Der MC12 hatte seine Aufgaben zur vollsten Zufriedenheit erfüllt.

Oben: Der MC12 basiert auf dem Ferrari Enzo, besitzt aber eine verstärkte Struktur, um das Dach herausnehmen zu können.

Links: Die lange Heckpartie mit dem breiten Flügel maximiert bei den Rennversionen den Anpressdruck.

Technische Daten	**Maserati** MC12
Motor	mittig längs
Bauart	V12
Bohrung x Hub	92 x 75,2 mm
Hubraum	5998 ccm
Ventilsteuerung	zwei oben liegende Nockenwellen pro Zylinderreihe
Leistung	623 PS (458 kW) bei 7500 U/min
Getriebe	sequentielle Sechsgang-Halbautomatik
Antrieb	Hinterachse
Chassis	Monocoque aus Kohlefaser und Aluminium-Honeycomb
Radaufhängung vorne	Doppelquerlenker und Schraubenfedern
Radaufhängung hinten	Doppelquerlenker und Schraubenfedern
Bremsen	innenbelüftete Scheibenbremsen
Höchstgeschwindigkeit	330 km/h
Beschleunigung	0–100 km/h: 3,8 sek

TVR Sagaris

Spitze
314 km/h

Unten: *Die eigenwillige Form des Sagaris wurde bei TVR selbst entwickelt und war eine aerodynamisch wirkungsvollere Version des T350. Eigentlich sollte der Wagen im Rennsport eingesetzt werden.*

In den 1990ern etablierte sich TVR als ein wichtiger Mitspieler auf dem spezialisierten Sportwagenmarkt und konstruierte eine Reihe immer schnellerer Maschinen, die begeisterte Kritiken für puren Fahrspaß erhielten. Zur gleichen Zeit gewann das Blackpooler Unternehmen größere Unabhängigkeit, indem es eigene Motoren baute, statt sich auf den alternden Rover V8 zu verlassen.

Aus den Modellen Griffith, Chimaera und Cerbera der frühen 1990er entwickelte TVR den wilden Tuscan und den (etwas) kultivierteren Tamora des Jahres 2000, die beide den von Al Melling eigens für TVR entwickelten Speed-Six-Motor besaßen. Der folgende T350 basierte auf Chassis und Fahrwerk des Tamora und war als Coupé (T350C) und mit Targadach (T350T) erhältlich. Der ursprünglich für die Rennstrecke entwickelte Sagaris war eine breitere, stärkere und aerodynamisch optimierte Version des TVR T350 und wurde Ende 2003 vorgestellt.

Der Sagaris wurde von einer bereits aus dem Tuscan S bekannten 4-Liter-Version des Speed Six angetrieben. Mit vier Ventilen pro Zylinder und zwei oben liegenden Nockenwellen mit Kettenantrieb lieferte dieser Motor 400 PS und besaß Feinheiten wie eine Trockensumpfschmierung, damit er tiefer im Chassis platziert werden konnte, ohne Schmierungsprobleme in scharfen Kurven zu bekommen. Während die Radaufhängung im Prinzip unverändert vom T350 übernommen wurde, erhielt der Sagaris eine breitere Spur und Federung und wurde ausgiebig getunt.

Unter der Außenhaut folgte der Sagaris dem gleichen Muster wie seine Vorgänger, aber Styling und Aerodynamik wurden umfassend verändert. Die

überarbeitete Karosserie an Front und Heck verbesserte die Stabilität bei hohen Geschwindigkeiten, indem sie zusätzlichen Abtrieb erzeugte, und trug ohne jeden Zweifel zur auffälligen Erscheinung des Wagens bei.

Im Sommer standen dann potentielle Käufer Schlange, um den Sagaris zu testen, sobald die Händler ihre Vorführwagen bekamen, und bewiesen, dass der jüngste TVR genauso aufregend war, wie alle anderen Modelle aus Blackpool. Nachdem TVR in den Besitz des russischen Milliardärs Nikolai Smolenski übergegangen war, sind der geliftete Tuscan 2 und der Sagaris auf den Markt gekommen und selbst der noch schnellere und dramatischere Typhon war auf dem Weg. Wie es aussah, gab TVR weiter Gas…

Technische Daten	**TVR** Sagaris
Motor	vorne längs
Bauart	6 Zylinder
Bohrung x Hub	k. A.
Hubraum	3996 ccm
Ventilsteuerung	zwei oben liegende Nockenwellen
Leistung	400 PS (294 kW) bei 7000 U/min
Getriebe	Sechsganggetriebe
Antrieb	Hinterachse
Chassis	Stahlrohrrahmen
Radaufhängung vorne	Doppelquerlenker und Schraubenfedern
Radaufhängung hinten	Doppelquerlenker und Schraubenfedern
Bremsen	innenbelüftete Scheibenbremsen
Höchstgeschwindigkeit	314 km/h
Beschleunigung	0–100 km/h: 3,7 sek

Links: *Der Sagaris ist mit Einlässen, Auslässen und aerodynamischen Elementen übersät. Es gibt ihn seit dem Sommer 2005 nur als Coupé.*

Links außen: *Der Innenraum des Sagaris ist wie bei den meisten TVR der letzten zwei Jahrzehnte großzügig mit Leder ausgekleidet. Die Armaturenanordnug ist erheblich konservativer als beim Cerbera.*

Links: *Der 4-Liter-Speed-Six liefert im Sagaris bis zu 400 PS und beschleunigt den Wagen bis auf 314 km/h.*

Jaguar XK

Spitze
250 km/h
abgeregelt

__Unten:__ Der Jaguar XK, Jahrgang 2005. Das Design stammt von Ian Callum, dem Designer des Aston Martin DB7 und Vanquish.

Der 2005er Jaguar XK war der technisch ausgereifteste Jaguar aller Zeiten und der jüngste in einer langen und illustren Reihe schneller und luxuriöser Sportwagen aus Coventry.

Einen ersten Eindruck vermittelte das Konzeptauto Advanced Lightweight Coupé, das im Januar 2005 auf der Detroit Motor Show enthüllt wurde. Das muskulöse Äußere und die klaren Linien waren unverkennbar das Werk des talentierten schottischen Designers Ian Callum, der zunächst äußerst erfolgreich bei der britischen Entwicklungsgruppe TWR für das Design mehrerer Aston Martins verantwortlich war, bevor er schließlich die Designabteilung bei Jaguar übernahm. Das Advanced Lightweight Coupé verband klassische Jaguar-Designelemente wie den ovalen Kühlergrill – der an den E-Type der 1960er erinnerte – mit modernen Coupé-Proportionen und einer aufgeräumteren, selbstbewussteren Form als jener des seinerzeitigen XK.

Später im gleichen Jahr erlebte die Serienversion des XK auf der IAA in Frankfurt ihr Debüt. Sie beruhte auf Jaguars Lightweight Vehicle Technology, dem innovativen Aluminium-Monocoque, das bereits in den XJ-Limousinen Verwendung fand. Die Karosserie aus Aluminiumteilen war vernietet und verklebt, was ihr nicht nur eine bemerkenswerte Steifigkeit

Links: Die leichte Aluminiumkonstruktion verbessert das Leistungsgewicht des neuen XK im Vergleich zum Vorgängermodell um zehn Prozent.

gab, sondern auch Gewicht sparte. Das neue Auto war um 31 Prozent verwindungssteifer als der alte XK und bot eine zehnprozentige Verbesserung des Leistungsgewichts.

Angetrieben wurde es von einem weiter entwickelten 4,2-Liter-AJ-V8-Leichtmetallmotor, der bereits aus den Limousinen bekannt war und mit einer sequentiellen Sechsgangautomatik verbunden war, die über Lenkradwippen bedient wurde. Mit seinen 300 PS und der leichten Karosserie erwies sich das neue Auto über die Viertelmeile als fast so schnell wie der aufgeladene 400-PS-XKR der vorigen Generation.

Der neue XK bot Verbesserungen vom Innenraum und der Benutzerfreundlichkeit bis hin zu Abgaswerten und Sicherheit. Der Fußgängersicherheit wurde Rechung getragen mit einem System, das die Motorhaube bei einem Zusammenstoß öffnet und um einige Zentimeter anhebt, um einen Fußgänger vor herausragenden Motorteilen zu schützen.

2006 erschien auch eine Cabrioversion des neuen XK, deren Verdeck sich in nur 18 Sekunden öffnete und deren zwei verborgene Überrollbügel aus Aluminium bei einem Unfall automatisch hervorschnellen. Jetzt warten die Jaguar-Fans auf den nächsten logischen Schritt: einen XKR mit Kompressor. Mit über 400 PS aus dem aufgeladenen AJ-V8 sollte er die Wartezeit wert sein.

Links: Der ovale Kühlergrill und die geschwungene Motorhaube sind direkte Verweise auf die klassischen Jaguar-Sportwagen der 1950er und '60er.

Technische Daten	**Jaguar** XK
Motor	vorne längs
Bauart	V8
Bohrung x Hub	86 x 90,3 mm
Hubraum	4196 ccm
Ventilsteuerung	zwei oben liegende Nockenwellen pro Zylinderreihe
Leistung	300 PS (221 kW) bei 6000 U/min
Getriebe	Sechsgangautomatik
Antrieb	Hinterachse
Chassis	Aluminium-Monocoque
Radaufhängung vorne	Querlenker und Schraubenfedern
Radaufhängung hinten	Querlenker und Schraubenfedern
Bremsen	innenbelüftete Scheibenbremsen
Höchstgeschwindigkeit	250 km/h (abgeregelt)
Beschleunigung	0–100 km/h: 6,2 sek

Aston Martin V8 Vantage

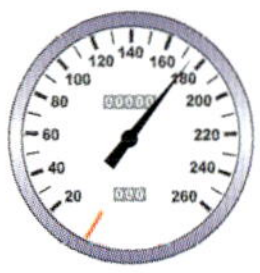

Spitze 282 km/h

Die wundersame Auferstehung Aston Martins vollendete sich mit dem V8 Vantage, der erstmals 2003 als Konzept das Licht der Welt erblickte. 2006 war er soweit, schneller vom Produktionsband im neuen Werk in Gaydon zu laufen als jeder andere Aston, was den traditionsreichen britischen Sportwagenhersteller zu einem ernst zu nehmenden Herausforderer Ferraris nicht nur bei Geschwindigkeit und Stil seiner Produkte, sondern auch bei den jährlichen Stückzahlen machte.

Wie der weiterhin produzierte DB9 hatte auch der V8 Vantage die VH-Plattform aus vernietetem und verklebtem Aluminium, die in diesem Fall eine Zweisitzer-Karosserie aus Aluminium-, Stahl- und Verbundstoffteilen trug. Das Styling verband klassische Aston-Elemente und die deutliche Familienähnlichkeit zu DB9 und Vanquish mit einem neuen aggressiven Ton. Auch der Innenraum kombinierte Tradition und Moderne durch gediegene Lederausstattung und High-Tech-Instrumente im Chronographen-Design. Bei Einführung war der V8 Vantage nur als Coupé erhältlich, aber es sollte nicht lange dauern, bis auch eine offene Version auf den Markt kommt.

Der V8 Vantage wurde von einem 4,3-Liter-V8 angetrieben, der mit dem Jaguar-V8 verwandt ist, aber so umfassend überarbeitet worden war, dass es sich praktisch um ein neues Aggregat handelte. Der Leichtmetallmotor verfügte unter anderem über vier Ventile pro Zylinder, eine variable Ventilsteuerung und eine Trockensumpfschmierung. Wie die V12-Motoren in DB9 und Vanquish wurde auch der V8 im Kölner Aston-Martin-Werk gebaut.

***Unten:** Aston Martins neuer V8 Vantage teilt sich die VH-Plattform mit dem DB9 und verweist mit seinem Styling auf eine lange Ahnenreihe.*

Links: Der V8 Vantage ist das erste Heckklappen-Coupé von Aston Martin seit den 1950ern. Er wird in größeren Stückzahlen gebaut werden, als alle anderen Astons.

Links unten: Ein 4,3-Liter-V8 mit 380 PS treibt den V8 Vantage an. Bald soll eine aufgeladene Version folgen.

Unten: Die Familienähnlichkeit zwischen dem neuen Aston und seinen Vorgängern DB9 und Vanquish ist nicht zu übersehen.

Mit dem Triebwerk verbunden war ein Leichtmetall-Kardantunnel mit einer Kohlefaser-Kardanwelle, die ein Sechsganggetriebe an der Hinterachse antrieb. Eine Automatikschaltung war in der Entwicklung, aber für den Anfang mussten die Fahrer eines V8 Vantage mit dem manuellen Schaltgetriebe Vorlieb nehmen.

Außerdem stand auch nur ein Motor zur Auswahl: eine 380-PS-Maschine, die den V8 Vantage auf 282 km/h beschleunigte. Dabei bewältigte es den Sprint auf 100 km/h in 5,0 Sekunden. Fahrer, die es nach mehr Leistung gelüstete, brauchten nicht lange zu warten: Gerüchten zufolge arbeitete Aston Martin bereits an einer aufgeladenen Version des V8 Vantage mit 450 PS …

Technische Daten	**Aston Martin** V8 Vantage
Motor	vorne längs
Bauart	V8
Bohrung x Hub	89 x 86 mm
Hubraum	4280 ccm
Ventilsteuerung	zwei oben liegende Nockenwellen pro Zylinderreihe
Leistung	380 PS (279 kW) bei 7300 U/min
Getriebe	Sechsganggetriebe, Transaxle
Antrieb	Hinterachse
Chassis	Aluminium-Monocoque
Radaufhängung vorne	Doppelquerlenker und Schraubenfedern
Radaufhängung hinten	Doppelquerlenker und Schraubenfedern
Bremsen	innenbelüftete Scheibenbremsen
Höchstgeschwindigkeit	282 km/h
Beschleunigung	0–100 km/h: 5,0 sek

Bugatti Veyron 16.4

Spitze
405 km/h
lt. Werk

Unten: *Bugatti-Studien – oben links die viertürige Limousine EB218 von 1999, daneben das Coupé EB118 von 1998. Vorne links ist der Chiron von 1999 zu sehen, stilistisch das Werk von Ital Design mit einigen Veränderungen durch VW-Chefkonstrukteur Hartmut Warkuss, der für die beeindruckende Form des Veyron (vorne rechts) verantwortlich zeichnete.*

Das ist das ultimative Superauto! Der sagenumwobene Veyron, der nach einer langen Wartezeit 2006 endlich in Serie gegangen ist, bricht vermutlich alle Geschwindigkeitsrekorde und besteigt den Thron als schnellstes Serienauto der Welt.

Bugattis Mutterkonzern Volkswagen erwartet eine Spitzengeschwindigkeit von mindestens 405 km/h, was McLaren F1, Koenigsegg CCR und alle anderen Thronanwärter aus dem Feld schlagen würde. Der Veyron soll den Sprint von 0–100 km/h in 2,5 Sekunden hinter sich bringen und die 300 km/h aus dem Stand in gut 14 Sekunden erreichen.

Die Marke Bugatti verdankt ihre erstaunliche Wiedergeburt dem Volkswagen-Konzern unter Ferdinand Piëch. Im September 1998 kaufte VW Romano Artioli den Namen Bugatti ab. Artioli hatte 1993 das allradgetriebene Mittelmotor-Coupé EB110 gebaut, doch seine Firma war 1995 mit Pauken und Trompeten baden gegangen.

Auf dem Pariser Salon enthüllt

Der neue von Volkswagen initiierte Bugatti hat eine Reihe von Evolutionsphasen durchlaufen. EB118, die erste Studie, erschien schon 1998 auf der Pariser Automobilausstellung, nur Monate nach dem Erwerb durch VW. Es basierte auf einer von Ital Design gezeichneten Coupé-Version der Limousine EB112, die Artioli auf dem Genfer Salon 1993 ausgestellt hatte. Unter der Motorhaube war ein komplexer 6,3-l-W18-Motor zu finden, der aus drei Reihen von je sechs Zylindern bestand, die zusammen nicht weniger als 550 PS leisteten.

Als Nächstes war auf dem Genfer Salon von 1999 die mächtige Limousine EB218 zu sehen, die teilweise an Artiolis EB112 erinnerte und ebenfalls von Giugiaros Firma entworfen worden war. Mit Anklängen an Ettore Bugattis gigantischen 12,7-l-Wagen Royale von 1927 zielte er eindeutig auf Mercedes' Maybach und einen neuen Rolls-Royce.

Links: *Bugatti in Vergangenheit und Gegenwart – der Veyron mit seinem offengelegten 8-l-16-Zylinder-Motor neben einem Type 51 Grand Prix Bugatti, wie er zwischen 1931 und 1936 produziert wurde. Man beachte den klassischen hufeisenförmigen Kühler, von dem sich eine zeitgemäße Interpretation im Veyron wiederfindet. Die Bugatti-Räder aus Gussaluminium erschienen erstmals 1924 und überlebten bis weit ins nächste Jahrzehnt.*

Piëch wollte etwas Verwegeneres als Giugiaros Entwürfe und wandte sich an seinen Freund, den VW-Chefkonstrukteur Hartmut Warkuss. Der so entstandene schwarz-blaue EB18.4 debütierte 1999 auf der Automesse in Tokio. Er zeigte nicht weniger als eine komplett neu gedachte Bugatti-Linie: Statt einer Luxuslimousine war da ein Mittelmotorcoupé, das vollständig in die Kategorie der Hochleistungsfahrzeuge gehörte.

Den 18-Zylinder-Motor des EB118 ersetzte im Veyron ein 8-l-W16, der innerhalb des Konzerns auch Bentley zur Verfügung steht. Mit vier Turboladern und zwei Zwischenkühlern entwickelt er sage und schreibe 1001 PS.

Von dem längs eingebauten Mittelmotor überträgt ein siebengängiges Getriebe die Kraft mittels VWs Haldex-System auf die vier Räder, die mit speziellen Michelin-Reifen bekleidet und über die neuesten Brembo-Keramikscheiben gebremst werden.

Die Produktion des neuen Bugatti soll sich über vier Jahre erstrecken, in denen in der Welt der Superautos nichts mehr so sein wird wie vorher.

Unten links: *Der prächtige 90-Grad-W16 des Veyron besteht im Grunde aus zwei nebeneinander montierten V8-Motoren. Zwei der vier Turbolader sind in der Mitte links zu sehen, die beiden Zwischenkühler sind über den Zylinderköpfen montiert. Das Siebenganggetriebe stammt von Ricardo Engineering.*

Technische Daten	**Bugatti** Veyron 16.4
Motor	mittig längs
Bauart	W16
Bohrung x Hub	86 x 86 mm
Hubraum	7993 ccm
Ventilsteuerung	vier oben liegende Nockenwellen
Leistung	1001 PS (739 kW) bei 6000 U/min
Getriebe	Siebenganggetriebe
Antrieb	Vierrad
Chassis	selbsttragend
Radaufhängung vorne	Dreieckslenker und Schraubenfedern
Radaufhängung hinten	Dreieckslenker und Schraubenfedern
Bremsen	innenbelüftete Scheibenbremsen
Höchstgeschwindigkeit	405 km/h*
Beschleunigung	0–100 km/h: 3 sek*

* Angaben des Herstellers

Register